Wortarten bestimmen

Satzglieder erkennen

Satzgefüge: Nebensätze unterscheiden

Wortbedeutung

Rechtschreibung

Groß- oder Kleinschreibung?

Getrennt- oder Zusammenschreibung?

Zeichensetzung

Deutschbuch

Erweiterte Ausgabe

Sprach- und Lesebuch **8**

Herausgegeben von
Andrea Wagener

Erarbeitet von
Friedrich Dick, Heike Frädrich,
Agnes Fulde, Hans-Joachim Gauggel,
Daniela Giesler, Anna Löwen,
Ruth Malaka, Sabine Matthäus,
Arnhild Nachreiner, Gabriele Neie,
Katja Reinhardt, Volker Semmler,
Mechthild Stüber, Bettina Tolle,
Carolin Wemhoff-Weinand

Cornelsen

Bildquellen:
Coverfoto: Thomas Schulz, Teupitz; **S. 4 o., 13:** action press / Anthony Fouchard / SIPAaction press; **S. 4 u., 33:** © Monkey Business Images / Shutterstock.com; **S. 5, 51:** © michaeljung/fotolia.com; **S. 6, 71 li.:** © JackF/fotolia.com; **re.:** © Picture-Factory/fotolia.com; **S. 8 o., 10 o., 153, 154, 156, 159, 161, 165, 167, 169, 195 o.:** action press; **S. 9, 173:** Your_Photo_Today; **S. 11, 249:** dieKLEINERT.de / Mathias Dietze; **S. 12, 275:** Lucky Business / fotolia.com; **S. 14 (1):** © De Visu / fotolia.com; **(2):** Charles Luzier / Polaris/laif; **(3):** action press / STARTRAKS; **(4):** © UBER IMAGES / fotolia.com; **S. 16:** ddp images; **S. 17:** REUTERS / Suzanne Plunkett; **S. 19:** imago/Xinhua; **S. 20:** mauritius images / United Archives; **S. 22:** © Helga Esteb / Shutterstock.com; **S. 23:** Panos Pictures / VISUM; **S. 28 li.:** terre des hommes, **re.:** Panos Pictures / VISUM; **S. 30 Mi.:** © formgefüge, 2015; **u.:** © leungchopan/Shutterstock.com; **S. 31:** Grafik: NABU nach Fleet et al. 2009. Quelle: NABU-Bundesverband (2015): Müllkippe Meer, DIN-A4-Faltblatt, 6 Seiten, Berlin Quellennachweis: Fleet D., van Franeker J. A., Dagevos J. & Hougee M. (2009): Marine Litter. Thematic Report No. 3.8. In: Marencic, H. & Vlas J. de (Eds), 2009. Quality Status Report 2009. WaddenSea Ecosystem No. 25. Common Wadden Sea Secretariat, Trilateral Monitoring and Assessment Group, Wilhelmshaven, Germany; **S. 34:** © Syda Productions / Shutterstock.com; **S. 36:** © DGLimages/Shutterstock.com; **S. 38:** © Monkey Business / fotolia.com; **S. 42:** © Tiko Aramyan / fotolia.com; **S. 44:** © S. Engels / fotolia.com; **S. 46:** © Julia Sudnitskaya / fotolia.com; **S. 49:** © SpeedKingz/Shutterstock.com; **S. 52:** © Kzenon/fotolia.com; **S. 54, 55:** action press / Bruce Adams / Daily Mail / Solo Synaction press; **S. 56 o.:** © Ikonoklast Fotografie / Shutterstock.com; **u.:** © ikonoklast_hh/fotolia.com; **S. 58:** © Mr.Exen/Shutterstock.com; **S. 59:** Panther-Media / Ron Chapple; **S. 67:** Thomas Schulz, Teupitz; **S. 69:** Marc Steinmetz / VISUM; **S. 75:** CartoonStock® / Dave Carpenter; **S. 80:** Freiwillige Selbstkontrolle Multimedia-Diensteanbieter e. V. (FSM); **S. 83:** F1online; **S. 84 o.:** © Gabriele Rohde / fotolia.com; **u.:** blickwinkel/McPHOTO; **S. 91 o.:** INTERFOTO / Sammlung Rauch; **u.:** action press; **S. 119:** dpa / Süddeutsche Zeitung Photo; **S. 133:** bpk / Sprengel Museum Hannover / Michael Herling / Aline Gwose / © VG Bild-Kunst, Bonn 2016; **S. 142:** akg-images / Erich Lessing; **S. 146:** akg-images; **S. 158 o.:** © Stocksnapper/Shutterstock.com; **u.:** imago / Danita Delimont; **S. 174 li.:** Hamburger Morgenpost; **re.:** www.sueddeutsche.de (09. 07. 2014) © Süddeutsche Zeitung Digitale Medien GmbH; **S. 175, 305:** www.sueddeutsche.de (01. 12. 2016) © Süddeutsche Zeitung Digitale Medien GmbH; **S. 176 o.:** © Marcos Mesa Sam Wordley / Shutterstock.com; **Mi.:** © Prometheus72/Shutterstock.com; **u.:** © mingman/Shutterstock.com; **S. 178:** © Statista 2016; **S. 179:** www.sueddeutsche.de (31. 01. 2016) © Süddeutsche Zeitung Digitale Medien GmbH; **S. 180:** picture alliance / dpa; **S. 181:** REUTERS / Beso Gulashvili; **S. 184:** ddp images / ddp images; **S. 186:** F1online; **S. 190:** © larik_malasha/fotolia.com; **S. 193:** © goodluz/fotolia.com; **S. 195 u.:** © mauritius images / Alamy; **S. 196:** picture-alliance/dpa/KPA; **S. 199, 201, 205:** INTERFOTO / NG Collection; **S. 206, 207 u., 208, 209, 210, 211, 307:** © Senator Film; **S. 207 o. li.:** action press; **o. re.:** KPA Archival Collection / Süddeutsche Zeitung Photo; **S. 214 (1):** Allstar / Columbia Pictures; **(2):** picture-alliance/kpa; **(3):** imago stock&people; **(4):** action press / Everett Collection; **S. 219:** action press; **S. 222:** © Elena Schweitzer / Shutterstock.com; **S. 226:** action press / NASAaction press; **S. 229:** action press; **S. 231:** © Vadimsadovski/fotolia.com; **S. 232:** © vencav/fotolia.com; **S. 247 li.:** © Claudio Divizia / Shutterstock.com; **re.:** © Phil McDonald / Shutterstock.com; **S. 250:** © Martin Zaenkert / fotolia.com; **S. 252:** © fantasy/fotolia.com; **S. 253:** © Everett – Art/Shutterstock.com; **S. 254:** © caique/fotolia.com; **S. 257:** © arka38/Shutterstock.com; **S. 258:** picture alliance/dpa; **S. 259:** mauritius images/imageBROKER.Andrey Nekrasov; **S. 262:** imago/blickwinkel; **S. 263 o.:** © Eric Isselee/Shutterstock.com; **u.:** © shishiga/fotolia.com; **S. 267:** © adogslifephoto / fotolia.com; **S. 268:** Dr. T. Tolasch, Stuttgart; **S. 270:** © kristina rütten / fotolia.com; **S. 271 li.:** © Freedom_Studio/Shutterstock.com; **re.:** © MarkMirror/Shutterstock.com; **S. 272 o.:** blickwinkel / H. Schmidbauer; **u.:** Hochschule Magdeburg-Stendal; **S. 273 (1):** F1online; **(2):** © jo Crebbin / Shutterstock.com; **(3):** © Amelie Koch / Shutterstock.com; **(4):** Okapia / MichaelNolan/ robertharding/OKAPIA; **(5):** mauritius images / Mint Images / Frans Lanting; **(6):** Okapia / © Fred Bruemmer/BIOS/OKAPIA; **S. 276:** © Thomas Reimer / fotolia.com; **S. 278:** John Bavosi / Science Photo Library; **S. 280:** picture-alliance/dpa-infografik; **S. 287 o.:** Marion Losse / VISUM; **u.:** picture-alliance/dpa; **S. 323:** © Helga Esteb / Shutterstock.com

Illustrationen:
Maja Bohn, Berlin: S. 6 unten, 89 f., 92, 94, 96, 98, 101 f., 104, 107 f., 299; **Eva Czerwenka, Straubing:** S. 8 oben, 134, 136, 138, 140, 148, 150 f., 301; **Christiane Grauert, Milwaukee (USA):** S. 57, 62–64; **Jutta Melsheimer, Berlin:** S. 7, 24, 26, 111 f., 115, 117, 120 f., 124–127, 130, 281, 284; **Josep Rodés Jordà, Murnau:** S. 10 unten, 73 f., 76–79, 81 f., 87 f., 215, 221, 224, 235–237, 240, 243, 245 f., 311; **Sebastian Strombach, Berlin:** S. 149; **Peter Menne, Potsdam:** Vorsätze

Redaktion: Annika Kusumi
Gesamtgestaltung und technische Umsetzung: werkstatt für gebrauchsgrafik, Berlin

www.cornelsen.de

1. Auflage, 2. Druck 2017

Alle Drucke dieser Auflage sind inhaltlich unverändert und können im Unterricht nebeneinander verwendet werden.

Druck und Bindung: Livonia Print, Riga

ISBN 978-3-06-062943-5
ISBN 978-3-06-063015-8 (E-Book)

PEFC
PEFC/12-31-006

PEFC zertifiziert
Dieses Produkt stammt aus nachhaltig bewirtschafteten Wäldern und kontrollierten Quellen.

www.pefc.de

Euer Deutschbuch auf einen Blick

Das Buch ist in **vier Kompetenzbereiche** aufgeteilt.
Ihr erkennt sie an den Farben:

- Sprechen – Zuhören – Schreiben
- Lesen – Umgang mit Texten und Medien
- Nachdenken über Sprache
- Arbeitstechniken

Jedes **Kapitel** besteht aus **drei Teilen:**

1 Hauptkompetenzbereich
Hier wird das Thema des Kapitels erarbeitet, z. B. in Kapitel 1 „Mündlich und schriftlich informieren".

1.1 Mein Vorbild – Mündlich und schriftlich informieren

2 Verknüpfung mit einem zweiten Kompetenzbereich
Das Kapitelthema wird mit einem anderen Kompetenzbereich verbunden und vertiefend geübt.

1.2 Vorbildhaftes Verhalten!? – Literarische Texte lesen

3 Klassenarbeitstraining oder Projekt
Hier überprüft ihr das Gelernte anhand einer Beispielklassenarbeit und einer Checkliste oder ihr erhaltet Anregungen für ein Projekt.

1.3 Fit in ...! – Einen Informationstext verfassen

Das **Orientierungswissen** findet ihr in den blauen Kästen mit den Bezeichnungen **Information** und **Methode**.

Auf den blauen Seiten am Ende des Buches (► S. 289–324) könnt ihr das Orientierungswissen aller Kapitel noch einmal nachschlagen.

Folgende **Kennzeichnungen** werdet ihr im Buch entdecken:

- Partnerarbeit
- Gruppenarbeit
- 4 Zusatzaufgabe

Die **Punkte** sagen euch etwas über die Schwierigkeit der Aufgabe:

- ●○○ Diese Aufgaben geben euch Starthilfen oder schlagen euch verschiedene Lösungen vor.
- ●●○ Diese Aufgaben sind schwieriger zu lösen als die Aufgaben mit einem Punkt.
- ●●● Diese Aufgaben verlangen, dass ihr sie möglichst selbstständig bearbeitet.

Inhaltsverzeichnis

Kompetenzschwerpunkt

- **Lesen, mit Texten und Medien umgehen**
  wesentliche Merkmale argumentativer Texte kennen (These, Argument, Beispiel)

Sprechen – Zuhören – Schreiben

3 Meine Zukunft – Beschreiben 51

Kompetenzschwerpunkt

- **Sprechen und Zuhören**
  verständlich, differenziert und adressatenbezogen beschreiben
- **Schreiben und Gestalten**
  in einem funktionalen Zusammenhang informieren und beschreiben (Personen, Orte, Arbeitsabläufe, Gegenstände);
  formalisierte Texte verfassen (Bewerbungsanschreiben, Lebenslauf, Tagesbericht);
  Texte ihrem Zweck entsprechend adressatengerecht und strukturiert gestalten und überarbeiten

4

Sprechen – Zuhören – Schreiben

Kompetenzschwerpunkt

Ich rede, wie ich will!? – Adressatengerecht sprechen und schreiben 71

► **Schreiben und Gestalten**
Texte ihrem Zweck entsprechend gestalten und überarbeiten (stilistische Formulierungsentscheidungen erproben, Textüberarbeitung)

► **Sprache und Sprachgebrauch untersuchen**
private und öffentliche Kommunikation unterscheiden; Kommunikationsstörungen kennen und lösen; Unterschiede zwischen Ausdrucksweisen (Standard-, Umgangs-, Jugendsprache) unterscheiden und nutzen; Unterschiede zwischen Schriftlichkeit und Mündlichkeit reflektieren; Merkmale der Sprachentwicklung (Bedeutungswandel, Sprachvarietäten) kennen; grundlegende Fachtermini kennen (Synonyme und Antonyme, Grund- und Nebenbedeutung unterscheiden, Ober- und Unterbegriffe zuordnen); Dialekte kennen lernen

5

Lesen – Umgang mit Texten und Medien

Kompetenzschwerpunkt

„Unterm Birnbaum" – Eine Novelle lesen und verstehen 89

► **Lesen, mit Texten und Medien umgehen**
altersgemäße epische Texte der literarischen Tradition (Novelle) kennen und ihre wesentlichen Merkmale benennen; über Grundbegriffe der Textbeschreibung und -erschließung verfügen (Erzähler, Handlung, Figuren, Konflikte); Fragen zu Texten und zu ihrer Gestaltung entwickeln und beantworten; handlungs- und produktionsorientierte Verfahren der Texterschließung und -interpretation anwenden; über die in den Texten gestalteten Inhalte und Probleme diskutieren

▶ **Lesen, mit Texten und Medien umgehen**
altersgemäße lyrische Texte der literarischen Tradition und der Gegenwart (Gedichte, Songs, konkrete Poesie) kennen und ihre wesentlichen Merkmale benennen; über Grundbegriffe der Textbeschreibung und -erschließung verfügen (lyrisches Ich, Strophe, Vers, Refrain, Reimform, Metrum, sprachliche Bilder: Vergleich, Metapher, Personifikation); Fragen zu Texten und zu ihrer Gestaltung entwickeln und beantworten; motivgleiche Gedichte vergleichen

▶ **Sprechen und Zuhören**
Gedichte und Songs sinngestaltend vortragen; verbale Gestaltungsmöglichkeiten einsetzen

▶ **Schreiben und Gestalten**
lyrische Texte erschließen und eine eigene Deutung des Textes entwickeln; Formen des kreativen, produktionsorientierten und textgebundenen Schreibens anwenden (z. B. Paralleltexte)

▶ **Lesen, mit Texten und Medien umgehen**
dramatische Texte kennen und ihre wesentlichen Merkmale (Szene, Akt, Konflikt, Handlungsaufbau) benennen; dramatische Texte erschließen und eine eigene Deutung des Textes entwickeln; Fragen zu Texten und zu ihrer Gestaltung entwickeln und beantworten;

► **Lesen, mit Texten und Medien umgehen**
altersgemäße epische Texte der Gegenwart (Jugendroman) kennen und ihre wesentlichen Merkmale benennen;
über Grundbegriffe der Textbeschreibung und -erschließung verfügen (Handlung, Figuren, Konflikte, Erzähler);
Fragen zu Texten und zu ihrer Gestaltung entwickeln und beantworten;
über die in den Texten gestalteten Inhalte und Probleme diskutieren;
grundlegende filmische Gestaltungsmittel kennen (Kameraeinstellung und -perspektive, Montage, Mise en Scène)

► **Sprache und Sprachgebrauch untersuchen**
die verschiedenen Wortarten kennen und funktional gebrauchen;
Formen der Verbflexion kennen und korrekt bilden;
Aktiv/Passiv, Modi (Konjunktiv I und Konjunktiv II) und Modalverben unterscheiden und anwenden;
Methoden der Textüberarbeitung anwenden;
grammatikalische Kenntnisse hinsichtlich der Syntax funktional anwenden;
Satzarten (Subjektsatz, Objektsatz, Relativsatz, Adverbialsatz) kennen;

Arbeitstechniken — Kompetenzschwerpunkt

13 Glücklich sein – Lesetechniken anwenden, Texte und Aufgaben verstehen 275

► **Lesen, mit Texten und Medien umgehen**
differenzierte Lesestrategien (überfliegendes und gezieltes Lesen) zum Erschließen von Texten anwenden; Informationen aus nicht linearen Texten (Grafiken, Diagramme) entnehmen und sie verknüpfen; Texte hinsichtlich ihres Informationsgehalts vergleichen und nutzen; Texte im Hinblick auf ihre Intention, Gestaltung und Wirkung untersuchen

► **Schreiben und Gestalten**
Sachtexte und literarische Texte erschließen und strukturiert zusammenfassen

► **Sprechen und Zuhören**
das Verständnis von längeren gesprochenen Texten sichern und den Inhalt wiedergeben

Orientierungswissen 289

1 Vorbild sein!? – Informieren und referieren

1 Auf dem Foto seht ihr eine ehrenamtliche Mitarbeiterin der internationalen Organisation für medizinische Nothilfe „Ärzte ohne Grenzen" bei einem Einsatz gegen Malaria in der Zentralafrikanischen Republik.
Findet ihr das Verhalten dieser Mitarbeiterin vorbildhaft?
Begründet eure Meinung.

2 Warum ist es nicht immer leicht, sich vorbildlich zu verhalten? Diskutiert.

In diesem Kapitel ...

- denkt ihr über den Begriff *Vorbild* nach,
- sammelt ihr Informationen zu möglichen Vorbildern,
- verfasst ihr auf der Grundlage verschiedener Materialien Informationstexte,
- erstellt ihr ein Portfolio und erarbeitet ein Referat,
- lest ihr literarische Texte zum Thema „vorbildhaftes Verhalten".

1.1 Mein Vorbild – Mündlich und schriftlich informieren

Das Vorbild – Über einen Begriff nachdenken

A Meine Großmutter ist mein Vorbild. Sie war total abenteuerlustig und ist in ihrem Leben sehr viel gereist, auch ganz allein. Ich könnte ihr stundenlang zuhören, wenn sie von ihren Erlebnissen erzählt. Später möchte ich auch einmal so viel von der Welt sehen wie sie.

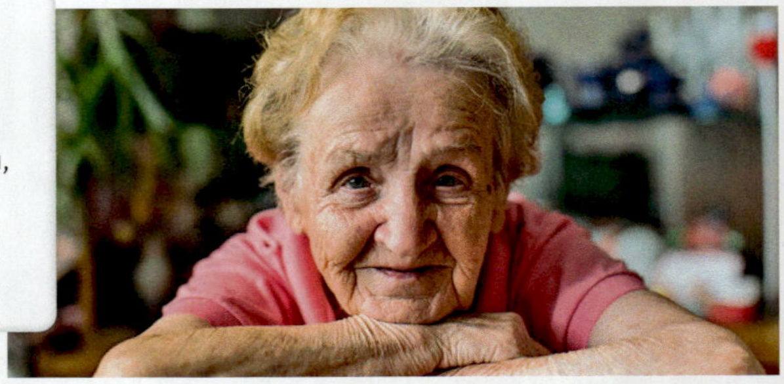

B In der Schule wird immer gesagt, wir sollen Vorbild sein für die Jüngeren, aber ich glaube, die interessieren sich doch gar nicht für uns. Die haben ganz andere Vorbilder: Sportler, Filmstars oder Sänger.

C Mein Vorbild ist Pippi Langstrumpf. Ich finde es toll, was für ausgefallene Ideen Pippi hat und wie mutig sie diese verwirklicht, auch wenn sie dabei manchmal gegen Regeln verstößt. Und sie ist immer für ihre Freunde da!

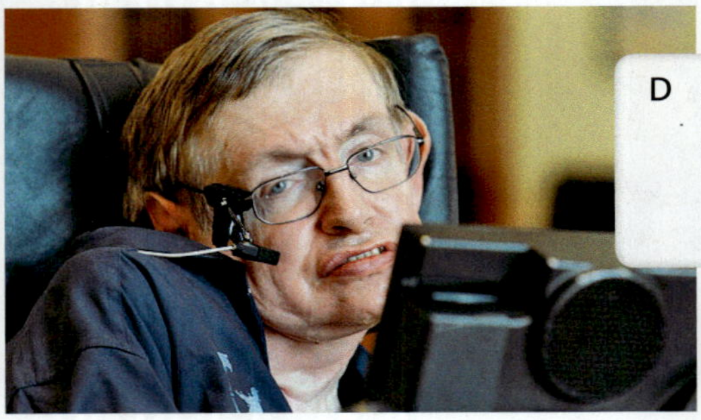

D Stephen Hawking ist mein Vorbild, weil er zeigt, dass man auch mit einer körperlichen Behinderung sein Leben sehr erfolgreich meistern und seine Träume verwirklichen kann.

E Ich finde, Beyoncé ist ein gutes Vorbild. Sie sieht toll aus, macht echt gute Musik, hat weltweit wahnsinnigen Erfolg und engagiert sich auch für soziale Projekte.

F Mein Onkel ist mein Vorbild. Sein Job als Krankenpfleger im Krankenhaus ist nicht leicht. Trotzdem geht er gern zur Arbeit und hat dabei meistens gute Laune.

1 a Lest die Aussagen A bis F (► S. 14) und besprecht: Welche Vorbilder werden genannt? Welchen Aussagen würdet ihr euch spontan anschließen, welchen nicht?

b Überlegt, welche besonderen Eigenschaften die Vorbilder jeweils haben. Sammelt die Eigenschaften in einem Cluster.

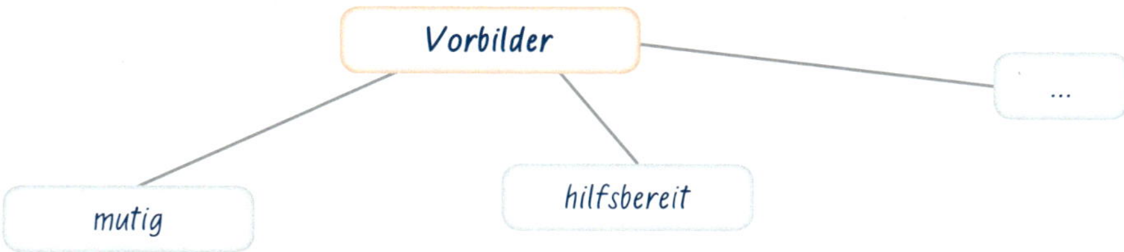

c Welche Eigenschaften sollten Vorbilder eurer Meinung nach haben? Diskutiert zu zweit die folgenden Vorschläge und ergänzt weitere Adjektive im Cluster.

ehrlich • selbstbewusst • selbstlos • reich • bescheiden • ehrgeizig • stark • tapfer • höflich • freundlich • fair • rücksichtslos • rücksichtsvoll • tolerant • verständnisvoll • berühmt • durchsetzungsstark • fleißig • zuverlässig • intelligent • sportlich • attraktiv • hilfsbereit • furchtlos • kreativ

Warum soll ich ein Vorbild haben? Schon der Begriff *Vorbild* klingt altmodisch. Wenn ich ihn höre, dann denke ich an Helden aus Märchen oder Sagen. Sie besitzen nur gute Eigenschaften, machen alles richtig und werden deshalb bewundert. Kein normaler Mensch kann so sein. Das Besondere an den Menschen ist doch, dass jeder eine eigene Persönlichkeit hat und sich dadurch von allen anderen unterscheidet. Individualität erwartet man auch von berühmten Persönlichkeiten. Warum soll man sich also darum bemühen, so zu werden wie ein anderer? Ist es nicht viel wichtiger, dass jeder seinen eigenen Stil entwickelt?

2 a Welche Meinung zum Thema „Vorbild" äußert der Sprecher? Fasst die Aussage in einem Satz zusammen.

b Der Sprecher fragt: „Warum soll man sich also darum bemühen, so zu werden wie ein anderer?" Diskutiert darüber, ob es sinnvoll ist, Vorbilder zu haben.

3 Formuliert eine eigene Aussage zum Thema „Vorbild":

Mein Vorbild ist ..., denn ...
An ihm/ihr gefällt mir besonders, dass/wie ...
Es beeindruckt mich, wie er/sie ...
Mein Vorbild ist wichtig für mich, weil ...

Ich habe kein Vorbild, denn ...
Es erscheint mir wichtig/unwichtig, ...
Man sollte bedenken, dass ...
Ich finde Vorbilder überflüssig, weil ...

4 Was ist ein Vorbild? Formuliert eine kurze, sachliche Erklärung zu diesem Begriff im Heft:
Als Vorbild wird eine Person oder eine Figur bezeichnet, die ...

Informationen auswerten

Stellt euch vor, im Rahmen eines Projekts zum Thema „Vorbilder" sollt ihr eure Mitschülerinnen und Mitschüler über die jüngste Friedensnobelpreisträgerin, Malala Yousafzai, informieren. Dafür stehen euch verschiedene Materialien zur Verfügung.

Material 1 **Malala Yousafzai – Lebenslauf**

- geboren am 12. Juli 1997 im Swat-Tal (Bergregion in Pakistan)
- 2008 Blogtagebuch für die Webseite des britischen TV-Senders BBC *(Diary of a Pakistani Schoolgirl)* unter dem Namen Gul Makai (Kornblume) über die Gewalttaten der Taliban, einer islamistischen Bewegung in Pakistan, Protest gegen Schulschließungen und gegen Unterrichtsverbot für Mädchen und Frauen
- 2009 Zurückdrängung der Taliban durch pakistanische Regierung; Malala enthüllt ihre wahre Identität, gibt zahlreiche Interviews
- 2011 erster Friedenspreis der pakistanischen Regierung
- 2012 Attentat auf Malala durch zwei Talibankämpfer, lebensgefährliche Verletzungen
- Ausreise nach Großbritannien, dort Operation in Spezialklinik und neuer Wohnsitz, nach Genesung Fortsetzung des Engagements für Kinderrechte
- 2013 Internationaler Friedenspreis für Kinder in Den Haag
- 12. Juli 2013 Rede vor der Vollversammlung der UNO (Organisation der Vereinten Nationen)
- 10. Dezember 2014 Friedensnobelpreis in Oslo

1 Erstellt im Heft einen Zeitstrahl und tragt mit Hilfe der Stichworte die einzelnen Lebensstationen Malalas ein:

1997 Geburt in Pakistan — *2008 BBC-Blog* — *2009 …*

Material 2 **Auszug aus der Rede von Malala Yousafzai vor der UNO** (Juli 2013)

Liebe Schwestern und Brüder, ich bin gegen niemanden, auch bin ich nicht hier, um aus persönlicher Rache gegen die Taliban oder irgendeine andere terroristische Gruppe zu sprechen.
Ich bin hier, um meine Meinung zu sagen für das Recht auf Bildung für alle Kinder. Ich wünsche mir Bildung für die Söhne und Töchter der Taliban und aller Terroristen und Extremisten. Ich hasse nicht einmal den Taliban, der auf mich geschossen hat. Selbst wenn eine Waffe in meiner Hand wäre und er vor mir stünde, würde ich ihn nicht erschießen.

2 Wie denkt ihr über Malalas Aussage, könnt ihr sie nachvollziehen? Begründet eure Meinung.

Material 3 Jüngste Friedensnobelpreisträgerin in Oslo geehrt

Oslo – Für ihren Kampf für Kinderrechte hat die erst 17-jährige Malala Yousafzai aus Pakistan am Mittwoch in Oslo den Friedensnobelpreis erhalten.

Sie sei sehr stolz, die erste Pakistanerin und die erste Jugendliche zu sein, die diese Auszeichnung entgegennimmt, sagte die 17-Jährige bei der Verleihung im Rathaus der norwegischen Hauptstadt. „Ich bin ziemlich sicher, dass ich auch die erste Empfängerin des Friedensnobelpreises bin, die immer noch mit ihren jüngeren Brüdern streitet", scherzte Yousafzai. „Ich will, dass überall Frieden ist, aber meine Brüder und ich arbeiten noch daran."
Die 17-Jährige sagte weiter: „Mir ist aufgefallen, dass Menschen mich ganz unterschiedlich beschreiben." Manche nennen sie „das Mädchen, das von den Taliban angeschossen wurde", andere nun „Nobelpreisträgerin". „Soweit ich weiß, bin ich einfach nur eine engagierte und sture Person, die eine gute Ausbildung für alle Kinder, gleiche Rechte für Frauen und Frieden in jeder Ecke der Welt sehen will." […]
Mit dem Friedensnobelpreis wird Yousafzais Eintreten gegen die Unterdrückung von jungen Menschen und für deren Recht auf Bildung gewürdigt. Auf das Mädchen hatten die Taliban 2012 einen Mordanschlag verübt, weil sie sich für das Recht auf Bildung einsetzte. Nachdem sie von dem Kopfschuss genesen war, setzte sie ihren Kampf fort.
Yousafzai hatte noch kurz vor der Preisverleihung verraten, dass sie ambitionierte Ziele verfolge: Sie hoffe, in der pakistanischen Politik Fuß zu fassen, sagte sie der britischen BBC. Sie würde dann auch anstreben, nach Abschluss ihres Studiums in Großbritannien Premierministerin in Pakistan zu werden. „Ich möchte meinem Land dienen. Und mein Traum ist es, dass mein Land ein entwickelter Staat wird, in dem jedes Kind eine Schulbildung erhält", sagte sie dem Sender. Inspiriert worden sei sie bei ihren Plänen von Benazir Bhutto, die vor ihrer Ermordung im Jahr 2007 zweimal pakistanische Ministerpräsidentin war. „Wenn ich meinem Land auch damit helfen kann, Ministerpräsidentin zu werden, dann würde ich mich definitiv dafür entscheiden", sagte die junge Aktivistin weiter.

3 Welche Informationen über Malala enthält der Text? Notiert sie stichwortartig.

Material 4 Lese- und Schreibfähigkeit von Erwachsenen weltweit

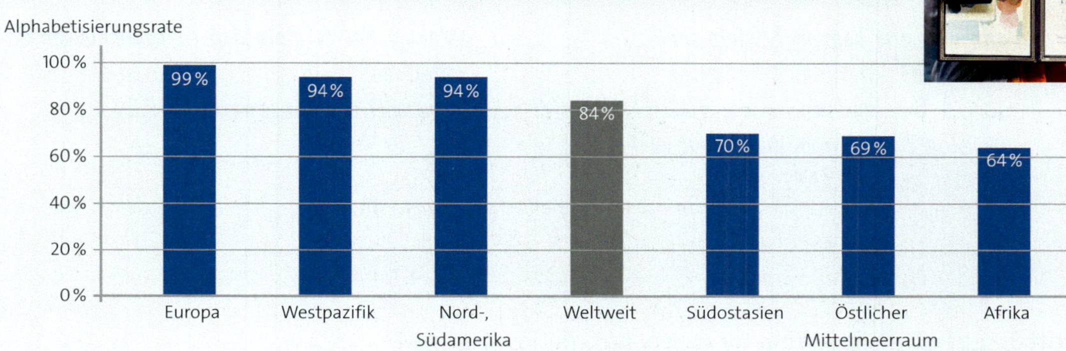

4 Untersucht das Diagramm. Formuliert eine Aussage dazu, welche Informationen es vermittelt.

Einen Informationstext schreiben

1 **Schritt 1:** Plant den Inhalt des Informationstextes über Malala Yousafzai für Schülerinnen und Schüler eurer Schule.

a Denkt über die folgenden zwei Fragen nach und macht euch Notizen dazu:
- Was wissen eure Mitschülerinnen und Mitschüler vermutlich bereits über Malala?
- Was interessiert sie an Malala, was würden sie gern über diese Person erfahren?

b Notiert auf Karteikarten oder Zetteln die Fragen zu Malala, die ihr in eurem Informationstext beantworten möchtet, z. B.:

Wer ist Malala?

Wofür setzt Malala sich ein?

Wann und wie begann Malala ihre Aktivitäten?

Warum hat Malala den Friedensnobelpreis erhalten?

2 **Schritt 2:** Wertet die Informationen über Malala in den Materialien 1–4 (► S. 16 f.) aus und ordnet sie.

a Überfliegt die Materialien 1–4 noch einmal und sichtet eure Notizen dazu.
- Listet auf, welche Textarten euch vorliegen.
- Prüft, welche Informationen zu euren Fragen jedes einzelne Material liefert.

b Ordnet die wichtigsten Informationen aus den einzelnen Materialien euren Fragen zu. Notiert sie stichwortartig auf die jeweilige Karteikarte, z. B.:

Wer ist Malala?
- *jüngste Friedensnobelpreisträgerin (M1, M3)*
- *wurde am 12. Juli 1997 in Pakistan geboren (M1)*
- *...*

Wofür setzt Malala sich ein?
- *für Unterricht für alle Kinder, auch für Mädchen (M1)*
- *in vielen Regionen der Erde können nicht alle lesen und schreiben, z. B. ... (M4)*
- *...*

Wann und wie begann Malala ihre Aktivitäten?
- *2008 Blogtagebuch für die BBC (M1)*
- *im Blog Bericht über die Taliban und Protest gegen ... (M1, M3)*
- *...*

Warum hat Malala den Friedensnobelpreis erhalten?
- *kämpft für Kinderrechte (M3)*
- *...*

3 **Schritt 3:** Legt eine Gliederung für euren Informationstext fest.

a Überlegt, in welcher Reihenfolge ihr in eurem Text auf die einzelnen Fragen eingehen wollt. Nummeriert die Karteikarten in dieser Reihenfolge.

b Legt zwei weitere Karteikarten an mit Ideen für die Einleitung und den Schluss eures Textes.

4 **Schritt 4:** Schreibt mit Hilfe eurer Vorarbeiten einen zusammenhängenden Informationstext über Malala.

a Formuliert eine Einleitung, die das Interesse der Leserinnen und Leser weckt und in das Thema einführt, z. B.:
- *2014 erregte die Verleihung des Friedensnobelpreises besonders große Aufmerksamkeit, denn ...*
- *Wer ist Malala Yousafzai? Spätestens seit der Verleihung des Friedensnobelpreises 2014 ist der Name international bekannt. ...*
- *„Jch bin hier, um meine Meinung zu sagen für das Recht auf Bildung für alle Kinder." Das sagte Malala Yousafzai mit nur 16 Jahren in einer Rede vor der Vollversammlung der UNO ...*

b Gebt im Hauptteil die Informationen auf euren Karteikarten in vollständigen Sätzen wieder. Formuliert zu jeder Karte einen Absatz. Verwendet dabei eure eigenen Worte und schreibt so, dass eure Mitschülerinnen und Mitschüler den Text gut verstehen, z. B.:

Wann und wie begann Malala ihre Aktivitäten?
- *2008 Blogtagebuch für die BBC (M1)*
- *im Blog Bericht über die Taliban und Protest gegen ... (M1, M3)*
- *...*

Malala setzte sich bereits mit elf Jahren für die Rechte der Kinder ein. Zuerst schrieb sie ein Blog-Tagebuch für einen britischen Fernsehsender, die BBC. Jn dem Blog berichtete sie von der Unterdrückung der Frauen und Kinder durch die Talibankämpfer. Sie protestierte dagegen, dass ...

c Verfasst einen Schluss. Wählt dafür eine der folgenden Formulierungen und setzt sie fort:
- *Zusammenfassend kann man sagen, dass ...*
- *Malala kämpft weiter für die Rechte der Kinder, indem sie ...*
- *Wird Malala eines Tages Ministerpräsidentin von Pakistan sein? ...*
- *Malala ist für viele Kinder und Jugendliche ein Vorbild, weil ...*

d Ergänzt eine interessante und treffende Überschrift, die das Thema angibt.

5 **Schritt 5:** Überarbeitet euren Text mit Hilfe der Informationen im folgenden Methodenkasten.

Methode **Einen Informationstext verfassen**

Ein informierender Text fasst in **knapper** und **für die Leser gut verständlicher Weise** wichtige Informationen über Personen, Sachverhalte oder Gegenstände zusammen.

- Gliedert euren Text in **Überschrift, Einleitung** (Einführung in das Thema, z. B. durch ein Zitat oder eine Frage), **Hauptteil** (Informationen zu einzelnen Fragestellungen des Themas) und **Schluss** (Zusammenfassung, Fazit oder Ausblick).
  Verdeutlicht die Gliederung eures Textes durch **Absätze.**
- Verwendet **eigene Worte** und formuliert **sachlich** ohne persönliche Wertungen.
- Macht **Zusammenhänge** zwischen den Informationen deutlich durch Verknüpfungswörter wie *weil, obwohl, indem, nachdem, bevor, deshalb, trotzdem, außerdem, weiterhin.*

Ein Referat ausarbeiten und halten

Mein Vorbild: Stephen Hawking

1 Einleitung
Zitat: „Ich möchte herausfinden, woher das Universum kommt. Wie und warum es begonnen hat. Wie es enden wird und wenn, wie dieses Ende aussehen wird.“
(Stephen Hawking)

Ich möchte euch mein Vorbild, den britischen Astrophysiker Stephen Hawking, vorstellen. Er gilt als der „intelligenteste Mensch der Welt“ und „Jahrhundertgenie“. Das Zitat zeigt, womit sich Hawking beschäftigt. Trotz seiner schweren Krankheit hat er sein Ziel nie aufgegeben.

2 Lebensweg
- geboren am 8. Januar 1942 in England
- 1959 mit 17 Jahren jüngster Physikstudent an der Universität Oxford
- 1962–1966 Promotion in Kosmologie (Entstehung des Alls) an der Universität Cambridge
- 1963 Diagnose einer schweren Nervenkrankheit (ALS)
- seit 1968 auf einen Rollstuhl angewiesen
- 1979–2009 Professor im Fachbereich Angewandte Mathematik und Theoretische Physik in Cambridge
- 1985 Verlust der Fähigkeit zu sprechen
  → benutzt Sprachcomputer, den er mit seinen Augen steuert

3 Wichtige wissenschaftliche Erkenntnisse
- Hawkings These: Universum entstand durch Urknall (große Explosion)
- Entwicklung von Theorien über Schwarze Löcher: Sterne können sterben, dabei entstehen „Schwarze Löcher“, die eine so große Schwerkraft haben, dass nicht einmal das Licht entkommen kann.

4 Ehrungen und Auszeichnungen
- mit nur 32 Jahren Mitglied der *Royal Society* der britischen Wissenschaften
- 1979 Albert-Einstein-Medaille
- 1989 Ernennung zum *Companion of Honor* durch die britische Königin
- 2013 *Special Fundamental Physics Prize*
- viele weitere Preise und Ehrendoktortitel
- erhielt eine Rolle bei den Simpsons

5 Schluss
Darum ist Stephen Hawking ein Vorbild für mich:
→ hat bedeutende wissenschaftliche Theorien aufgestellt
→ sein Schaffensdrang hat trotz der Behinderung nie nachgelassen
→ hat trotz Krankheit seinen Humor nicht verloren

1 **a** Lest die Karten für ein Referat über den berühmten Astrophysiker Stephen Hawking. Besprecht, wie bei der Vorbereitung des Referats vermutlich vorgegangen wurde.

b Haltet das Referat mit Hilfe der Karten und gebt euch Rückmeldungen zum Vortrag (► S. 290):
- Zwei Schüler tragen abwechselnd den Inhalt der einzelnen Karten vor.
- Die anderen Schüler hören aufmerksam zu und machen sich Notizen zur Vortragsweise:
  Wurde laut und deutlich in angemessenem Tempo gesprochen?
  Wurde der Blickkontakt mit den Zuhörenden gehalten?
  Waren Gesichtsausdruck und Körperhaltung angemessen?

2 Bereitet ein eigenes Referat über euer Vorbild vor.

a Sammelt Informationen über euer Vorbild:
- Recherchiert in der Bibliothek oder im Internet nach Materialien zu eurem Vorbild. (Wenn euer Vorbild eine Person aus eurem Umfeld ist, könnt ihr ein Interview mit ihr führen.)
- Kopiert Materialien oder druckt sie aus und bearbeitet sie mit folgenden Methoden:

> Schlüsselwörter unterstreichen • wichtige Informationen markieren • Fragen notieren • Fachwörter nachschlagen • Zeitstrahl oder Flussdiagramm zeichnen • unwichtige Aussagen streichen • Informationen stichwortartig herausschreiben

b Ordnet die Informationen über euer Vorbild stichwortartig in einer Mindmap, z. B.:

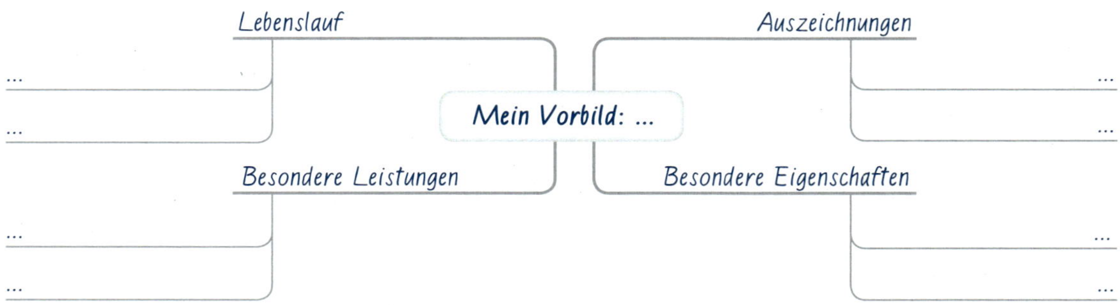

c Legt zu jedem Unterpunkt eine Karteikarte an. Übertragt die wichtigen Informationen aus der Mindmap sauber auf die jeweilige Karteikarte.

d Legt die Gliederung für das Referat fest. Nummeriert dazu die Karten in sinnvoller Reihenfolge.

e Formuliert auf einer weiteren Karte eine Einleitung für euer Referat:
- *Jch möchte euch mein Vorbild ... vorstellen.*
- *Er/Sie wurde bekannt/berühmt, weil ...*
- *Er/Sie hat einmal gesagt, ...*
- *... ist mir aufgefallen, weil ...*
- *Jch habe ... zum ersten Mal in ... gesehen/gehört/getroffen.*

f Formuliert für den Schluss eine Aussage dazu, warum die Person euer Vorbild ist.

3 **a** Bereitet Bilder, ein Plakat, ein Handout oder eine Folienpräsentation zur Unterstützung des Referats vor (► S. 324) und übt den Vortrag ein.

b Tragt euer Referat der Klasse vor. Beantwortet anschließend die Fragen der Zuhörerinnen und Zuhörer und bittet sie um eine Rückmeldung zum Inhalt und zur Vortragsweise (► S. 290).

Methode **Ein Referat halten**

- **Einleitung:** Weckt das Interesse eurer Zuhörerinnen und Zuhörer und führt in das Thema ein, z. B. durch Bilder, treffende Zitate oder persönliche Bemerkungen zum Thema. Gebt einen Überblick über die Gliederung eures Referats.
- **Hauptteil:** Tragt die Informationen zu den einzelnen Unterpunkten eures Themas in einer sinnvollen Reihenfolge vor. Erklärt Fachbegriffe, die ihr verwendet. Verzichtet auf überflüssige Informationen, die vom Thema wegführen.
- **Schluss:** Der Schluss rundet das Referat ab. Fasst wichtige Informationen zusammen, formuliert eure persönliche Meinung zum Thema oder gebt einen Ausblick auf die Zukunft.

Ein Portfolio anlegen

1 Legt ein Portfolio (eine Sammelmappe) über euer Vorbild an.

a Gestaltet ein Deckblatt, das zu eurem Vorbild passt.

b Recherchiert im Internet oder in der Bibliothek nach Materialien für euer Portfolio.
Druckt die Materialien mit der Internetadresse aus.

c Schreibt eigene Texte und fertigt Skizzen und Zeichnungen an, z. B.:

- einen Informationstext über die Person oder die Figur
- einen ausgedachten Tagesablauf des Vorbilds: *„Ein Tag im Leben von …"*
- einen Zeitstrahl mit Bildern und Beschriftung
- einen Steckbrief: *„Wichtige Fakten über …"*
- ein ausgedachtes Interview mit dem Vorbild: *„Auf der Parkbank mit …"*
- eine Liste mit wichtigen Internetadressen und Buchtiteln
- ein Foto oder eine Zeichnung des Vorbilds, beschriftet mit den besonderen Eigenschaften

d Ordnet die Materialien, Texte und Zeichnungen nach Unterthemen und legt ein Inhaltsverzeichnis für das Portfolio an.

2 Dokumentiert und beurteilt eure Portfolio-Arbeit. Beantwortet dafür die folgenden Fragen:

A Wie seid ihr bei der Erarbeitung vorgegangen? Zum Beispiel:
- *Suche in der Schülerbibliothek*
- *Internetrecherche*
- *Gespräch mit Musiklehrerin*

B Was habt ihr bei der Materialsuche für weitere Internetrecherchen gelernt? Zum Beispiel:
Man sollte Fragen, zu denen man Informationen sucht, vorher schriftlich formulieren.

C Was ist euch bei eurer Arbeit gut gelungen? Zum Beispiel: *Zeitstrahl zum Leben von Beyoncé*

D Welche Schwierigkeiten sind aufgetreten? Wie habt ihr sie gelöst? Zum Beispiel:
- *zu viele Materialien im Netz → Lösung: einzelne Themenbereiche in den Suchmaschinen genauer angegeben*

E Woran möchtet ihr weiterarbeiten? Zum Beispiel:
Biografie von Beyoncé lesen: Anna Pointer „Beyoncé – Crazy in Love"

Methode **Ein Portfolio anlegen**

Ein Portfolio ist eine **geordnete Sammelmappe** zu einem Thema. So legt ihr es an:
- Gestaltet ein zum Thema passendes **Deckblatt.**
- Führt in einem **Inhaltsverzeichnis** alle Materialien auf.
- Sammelt in der Mappe ausgedruckte, ausgeschnittene oder selbst geschriebene **Texte und andere Materialien.**
- Formuliert eine **Einschätzung zur Materialsuche.**

Teste dich!

Einen Informationstext überarbeiten

Material 1
Größte Länderprogramme nach Projektausgaben (2014)

1 Südsudan
2 D. R. Kongo
3 Zentralafrikanische Republik
4 Haiti
5 Sierra Leone
6 Afghanistan
7 Niger
8 Liberia
9 Äthiopien
10 Irak

Material 2
Medizinische Aktivitäten 2014 (Auszug)

Behandlungen	Anzahl
Behandlungen ohne Krankenhausaufenthalt	8 250 700
Malaria-Behandlungen	2 114 900
Masern-Impfungen	1 513 700
Behandlungen mangelernährter Kinder	217 900
Geburten	194 400
Operationen	81 700

Material 3
Die Organisation „Ärzte ohne Grenzen“

- internationale medizinische Nothilfeorganisation, finanziert aus privaten Spenden
- Mitarbeiter: Ärzte und Pflegekräfte, aber auch Vertreter zahlreicher anderer Berufe
- hilft an Orten, wo die medizinische Versorgung zusammengebrochen ist (auf Grund von Naturkatastrophen, bewaffneten Konflikten, in Flüchtlingslagern)
- handelt ungeachtet der ethnischen Herkunft oder der politischen und religiösen Überzeugungen der Patientinnen und Patienten
- wurde 1999 für die Einsatzbereitschaft für Menschen in Not mit dem Friedensnobelpreis geehrt

„Ärzte ohne Grenzen“ – internationale Hilfe für Menschen in Not

In der internationalen Organisation „Ärzte ohne Grenzen“ arbeiten Ärzte und Pflegekräfte. Sie helfen Menschen in den Ländern, in denen es keine oder nur wenige Ärzte gibt. Das sind fast nur Länder in Afrika. Dabei achten die Mitarbeiter der Organisation nicht darauf, welche Religion oder politische Überzeugung die Patienten haben, sie wollen einfach allen Menschen helfen. Das Geld für die Medikamente und die medizinischen Geräte erhalten die Krankenhäuser von den Patienten.
Am meisten kümmern sich Ärzte und Pfleger um mangelernährte Kinder und um schwangere Frauen bei der Geburt. Außerdem führen sie notwendige Operationen durch.
Für ihr großes Engagement haben die Ärzte 1999 den Friedensnobelpreis erhalten.

1 a Lies und untersuche die Materialien zur Organisation „Ärzte ohne Grenzen“.
b Überarbeite mit Hilfe der Informationen in den Materialien den Informationstext.
c Vergleiche deine Überarbeitung mit einer Lernpartnerin oder einem Lernpartner.

1.2 Vorbildhaftes Verhalten!? – Literarische Texte lesen

Carolin Philipps

Made in Vietnam

Die 14-jährige Lan schuftet unter unmenschlichen Bedingungen in einer Fabrik in Vietnam, die trendige Sportschuhe herstellt. Lan muss durchhalten, denn ihre Familie benötigt ihren Lohn zum Überleben.

Lan zuckt vor Schmerz zusammen, als sie den Schlag auf ihrem Rücken spürt. Erschrocken fährt sie hoch und sieht die mitleidigen Blicke ihrer Arbeitskolleginnen. Sie alle wissen, was jetzt passieren wird, denn es gibt nur wenige unter ihnen, die es noch nicht erwischt hat. Je länger man hier arbeitet, desto größer wird die Wahrscheinlichkeit. Niemand kann auf Dauer entkommen.

Lan krallt ihre Hände in das Leder des Sportschuhs, der vor ihr auf dem Tisch steht. Die Tränen schießen ihr in die Augen. Schnell beugt sie ihren Kopf nach unten, versucht die Tränen mit dem Ärmel abzuwischen.

„Aufwachen, du Schlafmütze! Du wirst nicht fürs Schlafen bezahlt!“ Die Stimme der Aufseherin schallt durch die Fabrikhalle. Überall werden Augen weit aufgerissen, Rücken gestrafft, flinke Hände arbeiten mit doppelter Geschwindigkeit weiter.

Es ist 22 Uhr. Die offizielle Arbeitszeit ist seit vier Stunden überschritten, es ist die dritte Nacht in Folge, in der sie arbeiten müssen, um den großen Auftrag pünktlich zu erledigen. Die dritte Nacht, in der sie gegen die immer stärker werdende Müdigkeit ankämpfen. Ein fast aussichtsloser Kampf, doch niemand möchte entlassen werden.

Die Aufseherin stößt Lan mit ihrem Stock an: „Los, hoch mit dir! Gerade stehen!“

Lan springt auf und stellt sich aufrecht wie ein Soldat vor ihrem Stuhl auf, die Arme steif nach unten, die Hände an die Hosennaht gepresst.

„Mitkommen!“, kommandiert Chi Dung.

Lan stolpert hinter ihr her durch die Reihen der Arbeiterinnen, von denen sich niemand mehr traut, sie anzublicken. Alle schauen auf ihre Werkstücke und hoffen, dass nichts in ihrem Verhalten den Blick der Aufseherin in ihre Richtung lenken wird.

Neben der Eingangstür bleibt Chi Dung stehen. Aus ihrer Kitteltasche nimmt sie eine

Schachtel mit Streichhölzern, holt eins heraus und bricht es in zwei Hälften.
„Augen auf!“, kommandiert sie und Lan reißt ihre Augen auf, so weit sie kann. Je weiter sie die Augen selber öffnet, desto weniger tut es weh, haben ihr die anderen erzählt. Für Lan ist es das erste Mal, und das ist immer am schlimmsten. Chi Dung schiebt die eine Streichholzhälfte unter ihr geöffnetes Augenlid und piekst dann das andere Ende unterhalb des Auges in die Haut. Das Gleiche macht sie mit dem rechten Auge. Sie arbeitet schnell und mit sicheren, geübten Handbewegungen.
Lans Augen tränen vor Schmerz und vor hilfloser Wut. Sie kann ihre Hände kaum ruhig halten, so dringend ist der Wunsch, die Augen zu reiben, der Wunsch, die Streichhölzer herauszureißen und Chi Dung in ihr verkniffenes Gesicht zu schleudern.
Dann muss Lan sich auf einen Stuhl stellen, mit dem Gesicht und ihren durch die Streichhölzer weit aufgespannten Augen zur Halle, als lebende Warnung für alle Arbeiter, auf keinen Fall einzuschlafen.
Die meisten Arbeiter in der Halle sind Mädchen und junge Frauen. Offiziell sind sie alle älter als vierzehn, aber da man bei der Einstellung keinen Pass vorlegen muss, die meisten von ihnen nicht mal einen besitzen, gibt es viele unter ihnen, die jünger sind. In letzter Zeit werden sie sogar bevorzugt eingestellt, weil sie billiger sind und alles ertragen. Sie haben auch etwas zu verbergen und brauchen dringend das Geld.
Ihre Augen tränen ununterbrochen, Lan schwankt und wäre beinahe vom Stuhl gefallen. Die Uhr über der Tür tickt. Eine Stunde, zwei Stunden, Stunden, die man ihr vom Lohn abziehen wird. Wie viel wird am Ende des Monats übrig bleiben? Die 570.000 Dong[1], die sie monatlich bekommt, reichen auch so kaum zum Leben. Und wenn man wie Lan und die meisten anderen hier auch noch die Eltern und Geschwister unterstützt, ist der Verlust jedes einzelnen Dong eine Katastrophe. Als Lan anfing, hat sie noch geglaubt, die Überstunden würden extra bezahlt. Dann hätte es Sinn gemacht, weil es mehr Geld für die Familie bedeutet hätte.
Abends, wenn Lan im Bett liegt und einmal nicht sofort schläft, dann hört sie viele Stimmen in der Dunkelheit, erregte Stimmen, die flüsternd über die Aufseherinnen schimpfen, ihnen den Tod wünschen. Aber je weiter die Nacht fortschreitet, desto leiser werden sie, und sobald es hell wird, sind die Stimmen ganz verstummt, verschluckt von der Müdigkeit und der Angst, den Arbeitsplatz zu verlieren.

---

1 Dong: vietnamesische Währung; hier: 23,50 € / Monat

1 Setzt euch zu zweit zusammen und lest euch den Romanauszug abwechselnd halblaut vor. Der Zuhörer fasst nach jedem Abschnitt den Inhalt zusammen. Der Vorleser korrigiert oder ergänzt jeweils die Zusammenfassung.

2 a Beschreibt den Ort, an dem der Romanauszug spielt.
b Nennt die Missstände, auf die hingewiesen wird.

3 Was erfährt man über die Hauptfigur Lan?
a Notiert stichwortartig alle Informationen zur Hauptfigur, die der Romanauszug gibt. Vergleicht eure Notizen anschließend mit einer Lernpartnerin oder einem Lernpartner.
b Besprecht zu zweit, warum Lan die Arbeit in der Fabrik so schwerfällt.

4 Versetzt euch in Lans Lage. Was schreibt sie in der Nacht in ihr Tagebuch? Formuliert einen Tagebucheintrag mit ihren Erinnerungen an den Tag sowie mit ihren Gedanken und Gefühlen.

Carolin Philipps

Made in Vietnam (Fortsetzung)

Eines Tages kommt eine Delegation aus Deutschland. Der deutsche Arbeitsinspektor wird von seiner Tochter Wiebke, die so alt ist wie Lan, begleitet. Vor Ort sollen die Arbeitsbedingungen überprüft werden, denn dem Fabrikbesitzer soll ein Preis für besonders fair hergestellte Schuhe verliehen werden. Für die Dauer der Inspektion werden die Arbeitsbedingungen in der Fabrik deutlich verbessert. Lan und Bac Le nutzen während eines feierlichen Abendessens die Gelegenheit, Wiebke und Tai, dem Sohn des Fabrikbesitzers, die wirklichen Arbeitsbedingungen zu zeigen.

In der Halle ist die Arbeit noch in vollem Gange. Die Luft ist nicht mehr ganz so stickig wie zur Mittagszeit, wenn die Sonne ungebremst auf das Dach brennt, aber auch jetzt reicht es noch aus, um Wiebke ganz blass werden zu lassen.

„Es ist so heiß hier! Man kriegt ja keine Luft!“

Auch Tai wischt sich den Schweiß von der Stirn und wäre am liebsten umgekehrt. Aber Lan schubst beide von hinten in die Halle.

„Jetzt schauen wir uns alles bis zum Ende an. Dies ist keine Show, das ist die Wahrheit.“

Wie am Morgen gehen sie durch die Reihe der Arbeiterinnen. Erstaunte Blicke folgen ihnen. Chi Dung, die an diesem Abend die Aufsicht hat, kommt herbeigeeilt. Als sie das weiße Mädchen in Begleitung von Tai sieht, grüßt sie aber nur freundlich und etwas verwirrt und folgt ihnen in einigen Metern Abstand.

Bei Hoa bleiben sie – angeführt von Lan – stehen. Sie zwinkert Hoa zu.

„Antworte einfach auf meine Fragen“, sagt sie. „Wie lange arbeitet ihr heute schon?“

„Keine Ahnung. Wir zählen die Stunden nicht mehr.“ „Und wann ist Schluss?“ Hoa zuckt mit den Schultern.

„Ask her how many breaks she had“, will Wiebke wissen.

„Only one break! We’re tired, and we sleep.“

Hoa zeigt mit der Hand auf eine Arbeiterin, die auf einem Stuhl steht – die Streichhölzer spreizen ihre Augen auf. Die harten Strafen sind wieder eingeführt worden. Der für alle anderen gewohnte Anblick löst bei Wiebke einen entsetzten Schrei aus.

„Los, mach doch was!“, schreit sie Tai an. „Du bist der Sohn des Besitzers! Mach was!“ Sie packt seine Hand und zerrt ihn hinter sich her zu der jungen Frau.

Atemlose Stille in der Halle. Chi Dung telefoniert aufgeregt mit ihrem Handy.

Hilflos steht Tai vor dem Stuhl und weiß nicht, was er machen soll.

„Sag ihr, sie soll die Streichhölzer rausnehmen“, fordert Wiebke ihn auf.

Tai schaut sich um. „Was soll ich machen?“, fragt er leise Lan. „Wo ist Bac Le? Sie steht hier bestimmt, weil man sie bestraft. Ich kann doch nicht einfach ... Wer weiß, was sie verbrochen hat. Vielleicht hat sie gestohlen, Firmeneigentum ...“

„Ja, wir Arbeiter sind alle Diebe! So wie ich!“, sagt Lan wütend. „Ich hab hier auch schon gestanden. Und weißt du auch warum? Weil ich nach zwölf Stunden Arbeit kurz eingenickt bin.“

Aber Tai hört ihr nicht mehr zu. „What are you doing?", schreit er Wiebke an. „No pictures!" Zu spät! Wiebke hat mit ihrem Handy bereits einige Bilder von dem Mädchen auf dem Stuhl gemacht.

„Lass uns gehen! Ich hab genug gesehen!", sagt sie.

„Was hast du vor?"

„Ich stelle die Fotos ins Internet. Alle sollen sehen, was deine Familie gemacht hat."

„Das kannst du nicht tun! Wir werden alle Aufträge verlieren. Wir gehen pleite. Ich hab auch nichts davon gewusst!"

„Hast du dich nie gefragt, wie dein Vater das Geld für deine Privatschule verdient? Warst du niemals hier?"

Tai schüttelt den Kopf.

„Vielleicht weiß mein Vater gar nicht, was hier abgeht. Es sind die Aufseher ..."

„Ein guter Arbeitgeber sollte genau wissen, ..."

„Dann ist er eben kein guter ...!", schreit Tai.

„Aber das macht ihn nicht zum Verbrecher ..."

Wiebke sieht ihn spöttisch an. „Dein Vater soll einen Preis für besonders fair hergestellte Schuhe bekommen. Er hätte besser einen Preis für den besten Betrüger bekommen sollen."

„Trägst du zu Hause keine Markenschuhe? Weißt *du*, wie sie hergestellt werden? Ich wusste nichts davon!"

„Ich auch nicht!", schreit Wiebke zurück. „Natürlich trag ich Markenturnschuhe. Alle tun das! Aber ich wusste doch nichts."

„Ich auch nicht!", brüllt Tai.

Wiebke schaut Lan fragend an. Die nickt. Sie ist sicher, dass Tai nichts wusste. Woher auch? Seine Welt und die der Fabrikarbeiter liegen so weit auseinander wie Erde und Mond.

„Ich werde das Foto meinem Vater geben. ... Die Welt sollte wissen, was hier geschieht."

Tai zeigt auf ihre neuen Turnschuhe. „Und während du uns fertigmachst, trägst du gleichzeitig unsere Schuhe! Du bist auch nicht besser."

Wiebke schaut etwas verlegen auf ihre Füße. „Soll ich jetzt barfuß gehen?"

„Ja", sagt Tai. „Wenn du es ernst meinst, dann musst du barfuß gehen. Du kannst uns nicht beschimpfen und meinen Vater einen Betrüger nennen und dann unsere Schuhe tragen. Wenn du wieder in Deutschland bist und alles vergessen hast, dann kannst du ja im Geschäft unsere Schuhe neu kaufen. Aber diese hier solltest du besser ausziehen."

Lan, die von der auf Englisch geführten Diskussion nicht viel mehr mitbekommen hat, als dass die neue Freundschaft zwischen Tai und Wiebke diesen Fabrikbesuch wohl nicht überleben wird, schaut verwundert zu, wie Wiebke ihre neuen Turnschuhe auszieht und sie Tai in die Hände drückt. Dann läuft sie barfuß zum Eingang zurück.

Tai steht da und schaut betreten auf die Schuhe in seiner Hand. Die goldenen Muster schimmern im Licht der Neonlampen. „Sie sind eigentlich wunderschön!"

„Ja, sie sind wunderschön." Lan streicht mit dem Finger über das weiche schwarze Leder. „Außen sind sie das. Aber du musst in den Schuh hineinschauen. Zwischen die Lagen der Sohle oder ins Innere. Ganz tief unten, eingegraben in das Leder, da liegen unsere müden Augen, unsere Angst, unsere Wut. Jeder, der diesen Schuh anzieht, geht auf unserer Not spazieren ..."

1 Worum geht es in dem Konflikt? Notiert alle Figuren, die in dem Romanauszug vorkommen, und schreibt zu jeder Figur, worüber sie sich ärgert und welches Ziel sie verfolgt.

2 Diskutiert, welche Figur sich in dem beschriebenen Konflikt vorbildhaft verhält.

3 „Made in Vietnam" – erklärt die Bedeutung des Titels.

4 Wie beurteilt ihr Wiebkes Verhalten? Schreibt ihr einen Brief und begründet eure Einschätzung.

Fordern und fördern – Einen Informationstext schreiben

Material 1 Konsum ohne Kinderarbeit – Aus einer Verbraucherbroschüre

Nach wie vor herrschen in Textilfabriken oft Zustände, die moderner Sklaverei ähneln. Trotz offizieller Verbote werden Kinder zum Nähen von Kleidungsstücken eingesetzt, denn sie sind die billigsten Arbeitskräfte. Da an der Produktion eines Hemdes oder einer Hose weltweit über hundert Firmen beteiligt sind, ist es schwierig, den Ursprung eines Kleidungsstücks zurückzuverfolgen oder zu kontrollieren, ob die Produzenten jeder einzelnen Herstellungsstufe lückenlos in ihren Betrieben oder an ihren Heimarbeitsplätzen die Arbeitsrechte oder das Verbot von Kinderarbeit einhalten.

Material 2 Initiativen für ökofaire Herstellung von Bekleidung

Definitiv ist 100 Prozent fair und ökologisch produzierte Kleidung derzeit ein Nischenangebot in den Modegeschäften. Drei Initiativen widmen sich dem komplexen Thema und den Problemen in der globalen Lieferkette: Fair Wear Foundation (FWF), Fairtrade (FLO) und Global Organic Textile Standard (GOTS). Sie vergeben Siegel für fair und ökologisch hergestellte Bekleidung. Das Interesse daran nimmt auch unter Jugendlichen zu. Unter dem Motto „Fast Fashion Kills" kamen zum Beispiel Hunderte von Jugendlichen zur Eröffnung einer PRIMARK-Filiale in Berlin, um ökofaire Herstellung von Bekleidung zu fordern.

Material 3 Preisaufschlüsselung eines 10-Euro-Kleids

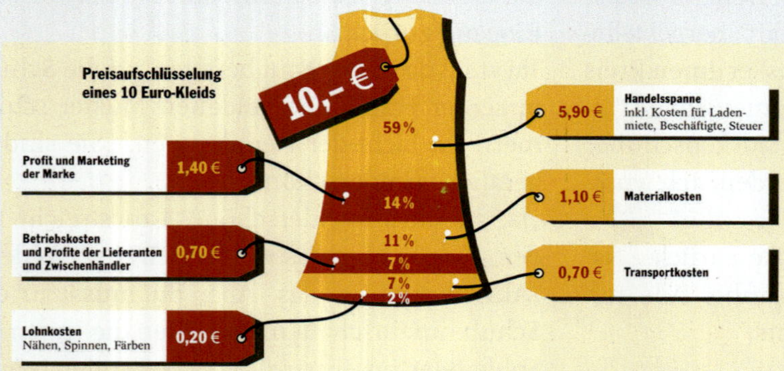

1 Plant einen Informationstext zum Thema „Einsatz gegen Kinderarbeit – verantwortungsbewusst Kleidung kaufen".

a Notiert Fragen, die eure Mitschülerinnen und Mitschüler zu diesem Thema stellen könnten.

▷ Hilfe zu Aufgabe 1a auf Seite 29

b Wertet die Materialien 1–3 aus und notiert stichwortartig die Informationen zu euren Fragen.

2 Schreibt mit Hilfe eurer Notizen von Aufgabe 1 einen vollständigen Informationstext.

▷ Hilfe zu Aufgabe 2 auf Seite 29

3 Tauscht eure Texte und gebt euch gegenseitig Hinweise. Überarbeitet anschließend euren Text.

▷ Hilfe zu Aufgabe 3 auf Seite 29

Aufgabe 1a mit Hilfen

Plant einen Informationstext zum Thema „Einsatz gegen Kinderarbeit – verantwortungsbewusst Kleidung kaufen". Notiert Fragen, die eure Mitschülerinnen und Mitschüler zu diesem Thema stellen könnten. Wählt drei Fragen aus:

A Warum halten sich Hersteller nicht an das Verbot von Kinderarbeit?
B Warum kontrollieren die Auftraggeber nicht, ob Kinder in den Textilfabriken arbeiten?
C Woran erkennt man, dass ein Kleidungsstück ohne Kinderarbeit hergestellt wurde?
D Wie viel Geld erhalten die Näher vom Endpreis eines Kleidungsstücks?
E Was kann man gegen die Kinderarbeit in Textilfabriken tun?

Aufgabe 2 mit Hilfen

Schreibt mit Hilfe eurer Notizen von Aufgabe 1 einen vollständigen Informationstext.

– Beginnt mit einer **Einleitung,** die das Interesse eurer Leser weckt. Wählt dafür einen der folgenden Anfänge und setzt ihn fort:
  - *Habt ihr euch auch schon einmal gefragt, ...*
  - *Kaum jemand macht sich beim Kleidungskauf Gedanken darüber, ...*
– Wählt für den **Hauptteil** passende Anfänge für einzelne Absätze und setzt sie fort. Verwendet dafür Informationen aus den Materialien.
  A Kinderarbeit ist in fast allen Ländern verboten. In ärmeren Ländern gibt es trotzdem immer wieder Hersteller, die Kinder einstellen, weil ...
  B Die Kontrolle der Kinderarbeit ist nicht leicht, denn ...
  C Wenn man sicher sein will, dass ein Kleidungsstück nicht von Kindern produziert wurde, sollte man auf ... achten. Organisationen wie ... vergeben ...
  D Man kann sich kaum vorstellen, dass die Näher eines Kleidungsstücks im Wert von 10 € nur ...
  E Es gibt verschiedene Initiativen, die sich gegen Kinderarbeit einsetzen ...
– Schreibt einen **Schluss,** in dem ihr die Ausgangsfrage noch einmal aufgreift oder einen Ausblick gebt. Wählt dafür einen der folgenden Anfänge und setzt ihn fort:
  - *Soll man weiterhin günstige Kleidung kaufen, die vielleicht von Kindern genäht wurde, oder sich für die teuren ökofairen Produkte entscheiden? Die Antwort bleibt schwierig, ...*
  - *Wenn man Kleidung kauft, sollte man also darüber nachdenken, ...*
– Wählt eine passende **Überschrift** für euren Informationstext aus:
  Nachdenken beim Kleidungskauf / Welches Kleid soll ich nehmen? /
  Das Problem der Kinderarbeit in der Textilindustrie

Aufgabe 3 mit Hilfen

Tauscht eure Texte und gebt euch gegenseitig Hinweise. Überarbeitet anschließend euren Text.
So könnt ihr bei der Überprüfung des Textes eures Lernpartners vorgehen:

– Prüft, ob gut in das **Thema** eingeführt wird und die Informationen in einer **sinnvollen Reihenfolge** aufgeführt werden.
– Schaut nach, ob im Text **Absätze** erkennbar sind.
– Markiert Textstellen, die ihr nicht versteht. Unterstreicht **schwierige Wörter,** die erklärt werden müssen.
– Kreist **Verknüpfungswörter** ein, die Zusammenhänge verdeutlichen. Wurden sie richtig verwendet? Welche weiteren Sätze sollten verknüpft werden?
– Prüft, ob die **Überschrift** zum gesamten Inhalt des Textes passt.

1.3 Fit in …! – Einen Informationstext verfassen

Stellt euch vor, ihr bekommt in der nächsten Klassenarbeit die folgende Aufgabe gestellt:

Aufgabe
Die Kampagne der Naturschutzjugend (NAJU) „Trashbusters H2O – Gemeinsam gegen die Plastikflut in den Gewässern“ gilt als Beispiel für vorbildhaftes Verhalten im Alltag.
Für die Schulwebseite sollst du einen Informationstext über die Organisation und ihre Kampagne verfassen.

1. Lies die Materialien und untersuche das Diagramm.
2. a Notiere Fragen, die du in dem Informationstext beantworten willst.
   b Suche aus den Materialien wichtige Informationen zu deinen Fragen heraus und notiere sie.
3. Verfasse mit Hilfe deiner Vorarbeiten den Informationstext.

Material 1

Die Naturschutzjugend (NAJU)

- unabhängige, gemeinnützige Jugendorganisation des NABU (Naturschutzbund Deutschland e. V.)
- 1982 gegründet
- deutschlandweit der größte Kinder- und Jugendverband im Natur- und Umweltschutz
- Aktuelle Kampagne: „Trashbusters H2O – Gemeinsam gegen die Plastikflut in den Gewässern“
- Aktionen: Meere, Küsten, Strände, Seen, Fließgewässer vom Abfall reinigen
- Ziel: wichtige Aufklärungsarbeit über die Umweltzerstörung leisten, „das Müllmonster jagen“

Material 2

Aufruf der NAJU

Werdet selbst zu Trashbusters und startet eine Aufräumaktion am Wasser – egal ob am Fluss, Bach, See oder Meer.
Kein Gewässer in Sicht?!
Dann räumt eure Umgebung an Land auf.
Das ist auch wichtig, damit der Müll nicht über Umwege in Binnengewässern und schließlich doch im Meer landet.

TRASHBUSTERS H2O

Material 3 Verschmutzung der Meere

Etwa 70 Prozent der Erdoberfläche sind mit Wasser bedeckt, der allergrößte Teil der Wassermassen befindet sich in unseren Weltmeeren. Umso erschreckender ist es, dass mehr als 10 Millionen Tonnen Müll jedes Jahr in die Ozeane gelangen, etwa 75 Prozent davon aus Plastik. Wissenschaftler haben mindestens fünf große Müllstrudel entdeckt, in denen der Plastikmüll teilweise eine Fläche einnimmt, die so groß ist wie Deutschland, Österreich und Schweden zusammen. Zwischen Kalifornien und Hawaii treibt sechsmal mehr Plastikmüll als Plankton im Meer. Das hat schon jetzt sichtbare und in Zukunft unvorhersehbare Auswirkungen auf Ökosysteme und damit auch auf die Lebensqualität der Menschen.

Material 4 **Müllzusammensetzung an der Wattenmeerküste**

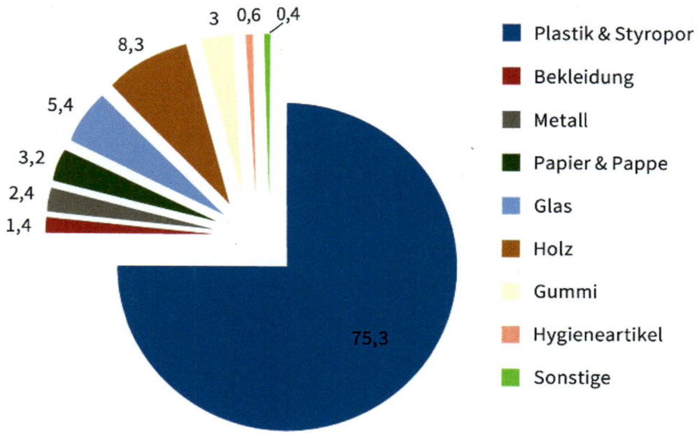

Müllzusammensetzung an der deutschen und niederländischen Wattenmeerküste in Prozent (nach Fleet et al. 2009)

Die Aufgabe richtig verstehen und planen

1 Lest die Aufgabenstellung gründlich und besprecht mit einer Lernpartnerin oder einem Lernpartner, wie ihr beim Schreiben des Informationstextes vorgehen solltet.

2 a Denkt über die folgenden Fragen nach und macht euch Notizen dazu:
- An welche Leserinnen und Leser soll sich euer Text richten?
- Was wissen die Leserinnen und Leser bereits über das Thema?
- Was möchten die Leserinnen und Leser vermutlich über das Thema erfahren?

b Notiert auf Karteikarten die Fragen, die ihr in eurem Informationstext beantworten möchtet, z. B.:
- *Wer ist die NAJU?*
- *Was wird bei der Kampagne Trashbusters H2O gemacht?*
- *Warum wird diese Kampagne durchgeführt?*

3 Wertet die Materialien zum Thema aus.

a Listet auf, welche Materialien euch vorliegen.

b Prüft, welche Informationen die Materialien 1–3 zu euren Fragen liefern. Ordnet die Informationen den Fragen zu und notiert sie stichwortartig auf die jeweilige Karteikarte, z. B.:

Wer ist die NAJU?
- Jugendorganisation des Naturschutzbundes NABU
- wurde 1982 …

Was wird bei der Kampagne Trashbusters H2O gemacht?
- Müllbeseitigung an Gewässern (Bächen, Flüssen, Seen, Meeren) oder …

c Untersucht das Diagramm (Material 4). Überlegt, welche Frage das Diagramm beantwortet, und ergänzt eure Stichwortsammlung.

4 a Plant den Aufbau des Textes. Überlegt, in welcher Reihenfolge ihr auf die einzelnen Fragen eingehen wollt, und nummeriert die Karteikarten entsprechend.
b Legt zwei weitere Karteikarten an mit Ideen für die Einleitung und den Schluss eures Textes.

Schreiben und überarbeiten

5 Schreibt mit Hilfe eurer Vorarbeiten einen zusammenhängenden Informationstext über die NAJU und ihre Kampagne.
a Formuliert eine Einleitung, die das Interesse der Leser weckt und in das Thema einführt, z. B.:
Nehmt ihr zum Einkaufen eine Tasche mit oder zahlt ihr lieber für eine Plastiktüte? …
b Informiert dann in einzelnen Abschnitten zu den Fragen von Aufgabe 2 b. Verwendet Verknüpfungswörter, um Zusammenhänge zwischen den Informationen zu verdeutlichen:

Angabe von Gründen:
denn • weil • da

Angabe von Bedingungen:
wenn • sofern • falls

Angabe von Einschränkungen:
obwohl • obgleich • allerdings

Angabe von Zielen:
damit • sodass • um zu …

Angaben zur Zeit:
als • bevor • nachdem • sobald • während • seit

Aufzählungen:
und • weder … noch • sowohl … als auch

c Verfasst einen Schluss, in dem ihr die Ausgangsfrage noch einmal aufgreift oder einen Ausblick gebt, z. B.:
Einkaufstasche oder Plastiktüte? Trashbusters geben die Antwort …
Zusammenfassend kann man sagen, dass …
d Gebt eurem Informationstext eine interessante und treffende Überschrift, z. B.:
Mit den Trashbusters auf Jagd nach dem Müllmonster – eine vorbildhafte Aktion der Naturschutzjugend (NAJU)

6 Überarbeitet euren Text mit Hilfe der folgenden Checkliste.

Checkliste

Einen Informationstext schreiben
- Habt ihr in der **Einleitung** das **Thema** genannt?
- Habt ihr im **Hauptteil** in einzelnen **Absätzen** wichtige **Fragen zum Thema** beantwortet?
- Habt ihr zum **Schluss** Informationen **zusammengefasst** oder ein **Fazit** gezogen?
- Passt die **Überschrift** zum gesamten Inhalt des Textes?
- Habt ihr die Informationen **sachlich** und für die Leser gut **verständlich** dargestellt?
- Habt ihr **mit eigenen Worten** formuliert und nicht aus den Materialien abgeschrieben?
- Habt ihr **Verknüpfungswörter** verwendet, um Zusammenhänge zu verdeutlichen?

Schreibwörter ► S. 324

das Vorbild	die Initiative	beeindrucken	selbstbewusst	attraktiv
der Umweltschutz	das Engagement	recherchieren	zuverlässig	kreativ

2 Vorsicht, Bildschirm!? – Standpunkte vertreten

1 **a** Beschreibt das Foto. Welche Situation ist darauf abgebildet?
b Tauscht euch darüber aus, welche Gedanken und Gefühle das Foto in euch weckt.

2 Die häufige Nutzung digitaler Medien wie Smartphones oder Tablets wird oft kritisiert.
a Nennt mögliche Gründe für diese Kritik.
b Sammelt Gegenargumente, mit denen man den Medienkritikern begegnen kann.

In diesem Kapitel ...

- beschäftigt ihr euch mit der Frage, welche Vorteile und welche Gefahren digitale Medien mit sich bringen,
- übt ihr, euch auf die Meinung anderer zu beziehen, Gegenargumente zu entkräften und eure eigenen Argumente zu entfalten,
- trainiert ihr, euren Standpunkt zu vertreten und schriftlich zu begründen, z. B. in einem Leserbrief.

2.1 Neue Intelligenz oder Verdummung? – Meinungen begründen

Argumente verstehen und diskutieren

Fabian Busch

„Internet macht nicht schlauer"

Ein Interview mit Professor Gerald Lembke, dem Präsidenten des Bundesverbandes für Medien und Marketing

Herr Lembke, Sie sagen, dass uns die Nutzung digitaler Medien von lebenswichtigen Dingen abhält. Warum?

Lembke: Digitale Medien verführen uns, weil sie so einfach zu nutzen sind. Und sie machen uns bequem. Wenn wir die Wahl zwischen Joggen und den neuesten Nachrichten auf dem Bildschirm haben, entscheiden wir uns häufig für den Computer. Doch das eigentliche Problem sehe ich bei unseren Kindern, deren Alltag zu sehr von digitalen Medien beherrscht wird. Statt die reale Welt durch reale Handlungen zu erfahren, entfernen sie sich mit Hilfe ihrer Smartphones immer mehr davon. Hinzu kommt ein von allen Seiten gefordertes Bildschirmlernen in der Schule. Das alles schränkt die Entwicklung von geistigen Fähigkeiten ein. Wir wissen heute, dass das Internet nicht schlauer macht als vor seiner Zeit.

Bewegen wir uns dahin, Wissen nicht mehr im Kopf zu haben, sondern nur noch zu wissen, wo man es nachschlagen muss?

Lembke: Wer nur auf Suchmaschinen vertraut, verliert seine ursprüngliche Merkfähigkeit. Aber Faktenwissen ist die Grundlage für jede Form des Lernens und der persönlichen Entwicklung. Wir Menschen brauchen ein gutes Fundament, auf dem wir unser Haus aus Erkenntnissen bauen. Informationen dazu gewinnen wir natürlich auch durch das Internet. Wissen und Handlungen entstehen erst durch Verknüpfung mit dem Vorwissen in unserem Kopf.

Trotzdem werden schon Grundschulen mit Tablet-Computern ausgestattet. Schüler lernen, wie man im Internet recherchiert. Halten Sie das für falsch?

Lembke: Ich halte es für bedenklich, Kinder in einem Alter unter 12 Jahren mit Aufgaben zu konfrontieren, die sie noch gar nicht bewältigen können. Zielführende Recherchen im Internet sind anspruchsvoll. Doch Grundschüler haben in der Regel dafür nicht das gedankliche Rüstzeug. Das lernen sie aber leicht, sobald sie älter sind. Und sogar besser, wenn sie in frühen Jahren körperlich gefordert wurden, z. B. bei Sport und Spiel in einer Umgebung ohne Tablets. Das haben psychologische und biologische Untersuchungen bewiesen. In den weiterführenden Schulen ist es sicher sinnvoll, am Computer zu arbeiten.

In Finnland sollen Kinder das Schreiben bald vornehmlich am Computer lernen. Das muss Ihnen ja ein Graus sein.

Lembke: Nicht nur mir, auch in China und Kalifornien gibt es dazu kritische Erfahrungen. Chinesische Schüler lernten ab der ersten Klasse die bis zu 5000 Alltagsschriftzeichen aus 255 Schriftzeichenkategorien auszuwählen, indem sie eine entsprechende Taste am Computer drückten und auf diese Weise Sätze bildeten. Danach stellten Wissenschaftler fest, dass die Kinder ab der vierten Klasse Schwierigkeiten beim Schreiben, Lesen und den Grundrechenarten hatten.

Warum?

Lembke: Die Kinder konnten zwar Zeichen erkennen und anklicken, aber nicht von Hand nachschreiben. Forscher haben herausgefunden, dass Zuhörer die Dinge besser im Kopf behalten, wenn sie sich Notizen mit Stift und Papier machen statt am Laptop. Im Gegensatz zum monotonen Tippen auf einer Tastatur aktivieren die fließenden Fingerbewegungen intensiv verschiedene Hirnregionen, die für Denken, Sprache und den Arbeitsspeicher zuständig sind.

1 a Lest die Schlagzeile des Textes und äußert Vermutungen, worum es in dem Interview gehen könnte und welche Meinung darin vorgestellt wird.
b Lest das Interview mit verteilten Rollen und prüft eure Vermutungen.
c Äußert euch spontan zu den Aussagen im Interview:
Was hat euch überrascht? Was fandet ihr interessant? Was wusstet ihr schon?

2 Was genau meint Gerald Lembke mit den folgenden drei Aussagen im Interview?
Erklärt euch gegenseitig die Bedeutung dieser Aussagen mit eigenen Worten.

A „Statt die reale Welt durch reale Handlungen zu erfahren, entfernen Kinder sich mit Hilfe ihrer Smartphones immer mehr davon." (▶ Z. 11–14)

B „Faktenwissen ist die Grundlage für jede Form des Lernens und der persönlichen Entwicklung. Wir Menschen brauchen ein gutes Fundament, auf dem wir unser Haus aus Erkenntnissen bauen." (▶ Z. 25–29)

C „Zielführende Recherchen im Internet sind anspruchsvoll. Doch Grundschüler haben in der Regel dafür nicht das gedankliche Rüstzeug." (▶ Z. 40–43)

3 Welche der Standpunkte A–E vertritt Gerald Lembke in dem Interview?
Begründet eure Entscheidung mit Textstellen:
Gerald Lembke vertritt den Standpunkt, dass ... Im Text heißt es, ... / Im Interview äußert er ...

A Digitale Medien sollten nicht im Schulunterricht eingesetzt werden.
B Der Alltag der Kinder wird zu sehr von digitalen Medien beherrscht.
C Wenn Grundschüler bereits mit digitalen Hilfsmitteln lernen, hat das positive Auswirkungen.
D Das Schreiben mit der Hand ist wichtig für die Entwicklung des Denkens.
E Das Internet macht nicht schlauer als vor seiner Zeit.

4 Formuliert in einem Satz, welche Meinung Gerald Lembke zur Verwendung von digitalen Medien im Schulunterricht vertritt.
Gerald Lembke vertritt die Auffassung, dass ...

5 **a** Notiert stichwortartig die Argumente, mit denen Lembke seine Meinung begründet, z. B.:
- *Alltag der Kinder zu sehr von digitalen Medien beherrscht (Z. 9–11)*
- *Kinder erfahren die Welt ... (Z. 11–14)*

b Sucht im Text zwei Argumente, die Lembke mit einem Beispiel bekräftigt. Lest die Textstellen vor und erklärt die Funktion der Beispiele.

c Tauscht euch zu zweit darüber aus, welche Argumente von Lembke euch überzeugen und welche nicht.
Mich überzeugt das Argument, dass ... / Seine Aussage, dass ..., finde ich wenig/nicht überzeugend.

A Digitale Medien halten uns von lebenswichtigen Dingen ab.

B Wer nur auf Suchmaschinen vertraut, verliert seine ursprüngliche Merkfähigkeit.

6 Wählt eine der beiden Aussagen von Gerald Lembke und äußert eure Meinung dazu. Geht so vor:
a Entscheidet, ob ihr der Aussage zustimmt oder sie ablehnt.
b Überlegt, ob ihr ähnliche Erfahrungen gemacht habt oder ob ihr euch eine Situation vorstellen könnt, in der die Aussage zutrifft. Notiert euch Stichworte dazu.
c Tragt eure Meinung in vollständigen Sätzen mit Begründung und einem Beispiel vor.

Durch digitale Medien ist ein hohes Maß an Erreichbarkeit und Nutzungsmöglichkeit gegeben. Gleichzeitig wird es dadurch möglich, fast überall die Realität zu verlassen und zum Beispiel im Bus oder in der Pause in eine virtuelle Welt einzutauchen. *Gerald Lembke*

7 Was genau meint Gerald Lembke mit dieser Aussage? Gebt sie im Heft mit eigenen Worten wieder und formuliert eure Meinung dazu.

Information **Argumentieren: Meinung, Argument, Beispiel**

Beim **Argumentieren** versucht man, seine Meinung überzeugend zu begründen.
Man formuliert einen Standpunkt (eine Meinung, eine Forderung, einen Wunsch), den man durch Argumente und Beispiele stützt:
- **Standpunkt:** *Ein Leben ohne digitale Medien ist heute nicht mehr denkbar, ...*
- **Argument:** *weil die moderne Welt den schnellen Zugang zu Informationen verlangt.*
- **Beispiel:** *So gehört beispielsweise bei der Vorbereitung eines Referats die Internetrecherche selbstverständlich dazu.*

Gegenargumente entkräften

A Digitale Medien machen süchtig.

B Digitale Medien führen zu sozialer Vereinsamung.

C Digitale Medien nehmen uns die geistige Arbeit ab.

D Digitale Medien werden vor allem für Spiele verwendet, für das schulische Lernen bleibt dann weniger Zeit.

E Durch den häufigen Umgang mit Bildschirmmedien wird die Lernfähigkeit von Kindern und Jugendlichen drastisch vermindert.

1 Fachleute nennen oft die Gründe A–E, wenn sie eine Einschränkung der Mediennutzung von Kindern und Jugendlichen fordern.

a Äußert euch spontan zu den Gründen. Welche könnt ihr nachvollziehen, welche nicht?

b Wählt zwei Gründe aus, denen ihr widersprechen möchtet. Macht euch Notizen dazu, wie ihr euren Widerspruch begründen würdet.

c Formuliert zwei Aussagen, in denen ihr die gewählten Argumente entkräftet. Geht so vor:

1 Das Gegenargument wiederholen

- *Es stimmt, dass …*
- *Ich kann das Argument verstehen, dass …*
- *Sicherlich kann man einwenden, dass …*

Beispiel:
Es stimmt schon, dass die Jugendlichen ihre Smartphones intensiv nutzen.

2 Das Gegenargument abschwächen

- *Allerdings handelt es sich dabei nicht um …, sondern …*
- *Aber ich weise darauf hin, …*
- *Aber man muss auch bedenken, dass …*
- *Jedoch darf nicht übersehen werden, dass …*

Allerdings handelt es sich dabei nicht um Abhängigkeit, sondern um ein Zeichen einer technischen Welt.

3 Das eigene Argument stärken

- *Beispielsweise …*
- *Ich habe die Erfahrung gemacht, dass …*
- *Das sieht man daran, dass …*
- *Statt … könnte man auch …*

Schon immer haben technische Neuerungen die Lebensweise der Menschen verändert.

d Stellt eure Aussagen vor und gebt euch Rückmeldungen dazu, ob die Entkräftung überzeugt.

Methode **Gegenargumente entkräften**

- Beim **Argumentieren** überzeugt ihr noch mehr, wenn ihr **auf ein Argument eingeht, das gegen euren Standpunkt spricht** (Gegenargument), und dieses entkräftet.
- **Wiederholt** das Gegenargument. **Schwächt** es ab, indem ihr erklärt, warum es euch nicht überzeugt. **Stärkt** das eigene Argument durch Beispiele, Erfahrungen, Fakten, Vorschläge.

Eine Pro-und-Kontra-Diskussion vorbereiten und führen

Moritz Seyffarth

Lehrer warnen vor der „totalen Computerisierung“

Stifte, Blöcke, Bücher und je ein Laptop. Die Schülertische in der 10/1 an der Albrecht-Haushofer-Oberschule in Berlin-Heiligensee sehen anders aus, als man sie aus normalen Schulklassen kennt. Nur ein leichtes Klackern ist im Klassenraum zu vernehmen, wenn 50 Schülerhände ihre Aufgaben ins Notebook tippen. Dazu gehören auch Julia und Lennart.

Seit drei Jahren gehen die beiden in eine der vier Laptop-Klassen der Berliner Schule. Täglich arbeiten sie im Unterricht mit Computern. Sie lernen im Deutschunterricht mit Mindmaps ihre Sprache besser kennen, erstellen in Erdkunde digitale Klimadiagramme oder komponieren im Musikunterricht mit Computerprogrammen eigene Songs.

Doch mit einem solchen Angebot ist ihre Schule immer noch die Ausnahme. Ein Ende von Schulbuch, Tafel und Heft ist in Deutschland noch nicht in Sicht. Dabei wurden zahlreiche Initiativen für mehr Neue Medien im Unterricht gestartet und gar die Digitalisierung des Klassenzimmers vorhergesagt. In den Initiativen kam man zu dem Ergebnis, dass Laptops unter bestimmten Bedingungen Schülerinnen und Schüler aus ihrer passiven Rolle herausführen, sie eigenständiger machen und ihre soziale Kompetenz fördern.

Josef Kraus, Präsident des Deutschen Lehrerverbandes, betrachtet das Thema Laptop-Klassen jedoch mit einem „gehörigen Schuss Skepsis“. Er warnt vor der „totalen Computerisierung“ des Unterrichts. „Informationen werden nicht mehr richtig aus Büchern herausgearbeitet, sondern nur schnell im Internet gezogen“, sagt er. So sinke die Konzentrationsfähigkeit der Schüler.

Eine Alternative hat Kraus auch schon parat: „Anstatt viel Geld in teure Laptops zu investieren, sollten Schulbibliotheken besser ausgebaut werden.“ Nach Ansicht des Lehrerpräsidenten ist der punktuelle Einsatz von Computern, zum Beispiel durch Unterrichtsstunden im PC-Raum, für das spätere Berufsleben der Generation *digital natives* ausreichend. Tatsächlich wurden einige Laptop-Projekte bereits in der Testphase wieder abgebrochen. Hauptgrund waren meist technische Probleme – beispielsweise zu kurze Akkulaufzeiten.

Damit in der Albrecht-Haushofer-Schule alles reibungslos läuft, gelten während des Unterrichts klare Regeln: Die Laptops dürfen nur geöffnet werden, wenn der Lehrer dazu auffordert. Auch darf während der Schulzeit nur zu Unterrichtszwecken im Internet gesurft werden. In den Pausen gilt ein striktes Laptop-Verbot. Und Klausuren werden noch per Hand geschrieben.

1 a Worüber wird in dem Artikel berichtet? Fasst den Inhalt mit eigenen Worten zusammen.
b Kennt ihr Schulen oder Klassen, in denen Laptops oder Tablets im Unterricht genutzt werden? Tragt zusammen, was ihr über das Thema wisst.
c Beschreibt, wie ihr euch den Unterricht in einer Laptop-Klasse vorstellt.

2 Welche zwei Standpunkte werden in dem Artikel vorgestellt und wie werden sie begründet?
a Legt eine Tabelle an und schreibt die Standpunkte in den Tabellenkopf.
b Sucht im Artikel nach Argumenten für die beiden Standpunkte und notiert sie stichwortartig in die jeweilige Spalte.

Standpunkt A Im Schulunterricht sollten …	**Standpunkt B** …
– *Laptops führen Schüler aus passiver Rolle heraus* – …	– …

3 Schüler diskutieren die Frage, ob Computer verstärkt im Unterricht eingesetzt werden sollten.
a Lest die folgenden Aussagen und bestimmt jeweils den Standpunkt, der darin vertreten wird.

Daniel: Die Arbeit mit PCs würde den Unterricht interessanter und abwechslungsreicher machen. Wenn wir Laptops hätten, könnten wir in Mathe Geometrieprogramme nutzen und auf Onlineportalen Übungsaufgaben rechnen.
Shirin: Die regelmäßige Arbeit am Computer würde uns besser auf die Arbeitswelt vorbereiten. Dann würden wir Programme wie PowerPoint oder Excel gut beherrschen und könnten schnell mit zehn Fingern tippen – diese Fähigkeiten braucht man heute in fast jedem Job.
Bilal: Von der Einführung neuer Computer an Schulen profitiert doch nur die IT-Industrie. Ich habe neulich gelesen: Wenn 15 700 Grundschulen komplett mit Computern ausgestattet werden, macht die IT-Industrie 4,6 Milliarden Euro Umsatz.
Max: Mit einem Computer lernt man nicht unbedingt besser. Laut Josef Kraus, dem Präsidenten des Lehrerverbandes, sinkt durch Laptops die Konzentrationsfähigkeit der Schüler im Unterricht.
Clara: Wenn wir Laptops oder Tablets hätten, müssten wir nicht immer so schwer schleppen. So ein Gerät wiegt viel weniger als ein Stapel Bücher und Hefter.

b Untersucht, wie die Schüler in den Aussagen ihre Argumente entfalten. Verwenden sie …
A ein Beispiel, **B** einen Hinweis auf Folgen, **C** Fakten, **D** einen Vergleich, **E** eine Expertenaussage?

Methode **Argumente entfalten**

Wenn man jemanden überzeugen möchte, sollten die **Argumente** immer gut **nachvollziehbar** sein. So kann man Argumente entfalten:

- Veranschaulicht das Argument durch ein **Beispiel:** *Mit Computern wird der Unterricht interessanter. Im Kunstunterricht könnten wir zum Beispiel Filme drehen und bearbeiten.*
- Erklärt die **Folgen** einer Maßnahme: *Wenn man im Unterricht häufiger am Computer arbeiten würde, wären die Schüler motivierter.*
- Gebt **Fakten** an: *Die Ausstattung mit Notebooks ist teuer. Ein Modell kostet etwa 1.200 €.*
- Stellt **Vergleiche** her: *Das Internet bietet aktuellere Informationen als ein Lexikon.*
- Gebt eine **Expertenaussage** wieder: *Computer können Lernen behindern. Laut Professor Lembke verliert man seine Merkfähigkeit, wenn man nur auf Suchmaschinen vertraut.*

4 Bereitet eine Pro-und-Kontra-Diskussion zu der folgenden Frage vor:
Sollten im Unterricht eurer Schule verstärkt Laptops eingesetzt werden?

a Führt eine Klassenumfrage durch: Wer ist dafür, wer dagegen?

b Bildet Gruppen mit Schülern der gleichen Meinung und bereitet die Diskussion vor:
- Formuliert eure Meinung in einem Satz.
- Sammelt Argumente für eure Meinung und notiert sie stichwortartig.
  Tipp: Ihr könnt auch Argumente von den Aufgaben 2 und 3 übernehmen.
- Überlegt gemeinsam, mit welchen Beispielen, Hinweisen auf Folgen, Fakten, Vergleichen oder Expertenaussagen ihr eure Argumente entfalten könnt. Ergänzt eure Notizen.
- Überlegt, welche Einwände eine andere Gruppe gegen eure Meinung vorbringen könnte. Notiert die Gegenargumente und überlegt, wie ihr sie entkräften könnt (▶ S. 37).

5 Besprecht, welche Verhaltensweisen eine Diskussion fördern und welche sie hindern. Notiert Gesprächsregeln und stellt sie der Klasse vor.

6 Bestimmt eine Diskussionsleiterin oder einen Diskussionsleiter, zwei Diskussionsgruppen und Beobachter. Lest den Methodenkasten unten und führt die Pro-und-Kontra-Diskussion durch. Folgende Formulierungen könnt ihr dabei verwenden:

In unserer Diskussion geht es um die Frage ... • Zuerst bitte ich ... um ihre/seine Meinung. • Wir sind der Auffassung, dass ... • Wir vertreten die Ansicht, dass ... • Ein Argument dafür/dagegen ist, dass ... • Man sollte bedenken, dass ... • Dagegen möchte ich einwenden, dass ... • Ich kann nachvollziehen, dass ... Aber ... • Wir sind uns darin einig, dass ... Jedoch ...

Tipp: Führt mehrere Diskussionsrunden durch und wechselt dabei die Rollen. Wertet nach jeder Runde aus, wie eure Diskussion verlaufen ist.

Methode | **Eine Pro-und-Kontra-Diskussion durchführen**

1 Der **Diskussionsleiter** eröffnet die Diskussion und nennt die Diskussionsfrage.
2 Ein **Teilnehmer der Pro-Gruppe** nennt seinen Standpunkt und erläutert ihn mit einem Argument.
3 Ein **Teilnehmer der Kontra-Gruppe** nennt seinen Standpunkt und erläutert ihn ebenfalls mit einem Argument.
4 Danach nimmt der **Diskussionsleiter** abwechselnd **Teilnehmer beider Seiten** dran. Alle Teilnehmer beteiligen sich an der Diskussion. Sie versuchen auch auf das einzugehen, was die Teilnehmer der anderen Gruppe gesagt haben, und entkräften deren Argumente.
5 Der **Diskussionsleiter** beendet nach einer zuvor vereinbarten Zeit die Diskussion und fasst die wichtigen Ergebnisse zusammen.
6 Die **Beobachter** notieren, was ihnen auffällt, und geben anschließend ein Feedback:
- Haben die Diskutierenden ihre Meinung überzeugend begründet?
- Sind sie auf die anderen Diskussionsteilnehmer eingegangen?
- Haben sie die Gegenargumente der anderen Gruppe entkräftet?
- Haben alle sachlich und fair diskutiert?

Eine Diskussion protokollieren

Ergebnisprotokoll der Deutschstunde vom 15. 05. 20..

Thema:	Sollte man Hausaufgabenportale nutzen?
Teilnehmer/-innen:	Klasse 8 c, Frau Heimer (Deutschlehrerin)
Leitung:	Mani Kalantari
Zeit:	8.30–9.15 Uhr
Protokoll:	Jan Seidel

TOP 1: Begrüßung und Vorstellung des Themas
Mani begrüßt Fr. Heimer und die Klasse zur Diskussion und gibt Thema und Verlauf bekannt.

TOP 2: Pro-und-Kontra-Diskussion: Sollte man Hausaufgabenportale nutzen?

Argumente für die Nutzung:
- Man kann sich auf den Portalen austauschen.
- Die vorgegebenen Lösungen kann man als Muster nutzen.

Argumente gegen die Nutzung:
- Durch Abschreiben lernt man nichts.
- Bei einer Klassenarbeit kann das Internet nicht genutzt werden.

TOP 3: Abstimmung in der Klasse
Entscheidung: 16 Schülerinnen und Schüler stimmen für die Nutzung von Hausaufgabenportalen. 9 Schülerinnen und Schüler stimmen dagegen.

In der Folgestunde soll besprochen werden, welche Portale gut geeignet sind und wie man sinnvoll mit ihnen arbeitet.

Köln, 16. 05. 20..
Jan Seidel

1 a Lest das Protokoll zu einer Unterrichtsstunde. Gebt anschließend mit eigenen Worten wieder, worum es in der Deutschstunde ging und wie sie ablief.
b Beschreibt den Aufbau des Protokolls. Welche Bestandteile enthält es?
c Besprecht, für wen so ein Protokoll geschrieben wird und welche Funktion es hat.

2 a Führt eine Pro-und-Kontra-Diskussion zum Thema „Hausaufgabenportale" durch (▶ S. 40). Die Beobachter hören zu und notieren stichwortartig die Argumente und das Ergebnis.
b Verfasst mit Hilfe der Notizen ein Ergebnisprotokoll zur Diskussion.

Information **Das Ergebnisprotokoll**

- Protokolle sind **knappe Berichte** über Versammlungen oder Diskussionen.
- In **Ergebnisprotokollen** wird nicht der ganze Verlauf eines Gesprächs oder einer Diskussion dargestellt, sondern es werden nur die **wichtigen Ergebnisse** festgehalten.
- Protokolle stehen im **Präsens.**

Teste dich!

Argumente untersuchen

Streitfrage: Sollte man Hausaufgabenportale nutzen?

1 Hausaufgabenportale sind als Informationsquelle sehr hilfreich.

2 Ich bin der Auffassung, dass es nicht in Ordnung ist, Hausaufgabenportale zu nutzen, weil man durch das Abschreiben die Lehrerin oder den Lehrer täuscht.

3 Sicherlich kann man gegen die Nutzung von Hausaufgabenportalen einwenden, dass Abschreiben nicht schlau macht. Aber viele Schülerinnen und Schüler nutzen die Referate und Aufsätze nur als Muster.

4 Die Portale sind nützlich, weil sie auch den Austausch mit anderen Schülern ermöglichen.
Ich habe beispielsweise neulich ein Problem mit einer schwierigen Matheaufgabe gehabt und konnte dieses mit Hilfe des Forums lösen.

5 Man sollte das Internet bei Hausaufgaben einsetzen, aber die kluge Nutzung trainieren.

1 Untersuche die fünf Aussagen. Ordne den folgenden Satzanfängen die richtige Fortsetzung zu und notiere die Lösungsbuchstaben. Rückwärts gelesen ergeben sie ein Lösungswort.

In Aussage 1 wird …	**B** ein Gegenargument genannt.	**E** ein Kompromiss vorgeschlagen.	**F** eine Meinung geäußert.
Aussage 2 beinhaltet …	**A** eine Meinung.	**I** einen Vorschlag.	**E** eine Meinung mit Begründung.
Aussage 3 …	**I** entkräftet ein Gegenargument.	**D** führt ein Beispiel an.	**K** schlägt einen Kompromiss vor.
Aussage 4 …	**S** gibt eine Begründung an.	**R** nennt ein Argument, gestützt durch ein Beispiel.	**Ä** entkräftet ein Argument.
In Aussage 5 wird …	**U** eine Begründung genannt.	**N** ein Gegenargument entkräftet.	**B** ein Kompromiss vorgeschlagen.

2 **a** Wähle ein Argument aus Aufgabe 1 und formuliere dazu im Heft eine Entkräftung.
b Tausche deinen Text mit einem Lernpartner. Prüfe, ob dessen Entkräftung überzeugt.

2.2 Immer online? – In einem Leserbrief schriftlich Stellung nehmen

Sich zu einem Thema eine Meinung bilden

A

Aufmerksamkeitskiller Smartphone

Smartphones und Handys lenken vom wirklichen Leben ab

B

Meinungen zum Handy/Smartphone 2014

– stimme ich voll und ganz/weitgehend zu –

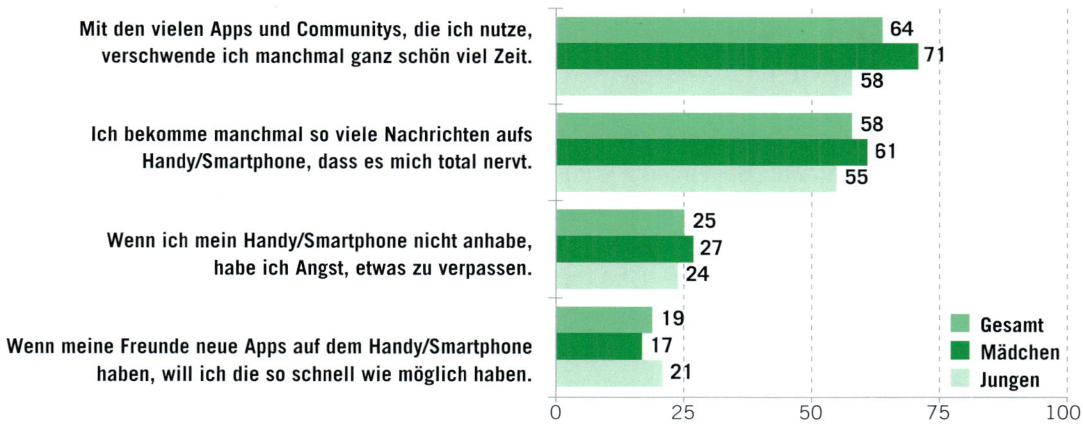

Quelle: JIM 2014, Angaben in Prozent
Basis: 1.170 Befragte, die ein Handy/iPhone/Smartphone besitzen

1 Lest die Schlagzeile A. Nennt mögliche Gründe für die Annahme, dass digitale Medien vom wirklichen Leben ablenken.

2 a Untersucht die Angaben in Diagramm B. Lest alle Aussagen, betrachtet die Zahlenangaben und achtet auf die unterschiedlichen Farben.
b Formuliert Aussagen dazu, welche Informationen man aus dem Diagramm ablesen kann, z. B.:
64 von 100 Jungen und Mädchen geben an, dass sie …
c Stellt einen Zusammenhang zwischen dem Inhalt des Diagramms und der Aussage in A her.

3 Tauscht euch über euren Umgang mit dem Handy oder Smartphone aus:
- Wann und wozu nutzt ihr euer Handy oder Smartphone?
- Seid ihr jederzeit erreichbar?
- Wie viele Textnachrichten erhaltet ihr am Tag?
- Könntet ihr eine Woche auf das Handy oder Smartphone verzichten?

Einen argumentierenden Leserbrief untersuchen

Silke Hoock

Ärzte warnen vor Smartphone-Sucht bei Jugendlichen

Immer mehr Jugendliche nutzen ihr Smartphone so häufig, dass Ärzte Alarm schlagen. Inzwischen gibt es Sprechstunden, die sich um Jungen und Mädchen kümmern, die spielsüchtig und handysüchtig sind. Eine 15-Jährige sagt: „Ohne Handy existiere ich nicht."

Die Vorstellung, ein paar Stunden vom Handy getrennt zu sein, löst bei ihr Panik aus. Eine WhatsApp-Nachricht zu verpassen, ist in ihrem Freundeskreis verpönt und wird als arrogant für alle sichtbar kommentiert. Die 15-Jährige kann nicht mehr leben ohne ihr Smartphone. Es piepst pausenlos und das Display erleuchtet ihr Zimmer auch nachts, um den Eingang einer Nachricht mitzuteilen. „Ich bin nicht süchtig. Ich rauche nicht. Ich trinke nicht. Jeder hat doch ein Handy", sagt die Schülerin. Und daher hat sie das Gerät, ein Geschenk ihrer Eltern, immer dabei. In der Schule, im Bus, bei den gemeinsamen Mahlzeiten zu Hause, beim Vokabellernen. „Ohne mein Handy existiere ich nicht. Ohne Facebook bin ich tot", sagt sie ohne den geringsten Zweifel. Die ständige Erreichbarkeit, das Austauschen von Schnappschüssen, die Musiksammlung oder der Terminkalender – „da ist mein ganzes Leben drauf".

„Nicht das soziale Netzwerk oder das Smartphone sind die Gefahr, sondern die Rolle, die es im Leben dieser Mädchen einnehmen kann", sagt Dr. Stefan Kimm, der Spezialsprechstunden für Computerspiel- und Internetabhängigkeit in Dortmund leitet und Fälle wie den der jungen Frau immer häufiger in seiner Sprechstunde hat.

Kimm stuft die Like-Funktion als süchtig machend ein. „Niemand ist mehr von der Anerkennung Gleichaltriger abhängig als Jugendliche. Je mehr Likes, desto besser." Auch wenn sie von Menschen kämen, die man gar nicht kenne. Denn von 500 Facebook-Freunden kenne man häufig gerade mal 30 persönlich, etwa die Freunde aus der Schule.

Als problematisch gilt, wenn andere Lebensbereiche wie Familie, Schule oder Beruf durch den Handygebrauch vernachlässigt werden. Da hilft kein Multitasking, denn das Bestreben, mehrere Dinge gleichzeitig zu erledigen, spart keine Zeit. „Wir verlernen es, uns auf eine Sache zu konzentrieren. Wir müssen immer auch woanders sein und am besten überall gleichzeitig. Das wird Folgen haben", sagt Bert te Wildt, Oberarzt an der Klinik für Psychosomatische Medizin und Psychotherapie in Bochum. Die Menschen verzettelten sich, das werde sich auswirken auf schulische Leistungen. Analoges Lesen und Schreiben erforderten eine vertiefte Aufmerksamkeit, die den *digital natives* vermutlich in Zukunft immer schwerer fallen werde.

1 a Formuliert die strittige Frage, um die es in dem Artikel geht:
Besteht die Gefahr, dass ...?

b Gebt euren ersten Eindruck von dem Artikel wieder, z. B.:
Ich fand interessant, ... / Mich hat überrascht, ... / Ich wusste bereits, ... / Für mich ist neu, ...

c Nennt den Grund, der nach Auffassung der Mediziner für die Smartphone-Sucht verantwortlich ist.

Leserbrief: „Ärzte warnen vor Smartphone-Sucht bei Jugendlichen“

Ich habe den Artikel „Ärzte warnen vor Smartphone-Sucht bei Jugendlichen“ in Ihrer letzten Ausgabe vom 16.07. gelesen. Darin wird die Frage aufgeworfen, ob die häufige Smartphone-Anwendung süchtig macht. Ich stimme den Aussagen der Ärzte aus eigener Erfahrung zu. Auch ich sehe die große Gefahr einer Smartphone-Sucht.

Ich beobachte sowohl bei meinen Freunden als auch bei mir selbst, dass das Gerät immer griffbereit in der Nähe liegt. Kaum sind wir in der Pause, wird das Smartphone eingeschaltet. Der erste Blick am Morgen geht zum Gerät und der letzte am Abend auch. Diese ständige Konzentration auf das Smartphone hat zur Folge, dass es fast alle Alltagssituationen bestimmt.

Die ständige Gegenwart des Smartphones hat Auswirkungen auf die schulischen Leistungen, das kann ich bestätigen. Laut der aktuellen JIM-Studie verschwenden 64 % der Jugendlichen viel Zeit mit Apps und Communitys. Diese Zeit fehlt dann zum Lernen. Und auch ich schaue beim Hausaufgabenmachen immer wieder zu meinem Smartphone. Dadurch kann ich mich nicht so gut konzentrieren und mache Fehler.

Klar stimmt es, dass wir Jugendlichen auf Anerkennung von Freunden angewiesen sind. WhatsApp ist aus unserem Leben nicht mehr wegzudenken, nur damit kann man mit allen in Kontakt bleiben. Aber weil wir uns ständig kurze Nachrichten und Kommentare schreiben, haben wir kaum noch Zeit, in Ruhe miteinander zu sprechen.

Zusammenfassend möchte ich betonen, dass wir die Warnung der Ärzte ernst nehmen sollten. Wenn das Smartphone zu unserem dauerhaften Begleiter wird, dann besteht echte Suchtgefahr.

2 a Beschreibt den Aufbau des Leserbriefs. Verwendet dabei die folgenden Angaben:

> Überschrift • Einleitung: Angabe des Artikels, auf den man sich bezieht, und der strittigen Frage • Meinungsäußerung • 1. Argument • 2. Argument • Entkräftung eines Gegenarguments • Schluss: Bekräftigung des eigenen Standpunkts

b Untersucht den Inhalt des Leserbriefs. Welche Argumente im Brief findet ihr überzeugend? Prüft, wie sie durch ein Beispiel, einen Hinweis auf Folgen, Fakten, einen Vergleich oder eine Expertenaussage entfaltet werden, und begründet eure Auswahl.

c Überlegt gemeinsam, welche Kriterien ein Leserbrief erfüllen muss, damit er veröffentlicht wird.

3 Lest die folgende Definition zu dem Begriff *Sucht* und erläutert kurz, ob man nach dieser Definition von einer „Smartphone-Sucht“ sprechen kann: „Sucht bezeichnet das unabweisbare Verlangen nach einem bestimmten Erlebniszustand. Diesem Verlangen werden die Kräfte des Verstands untergeordnet. Eine Sucht beeinträchtigt die freie Entfaltung einer Persönlichkeit und zerstört die sozialen Bindungen und die sozialen Chancen eines Individuums.“

Information **Der Leserbrief**

- In einem Leserbrief stellt man die **persönliche Meinung** zu einem **Thema** oder einem **Artikel** in einer Zeitung dar. Man kann dem Inhalt des Artikels zustimmen oder ihn ablehnen.
- Vergleichbar mit dem Leserbrief ist ein **Blogeintrag.**

Fordern und fördern – In einem Leserbrief Stellung nehmen

In eurer Schülerzeitung wurde der folgende Artikel veröffentlicht. Verfasst zu diesem Artikel einen Leserbrief. Diskutiert darin die Frage, ob eine digitale Diät eine sinnvolle Idee ist.

Die digitale Diät – freiwilliger Verzicht auf Handy & Co?

Noch eine letzte SMS an die besten Freunde, dann hieß es zwei Wochen lang ohne Handy auskommen. Ein gewagtes Experiment, das sich Schülerinnen und Schüler einer Berliner Schule da ausgedacht hatten – und das auch nicht alle durchhielten.

Die Aufgabe lautete: Zwei Wochen ohne Handy! Das Experiment war freiwillig und konnte jederzeit abgebrochen werden, die Eltern waren informiert worden und hatten ihr Einverständnis gegeben. Nach einer „Abschieds-SMS“ an die wichtigsten Kontakte wurden die Geräte in vorbereitete Luftpolsterumschläge gepackt, versiegelt und in die Tasche gepackt. Fazit nach zwei handylosen Wochen: Das Experiment fanden alle – zumindest im Nachhinein – sehr interessant und würden es unbedingt weiterempfehlen, denn die Abhängigkeit ist doch größer, als es die 15- und 16-Jährigen vermutet hätten. Was haltet ihr von einer solchen digitalen Diät?

1 Lest den Artikel genau und notiert eure Meinung zu der Frage, ob eine digitale Diät eine sinnvolle Idee ist.
▷ Hilfe zu Aufgabe 1 auf Seite 47

2
a Sammelt Argumente und Beispiele für eure Meinung und notiert sie stichwortartig.
▷ Hilfe zu Aufgabe 2 a auf Seite 47

b Notiert einen Einwand, der gegen eure Meinung spricht (ein Gegenargument), und überlegt, wie ihr ihn entkräften könnt.
▷ Hilfe zu Aufgabe 2 b auf Seite 47

3 Schreibt den Leserbrief. Gebt die strittige Frage an, äußert eure Meinung und nennt zwei Argumente dafür. Entfaltet eure Argumente und entkräftet einen möglichen Einwand. Lasst zwischen den Zeilen immer eine Zeile frei für die anschließende Überarbeitung (▶ S. 48).
▷ Hilfe zu Aufgabe 3 auf Seite 47

Methode **Einen argumentierenden Leserbrief schreiben**

- **Einleitung:** Gebt in der Einleitung den Titel des Artikels an, auf den ihr euch bezieht, und formuliert eure Meinung zu dem Thema.
- **Hauptteil:** Begründet eure Meinung mit Argumenten. Entfaltet jedes Argument durch ein Beispiel, einen Hinweis auf Folgen, Fakten, einen Vergleich oder eine Expertenaussage. Nennt auch ein Gegenargument und entkräftet es nachvollziehbar.
- **Schluss:** Fasst noch einmal euren Standpunkt zusammen oder formuliert einen Wunsch oder Vorschlag für die Zukunft.
- Gliedert euren Brief in **Absätze.** Beginnt mit jedem Argument einen neuen Absatz.
- Achtet darauf, dass ihr die einzelnen **Argumente gut einleitet** und miteinander **verknüpft.**

Aufgabe 1 mit Hilfen

Lest den Artikel genau und notiert eure Meinung zu der Frage, ob eine digitale Diät eine sinnvolle Idee ist: *Meiner Ansicht nach ist eine digitale Diät sinnvoll / nicht sinnvoll, denn ...*

Aufgabe 2 a mit Hilfen

Sammelt Argumente und Beispiele für eure Meinung und notiert sie stichwortartig, z. B.:

Argumente für eine digitale Diät:
- mehr Zeit, weniger Stress
  Beispiel: Man kann am Abend in Ruhe lesen und wird dabei nicht immer unterbrochen.
- mehr Beachtung der Umwelt
  Beispiel: Statt im Bus auf das Smartphone zu schauen, sieht man mal aus dem Fenster und entdeckt dabei Neues.
- nach der „Diät" bewussterer Umgang mit dem Smartphone
  Beispiel: Nachdem mein Freund zwei Wochen kein Handy hatte, weil es kaputt war, ...

Argumente gegen eine digitale Diät:
- Handy wichtig für Absprachen
  Beispiel: Man kann sich mit Freunden am Abend oder am Wochenende spontan verabreden.
- Erreichbarkeit im Notfall
  Beispiel: Mein Vater kann mich benachrichtigen, wenn er mich nach dem Sport nicht abholen kann.
- Internet als wichtiges Arbeitsmittel
  Beispiel: Wenn ich bei den Hausaufgaben ein Fachwort nicht verstehe, kann ich mit dem Smartphone schnell im Internet nachschauen.

Aufgabe 2 b mit Hilfen

Notiert einen Einwand, der gegen eure Meinung spricht (ein Gegenargument), und überlegt, wie ihr ihn entkräften könnt, z. B.:

Sicherlich ist es praktisch, Freunde jederzeit kontaktieren zu können, aber man muss auch bedenken, dass ...

Es stimmt zwar, dass man mit Apps und Communitys manchmal Zeit verschwendet, aber ...

Aufgabe 3 mit Hilfen

Schreibt den Leserbrief. Äußert darin eure Meinung und nennt zwei Argumente dafür. Entfaltet eure Argumente und entkräftet einen möglichen Einwand. Nutzt folgende Formulierungen:

Einleitung	– Ich habe mit Interesse euren Artikel „..." über ... gelesen. – Darin wird die Frage gestellt, ob ... – Meiner Ansicht nach ist so eine „digitale Diät" ...
Argumente nennen und entfalten, Gegenargument entkräften	– Ein wichtiges Argument dafür/dagegen ist, dass ... – Beispielsweise habe ich die Erfahrung gemacht, dass ... – Außerdem/Weiterhin ... – Sicherlich ist es richtig, dass ... Dennoch bin ich der Auffassung, ...
Schluss	– Ich finde es wichtig, dass ...

Einen Text nach der ESAU-Methode überarbeiten

VORSICHT FEHLER!

Leserbrief zum Artikel

„Die digitale Diät – freiwilliger Verzicht auf Handy & Co?“

In der letzten Ausgabe habt ihr in eurem Artikel „Die digitale Diät – freiwilliger Verzicht auf Handy & Co?“ gefragt, wie wir über dieses Experiment denken, bei dem man eine bestimmte Zeit lang auf Handys und so verzichtet. Meiner Ansicht nach ist eine digitale Diät totaler Quatsch. Ich brauche mein Smartphone unbedingt, denn ich benutze es nicht nur zum Chatten. Ich brauche es unbedingt, weil es hat viele wichtige Funktionen: Es ist mein Wecker, meine Uhr, mein Fotoapparat und mein MP3-Player. Soll ich mir diese Geräte alle extra anschaffen? Außerdem ist das Handy wichtig für Notfälle. Als ich zum Beispiel neulich mit dem Fahrrad gestürzt bin, konnte ich gleich meinen Vater anrufen. Der ist dann auch gleich gekommen, hat mein Fahrrad hinten in den Kofferraum eingeladen und ist mit mir ins Krankenhaus gedüst. Der Sturz war auf einem einsamen Feldweg passiert, dort hätte mich ohne Handy keiner gefunden. Das war echt gefährlich! Die Wunde hat total stark geblutet.
Es stimmt zwar, dass man mit Apps und Communitys manchmal Zeit verschwendet, aber das dient doch der Entspannung. Wenn man stattdessen einen Comic liest, dann wäre das doch auch Zeitverschwendung. Wenn man an unserer Schule so ein Experiment durchführen würde, würde ich nicht mitmachen.

1 a Lest den Brief und besprecht zu zweit, an welchen Stellen ihr ihn überarbeiten würdet.
b Prüft die markierten Formulierungen und überlegt gemeinsam: Sollte man hier etwas ...
E ergänzen, **S** streichen, **A** austauschen oder **U** umstellen?
c Überarbeitet den Leserbrief im Heft. Wendet dabei die vier Möglichkeiten E, S, A oder U an.

2 Tauscht eure Leserbriefe von ▸ Seite 46 f. und überarbeitet sie nach der ESAU-Methode.

Methode **Einen Text nach der ESAU-Methode überarbeiten**

ESAU steht für das **E**rgänzen, das **S**treichen, das **A**ustauschen und das **U**mstellen:

- **Ergänzen:** Wo fehlt ein Gedanke, eine Information, ein Wort oder Satz?
  Z. B.: *Wir können das WLAN nutzen bei den Referaten.*
  → *Wir können das WLAN nutzen, um für unsere Referate zu recherchieren.*
- **Streichen:** Wo erscheint etwas überflüssig?
  Z. B.: *Wichtig ist, dass wir gute und nachvollziehbare Argumente finden.*
  → *Wichtig ist, dass wir nachvollziehbare Argumente finden.*
- **Austauschen:** Wo passt eine Formulierung oder eine Information nicht richtig?
  Z. B.: *Digitale Medien in der Schule nicht zu nutzen, ist doch Schwachsinn.*
  → *Digitale Medien in der Schule nicht zu nutzen, erscheint unsinnig.*
- **Umstellen:** Wo erscheint die Reihenfolge der Satzglieder oder Sätze unstimmig?
  Z. B.: *Wir wollen überzeugen, das ist doch klar.* → *Es ist doch klar, dass wir überzeugen wollen.*

2.3 Fit in …! – Einen Leserbrief verfassen

Stellt euch vor, ihr bekommt in der nächsten Klassenarbeit die folgende Aufgabe gestellt:

Aufgabe
In einer Zeitung ist der folgende Artikel erschienen. Verfasse dazu einen Leserbrief:
- Schreibe eine Einleitung, in der du dich auf den Artikel beziehst und die strittige Frage nennst.
- Formuliere deine Meinung und begründe sie mit zwei Argumenten.
- Entkräfte einen möglichen Einwand.
- Nenne am Schluss noch einmal dein Anliegen und bekräftige deinen Standpunkt.

Privatzone Handy – Dürfen Eltern das Handy ihrer Kinder kontrollieren?

Vertrauen ist gut, Kontrolle ist besser. So denken viele Eltern, wenn es um die Kontrolle des Handys geht. Denn das Handy gehört ja nicht den Kindern, es gehört den Eltern, die schließlich dafür auch bezahlen.
Zu den Chancen der Handynutzung gesellen sich natürlich auch Risiken. Weil Kinder das Handy eher gewohnheitsmäßig nutzen, sind sie auch leichter jugendgefährdenden Inhalten ausgesetzt. Um die Funktionen, die soziale Netzwerke bieten, nutzen zu können, müssen möglichst viele persönliche Informationen preisgegeben werden. Damit macht man sich aber auch angreifbar und kann Gefahr laufen, beispielsweise von Unbekannten angeschrieben oder gemobbt zu werden.

Wie weit darf die elterliche Sorge gehen, bis aus dem Schutz des Kindes eine bloße Kontrolle wird? Und ist diese dann tatsächlich besser als Vertrauen? Einige Eltern schließen Verträge, in denen festgelegt wird, wie das Handy zu benutzen ist. Welche Webseiten werden angesehen, welche Apps werden runtergeladen, was wird bei sozialen Netzwerken gepostet? Im Vertrag stehen auch Konsequenzen, die die Kinder erwarten, wenn sie sich nicht daran halten. Darüber hinaus gibt es jetzt auch spezielle Apps, mit denen Eltern ihre Kinder digital überwachen können.
Selbst wenn die Grundangst der Eltern verständlich ist: Brauchen Kinder aber nicht auch unkontrollierte Freiräume, damit sie stark und selbstbewusst werden?

Die Aufgabe richtig verstehen

1 Überlegt zu zweit, was die Aufgabenstellung von euch verlangt. Prüft folgende Aussagen:
A Ich schreibe den Text so, dass meine Freunde mich verstehen, weil sie alle ein Handy haben.
B Die Argumente und Beispiele sollten sprachlich gut eingeleitet und miteinander verknüpft sein.
C Ich muss in dem Brief meine Meinung begründen und durch Beispiele stützen.
D Mein Text wird besonders gut, wenn ich möglichst viele Argumente aufführe.

Planen

2 Lest den Artikel gründlich. Notiert die strittige Frage und bildet euch eine Meinung dazu.

3 a Sammelt Argumente für eure Meinung und notiert sie stichwortartig untereinander.
b Ergänzt neben jedem Argument ein Beispiel, einen Hinweis auf Folgen, Fakten, einen Vergleich oder eine Expertenaussage, mit denen ihr es entfalten könnt.
c Notiert einen Einwand, der gegen eure Meinung spricht, und überlegt, wie ihr ihn entkräften könnt.

Schreiben und überarbeiten

4 Schreibt den Leserbrief. Nutzt dabei den folgenden Schreibplan und die Formulierungen:

Einleitung	– In Ihrem Artikel „...“ geht es um die Frage, ...
Meinungsäußerung	– Ich vertrete die Ansicht, dass ...
1. Argument	– Ein wichtiger Grund dafür/dagegen ist, dass ... – Man muss bedenken, ...
2. Argument	– Außerdem darf nicht übersehen werden, ... – Ich habe die Erfahrung gemacht, dass ...
Entkräftung eines Gegenarguments	– Sicherlich kann man einwenden, dass ... Aber man sollte auch bedenken, ... – Es ist richtig, dass ... Aber man muss berücksichtigen, dass ...
Schluss	– Ich würde mir wünschen, dass ...

5 Überarbeitet euren Leserbrief in Partnerarbeit. Verwendet die folgende Checkliste:

Checkliste

In einem Leserbrief Stellung nehmen

- **Einleitung:** – Habt ihr den Titel und die strittige Frage des Artikels angegeben?
  – Habt ihr deutlich eure Meinung zum Thema / zur Fragestellung formuliert?
- **Hauptteil:** – Habt ihr eure Meinung mit zwei Argumenten begründet?
  – Habt ihr jedes Argument ausreichend entfaltet durch ein Beispiel, einen Hinweis auf Folgen, Fakten, einen Vergleich oder eine Expertenaussage?
  – Habt ihr ein Gegenargument genannt und nachvollziehbar entkräftet?
- **Schluss:** – Habt ihr euren Standpunkt zusammengefasst und bekräftigt?
- **Sprache:** – Habt ihr den Brief in Absätze gegliedert und Argumente gut verknüpft?
  – Sind die Rechtschreibung und die Zeichensetzung korrekt?

Schreibwörter ▸ S. 324

das Notebook	das Smartphone	protokollieren	analog	sicherlich
der Laptop	das Tablet	argumentieren	digital	dennoch

3 Meine Zukunft – Beschreiben

Traumberuf?

1 a Beschreibt, welche Berufe die Kinder auf dem Foto darstellen, und erklärt die Besonderheiten und die Funktion der jeweiligen Berufskleidung.
b Erzählt, welchen Traumberuf ihr hattet, als ihr so alt wart wie die Kinder auf dem Foto.
c Vergleicht eure Kindheitswünsche mit euren heutigen Berufsvorstellungen.

2 a Überlegt, welchen Beruf eure Lernpartnerin oder euer Lernpartner in zehn Jahren ausüben könnte. Begründet eure Auswahl und beschreibt ihr/sein Aussehen sowie den möglichen Arbeitsalltag:
Ich könnte mir vorstellen, dass du in Zukunft als ... arbeitest, weil ...
Dann trägst du ...
b Gebt euch gegenseitig Rückmeldungen: Konntet ihr euch alles gut vorstellen? Habt ihr ähnliche Vorstellungen von eurer Zukunft?

In diesem Kapitel ...

- tauscht ihr euch über eure Zukunftsvorstellungen aus,
- beschreibt ihr Personen, Orte, Gegenstände und Arbeitsabläufe,
- schreibt ihr Tagesberichte,
- verfasst ihr Bewerbungsschreiben und Lebensläufe,
- bereitet ihr euch auf Vorstellungsgespräche vor.

3.1 Mein Leben in zehn Jahren – Personen, Orte und Arbeitsabläufe beschreiben

Personen in ihren Berufen beschreiben

1 a Was wisst ihr über den Arbeitsalltag von Rettungssanitätern? Tauscht euch darüber aus.
b Findet ihr, dass diese Tätigkeit ein Traumberuf ist? Begründet eure Aussage.

2 Bereitet eine Beschreibung der Sanitäterin oder des Sanitäters auf dem Foto vor.
a Legt euer Heft quer und übertragt die folgende Tabelle:

Allgemeine Angaben	Körpermerkmale	Kleidung	Besondere Merkmale und Wirkung
Beruf: ... *Geschlecht: ...* *Alter: ...* *Größe: ...*	*Hautfarbe: ...* *Kopf/Gesicht: ...* *Haare/Frisur: ...* ...	...	...

b Wählt eine Person – die Sanitäterin oder den Sanitäter – und ergänzt in der Tabelle passende Angaben.
Ihr könnt folgenden Wortschatzkasten verwenden:

Hautfarbe:	hell • dunkel • blass • gerötet • gebräunt
Kopf/Gesicht:	länglich • oval • rund • kantig • breit • schmal • herzförmig
Haare/Frisur:	hellbraun • blond • schwarz • rötlich • kurz • schulterlang • lang • glatt • lockig • geflochten • Pony • Mittelscheitel • Seitenscheitel • Zopf
Augenbrauen:	dunkel • hell • buschig • gezupft • kräftig • geschwungen • schmal
Nase:	lang • kurz • schmal • breit • groß • spitz • gerade • krumm
Mund/Lippen:	breit • voll • schmal • blass • zart
Kinn:	spitz • rund • eckig • markant • Dreitagebart
Figur:	zierlich • schmal • muskulös • schlank • kräftig • mollig • füllig
Kleidung:	sportlich • lässig • modern • elegant • zweckmäßig • schlicht • gepflegt
Wirkung:	sympathisch • angespannt • gelassen • erfahren

3 Verfasst mit Hilfe eurer Tabelle von Aufgabe 2 (► S. 52) eine Personenbeschreibung. Geht so vor:
- Formuliert eine Einleitung, z. B.:
  Die Rettungssanitäterin auf dem Foto ist etwa ... Jahre alt und ... groß.
- Beschreibt im Hauptteil das Aussehen in einer geordneten Reihenfolge, z. B. von oben nach unten. Verwendet abwechslungsreiche Verben:

  tragen • aussehen • besitzen • verfügen über • aufweisen • auffallen • wirken

- Gebt zum Schluss an, wie die Person auf euch wirkt, z. B.:
  Die Sanitäterin macht einen sympathischen/erfahrenen/ruhigen/... Eindruck.

4 a Überarbeitet eure Personenbeschreibung:
- Sucht euch einen Lernpartner, der dieselbe Person beschrieben hat.
- Lest gemeinsam den Methodenkasten unten und gebt mit eigenen Worten wieder, worauf ihr bei der Überarbeitung achten solltet.
- Überarbeitet eure Texte Satz für Satz. Einigt euch jeweils auf die beste Formulierung, sodass eine neue gemeinsame Beschreibung entsteht.

b Setzt euch mit einem Zweierteam zusammen, das die andere Person beschrieben hat. Lest euch eure Beschreibungen vor und gebt euch gegenseitig Rückmeldungen dazu: Was ist gut gelungen? Was sollte man verbessern?

5 Wie seht ihr euch in 10 Jahren? Welchen Beruf übt ihr aus? Spielt das folgende Spiel:

a Sammelt in einer Mindmap Ideen für Aussehen und Traumberuf oder malt ein Bild.

b Beschreibt euch selbst auf einem Blatt (wie in ► Aufgabe 3) ohne Angabe des Namens. Formuliert zum Schluss, warum euch dieser Beruf interessiert. Zum Beispiel:
Ich bin ein 24-jähriger Tierpfleger und arbeite im Kölner Zoo. Ich bin 1,85 m groß und ...

c Sammelt die Blätter ein, mischt sie und lest sie nacheinander vor. Die Zuhörer/-innen raten jeweils, wer die Personenbeschreibung verfasst haben könnte.

6 Welche Berufe mit spezieller Kleidung, z. B. einer Uniform, kennt ihr?

a Erstellt eine Liste der Berufe im Heft.

b Beschreibt eine Person mit typischer Berufskleidung und lasst eure Mitschüler erraten, welchen Beruf sie ausübt.

Methode **Eine Person beschreiben**

- **Einleitung:** Macht **allgemeine Angaben** zur Person wie *Beruf, Geschlecht, Alter, Größe.*
- **Hauptteil:** Beschreibt das **Aussehen** der Person im Detail in einer **geordneten Reihenfolge,** beispielsweise von oben nach unten (von Kopf bis Fuß).
- **Schluss:** Formuliert, wie die Person auf euch wirkt.
- Nutzt **aussagekräftige Adjektive und Partizipien,** z. B.: *hellgrün, zweckmäßig.*
- Verwendet nicht nur die Verben *haben* und *sein.* Achtet auf eine **abwechslungsreiche Wortwahl** mit Verben wie *tragen, aussehen, besitzen, aufweisen, auffallen, wirken.*
- **Vermeidet persönliche Wertungen** wie *schön, süß, lieb* oder *hässlich.*
- Verfasst eure Beschreibung im **Präsens.**

Orte beschreiben und die Atmosphäre schildern

1 a Wie sieht euer Traum-Arbeitsort aus? Beschreibt den Ort.
b Welcher Arbeitsort ist auf dem Foto dargestellt? Erklärt, ob ihr euch vorstellen könnt, dort zu arbeiten.

Englands ältester Süßwarenladen in Pateley Bridge, North Yorkshire

2 Um einen Arbeitsort möglichst genau zu beschreiben, ist ein Überblick nötig.
a Fertigt eine Skizze des Süßwarenladens auf dem Foto an. Deutet wichtige Gegenstände an.
b Beschriftet die Skizze. Folgende Begriffe könnt ihr verwenden:

die Auslagefläche • die Ladentheke • die Regale • die Fächer • die Körbe • die Auslagen • die Glasbehälter • die Waage • der Feuerlöscher • die Deckenbeleuchtung • der Holzfußboden

3 Setzt die folgende Beschreibung des Süßwarenladens fort. Gebt die Position der Gegenstände im Raum genau an und verwendet abwechslungsreiche und treffende Verben.
Der Süßwarenladen besteht aus einem ungefähr 40 Quadratmeter großen Raum.
Im vorderen Bereich des Raums stehen auf einer Auslagefläche mehrere Körbe, die mit …

Positionen angeben:
im vorderen Bereich • im hinteren Bereich • an den Seitenwänden • in der Mitte • oben • unten • links • rechts • oberhalb • unterhalb • an • auf • hinter • neben • in • über • unter • vor • zwischen • gegenüber • darüber • darunter • davor • dahinter • daneben • dazwischen

Abwechslungsreiche Verben verwenden:
sich befinden • stehen • liegen • hängen • angrenzen an • befestigt sein an • bestehen aus

Methode **Einen Ort beschreiben**

- **Einleitung:** Benennt den Ort. Macht allgemeine Angaben, z. B. zur Größe des Raums.
- **Hauptteil:** Beschreibt den Ort in einer geordneten Reihenfolge: von links nach rechts, von vorn nach hinten oder im Uhrzeigersinn. Gebt die Position der Dinge im Raum genau an.
- **Schluss:** Beschreibt, wie der Ort auf euch wirkt.
- Formuliert **sachlich** und im **Präsens.** Vermeidet Wertungen und Gefühlsäußerungen.

Zu Besuch in Englands ältestem Süßwarenladen

Als ich das Zuckerlädchen betrete, kriecht mir sofort dieser wunderbare Geruch in die Nase, eine Mischung aus Kakao und orientalischen Gewürzen. Eine elegant gekleidete Dame, die Herrin über dieses süße Paradies, erklärt gerade eifrig einem älteren Paar die Unterschiede ihrer Bonbonsorten. So bleibt mir ein Moment, das bunte Lädchen mit seinen tausend süßen Verlockungen ausgiebig zu bestaunen. Ich stehe neben einem Berg aus Körben, die gefüllt sind mit verführerisch glitzernden Köstlichkeiten. Während ich mit einem Finger vorsichtig über das knisternde Bonbonpapier streife, träume ich davon, mit beiden Händen hineinzugreifen und mir die Taschen zu füllen. Zwischen all den Schätzen steht eine alte gusseiserne Waage. Sie erinnert mich an …

4 Lest den Beginn einer Schilderung des Süßwarenladens für eine Zeitungsreportage. Erläutert, worin sich diese Beschreibung von eurer eigenen Beschreibung (▶ Aufgabe 3) unterscheidet.

5 **a** In der Schilderung für eine Reportage werden verschiedene Sinneswahrnehmungen wiedergegeben. Was sieht, hört, riecht und fühlt der Autor? Gebt Textstellen wieder.

b Die Schilderung wirkt durch bestimmte sprachliche Gestaltungsmittel sehr anschaulich. Übertragt folgende Tabelle ins Heft und weist die Gestaltungsmittel durch Textstellen nach.

Sprachliche Gestaltungsmittel	Textbeispiele
anschauliche Adjektive und Partizipien	*orientalischen (Z. 3), elegant (Z. 3), …*
ausdrucksstarke Verben	*in die Nase kriechen (Z. 1–2), …*
sprachliche Bilder (Metaphern, Vergleiche)	*das süße Paradies (Z. 4), …*
Übertreibung	…

6 Setzt die Schilderung des Ladens fort. Geht auf wichtige Gegenstände ein und beschreibt, welche Sinneswahrnehmungen, Gedanken und Gefühle sie auslösen.

Information **Das Schildern**

- Schildern bedeutet, eine **Situation** oder die **Atmosphäre eines Raums** durch **anschauliche Adjektive, ausdrucksstarke Verben** und **sprachliche Bilder** so genau zu beschreiben, dass die Leser sich diese gut vorstellen können.
- Schilderungen beruhen auf **genauen Beobachtungen** und geben **Sinneswahrnehmungen** sowie **persönliche Gedanken und Gefühle** wieder.

Arbeitsabläufe beschreiben

Ein Auszubildender beschreibt einen Arbeitstag während seiner Ausbildung zum Schilder- und Reklamehersteller:

Mein Arbeitstag beginnt am Computer. Zunächst stelle ich dort unterschiedliche Designentwürfe für einen Kunden fertig. Dieser hatte einige Tage zuvor ein Werbemotiv für seine Firmenautos geordert. Obwohl bei der Vorbesprechung das Motiv und der Schriftzug bereits festgelegt wurden, sollte man nicht nur einen, aber auch nicht mehr als zwei bis drei Entwürfe vorbereiten. So kann der Kunde vergleichen und den Entwurf auswählen, der ihm am besten gefällt, ohne durch zu viele Vorschläge verwirrt zu werden.
Danach findet ein Meeting mit dem Kunden statt, bei dem ich meine Entwürfe möglichst überzeugend präsentiere. Sobald der Kunde seinen Favoriten ausgewählt hat, beginnen wir mit der Produktion.
Zuerst drucken wir das Motiv aus. Dann laminieren wir es mit einer Folie, damit wir den Druck schützen. Anschließend spannen wir den Druckbogen mit dem Motiv in den Plotter. Dieses Gerät erledigt die Schneidearbeit. Wenn schließlich die gesamte Folie komplett fertiggestellt wurde, überziehen wir damit den Pkw. Durch das Car-Wrapping ist der Wagen nicht nur individuell gestaltet, sondern auch vor Steinschlag geschützt. Selbstverständlich bin ich gern dabei, wenn das Auto schließlich dem staunenden Kunden übergeben wird.
Das Schöne an diesem Beruf ist, dass man nicht nur am Computer sitzt, sondern auch handwerklich arbeitet und Kundengespräche führt.

1 a Wie stellt ihr euch die Arbeit eines Schilder- und Reklameherstellers vor? Tauscht euch aus.
b Lest die Beschreibung oben und prüft: Was wusstet ihr bereits, was ist neu für euch?

2 In der Beschreibung werden verschiedene Fachbegriffe verwendet.
Sucht die folgenden Begriffe im Text und erklärt ihre Bedeutung aus dem Textzusammenhang:

der Designentwurf • das Werbemotiv • ordern • das Meeting • der Favorit • die Produktion • laminieren • der Plotter • das Car-Wrapping

3 a Untersucht, mit welchen Wörtern die Reihenfolge der einzelnen Arbeitsschritte deutlich gemacht wird. Schreibt die Wörter heraus, z. B.: *zunächst, einige Tage zuvor*.
b Notiert weitere Wörter, mit denen man die zeitliche Reihenfolge verdeutlichen kann.

4 Damit eine Beschreibung nicht eintönig klingt, sollten Aktiv- und Passivformen (▶ S. 311) abwechseln.
a Sucht im Text Passivformulierungen und notiert sie im Heft, z. B.: *festgelegt wurden (Z. 4)*.
b Überarbeitet die markierte Textstelle: Setzt mindestens zwei Verbformen ins Passiv.

5 a Habt ihr schon einmal ein besonderes Motiv fotografiert? Berichtet davon.
b Könnt ihr euch vorstellen, später als Werbefotograf/-in zu arbeiten? Begründet eure Aussage.

Kundengespräch führen

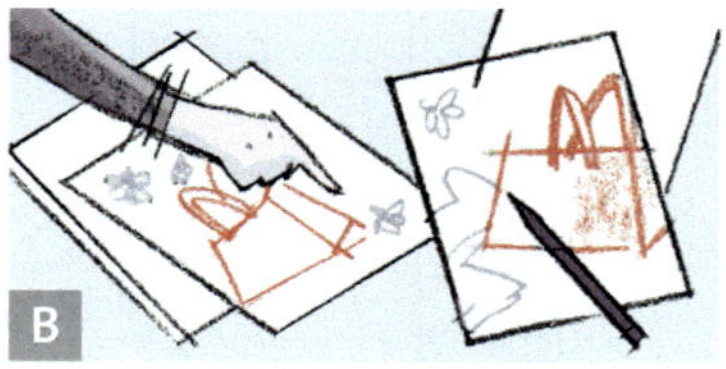

Aufnahmeentwürfe erstellen

Produktarrangement festlegen

Kamera vorbereiten und fotografieren

Bildbearbeitung durchführen

Werbefoto präsentieren

6 Beschreibt den Arbeitsablauf für die Erstellung eines Werbefotos (Bilder A–F). Geht so vor:
a Formuliert einen Einleitungssatz, in dem ihr den Arbeitsablauf benennt und notwendige Vorbereitungen beschreibt (Bild A), z. B.: *Wenn man als Werbefotograf den Auftrag für ein Werbefoto erhält, führt man zunächst ein ausführliches Gespräch mit dem Kunden.*
b Beschreibt im Hauptteil die einzelnen Arbeitsschritte bei der Erstellung des Fotos:
- Macht die Abfolge der Schritte deutlich durch Wörter wie *zuerst, anschließend, als Nächstes.*
- Wechselt zwischen Aktiv- und Passivformen, z. B.: *Nach dem Kundengespräch zeichnet man zunächst einige Entwürfe für die Aufnahme. Anschließend werden diese dem Kunden vorgestellt.*
- Verwendet geeignete Fachbegriffe und erklärt diese, z. B.: *Dann wird das Produktarrangement, das heißt die Anordnung des Produkts und der Dekoration, ausprobiert und festgelegt.*

c Fasst zum Schluss zusammen, worauf man bei diesem Ablauf besonders achten sollte oder was das Interessante daran ist, z. B.: *Bei der Arbeit als Werbefotograf kommt es darauf an ... / Das Interessante an der Arbeit als Werbefotograf ist, dass ...*

7 Recherchiert im Internet zu einem weiteren Beruf, der euch interessiert, und beschreibt einen typischen Arbeitsablauf.

Methode **Einen Arbeitsablauf beschreiben**

- **Einleitung:** Benennt den Arbeitsablauf und seinen Zweck, notwendige Materialien und/oder Vorbereitungen.
- **Hauptteil:** Beschreibt den genauen Arbeitsablauf Schritt für Schritt.
- **Schluss:** Gebt an, worauf man bei diesem Ablauf besonders achten sollte, was das Besondere/Interessante daran ist, oder formuliert weiterführende Hinweise.
- Verdeutlicht durch Wörter wie *zuerst, danach, nun* die **Reihenfolge der Arbeitsschritte.**
- Verwendet **Aktiv- und Passivformulierungen,** damit euer Text nicht eintönig klingt.
- Verfasst eure Beschreibung im **Präsens.**

Gegenstände beschreiben

	Kamera, Blitzgerät	Stativ	Trageriemen
Material:	Kunststoff, Glas	Metall, Kunststoff	Stoff
Größe, Form:	…	…	…
Farbe:	…	…	…
Besonderheiten:	…	…	…
Zweck:	…	…	…

1 Bereitet die Beschreibung einer Kamera vor.

a Betrachtet das Foto und erklärt euch gegenseitig, wo sich folgende Bestandteile befinden:

> das Gehäuse • der Sucher • der Auslöser • das Objektiv mit Blende • das Batteriefach • der Trageriemen • das Blitzgerät • das Stativ • die Teleskopbeine

b Übertragt den Notizzettel oben ins Heft und ergänzt die Angaben stichwortartig.

2 In einer Gegenstandsbeschreibung sollte man neben Material, Größe, Form und Farbe auch die Position und den Zweck der einzelnen Bestandteile des Gegenstands angeben.
Schreibt die folgenden Sätze ab und füllt die Lücken mit den passenden Begriffen:
- Das stoßfeste ? schützt die Kamera.
- Mit ? legt man das Motiv und den Bildausschnitt fest.
- Damit das Foto nicht verwackelt, schraubt man die Kamera an ? . Auf Grund der verstellbaren ? steht es auch auf unebenem Untergrund sicher und stabil.
- Um auch bei Dunkelheit fotografieren zu können, befindet sich oberhalb der Kamera ? .

3 Verfasst eine vollständige Beschreibung der Kamera. Geht in einer sinnvollen Reihenfolge vor: Beginnt mit dem Hauptbestandteil und geht anschließend auf alle weiteren Bestandteile ein.

4 Beschreibt einen Gegenstand aus eurem Traumberuf und lasst ihn erraten.

Methode **Einen Gegenstand beschreiben**

- Gebt an, um **welchen Gegenstand** es sich handelt, und beschreibt **Material, Größe, Form, Farbe und Zweck** des **Hauptbestandteils.**
- Geht dann in einer **sinnvollen Reihenfolge** ebenso auf **alle weiteren Bestandteile** ein.
- Nennt zum Schluss **Besonderheiten** des Gegenstands.

Teste dich!

Eine Ortsbeschreibung überarbeiten

Der Raum ist ein Fotostudio. Es ist etwa 40 Quadratmeter groß, hat langweilig weiß gestrichene Wände und einen grauen PVC-Fußboden. An der Decke sind drei Neonröhren befestigt, die den Raum beleuchten. An der Stirnseite des Raums ist ein wahnsinnig großes Fenster, das durch einen Rollladen lichtundurchlässig gemacht werden kann. Den hätte ich auch gern in meinem Zimmer. In dem Raum sind super viele Kabel. Des Weiteren sind da auch drei Scheinwerfer, drei orangefarbene Plastikstühle, ein Bürostuhl und ein unordentlicher Schreibtisch mit Laptop, der andere Schreibtisch mit Laptop ist ordentlicher. Außerdem sind in dem Raum noch zwei bequeme grüne Sessel, ein Beistelltisch aus Glas, zwei Spiegel, ein Stativ und eine Leiter. Insgesamt ist der Raum hell und freundlich. Die vielen Gegenstände lassen erkennen, dass darin häufig gearbeitet wird.

1 a Die Ortsbeschreibung ist noch nicht gelungen. Notiert die Buchstaben der vier Kriterien, die nicht erfüllt sind. Rückwärts gelesen ergeben sie ein Lösungswort.

ELN Die Beschreibung hat eine Einleitung.
BLI Die Beschreibung hat einen Schluss.
GNI Der Raum wurde in einer sinnvollen Reihenfolge beschrieben.
TOO Die Position einzelner Gegenstände im Raum wurde genau angegeben.
HSO Die Sprache ist durchgehend sachlich.
TOF Treffende Verben wurden verwendet.

b Überarbeitet die Beschreibung im Heft.

2 Stellt eure Überarbeitung einem Lernpartner vor. Gebt euch gegenseitig eine Rückmeldung.

3.2 Werbung für mich! – Bewerbungsschreiben und Lebenslauf verfassen

Eine Anzeige auswerten

Wir suchen für den Zeitraum April bis Oktober engagierte Schülerinnen und Schüler als

Praktikanten (w/m)

für unsere Abenteuer-, Sprach- und Sport-Camps in Deutschland und Irland.

Wir suchen dich:
Du bist kommunikativ, engagiert, sportbegeistert, kreativ und flexibel.
Du hast Spaß im Umgang mit Kindern und Lust, dich weiterzubilden.
Du besitzt gute Englischkenntnisse. Dann bist du bei uns genau richtig!

Wir bieten dir:
- freie Kost und Logis plus Taschengeld
- Erfahrungen in einem internationalen Team
- Leitung eigener Zeltgruppen in erlebnispädagogischen Camps
- Weiterbildungen zu Gruppendynamik, Motivation
- umfassende Einblicke in die Organisation eines Camps

Interessiert?
Dann schick uns deine Bewerbung mindestens sechs Monate vor dem Praktikum mit folgenden Unterlagen:
- Anschreiben (mit Angabe des gewünschten Praktikumzeitraums)
- Lebenslauf
- Kopie deines letzten Zeugnisses

CFK – Camps für Kinder, Heustraße 8, 50123 Köln
(E-Mail: praktikum@cfk.de)
Ansprechpartner: Erwin Wesner

1 Untersucht die Anzeige und beschreibt, wie ihr euch ein Praktikum bei CFK vorstellt.
a Sucht aus der Anzeige Informationen über das Unternehmen heraus.
b Überlegt, wie der Tagesablauf während des Praktikums aussehen könnte. Notiert Tätigkeiten und Aufgaben, die euch vermutlich erwarten.

2 Was erwartet das Unternehmen von seinen Praktikantinnen und Praktikanten?
a Gebt mit eigenen Worten wieder, welche Kenntnisse und Fähigkeiten gefordert werden.
b Erläutert die Bedeutung der Adjektive *kommunikativ, engagiert, sportbegeistert, kreativ, flexibel.* In welchen Praktikumssituationen könnten diese Eigenschaften jeweils wichtig sein?
Das Adjektiv „flexibel" bedeutet, dass man sich an unterschiedliche Situationen gut anpassen kann. Wenn man im Camp z. B. ein Geländespiel im Wald anbietet und ein Kind plötzlich …

Ein Bewerbungsschreiben untersuchen

(1) Vincent Kopp
Erich-Kästner-Straße 13
52345 Oberstadt
Tel.: 0123 45678
E-Mail: vincent.kopp@browser.de

(2) Oberstadt, 23. Oktober 20..

(3) CFK – Camps für Kinder
Herrn Erwin Wesner
Heustraße 8
50123 Köln

(4) **Bewerbung um eine Praktikumsstelle vom 04. 04. bis 16. 04. 20..**

(5) Sehr geehrter Herr Wesner,

(6) über die Plattform „Schulpraktikum" bin ich auf Ihr Angebot aufmerksam geworden und möchte mich hiermit um eine Praktikumsstelle in der Zeit vom 04. 04. bis 16. 04. 20.. bewerben.

Ich bin 14 Jahre alt und besuche die 8. Klasse der Realschule Oberstadt. Da ich mich seit mehreren Jahren in der Jungen Gemeinde engagiere und im letzten Jahr zusammen mit anderen Jugendlichen eine Kinderfreizeit gestaltet habe, konnte ich bereits Erfahrungen in der Betreuung von Kindern sammeln. Der Umgang mit Kindern bereitet mir viel Freude.

In der Schule ist Sport mein Lieblingsfach und auch in meiner Freizeit treibe ich gern Sport. Seit meinem zehnten Lebensjahr spiele ich Handball im Verein. Deshalb weiß ich, dass Teamfähigkeit und Fairplay wichtige Voraussetzungen sind, um erfolgreich zu sein.

(7) Über eine Einladung zu einem Vorstellungsgespräch würde ich mich sehr freuen.

(8) Mit freundlichen Grüßen

(9) *Vincent Kopp*

(10) **Anlagen**
Lebenslauf
Zeugnis 7. Klasse

1 a Prüft, inwiefern das Bewerbungsschreiben zu der Anzeige auf ► Seite 60 passt.

b Beschreibt den Aufbau des Schreibens. Ordnet den Zahlen 1–10 die folgenden Angaben zu:

A wichtige Bitte am Schluss des Brieftextes
B notwendige Angaben für den Empfänger, um das Schreiben zu beantworten
C Anrede, wenn der Name bekannt ist
D Auflistung des Beigefügten
E Datum des Schreibens
F Hauptteil, auf die Praktikumsstelle und die eigenen Fähigkeiten zugeschnitten
G Empfänger (zuständige Person angeben)
H übliche Grußformel am Schluss
I leserliche Unterschrift (Vor- und Zuname)
J Betreffzeile (fett gedruckt)

Einen Lebenslauf gestalten

1 Beschreibt den Aufbau und die Gestaltung des Lebenslaufs.

2 **a** Erklärt, warum die Angaben im Lebenslauf für ein Unternehmen wichtig sind.
b Erläutert den Vorteil, den die Tabellenform des abgebildeten Lebenslaufs für den Empfänger einer Bewerbung hat.

3 **a** Entwerft einen eigenen tabellarischen Lebenslauf.
b Tauscht eure Lebensläufe und versetzt euch in einen Arbeitgeber: Zu welchen Punkten im Lebenslauf eures Lernpartners würdet ihr im Vorstellungsgespräch Fragen stellen?

Lebenslauf

Persönliche Daten

Name:	Vincent Kopp
Anschrift:	Erich-Kästner-Straße 13 52345 Oberstadt
Telefon:	0123 45678
E-Mail:	vincent.kopp@browser.de
Geburtsdatum:	27.02.20..
Geburtsort:	Köln

Schulbildung

seit 20..:	Realschule Oberstadt
20..–20..:	Chamisso-Grundschule, Oberstadt

Besondere Kenntnisse und Interessen

Sprachkenntnisse:	Spanisch (zweite Muttersprache) Englisch (gute Kenntnisse in Wort und Schrift)
PC-Kenntnisse:	gute Kenntnisse in Word
Hobbys:	Handball, Jugendarbeit in der JG

Oberstadt, den 23. Oktober 20..
Vincent Kopp

4 Viele Unternehmen bieten heutzutage die Möglichkeit, sich online zu bewerben. Prüft die Aussagen A–D mit Hilfe der Angaben im Infokasten und korrigiert die falschen.
A Bei der E-Mail-Bewerbung muss ich die formalen Besonderheiten nicht beachten.
B Es sollte eine seriöse E-Mail-Adresse verwendet werden.
C Bei einer Online-Bewerbung brauche ich keinen Lebenslauf und kein Zeugnis zu senden.
D Anschreiben, Lebenslauf, Zeugnis und sonstige Anlagen gehören in den Anhang.

Information **Die Bewerbung (Anschreiben, Lebenslauf, Online-Bewerbung)**

Mit einer Bewerbung **werbt ihr für euch selbst.** Deshalb sollten Inhalt und Gestaltung eurer Bewerbung überzeugen und Rechtschreibung und Zeichensetzung korrekt sein.

- Das **Bewerbungsschreiben** ist ein sachlicher Brief mit folgenden Bestandteilen: Briefkopf (Absender, Adressat mit vollständiger Anschrift, Datum), Betreffzeile (stichwortartige Angabe, worum es geht), Anrede, Bewerbungstext, Grußformel, Unterschrift, Auflistung der Anlagen (z. B. Lebenslauf, Zeugnis).
- Zur Bewerbung gehört auch ein **tabellarischer Lebenslauf.** Dieser sollte übersichtlich gegliedert sein, ein Porträtfoto enthalten und mit Ort, Datum und Unterschrift abschließen.
- Die **Online-Bewerbung** gleicht inhaltlich und formal dem Bewerbungsbrief. Das Anschreiben kann als E-Mail-Text gesendet werden. Lebenslauf und gescanntes Zeugnis werden als Anhang beigefügt. Die Anlagen dürfen nicht zu groß sein (maximal 5 MB). Erkundigt euch, ob die Firma eine Plattform für Online-Bewerbungen eingerichtet hat.

Sich telefonisch über Bewerbungsverfahren informieren

A Hallo? Ist da das Hotel? Ich will ein Praktikum machen. Rufen Sie mich auf diesem Handy zurück, ja?

B Guten Tag. Mein Name ist Milo Grün. Ich würde gern ein Praktikum in Ihrem Hotel machen. Könnten Sie mir bitte sagen, wer dafür zuständig ist, oder mich direkt weiterleiten?

1 a Welcher der beiden Anrufer hat vermutlich eher eine Chance, sein Ziel zu erreichen? Begründet eure Vermutung.

b Formuliert Tipps, wie man ein höfliches Telefongespräch beginnt, z. B.: *Zuerst nennt man ...*

2 Stellt euch vor, ihr interessiert euch für ein Praktikum in einem Hotel und werdet in einem ersten Telefonat vom Empfang zum richtigen Ansprechpartner weitergeleitet.

a Welche der folgenden Aussagen und Fragen sollte man bei einem ersten Telefonat vermeiden, welche dürfen dagegen nicht fehlen? Begründet eure Einschätzung.

- **A** grüßen und den Namen wiederholen
- **B** Anlass und Zweck des Anrufs nennen
- **C** Preis und Ausstattung der Zimmer erfragen
- **D** den festgelegten Praktikumszeitraum mitteilen
- **E** sich nach den Verdienstmöglichkeiten im Hotel erkundigen
- **F** sich über die Vorgehensweise bei der Bewerbung erkundigen (Unterlagen, Zeitraum)
- **G** sich bedanken und verabschieden

b Formuliert zu jedem notwendigen Punkt eine höfliche Aussage oder Frage im Heft, z. B.: *Zu A: Guten Tag, Herr/Frau ... Mein Name ist ...*

3 a Denkt euch ein Unternehmen aus, bei dem ihr euch um einen Praktikumsplatz bewerben wollt, und bereitet euch auf das erste Telefonat mit diesem Unternehmen vor. Überlegt zu zweit, was ihr sagen und erfragen möchtet, und notiert Stichworte dazu.

b Bildet Vierergruppen und führt im Rollenspiel zwei Telefonate durch.

c Gebt euch anschließend gegenseitig Rückmeldungen dazu: Habt ihr alle wichtigen Dinge zur Bewerbung erfragt? Habt ihr ausreichend höflich und verständlich gesprochen?

Methode **Sich telefonisch informieren**

- Oft findet eine **erste Kontaktaufnahme** mit einem Unternehmen telefonisch statt. Man erkundigt sich z. B., ob der Betrieb in diesem Jahr eine Praktikumsstelle anbietet.
- Bereits bei einem solchen Telefonat hinterlässt man einen **ersten Eindruck.** Beachtet:
  - **Grüßt höflich** und meldet euch mit **vollem Namen.** Nennt **Anlass** und **Zweck des Anrufs.**
  - Fragt nach dem **richtigen Ansprechpartner** und klärt das **Vorgehen bei der Bewerbung.**
  - Notiert vor dem Gespräch **Fragen** und während des Gesprächs **wichtige Informationen.**
  - **Bedankt und verabschiedet** euch zum Schluss.

Ein Bewerbungsschreiben zu einer Anzeige planen

Wir sind ein Reisebüro, das ferne und nahe Ziele gleichermaßen bequem erreichbar macht und über modernste Ausstattung verfügt.
Mit über 50 Filialen findest du uns bestimmt in deiner Nähe!

Willst du Neues entdecken und eine spannende Reise unternehmen?
Schülerinnen und Schüler haben bei uns die Möglichkeit, während eines Schülerpraktikums in den Berufsalltag **der/des Tourismuskauffrau/-manns** hineinzuschnuppern:

- **Kunden über Reisemöglichkeiten und Reiseziele beraten**
- **Preise kalkulieren**
- **Marketingmaßnahmen entwickeln und durchführen**

Bewirb dich mit folgenden Unterlagen bei uns: einem Anschreiben, einem Lebenslauf und einer Kopie deines letzten Zeugnisses.

Wir erwarten:
Freude am Umgang mit Menschen und am Gespräch, eine rasche Auffassungsgabe, Organisationsgeschick, Teamfähigkeit, Einfallsreichtum, Interesse an Geografie und Reisen, PC- und Englischkenntnisse.

Schreibe uns per Mail an: Service@Laxo.de
oder an: Laxo-Reisen GmbH, Herrn Boris Fernweh, Dürerstraße 45, 12345 Berlin.

1 Wenn ihr euch auf eine Anzeige bewerbt, solltet ihr diese genau untersuchen.

a Sucht aus der Anzeige Informationen über das Unternehmen heraus und notiert sie stichwortartig: *bietet Fernreisen und Reisen zu nahen Zielen an, verfügt über …*

b Sucht Informationen zum Praktikum. Notiert Tätigkeiten und Aufgaben, mit denen ihr im Praktikum voraussichtlich zu tun haben werdet: *Kundengespräche führen, Preise berechnen, …*

c Listet auf, was das Unternehmen von Praktikanten erwartet: *Freude an …*

2 Überlegt, wie ihr eure Eignung für den Praktikumsplatz in eurer Bewerbung nachweisen könnt.

a Überlegt zu den einzelnen Tätigkeiten/Aufgaben im Praktikum (▸ Aufgabe 1 b), ob ihr so etwas Ähnliches schon einmal gemacht habt, z. B.: *Kundengespräche führen → helfe an Wochenenden manchmal meiner Tante im Kiosk; Preise berechnen → habe in Mathematik Note 2.*

b Notiert Beispiele, mit denen ihr die geforderten Eigenschaften und Fähigkeiten (▸ Aufgabe 1 c) nachweisen könnt, z. B.: *Teamfähigkeit → spiele Basketball im Verein.*

3

a Notiert zwei weitere Fähigkeiten, die ihr besitzt, und euer Lieblingsfach in der Schule.

b Tauscht das Heft mit einem Lernpartner. Dieser ergänzt eine weitere Fähigkeit von euch.

c Verknüpft die Fähigkeiten mit Situationen, in denen ihr sie anwenden oder zeigen konntet: *Verantwortungsbereitschaft: Als Lernpate übernehme ich Verantwortung für jüngere Schüler.*

Fordern und fördern – Einen Bewerbungstext schreiben

Verfasst einen Bewerbungstext zu der Anzeige auf ► Seite 64.

1 **Anknüpfung finden**
Bezieht euch zu Beginn des Schreibens auf die Anzeige:
Formuliert in einigen Sätzen, wo ihr auf die Anzeige aufmerksam geworden seid (z. B. in der Schülerzeitung) und dass ihr euch für das Praktikumsangebot interessiert.

▷ Hilfe zu Aufgabe 1 Seite 66

2 **Neugierde wecken**
Macht das Unternehmen neugierig auf euch:
– Nennt den Namen eurer Schule und die Klassenstufe: *Zurzeit besuche ich ...*
– Gebt an, warum ihr euch für dieses Praktikum interessiert und was ihr euch davon erhofft.
Tipp: Verwendet eure Notizen von ► Seite 64, Aufgaben 1a, b.
Jch würde gern mehr erfahren über ... / Von einem Praktikum in Jhrem Reisebüro erhoffe ich mir ...

▷ Hilfe zu Aufgabe 2 Seite 66

3 **Du und deine Fähigkeiten**
Stellt überzeugend dar, warum ihr für dieses Praktikum geeignet seid:
Verknüpft die Anforderungen des Unternehmens an einen Praktikanten (► S. 64, Aufgabe 1c) mit euren besonderen Fähigkeiten und Eigenschaften.
- *Seit ... Jahren bin ich Mitglied in ... Dort habe ich bereits gelernt/erfahren, ...*
- *Die Fähigkeit ... konnte ich bereits in/während/bei ... unter Beweis stellen.*
- *Durch ... konnte ich bereits Erfahrungen mit/bei/im ... sammeln.*
- *Jch habe mich schon immer für ... interessiert. Deshalb ...*
- *Mir fällt es leicht, ...*
- *Große Freude bereitet mir ... / Gern verbringe ich meine Zeit damit, ...*

▷ Hilfe zu Aufgabe 3 Seite 66

4 **Aufforderung zum Handeln**
Bittet zum Schluss höflich um eine Einladung zu einem Vorstellungsgespräch:
Über eine Einladung zu einem persönlichen Gespräch ...

▷ Hilfe zu Aufgabe 4 Seite 66

5 Gestaltet ein vollständiges Bewerbungsschreiben (► S. 61) am Computer und druckt es aus. Bittet einen Lernpartner darum, euer Anschreiben zu prüfen und zu bewerten.

Methode **Den Bewerbungstext nach der ANDA-Methode schreiben**

- Stellt euch selbst **überzeugend** dar, ohne zu übertreiben oder Wichtiges wegzulassen.
- Baut den Text nach der **ANDA-Methode** (span. *anda:* Auf geht's!) auf:
  1 **A**nknüpfung finden – **2** **N**eugierde wecken – **3** **D**u und deine Fähigkeiten –
  4 **A**ufforderung zum Handeln.
- Formuliert alle Aussagen höflich. Sprecht den Empfänger in der **Höflichkeitsform** an und beachtet die **Großschreibung der Anredepronomen** *(Sie, Ihres, Ihnen, Ihren).*

Aufgabe 1 mit Hilfen

Bezieht euch zu Beginn des Schreibens auf die Anzeige:
Formuliert in einigen Sätzen, wo ihr auf die Anzeige aufmerksam geworden seid und dass ihr euch für das Praktikumsangebot interessiert. Übertragt folgenden Vorschlag ins Heft und füllt die Lücken.

Sehr geehrter Herr ?,
mit großem Interesse habe ich Ihre Anzeige in unserer Schülerzeitung gelesen. Da ich mich sehr für ? interessiere, möchte ich mich hiermit in der Zeit vom ? bis ? um einen Praktikumsplatz in Ihrem Unternehmen bewerben.

Aufgabe 2 mit Hilfen

Macht das Unternehmen auf euch aufmerksam:

– Nennt den Namen eurer Schule und die Klassenstufe. Ergänzt im Heft:
  Zurzeit besuche ich die ? Klasse der ?-Schule in ?.
– Gebt an, warum ihr euch für dieses Praktikum interessiert und was ihr euch davon erhofft. Geht dabei auf die Informationen aus der Anzeige ein (► S. 64, Aufgaben 1 a, b). Folgende Ideen und Formulierungen könnt ihr verwenden:

Arbeit mit moderner Ausstattung • Umgang mit Menschen • Beratung von Kunden • Berechnung von Preisen • Marketingmaßnahmen • Alltag eines Reisebüros

Ich würde gern einen Einblick in … erhalten. • Ich möchte gern erste Erfahrungen im Bereich … sammeln. • Ich würde gern lernen, … • Ich würde gern mehr erfahren über … • Von einem Praktikum in Ihrem Reisebüro erhoffe ich mir …

Aufgabe 3 mit Hilfen

Stellt überzeugend dar, warum gerade ihr für dieses Praktikum geeignet seid:
Verknüpft die Anforderungen des Unternehmens an einen Praktikanten (► S. 64, Aufgabe 1 c) mit euren besonderen Fähigkeiten und Eigenschaften.
Ordnet folgenden Anforderungen aus der Anzeige passende Aussagen zu.

A Freude am Umgang mit Menschen
B rasche Auffassungsgabe
C Organisationsgeschick
D Interesse an Geografie und Reisen
E PC-Kenntnisse
F Englischkenntnisse

Jedes Jahr helfe ich mit bei der Vorbereitung der Begrüßungsfeier für die neuen Schüler und konnte dabei bereits mein Organisationsgeschick unter Beweis stellen. • Während der Urlaubsreisen mit meinen Eltern genieße ich es immer sehr, fremde Regionen kennen zu lernen. • Man muss mir Dinge nicht mehrfach erklären. • Ich lerne gern neue Menschen kennen. • Da ich Hausaufgaben häufig am Computer erledige, besitze ich gute PC-Kenntnisse. • In Englisch habe ich die Note 2.

Aufgabe 4 mit Hilfen

Bittet am Schluss höflich um eine Einladung zu einem persönlichen Gespräch. Wählt einen Satz:

– *Über eine Einladung zu einem Vorstellungsgespräch würde ich mich freuen.*
– *Gern stelle ich mich Ihnen persönlich vor.*

Ein Vorstellungsgespräch führen

1 a Findet ihr den Kleidungsstil auf den Fotos angemessen für ein Vorstellungsgespräch? Begründet eure Aussage.
b Beschreibt die Körpersprache auf den Fotos. Erklärt, was sie jeweils zum Ausdruck bringt.

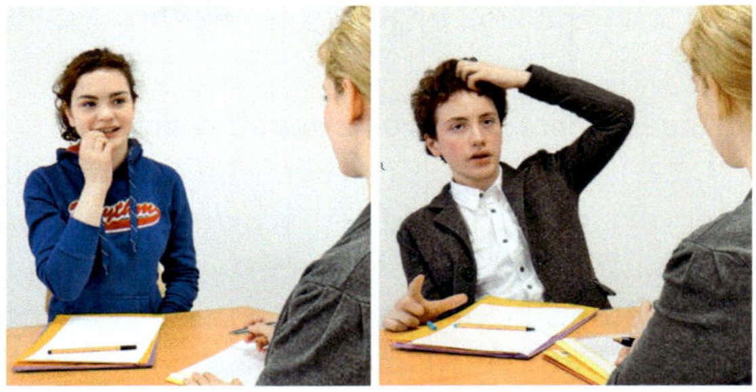

2 Erarbeitet für einen Beruf eurer Wahl Tipps für einen angemessenen Kleidungsstil und das richtige Auftreten beim Vorstellungsgespräch.
a Bildet Gruppen zu jeweils einem Beruf. Besprecht folgende Fragen und macht euch Notizen:
- Was würdet ihr für ein Vorstellungsgespräch in diesem Berufsfeld anziehen?
- Worauf sollte man bei der Auswahl der Kleidung generell achten?
- Was unterscheidet sich bezüglich der Kleidungswahl bei Männern und Frauen, was ist gleich?

b Probt die Körperhaltung bei einem Bewerbungsgespräch:
- Jedes Gruppenmitglied zeigt, wie sie oder er sich bei dem Gespräch setzen würde.
- Die anderen geben an, wie die Körperhaltung wirkt, z. B. *ängstlich, angemessen, verkrampft*.

c Erstellt ein Plakat zum Thema „Beim Vorstellungsgespräch einen guten Eindruck hinterlassen“.

Frau Kargün: Wie bist du auf unseren Betrieb gekommen?
Aida: Über Facebook. Einer meiner Freunde hat letztes Jahr bei Ihnen ein Praktikum gemacht. Was er geschrieben hat, hörte sich interessant an.
Sammy: Ehrlich gesagt, geschah dies eher zufällig beim Stöbern im Internet.
Frau Kargün: In welchem Schulfach siehst du deine Stärken, wo liegen deine Schwächen?
Aida: Ich kann alles ziemlich gut. Dass ich in Deutsch eine 4 und in Biologie eine 5 habe, liegt an meiner Lehrerin.
Sammy: Meine Schwächen liegen eindeutig in Mathe, deshalb habe ich dort auch nur eine 4. Meine Stärken sind die sprachlichen Fächer. Das Kommunizieren, auch in der Fremdsprache, sowie Grammatik und Rechtschreibung fallen mir leicht.
Frau Kargün: Hast du noch Fragen?
Aida: Stimmt es, dass die Arbeit schon um 7 Uhr morgens beginnt? Gilt das auch für mich?
Sammy: Ich habe mich ja schon ein bisschen über Ihre Firma informiert. Dennoch würde mich interessieren, wie meine Tätigkeit genau aussieht und abläuft.

3 a Lest das Vorstellungsgespräch mit verteilten Rollen.
b Welchem Bewerber würdet ihr die Praktikumsstelle geben? Begründet eure Wahl.
c Probt selbst ein Vorstellungsgespräch zu einem Beruf eurer Wahl und wertet es aus.

Methode **Ein Vorstellungsgespräch führen**

- Erscheint pünktlich und angemessen gekleidet. Schaltet Handy oder Smartphone aus.
- Seid freundlich, höflich, aufmerksam und blickt euer Gegenüber an.
- Hört genau zu, sprecht laut und deutlich und zeigt durch Fragen euer Interesse.
- Antwortet ehrlich, ohne zu übertreiben, und in ganzen Sätzen.

Einen Tagesbericht für die Praktikumsmappe schreiben

Eine Schülerin lernt im Praktikum den Arbeitsalltag einer Fachkraft für Veranstaltungstechnik kennen.

Tagesbericht: Mittwoch, den 10. März 20..
Diesen Tag durfte ich an der Seite meiner Kollegin, Frau Ortrud Müller, verbringen und lernte so einen typischen Tag einer Fachkraft für Veranstaltungstechnik kennen.
Mein Arbeitstag begann um 9 Uhr. Meine Kollegin gab mir einen Entwurf für die Organisation des Betriebsfestes eines großen Konzerns, den ich mir anschauen sollte, während sie ihre E-Mails las. Gegen 9.30 Uhr erkundigte sich der Kunde telefonisch, ob die Konzeption schon entworfen sei. Mit der Erlaubnis des Kunden stellte meine Kollegin das Telefon so ein, dass ich das Gespräch mitverfolgen konnte ...

1 **a** Untersucht den Anfang des Tagesberichts:
- Welche Informationen werden im Einleitungssatz gegeben?
- Welche W-Fragen werden in dem Ausschnitt beantwortet?
- Welche Zeitform und welche Sprache werden verwendet?

b Überlegt, welche Funktion Tagesberichte für die Leser und für den Praktikanten selbst haben.

Tagesbericht: Dienstag, den 16. März 20..
Ich komme und bin gleich dabei, wie meine Kollegen die Auswahl der Dekoration für das Jubiläum einer Firma besprechen. Während mein Kollege Herr Laux mit dem Bandleader telefoniert, um die Ausrichtung der Jubiläumsfeierlichkeiten zu besprechen, muss ich mit dem Künstlervertrag in die Rechtsabteilung latschen, was echt öde ist.
Ich durfte aber wenigstens später dabei sein, als alle zusammenhockten, um den Ablauf und das Catering zu bequatschen. Das war cool, weil ich in die Planung einbezogen wurde ...

2 **a** Überarbeitet den Anfang des Tagesberichts im Heft:
- Ergänzt einen Einleitungssatz, der knapp zusammenfasst, was der Arbeitsschwerpunkt an diesem Tag war, z. B.: *Im Mittelpunkt des Arbeitstags stand die Organisation ...*
- Verdeutlicht die Reihenfolge der Tätigkeiten. Gebt Zeiten an und achtet auf abwechslungsreiche Satzanfänge, z. B.: *Um 9 Uhr ging ich ... Anschließend durfte ich ...*
- Formuliert sachlich im Präteritum. Vermeidet umgangssprachliche Wendungen.

b Setzt den Tagesbericht mit Hilfe der folgenden Angaben fort:
10:00 Anruf bei Cateringfirma – 10:30 Erstellung des Ablaufs mit Herrn Laux – 13:30 Internetrecherche nach Hotel für Musik-Event – 15:00 Abholung Künstlervertrag aus Rechtsabteilung – interessanter Tag, weil ...

Information **Der Tagesbericht**

Der **Tagesbericht** ist Bestandteil einer **Praktikumsmappe.** Er informiert **sachlich,** in **chronologischer Reihenfolge** und mit **Fachbegriffen** über die Tätigkeiten an einem Praktikumstag. Er wird im **Präteritum** verfasst und beantwortet die wichtigen **W-Fragen.**

3.3 Fit in ...! – Einen Arbeitsablauf beschreiben

Stellt euch vor, ihr bekommt in der nächsten Klassenarbeit die folgende Aufgabe gestellt:

Aufgabe
Während eines Praktikums in einer Bonbonmanufaktur lernt man, wie Bonbons und Lollis in Handarbeit hergestellt werden. Betrachtet die Fotos zur Herstellung von Himbeerlollis und beschreibt den Arbeitsablauf in einem zusammenhängenden Text.

Zucker in Wasser auflösen, Glukosesirup zugeben

alles auf 150 °C erhitzen

Zuckermasse auf Blech geben

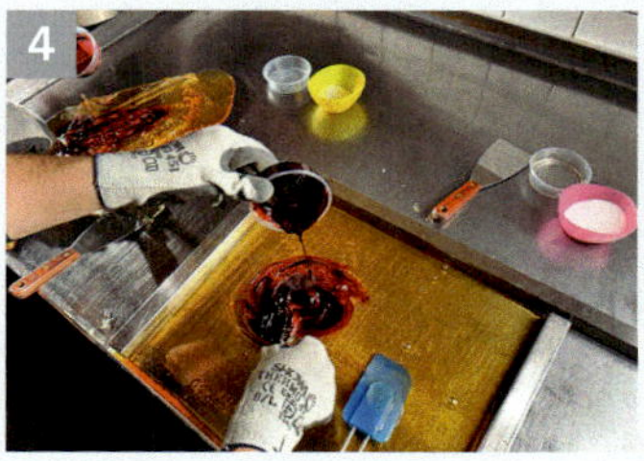

Lebensmittelfarbe und Aromen einarbeiten

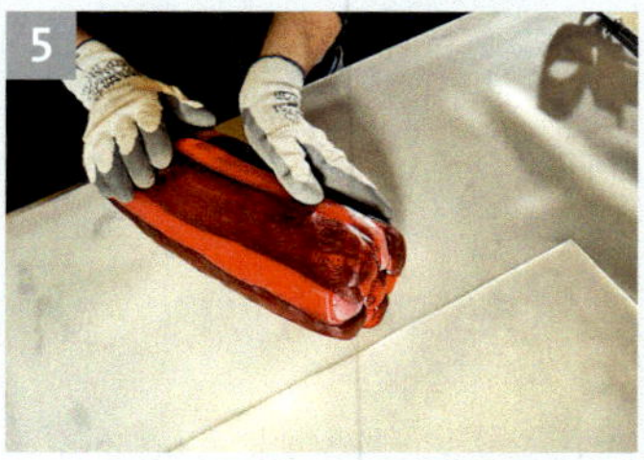

unter Wärmelampe Zuckermasse kneten

Zuckerklumpen über Haken in die Länge ziehen

dünne Würste ausrollen

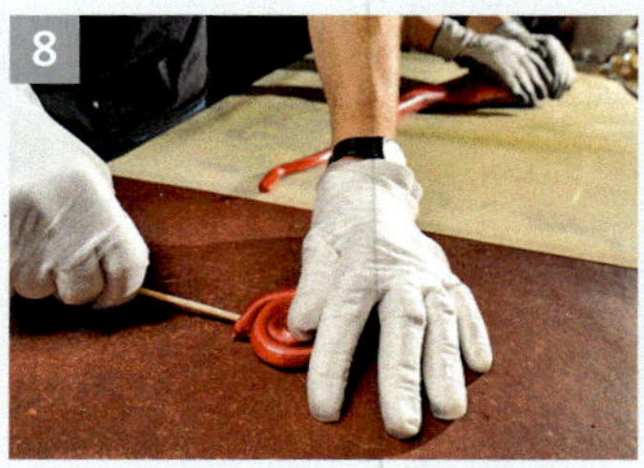

Würste zu Schnecken rollen, Holzspieß reinstechen

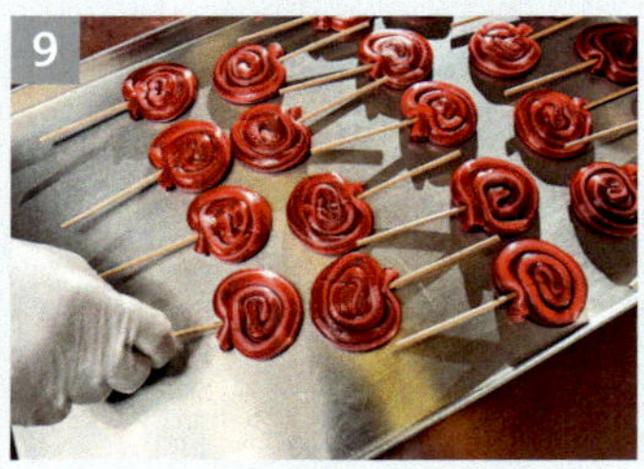

Lollis auf Blech trocknen lassen

Die Aufgabe richtig verstehen

1 Lest die Aufgabenstellung genau und erklärt euch gegenseitig, was ihr beachten müsst:
- Wie soll die Beschreibung aufgebaut sein?
- Worauf müsst ihr bei der Sprachwahl achten?

Planen

2 Legt einen Schreibplan an:

a Notiert alle notwendigen Zutaten und Gegenstände für die Herstellung der Lollis.

b Betrachtet die Fotos und notiert die notwendigen Arbeitsschritte stichwortartig untereinander.

c Überlegt, welche Überschrift am besten zu der Beschreibung passt:
Ein süßer Beruf – Die Herstellung von Lollis – Achtung Kariesalarm!

Schreiben und überarbeiten

3 Verfasst eine vollständige Beschreibung des Arbeitsablaufs:

a Formuliert einen Einleitungssatz, in dem ihr den Arbeitsablauf benennt und die notwendigen Zutaten und Gegenstände aufführt: *Für die Herstellung von ... benötigt man ...*

b Beschreibt im Hauptteil die einzelnen Arbeitsschritte.
Wechselt dabei zwischen Aktiv- und Passivformen und verwendet passende Wörter, um die Reihenfolge der Arbeitsschritte zu verdeutlichen. Folgende Kästen helfen euch:

man löst auf • wird aufgelöst • man erhitzt • wird erhitzt • man gibt • wird gegeben • man arbeitet ein • wird eingearbeitet • man knetet • wird geknetet • man zieht • wird gezogen • man rollt • wird gerollt • man sticht • wird gestochen • man trocknet • wird getrocknet

zunächst • danach • jetzt • sobald • wenn • nachdem • anschließend • schließlich

c Formuliert zum Schluss, was das Besondere bei der Herstellung von Lollis in Handarbeit ist, was euch an diesem Ablauf besonders interessiert oder überrascht hat, z. B.:
– *Im Gegensatz zur Massenherstellung benötigt man bei der Herstellung von Hand ...*
– *Das Beeindruckende/Interessante bei der Herstellung von Lollis ist, dass ...*

4 Überarbeitet eure Beschreibungen in Partnerarbeit. Verwendet die folgende Checkliste:

Checkliste

Einen Arbeitsablauf beschreiben

- Habt ihr in der **Einleitung** den Arbeitsablauf und die notwendigen Materialien bzw. Zutaten und Vorarbeiten genannt?
- Habt ihr im **Hauptteil** den Ablauf Schritt für Schritt in richtiger Reihenfolge beschrieben?
- Habt ihr einen passenden **Schlusssatz** formuliert?
- Habt ihr die **Reihenfolge der Arbeitsschritte** durch passende Wörter verdeutlicht?
- Habt ihr **Aktiv- und Passivformulierungen** verwendet, damit der Text nicht eintönig klingt?
- Habt ihr **sachlich** und genau **im Präsens** formuliert?

Schreibwörter ► S. 324

das Meeting	die Hobbys	präsentieren	erstellen	typisch
das Arrangement	die Kenntnisse	absolvieren	erfahren	zurzeit

4 Ich rede, wie ich will!? – Adressatengerecht sprechen und schreiben

1
a Beschreibt die beiden Fotos. Wer redet darauf mit wem?
b Worüber könnten sich die Personen jeweils unterhalten? Formuliert zu jedem Foto einen kurzen Beispieldialog.
c Tragt eure Dialoge der Klasse vor. Besprecht, wie sich die Sprache in den Dialogen unterscheidet.

2
a Wie und worüber redet ihr mit folgenden Personen? Gebt zu jeder Gruppe typische Gesprächsthemen an.

Eltern • Freunde • Nachbarn • Großeltern • Lehrer • Trainer • Klassenkameraden

b Besprecht, mit wem ihr auf welche Art und Weise auch schriftlich kommuniziert.

In diesem Kapitel …

- übt ihr adressatenbezogenes Sprechen,
- untersucht ihr Kommunikationsprobleme,
- lernt ihr euch schriftlich zu beschweren oder zu entschuldigen,
- denkt ihr über die Bedeutung von Wörtern nach und ordnet sie,
- führt ihr ein Projekt zur Sprachenvielfalt durch.

4.1 Auf den Ton kommt es an – Öffentlich und privat kommunizieren

Angemessen miteinander sprechen

A Ich muss Sie darauf hinweisen, dass Sie Ihr Gepäck nicht unbeaufsichtigt lassen dürfen.

B Würdest du heute Nachmittag bitte einkaufen gehen?

C Tach, Sille, wo steigt die Party?

D Dein Shirt hat ein Loch.

E Ich will jetzt chillen. Englisch mach ich später!

F Können Sie mir bitte erklären, wie ich zum Bahnhof komme?

G Der Verkauf von alkoholhaltigen Getränken ist strengstens untersagt.

1 Wer spricht hier vermutlich zu wem?

a Überlegt zu jeder Äußerung A–G, welcher Sprecher das zu welchem Adressaten sagt. Begründet eure Vermutung.

b Zwischen welchen Sprechern wären die einzelnen Äußerungen unpassend? Denkt euch Sprecher aus und formuliert, was diese stattdessen sagen würden, z. B.: *(A) Vater zu Tochter: „Du darfst deine Tasche da nicht einfach stehen lassen!"*

2 Wie sprecht ihr mit anderen?

a Übertragt folgende Mindmap in euer Heft und ergänzt die Angaben.

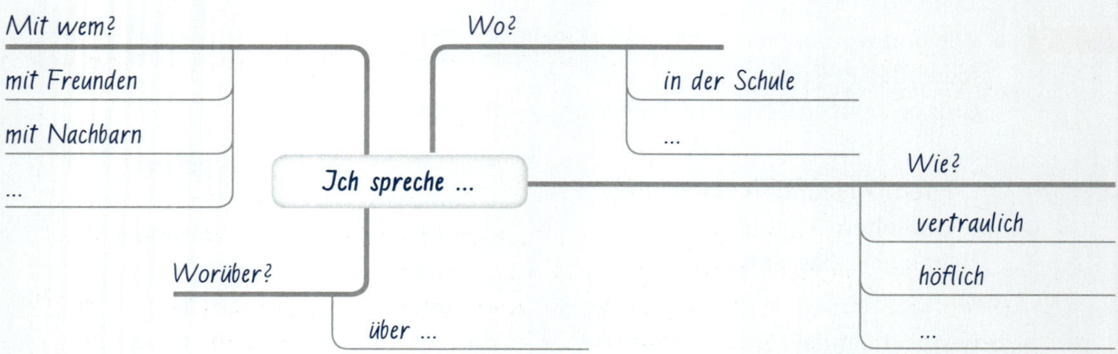

b Wählt zu zweit Angaben aus eurer Mindmap und denkt euch einen Beispieldialog aus.

c Tragt den Dialog vor. Eure Mitschüler sollen vermuten, wer mit wem spricht, und ihre Vermutung begründen: *In dem Dialog hat ... mit einem/einer ... in ... gesprochen. Das hat man daran erkannt, dass ...*

3 Eine Schülerin möchte sich bei verschiedenen Personen über einen Praktikumsplatz in einer Werkstatt erkundigen.

a Wählt zu zweit eine der Personen A, B oder C und schreibt einen Dialog, in dem die Schülerin folgende Dinge erfragt:
1 Möglichkeit eines Praktikums in der Werkstatt, **2** Tätigkeiten während des Praktikums,
3 Vorgehen bei der Bewerbung.

b Setzt euch mit einem Lernteam zusammen, das eine andere Person gewählt hat.
Tragt euch gegenseitig eure Dialoge vor und wertet sie aus:
– Beurteilt, ob das Ziel des Gesprächs jeweils erreicht wurde:
Hat die Schülerin die wichtigen Informationen über das Praktikum erhalten?
– Untersucht in euren beiden Dialogen die sprachlichen Unterschiede. Achtet auf Folgendes:

Begrüßung • Anrede • Höflichkeitsfloskeln • Konjunktiv II (► S. 311 f.) • Aufforderungen im Imperativ • umgangssprachliche Wendungen • verkürzte Wörter oder Sätze • komplexe Sätze

c Überlegt gemeinsam und notiert, auf welche Dinge man – unabhängig vom Gesprächspartner – achten sollte, damit ein Gespräch gelingt.

Information **Adressatengerechtes Sprechen**

Adressatengerechtes Sprechen bedeutet, dass man seine **Sprache** und sein **Verhalten** auf den Gesprächspartner (den Adressaten) abstimmt:

- Man sollte eine angemessene **Begrüßung** und **Anredeform** verwenden, z. B. *Sie* statt *du*.
- Man sollte die passende **Sprachebene** wählen, je nachdem, ob man mit Erwachsenen, Gleichaltrigen oder Kindern, mit Fremden oder mit Bekannten spricht.
- Unabhängig davon, wer der Adressat ist, sollte man in **angemessenem Tempo** sprechen, gut **zuhören,** ihn **ausreden lassen** und durch **Mimik und Gestik** Interesse bekunden.

Sprachebenen unterscheiden

A Guten Tag, Herr Tanner. Ihr Sohn leidet an einem starken Katarrh. Verbunden damit ist eine hartnäckige Bronchitis, Rhinitis und Pharyngitis. Er muss diese Medikamente einnehmen und ich verordne ihm drei Tage Bettruhe. Er sollte auch ausreichend Flüssigkeit zu sich nehmen.

B Hallo, Herr West, ich konnte leider die letzten Tage nicht am Unterricht teilnehmen, weil ich stark erkältet war. Ich hatte Husten, Schnupfen und Halsschmerzen.

C Hi, Theo, ich lag die ganze letzte Woche flach. Hatte wahnsinniges Halsweh. Und ständig war mir voll heiß. Mir lief ununterbrochen die Nase und ich hab die ganze Zeit vor mich hingebellt. Ich musste die ganze Zeit Tee trinken und dieses eklige Zeug schlucken. Das war echt übel!

1 Welchen Sprachebenen würdet ihr die drei Aussagen A, B und C zuordnen: der Standardsprache, der Fachsprache oder der Umgangssprache bzw. Jugendsprache? Lest den Infokasten unten und begründet eure Zuordnung mit Beispielen aus den Aussagen.

2 Wählt eine der folgenden Situationen und formuliert dazu Aussagen auf verschiedenen Sprachebenen: kaputter Computer / Kauf eines Fahrrads / Gespräch über ein Fußballspiel.

Information **Die Sprachebenen**

Die deutsche Sprache umfasst viele Teilsprachen. Dazu gehören die folgenden:

- Die **Standardsprache** ist die allgemein verbindliche Sprachform. Sie wird in Schulen, anderen öffentlichen Einrichtungen und in den Medien gesprochen oder geschrieben.
- Die **Umgangssprache** ist die Sprachform, die wir für die alltägliche Kommunikation verwenden. Dabei werden sprachliche Normen und Regeln der Standardsprache weniger streng angewendet. Typisch sind unvollständige Sätze sowie bestimmte Ausdrücke.
- Die **Jugendsprache** gilt als eine Form der Umgangssprache, die sich bewusst von der Sprache der Erwachsenen absetzt. Sie verändert sich schnell. Typisch sind Anglizismen (Wörter aus dem Englischen), Wortverstärker und Übertreibungen sowie Wortneubildungen.
- Die **Fachsprache** gilt als Sprache der Experten in einem Gebiet, z. B. Computer, Gesetze. In ihr werden viele Fachwörter aus dem jeweiligen Fachgebiet verwendet.

Zuhören und nachfragen

1 a Betrachtet den Cartoon.
Welches Problem wird darin thematisiert?
b Wie könnte die Mutter reagieren?
Formuliert einen Vorschlag.

Mein Lehrer sagt, ich höre im Unterricht nicht zu. Zumindest glaube ich, dass er das gesagt hat.

2 Woran erkennt man, ob ein Gesprächspartner gut zuhört oder nicht? Tauscht euch über eure Erfahrungen aus und formuliert Tipps zum Zuhören: *Beim Zuhören sollte man (nicht) …*

3 Um zu zeigen, dass man gut zuhört, kann man die Aussagen des Gesprächspartners mit eigenen Worten wiederholen. Probiert diese Methode aus:
a Bildet Dreiergruppen und wählt ein Gesprächsthema.
b Führt ein Gespräch zu dem gewählten Thema:
- Schüler 1 äußert sich zum Thema, z. B.:
„Ein guter Freund ist für mich jemand, auf den ich mich verlassen kann, auch wenn ich mal in Schwierigkeiten bin …"
- Schüler 2 zeigt durch Mimik und Gestik, dass er gut zuhört. Dann gibt er die Äußerung von Schüler 1 wieder, bevor er eine eigene Aussage trifft, z. B.:
„Du meinst, dass es wichtig ist, sich auf einen Freund verlassen zu können. Ich finde auch wichtig, dass man ähnliche Interessen hat …"
- Schüler 1 wiederholt ebenfalls die Äußerung von Schüler 2 oder fragt nach, z. B.:
„Du findest gleiche Interessen wichtig für eine Freundschaft? Für mich kommt es auch darauf an, …"
- Schüler 3 achtet darauf, ob die Schüler alles richtig wiedergeben, und korrigiert oder ergänzt die Aussagen.

c Wertet gemeinsam aus, wie sich das Gespräch nach dieser Methode für euch angefühlt hat.

Mögliche Gesprächsthemen:
Das ist für mich ein guter Freund • So sieht mein perfekter Ferientag aus • Diesen Film solltest du dir unbedingt einmal anschauen

Formulierungen:
Du meinst, dass … •
Du denkst, dass … •
Du fragst, ob … •
Ich habe verstanden, dass … •
Habe ich richtig verstanden, dass … ?

4 Führt zu den oben angegebenen Themen ein Gespräch, bei dem einer deutlich macht, dass ihn das Thema nicht interessiert, und er nicht richtig zuhört.

Methode **Richtig zuhören**

Ein Gespräch gelingt in der Regel, wenn das, was jemand sagt, und das, was jemand versteht, **übereinstimmen.** Deshalb sollten Zuhörer/-innen:
- durch **Mimik und Gestik** (Blickkontakt, Nicken) zeigen, dass sie aufmerksam zuhören,
- den anderen **aussprechen lassen,**
- das Gehörte **zusammenfassen, wiederholen oder nachfragen,** um sicher zu sein, dass alles richtig verstanden wurde.

Sich schriftlich beschweren oder entschuldigen

Hi Herr Heinrichs,

wir sind total sauer auf Frau Maier. Wir haben ein extrem krasses Problem. Sie hat uns gestern – am ersten Tag nach den Weihnachtsferien – die Mathearbeit nachschreiben lassen, weil sie vorher krank war. Das ist voll link und unfair.
Erst fehlt sie wochenlang vor Weihnachten, sodass wir gar nicht richtig üben konnten. Dann bringt sie in der Arbeit megaschwere Aufgaben. Bestimmt haben wir alle eine Fünf oder Sechs. Wir finden das absolut ungerecht! Kümmern Sie sich doch darum. Sie können das so gut. ☺

Danke
Ihre 8 b ;-)

1 a Worüber beschwert sich die Klasse in ihrem Brief an den Klassenlehrer? Erklärt das Problem mit eigenen Worten.
b Welches Ziel verfolgt die Klasse? Schätzt ein, ob die Schüler ihr Ziel mit diesem Brief erreichen. Begründet eure Einschätzung.
c Besprecht, wie ihr bei einem solchen Problem vorgegangen wärt. Welche weiteren Möglichkeiten gibt es, das Problem zu lösen?

2 Der Brief an den Lehrer ist unangemessen formuliert.
a Bestimmt die Sprachebene (► S. 74), in der dieser Brief verfasst werden sollte.
b Sucht aus dem Brief alle Formulierungen heraus, die dieser Sprachebene nicht entsprechen. Listet sie im Heft untereinander auf, z. B.: *wir sind total sauer.*
c Vergleicht eure Angaben im Heft und überlegt zu zweit, wie man angemessener formulieren könnte, z. B.: *wir sind total sauer – wir ärgern uns über …*

3 a Überarbeitet den Beschwerdebrief. Formuliert sachlich und genau in Standardsprache und beachtet die nebenstehenden formalen Bausteine eines offiziellen Briefs.
b Vergleicht eure Überarbeitungen und gebt euch Rückmeldungen dazu.

4 Mit welcher Bitte könnte man sich direkt an die Mathematiklehrerin wenden? Formuliert einen angemessenen Brief an sie.

Briefkopf mit Absender und Adresse

Ort, Datum

Betreffzeile

Anrede,

Textteil

Grußformel
Unterschrift

Zu viel Schwung

Ida fährt nach der Schule schwungvoll auf ihrem Longboard nach Hause, als sie plötzlich die Kontrolle über ihr Gefährt verliert und gegen das Auto von Herrn Wegner prallt. Dabei verursacht das Longboard leider mehrere Kratzer am Wagen. Als sie nach Hause kommt, erzählt sie ihren Eltern von ihrem Missgeschick. „Gut, dass du uns davon erzählt hast und bereit bist, die Verantwortung für den Schaden zu übernehmen“, meint ihre Mutter. Der Vater fügt hinzu: „Ich setze mich mit der Versicherung in Verbindung, damit diese für den Schaden aufkommt, aber bei Herrn Wegner musst du dich schriftlich entschuldigen.“

5 a Gebt mit eigenen Worten wieder, was passiert ist.
b Was haltet ihr von der Reaktion der Eltern? Begründet eure Ansicht.

A Sollte ich Herrn Wegner darauf hinweisen, dass er blöd geparkt hat?
B Sollte ich um Entschuldigung bitten und versprechen, das nächste Mal vorsichtiger zu fahren?
C Sollte ich Herrn Wegner als Entschädigung Nachhilfe im Longboardfahren anbieten?

6 Wie sollte ein Brief an den Geschädigten, Herrn Wegner, aussehen?
a Bewertet Idas Überlegungen A–C zum Inhalt. Besprecht, was ihr an ihrer Stelle schreiben würdet.
b Prüft, welche der folgenden Formulierungen für den Brief geeignet sind und welche nicht:

Sehr geehrter Herr Wegner, • Hi Herr Wegner, • Das tut mir echt voll leid. • Ich bitte Sie um Entschuldigung. • Sorry! • Ich möchte mich hiermit bei Ihnen entschuldigen. • Das werde ich mir nie verzeihen! • Ich weiß nicht, ob ich das jemals wiedergutmachen kann. • Leider war ich etwas unvorsichtig. • Ich war voll verpeilt. • Ich hatte ein speedy Tempo. • Ich fuhr zu schnell. • Tschüss! • Mit freundlichen Grüßen • Liebe Grüße

c Verfasst einen angemessenen Entschuldigungsbrief.

Information **Adressatengerechtes Schreiben**

Adressatengerechtes Schreiben bedeutet, dass man das **Textformat** und die **Sprache** an den Adressaten anpasst.

- In einem **offiziellen Brief** verwendet man die **Standardsprache.** Man sollte seine Fragen, Wünsche, Gefühle oder Beschwerden **sachlich und höflich** formulieren und auf umgangssprachliche Ausdrücke, Übertreibungen, Abkürzungen und Emoticons verzichten.
- In einer **schriftlichen Entschuldigung** sollte man in sachlicher und höflicher Sprache zugeben, was man falsch gemacht hat, um Entschuldigung bitten und versprechen, sich zukünftig anders zu verhalten oder den Schaden wiedergutzumachen.

Schriftsprache im Wandel

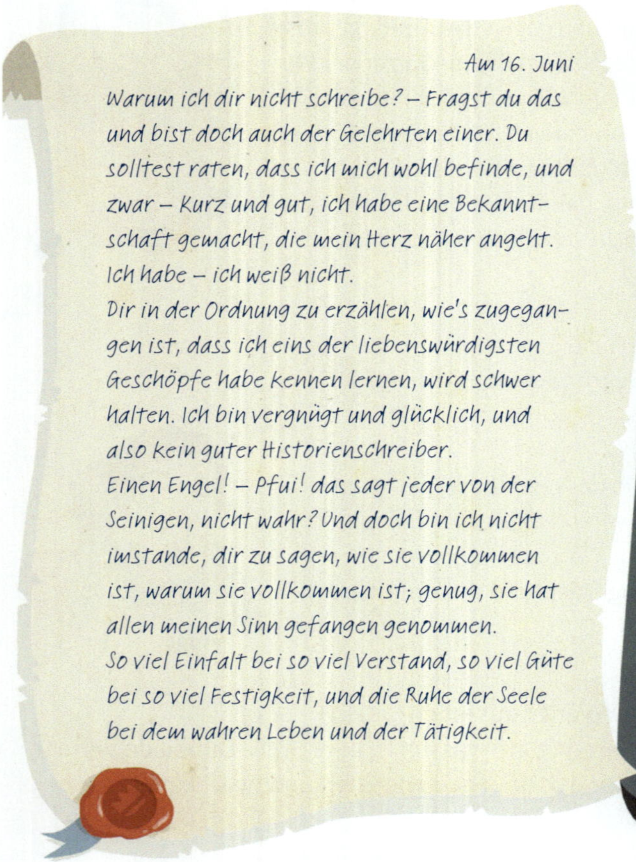
Am 16. Juni

Warum ich dir nicht schreibe? – Fragst du das und bist doch auch der Gelehrten einer. Du solltest raten, dass ich mich wohl befinde, und zwar – Kurz und gut, ich habe eine Bekanntschaft gemacht, die mein Herz näher angeht. Ich habe – ich weiß nicht.

Dir in der Ordnung zu erzählen, wie's zugegangen ist, dass ich eins der liebenswürdigsten Geschöpfe habe kennen lernen, wird schwer halten. Ich bin vergnügt und glücklich, und also kein guter Historienschreiber.

Einen Engel! – Pfui! das sagt jeder von der Seinigen, nicht wahr? Und doch bin ich nicht imstande, dir zu sagen, wie sie vollkommen ist, warum sie vollkommen ist; genug, sie hat allen meinen Sinn gefangen genommen.

So viel Einfalt bei so viel Verstand, so viel Güte bei so viel Festigkeit, und die Ruhe der Seele bei dem wahren Leben und der Tätigkeit.

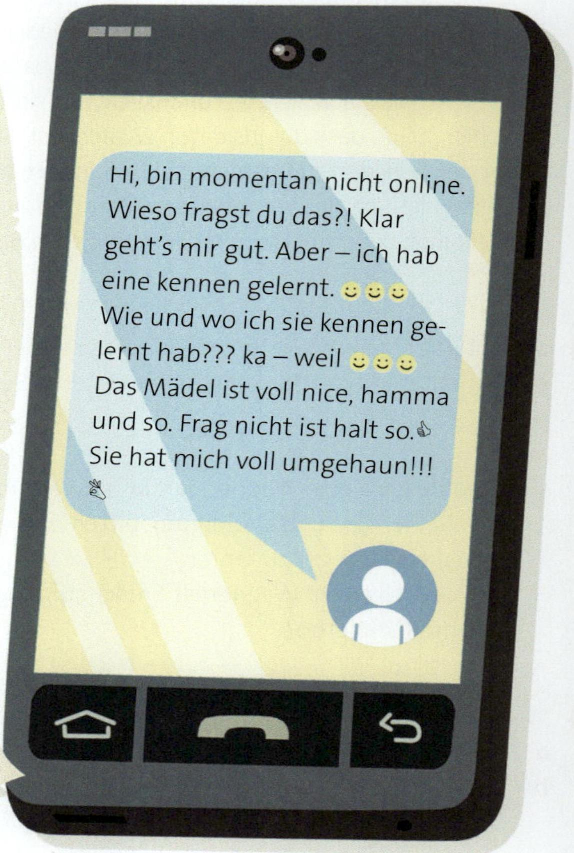

1 Erklärt, was der Brief aus dem Jahr 1774 und die Handynachricht inhaltlich gemeinsam haben.

2 In dem Brief werden Formulierungen verwendet, die heute nicht mehr üblich sind. Was bedeuten sie?

a Listet alle ungewöhnlichen Formulierungen in eurem Heft auf.

b Überlegt zu zweit, was die Formulierungen jeweils bedeuten und wie man das heute in der Standardsprache ausdrücken würde. Schreibt eine aktuelle Formulierung daneben.

3 Untersucht die Sprache in der Handynachricht.

a Nennt jugendsprachliche Ausdrücke, Abkürzungen, Emoticons und weitere Besonderheiten in der Nachricht, die typisch für die Sprache in Handynachrichten sind.

b Besprecht, warum man in Handynachrichten solche Ausdrücke, Abkürzungen und Zeichen verwendet.

4 Notiert zu den ungewöhnlichen Formulierungen von Aufgabe 2 a jugendsprachliche Entsprechungen. Wie würdet ihr das eurer Freundin oder eurem Freund sagen?

Teste dich!

Sich adressatengerecht ausdrücken

A Mein werter Herr, darf ich Sie darauf aufmerksam machen, dass Sie soeben etwas verloren haben?
B Dir ist gerade etwas runtergefallen!
C Gib mal das Salz rüber.
D Könntest du mir bitte das Salz reichen?
E Ich geh ins Kino, du auch?
F Ich würde dich gern einladen, morgen mit mir die Nachmittagsvorstellung im Kino zu besuchen. Möchtest du mich begleiten?

Ober und Gast

Mutter und Kind

Jugendlicher und Jugendlicher

ältere Dame und Jugendlicher

1 Wer spricht zu wem? Ordne die Äußerungen A–F den Gesprächspartnern zu und begründe deine Entscheidung. Zu einigen Äußerungen sind mehrere Lösungen möglich.
In Aussage ... sprechen ... zueinander. Das erkennt man daran, dass ...

2 Was sollte man beim richtigen Zuhören beachten?
Die Buchstaben hinter den korrekten Aussagen ergeben rückwärts gelesen ein Lösungswort.
1 Es ist sinnvoll, das Gehörte zusammenzufassen oder zu wiederholen. (TIEK)
2 Man sollte nicht nachfragen, um den Sprecher nicht zu verwirren. (LAM)
3 Der Adressat kann zustimmend nicken. (MAS)
4 Man sollte durch seine Mimik und Gestik zeigen, dass man sich langweilt. (SOL)
5 Ein Gespräch gelingt in der Regel, wenn man den anderen aussprechen lässt. (KREM)
6 Man kann nachfragen, um sicherzugehen, dass man alles richtig verstanden hat. (FUA)

Hi Herr Bunt,
leider war ich in Kunst voll verpeilt und habe blöderweise die Farbe fallen lassen. Die ist ausgelaufen und dann über den ganzen Boden verlaufen. Na großartig! Natürlich werde ich die Sauerei wegmachen. Aber das kann ich erst nachher nach der 6. Stunde.
Muss jetzt schnell zu Sport! Sorry, echt dumm gelaufen!
Tausend Küsschen, Rosa

3 Überarbeite das Entschuldigungsschreiben an den Kunstlehrer. Formuliere es im Heft so um, dass es angemessen wirkt.

4 Vergleiche deine Lösungen mit einer Lernpartnerin oder einem Lernpartner.

4.2 Respekt – Wortbedeutungen untersuchen

Synonyme und Antonyme unterscheiden

1 Die nebenstehende Anzeige informiert über einen Jugendwettbewerb im Internet.
- **a** Worum geht es in dem Wettbewerb? Stellt Vermutungen an.
- **b** Wie könnte ein möglicher Beitrag zu dem Wettbewerb aussehen? Tauscht Ideen aus.

2 Das Wort *Respekt* entstand aus dem lateinischen Wort *respectus* mit der Bedeutung *das Zurückblicken, die Rücksicht.*
- **a** Welche deutschen Wörter mit ähnlicher oder gleicher Bedeutung wie *Respekt* kennt ihr? Nennt Synonyme.
- **b** Erklärt die Bedeutung der folgenden Wendungen anhand von beispielhaften Situationen:

Respekt erlangen • vor jemandem/etwas den Respekt verlieren • jemandem Respekt zollen

3 Manchmal kann man die Bedeutung eines Wortes auch mit Hilfe von Antonymen – Wörtern mit gegenteiliger Bedeutung – erklären.
- **a** Ergänzt das folgende Schema zum Begriff *Respekt* um weitere Synonyme und Antonyme.

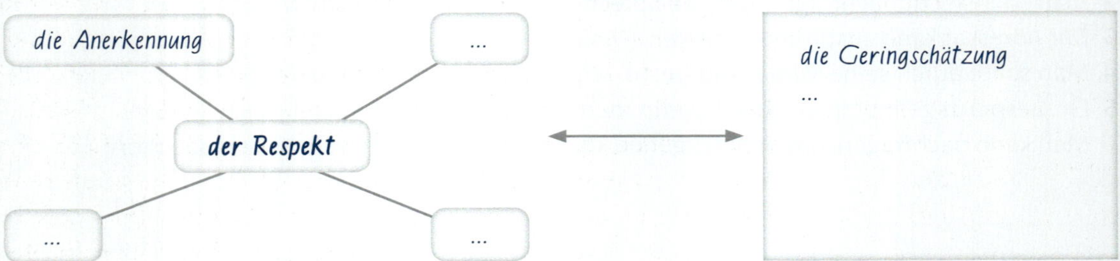

- **b** Entwerft Übersichten mit Synonymen und Antonymen zu den folgenden Begriffen:

die Toleranz • die Vorsicht • der Mut • die Angst

Information **Synonyme und Antonyme**

- **Synonyme** nennt man Wörter mit (fast) gleicher Bedeutung, z. B.: *die Freude – die Begeisterung, die Zufriedenheit.*
- **Antonyme** sind Wörter mit gegensätzlicher Bedeutung, z. B.: *die Freude – der Ärger.*

Die Bedeutungen eines Begriffs untersuchen

Michael Gerard Bauer

Nennt mich nicht Ismael (Auszug)

In dem Jugendroman „Nennt mich nicht Ismael" versucht der Fiesling der Klasse, Barry Bagsley, den neuen Schüler James Scobie zu provozieren.

„He, was stinkt da? Bist du das Pissoir, oder hat sich der Rattenjunge gerade in die Hosen geschei̇ßt?"
James Scobie setzte langsam die Brille ab und hielt sie in der Hand. Seine Augen rollten zur Decke, während sein Mund sich zuerst nach links und dann nach rechts verzog.
Nachdem er die Brille wieder aufgesetzt hatte, beugte er sich seitlich unter den Tisch, hob den Papierball auf, trug ihn langsam nach vorn und warf ihn in den Papierkorb.
Der Blick eines jeden Jungen in der Klasse folgte James Scobies Bewegungen wie Eisenspäne einem Magneten. Scobie schritt gemächlich den Gang entlang, aber er blieb nicht stehen, als er seinen Platz erreicht hatte, sondern ging weiter, bis er direkt vor Barry Bagsley stand. Dann fing er ruhig an zu sprechen. „Als du sagtest, du könntest mir den Schädel einschlagen, hattest du zweifellos Recht. Ich hätte kaum eine Chance, dich davon abzuhalten. Aber falls du dich für diese Handlungsweise entscheiden solltest, möchte ich dich warnen, denn ich würde umgehend die entsprechenden Autoritäten informieren: Miss Tarango, Mister Barker, Bruder Jerome und natürlich meinen Vater. Ich müsste auch darauf bestehen, dass die Polizei eingeschaltet wird, denn ein ‚eingeschlagener Schädel' fiele sicherlich unter den Tatbestand ‚schwere Körperverletzung'. Natürlich würden mein Vater und ich einen Rechtsanwalt konsultieren. Übrigens würde ich vorschlagen, dass du das dann ebenfalls möglichst rasch tust. Ich würde mich einer gründlichen medizinischen Untersuchung unterziehen, falls Schadenersatzzahlungen berechnet werden müssten, Arztrechnungen, emotionale oder psychische Folgeschäden und so weiter. In diesem Stadium müssen die Medien wohl noch nicht eingeschaltet werden. Es handelt sich schließlich um einen isolierten Vorfall. Ich würde ja nicht wollen, dass der Ruf der Schule unnötig leidet. Aber wenn es noch einmal vorkäme oder wir Hinweise auf andere Opfer oder Anzeichen für eine Vorgeschichte mit Gewalttaten und Einschüchterungsversuchen deinerseits fänden ..., nun ja, du weißt, wie sehr Zeitungen und Fernsehmagazine diese Art von schonungslos offener, investigativer Berichterstattung lieben."
James Scobie hielt inne und schob die Unterlippe nach vorn.

1 Was haltet ihr von der Reaktion der Figur James Scobie auf die Attacke seines Mitschülers? Begründet eure Meinung.

2 Erklärt, wie sich James Scobie Respekt unter seinen Mitschülern verschafft.

3 Würdet ihr James Scobies Ansprache an Barry als adressatengerechtes Sprechen bezeichnen? Begründet eure Einschätzung.

A Auszug aus einem Fremdwörterbuch:
Respekt *der;* -[e]s,
1. a) Ehrerbietung; auf Anerkennung bzw. Bewunderung beruhende Achtung;
b) Scheu

B Schüler: Meine Eltern respektieren mich nur, wenn ich gute Noten habe.

C Barry: Ich habe Respekt vor denen, die stärker sind als ich.

D James: Meine Klassenkameraden haben Respekt vor mir, weil ich gut reden und überzeugen kann.

4 a Was bedeutet der Begriff *Respekt* laut Fremdwörterbuch? Schreibt die Grundbedeutung (die Denotation) heraus.
b Was verstehen die einzelnen Figuren unter *Respekt?* Erläutert, welche unterschiedlichen Vorstellungen (Konnotationen) sie mit diesem Begriff verbinden.
c Welche Vorstellungen könnt ihr nachvollziehen, welche nicht? Diskutiert darüber.

A „Das hast du toll hingekriegt – Respekt!"

B „Das hast du toll hingekriegt – Respekt!"

5 a Erklärt, welche Konnotationen der Begriff *Respekt* in den Bildern A und B hat.
b Die Aussage in Bild B ist ironisch gemeint. Besprecht zu zweit mit Hilfe des Infokastens unten:
– Was versteht man unter Ironie?
– Woran erkennt man auf dem Bild, dass die Aussage nicht ernst, sondern ironisch gemeint ist?

6 Übertragt folgende Angaben ins Heft und ergänzt Konnotationen zum Begriff *Sommer:*
der Sommer – denotative Bedeutung: Jahreszeit zwischen Frühling und Herbst;
konnotative Bedeutungen: Hitze, Ferien …

Information **Wortbedeutungen: die Denotation, die Konnotation, die Ironie**

- **Denotation:** Die Denotation eines Wortes (lat. *denotare:* bezeichnen) ist die klar definierte Grundbedeutung eines Wortes, die man im Wörterbuch oder Lexikon findet.
- **Konnotation:** Die Konnotation (lat. *con:* mit, *notatio:* Bezeichnung, Anmerkung) bezeichnet die Nebenbedeutung eines Wortes, d. h. die Vorstellungen, Erfahrungen, Empfindungen, die wir mit dem Wort verbinden.
- **Ironie:** In ironischen Äußerungen meint der Sprecher das Gegenteil dessen, was er sagt. Die Ironie erkennt man am Tonfall und am Gesichtsausdruck des Sprechers sowie daran, dass die Aussage nicht direkt zu der Situation passt.

Fremdwörter verstehen

Respekt! Kein Platz für Rassismus

„Respekt! Kein Platz für Rassismus" ist eine bundesweit aktive Initiative mit Sitz in Frankfurt am Main. Ziel von „Respekt!" ist es, jegliche Benachteiligung – etwa auf Grund ethnischer Herkunft, Geschlecht, Religion oder Weltanschauung, wegen einer Behinderung, des Alters oder sexueller Orientierung – zu verhindern.

Unterstützt wird die Initiative von Partnern und Förderern sowie von zahlreichen prominenten und ehrenamtlich engagierten Personen aus Sport und Kultur, den so genannten „Respekt!-Botschaftern". Sie wollen vielschichtig über Respekt und Toleranz informieren und zum Nachdenken und Diskutieren anregen. Um sich gegen Intoleranz und für ein respektvolles Miteinander einzusetzen, nutzt die „Respekt!"-Initiative alle Kommunikationskanäle. Sie organisiert Veranstaltungen, Vorträge, Lesungen und Podiumsdiskussionen, macht Filme, Bücher und Flyer.

„Wie kommt Respekt in die Köpfe?", fragten sich die Initiatoren. Ein möglicher erster Schritt ist die „Respekt!"-Schildanbringung, mit der jeder in seinem persönlichen Umfeld ein deutliches Zeichen für gegenseitigen Respekt setzen kann. Inzwischen hängt das „Respekt!"-Schild, das gleichzeitig Logo und Erkennungszeichen der Initiative ist, bereits in zahlreichen Unternehmen, bei Vereinen und in Schulen überall in Deutschland.

1 Habt ihr schon einmal von der Initiative „Respekt! Kein Platz für Rassismus" gehört oder kennt ihr ähnliche? Berichtet davon.

2 Im Text sind mehrere Fremdwörter markiert. Was genau bedeuten sie?

a Schlagt die ursprüngliche Bedeutung der Wörter im Wörterbuch nach und notiert sie.

b Wählt drei Wörter und erklärt ihre Bedeutung im Textzusammenhang:
Das Wort … bedeutet grundsätzlich … Im Text bezieht es sich auf / ist damit gemeint, …

c Bestimmt mit Hilfe eines Wörterbuchs die sprachliche Herkunft der Fremdwörter: Kommen sie aus dem Griechischen, dem Lateinischen, dem Französischen oder dem Englischen?

3 Warum werden in dem Artikel Wörter wie *Kommunikation, Logo* und *Flyer* verwendet?

a Sucht zu den drei Wörtern jeweils ein deutsches Synonym.

b Überlegt, warum man im Text Fremdwörter anstatt der deutschen Entsprechungen verwendet.

Information **Die Fremdwörter**

- Fremdwörter sind **Wörter, die aus anderen Sprachen kommen,** z. B.: *Demokratie (griech.), diskutieren (lat.), Garage (franz.)* oder *Mobbing (engl.).*
- Viele Fremdwörter behalten ihre **Schreibweise und Aussprache** weitgehend bei.
- Häufig gebrauchte Fremdwörter werden manchmal **eingedeutscht,** dann sind sowohl die fremdsprachige als auch die eingedeutschte Aussprache und Schreibweise korrekt.
- Fremdwörter werden verwendet, wenn es **kein einfaches deutsches Wort gibt,** z. B. *der Scanner,* oder wenn ein Text **modern** oder besonders **professionell** klingen soll.

Wörter nach Ober- und Unterbegriffen ordnen

Gegen den Mainstream: Respekt statt Ausgrenzung

„Jetzt laufen die Räder einfach perfekt. Das wird ein Klasse-Rennen!" Akrim, 14 Jahre alt, freut sich schon auf das sonntägliche Bobbycar-Rennen. Seit er mit drei Jahren stolzer Besitzer eines Bobbycar wurde, ließ seine Leidenschaft für dieses Fahrgerät nie nach. Delia, ebenfalls 14 Jahre alt, näht tagelang mittelalterliche Gewänder, die sie an den Wochenenden braucht, wenn sie mal wieder zusammen mit ihrer Familie auf einem der Mittelaltermärkte lebt. Und Yousra, 15 Jahre alt, ist Mathegenie und experimentiert in ihrer Freizeit, um am nächsten Erfindertag teilzunehmen. Gemeinsam ist allen dreien, dass sie keine üblichen Hobbys haben. Während ihre Klassenkameraden Fußball spielen, Musik hören und chillen, beschäftigen sie sich mit eher ungewöhnlichen Dingen. Dabei betonen alle drei, dass es bei ihren Hobbys nicht darum geht, „gegen den Strom zu schwimmen".

Laut verschiedenen Jugendforschern ist der „Anti-Mainstream" der neue Trend. Immer mehr Jugendliche finden es inzwischen langweilig, dass alle die gleiche Musik hören, die gleiche Kleidung tragen und gleiche Hobbys haben. Akrim, Delia und Yousra ernten mit ihren Hobbys im Freundeskreis oft ungläubiges Staunen, Kopfschütteln, aber auch viel Respekt.

1 **a** Gebt die Hauptaussage des Artikels mit eigenen Worten wieder.
b Besprecht: Warum verdient man Respekt, wenn man Hobbys oder Tätigkeiten ausübt, die nicht dem *Mainstream* entsprechen?
c Welche ungewöhnlichen Hobbys kennt ihr? Tauscht euch aus.

2 In Umfragen zum Thema „Beliebte Hobbys" stehen Sportarten oft an vorderer Stelle.
a Übertragt das folgende Schaubild zum Oberbegriff *Sport* ins Heft.
b Ergänzt anschließend weitere Unterbegriffe und Beispiele.

Sport
- *Ballsport*
  - …
- *Kampfsport*
  - *Karate*
  - *Judo*
  - …
- *Denksport*
  - *Schach*
  - …
- …
  - …

3 Legt ein Schaubild an mit Unterbegriffen und Beispielen zum Oberbegriff *Gewässer.*

Information **Oberbegriffe und Unterbegriffe**

- Ein **Oberbegriff** fasst mehrere Gegenstände, Eigenschaften oder Begriffe zusammen, die **gemeinsame Merkmale** haben, z. B.: *die Gebäude.*
- Ein **Unterbegriff** gibt einen **konkreten Teil** mit diesen Merkmalen an: *die Kirche, die Villa.*

Fordern und fördern – Über Wortbedeutungen nachdenken

„Vertrauen“ und „Respekt“ gewinnen an Bedeutung

Entgegen verbreiteten Ansichten von einem drohenden „Werteverfall“ haben Kinder in Deutschland eine starke Wertorientierung. So geben in einer Studie mit 1 500 ausgewählten Kindern im Alter von 6 bis 14 Jahren 75 Prozent der Befragten an, dass ihnen „Freundschaft“ und „Familie“ „total wichtig“ sind. Daneben haben personenbezogene Werte wie „Geborgenheit“, „Vertrauen“, „Ehrlichkeit“ und „Zuverlässigkeit“ für die Kinder einen deutlich höheren Stellenwert als etwa „Geld“ oder „Besitz“, „Durchsetzungsfähigkeit“, „Ordnung“ oder „Glaube“. Werte wie „Vertrauen“ und „Respekt“ sind für die 6- bis 14-Jährigen in den vergangenen Jahren sogar immer wichtiger geworden.

1 a Lest den Bericht über das Ergebnis einer Studie zur Wertorientierung und besprecht: Welche Ergebnisse hättet ihr genau so erwartet? Welche Ergebnisse überraschen euch?
b Führt eine Klassenumfrage durch: Welche der aufgeführten Werte sind euch am wichtigsten?

2 Untersucht die Bedeutung der im Text aufgeführten Wertbegriffe genauer.
a Schreibt die im Text genannten Werte heraus, z. B.: *die Freundschaft, die Familie.*
●●● b Wählt drei Wertbegriffe und legt zu jedem ein Schema wie im folgenden Beispiel an. Notiert darin die Denotation, Konnotationen, Synonyme und wenn möglich Antonyme.

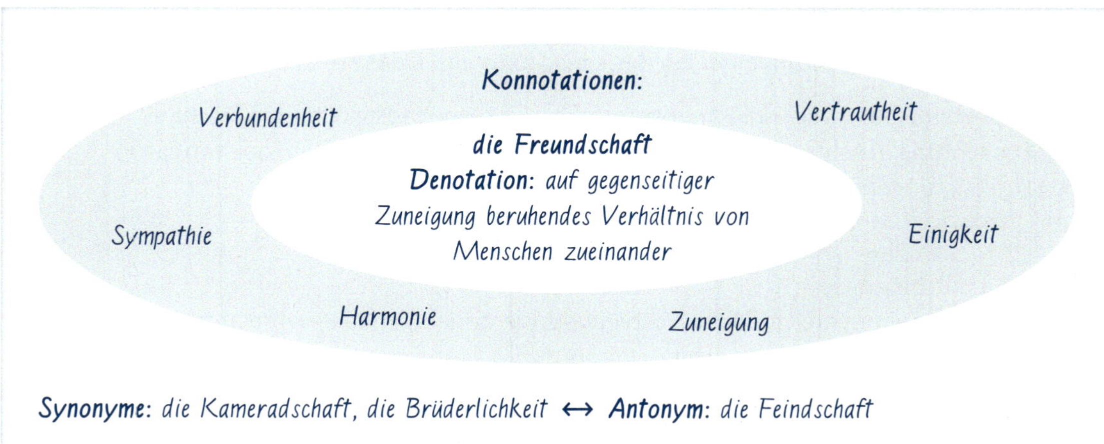

▷ Hilfe zu Aufgabe 2 b Seite 86

3 Sucht man nach Synonymen zu dem Begriff *Freund*, werden folgende Begriffe aufgezählt: *Kumpel, Kamerad, Fan, Geliebter, Partner.*
●●● a Worin unterscheiden sich die Begriffe? Notiert Aussagen zu ihren Konnotationen: *Bei dem Begriff … denke ich an / stelle ich mir … vor.*
▷ Hilfe zu Aufgabe 3 a Seite 86
b Welche Synonyme für *Freund* kennt oder benutzt ihr? Notiert sie ebenfalls.

4 Sucht Unterbegriffe zum Oberbegriff *Freundschaft* und notiert sie.

Aufgabe 2 b mit Hilfen

Wählt drei Wertbegriffe und legt zu jedem ein Schema wie im Beispiel auf ▸ Seite 85 an. Notiert darin die Denotation, Konnotationen, Synonyme und wenn möglich Antonyme. Ihr könnt Wortmaterial aus folgenden Kästen nutzen:

die Familie: die Angehörigen • der Clan • die Blutsverwandten • die Sicherheit • Lebensgemeinschaft, meist aus Eltern und Kindern bestehend • die Geborgenheit

die Ehrlichkeit: die Aufrichtigkeit • die Redlichkeit • die Unehrlichkeit • die Verlogenheit • Eigenschaft, aufrichtig und ehrlich zu sein • die Freundschaft

die Ordnung: die Organisation • das Chaos • die Unordnung • organisierter, aufgeräumter Zustand • die Schulordnung • das Kinderzimmer

die Geborgenheit: die Sicherheit • das Behütetsein • die Unsicherheit • Zustand des Sicherheits- und Wohlgefühls • die Umarmung • die Wärme • die Ruhe

die Zuverlässigkeit: der Anstand • die Aufrichtigkeit • die Vertrauenswürdigkeit • das Versagen • Eigenschaft, zuverlässig zu sein • die Pünktlichkeit

der Glaube: das Vertrauen • die Religion • der Unglaube • der Zweifel • unbewiesene Überzeugung

das Vertrauen: der Glaube • die Zuversicht • die Unsicherheit • das Misstrauen • Überzeugung von der Richtigkeit von Aussagen und Handlungen sowie von der Ehrlichkeit von Personen • die Freunde • die Eltern

der Besitz: das Eigentum • das Hab und Gut • die Armut • das gesamte Eigentum einer Person • die Luxusvilla • das Bankkonto

der Respekt: die Achtung • die Anerkennung • die Respektlosigkeit • die Frechheit • die Missachtung • Achtung und Wertschätzung gegenüber jemandem oder etwas • die Schulleistungen

Aufgabe 3 a mit Hilfen

Sucht man nach Synonymen zu dem Wort *Freund*, werden folgende Begriffe aufgezählt: *Kumpel, Kamerad, Fan, Geliebter, Partner.*
Worin unterscheiden sich die Begriffe?
Ordnet ihnen die folgenden Aussagen zu Konnotationen zu.

- **A** Bei dem Begriff ? stelle ich mir ein Liebespaar vor.
- **B** Bei dem Begriff ? denke ich an eine lockere Freundschaft mit einem Gleichaltrigen.
- **C** Bei dem Begriff ? denke ich an einen Menschen, mit dem man eine Sache gemeinsam macht.
- **D** Bei dem Begriff ? stelle ich mir einen engen Freund vor, mit dem man bestimmte Situationen meistert.
- **E** Bei dem Begriff ? denke ich an Menschen, die beispielsweise einen Sportler anhimmeln.

4.3 Projekt „So sprechen wir hier“ – Sprachenvielfalt veranschaulichen

1 Versteht ihr die Aussagen A–D?

a Lest euch die Sätze abwechselnd laut vor. Wie klingen sie für euch?

b Versucht zu zweit, die Aussagen zu übersetzen. Formuliert für jede Äußerung einen Satz in Standarddeutsch.

c Vergleicht eure Übersetzungen mit einem anderen Lernteam.

2 Die Aussagen A–D sind Beispiele dafür, wie man in unterschiedlichen Regionen Deutschlands spricht. Man nennt diese Sprachformen Dialekt.

a Wie wirken solche Dialekte auf Fremde, wie auf Einheimische? Tauscht euch über eure Erfahrungen mit Dialekten aus.

b Überlegt mögliche Gründe dafür, warum Dialekte vorwiegend gesprochen und nicht geschrieben werden.

3 Man unterscheidet Standarddeutsch, das in ganz Deutschland gesprochen wird, und Dialekte, die nur in bestimmten Regionen gesprochen werden.

a Ordnet die Aussagen A–D den folgenden Dialekten zu und sucht auf der Karte die Regionen, in denen sie gesprochen werden:

> Berlinisch (Brandenburgisch) • Kölsch (Ripuarisch) • Bairisch • Nordniedersächsisch

b Standarddeutsch oder Dialekt? Listet Vor- und Nachteile der beiden Sprachvarietäten auf.

c Sprecht ihr selbst einen Dialekt? Notiert typische Begriffe und ihre standarddeutsche „Übersetzung“.

4 Jeder von euch versteht oder spricht neben seiner Muttersprache noch mindestens eine weitere Sprache:
- eine Fremdsprache, die er in der Schule lernt,
- eine Zweitsprache, wenn die Eltern aus einem anderen Land kommen,
- einen Dialekt aus der Region, in der man lebt.

a Veranschaulicht, welche Sprachen ihr beherrscht:
  - Übertragt dazu den nebenstehenden Umriss einer Figur auf eine Heftseite.
  - Füllt die Figur mit Farben, die für eure Sprachen stehen.

  Tipp: Verdeutlicht, welche Bedeutung die jeweilige Sprache für euch hat, indem ihr verschieden große Flächen und Körperteile ausfüllt.

b Stellt euch gegenseitig eure Figuren vor: Erläutert, welche Sprachen und Dialekte ihr versteht oder sprecht und wann ihr sie wie gelernt habt.

5 Erstellt ein Plakat zur Sprachenvielfalt in eurer Klasse.

a Führt eine Klassenumfrage dazu durch, welche Sprachen und welche Dialekte von wie vielen Schülerinnen und Schülern gesprochen werden.

b Veranschaulicht das Ergebnis auf einem Plakat.

c Notiert beispielhafte Begriffe und Wendungen wie *Hallo!, Danke!, Guten Tag!* aus den einzelnen Sprachen und Dialekten und präsentiert diese ebenfalls auf dem Plakat.

6 Wie sagt man in verschiedenen Dialekten zu *Brötchen, Fleischer, naschen?* Recherchiert die Wörter im Internet und stellt die Varianten der Klasse vor.

Information **Sprachvarietäten und Sprachenlernen**

- In einer **Sprachgemeinschaft** werden neben der **Standardsprache** unterschiedliche **Sprachvarietäten** verwendet.
- In Deutschland werden neben Standarddeutsch eine Vielzahl an **Dialekten (Mundarten)** gesprochen.
- **Dialekte** sind Sprachformen, die man nur in **bestimmten Gebieten** eines Landes spricht. Sie unterscheiden sich vor allem in der **Lautung** von der Standardsprache. Bekannte Dialekte sind das Bairische, das Sächsische, das Hessische und das Pfälzische.
- Beim **Lernen von Sprachen** unterscheidet man, **wann und wo** man die Sprache erwirbt:
  - Die **Muttersprache** oder Erstsprache lernt man als Kind von Geburt an.
  - Eine **Zweitsprache** lernt man, wenn man in einem Land lebt, in dem sich die Muttersprache/Erstsprache von der dort gesprochenen Sprache unterscheidet.
  - Eine **Fremdsprache** lernt man in der Regel als Unterrichtsfach in der Schule.

Schreibwörter ► S. 324

der Sprecher	das Gespräch	das Synonym	die Standardsprache	entschuldigen
der Adressat	die Kommunikation	das Antonym	der Dialekt	beschweren

5 „Unterm Birnbaum“ – Eine Novelle lesen und verstehen

1 Das Bild zeigt eine Szene aus Theodor Fontanes Kriminalnovelle „Unterm Birnbaum“. Beschreibt das Bild und die dargestellte Atmosphäre. Wie wirkt es auf euch?

2 a Besprecht, was das Zitat im Bild bedeutet.
b Stellt eine Beziehung zwischen Bild und Zitat her und äußert Vermutungen, worum es in der Novelle gehen könnte.

In diesem Kapitel …

– lernt ihr eine Novelle und ihre besonderen Merkmale kennen,
– charakterisiert ihr Hauptfiguren und Nebenfiguren,
– untersucht ihr den Schauplatz, den Erzähler und die Handlung,
– versetzt ihr euch in einzelne Figuren und gestaltet Texte aus deren Perspektive.

5.1 Abels Plan – Die Hauptfiguren beschreiben

Historisch-biografische Bezüge herstellen

Theodor Fontane

Unterm Birnbaum (1885) (Auszug aus dem 1. Kapitel)

Die Novelle „Unterm Birnbaum" spielt im Jahr 1831 und erzählt die Geschichte des Kaufmanns Abel Hradscheck und seiner Frau Ursel, die aus Geldnot zu Betrügern und Mördern werden.

Vor dem in dem großen und reichen Oderbruchdorfe[1] Tschechin um Michaeli[2] 1820 eröffneten Gasthaus und Materialwarengeschäft von Abel Hradscheck (so stand auf einem über der Tür angebrachten Schilde) wurden Säcke vom Hausflur her auf einen mit zwei mageren Schimmeln bespannten Bauernwagen geladen. Und nun klapperte der Wagen nach rechts hin den Fahrweg hinunter. Hradscheck sah dem Wagen nach, bis er verschwunden war, und trat nun erst in den Hausflur zurück. Dieser war breit und tief und teilte sich in zwei Hälften, die durch ein paar Holzsäulen und zwei dazwischen ausgespannte Hängematten voneinander getrennt waren. Nur in der Mitte hatte man einen Durchgang gelassen. An dem Vorflur lag nach rechts hin das Wohnzimmer, zu dem eine Stufe hinaufführte, nach links hin aber der Laden, in den man durch ein großes, fast die halbe Wand einnehmendes Schiebefenster hineinsehen konnte. Früher war hier die Verkaufsstelle gewesen, bis sich die zum Vornehmtun geneigte Frau Hradscheck das Herumtrampeln auf ihrem Flur verbeten und auf Durchbruch einer richtigen Ladentür, also von der Straße her, gedrungen hatte. Seitdem zeigte dieser Vorflur eine gewisse Herrschaftlichkeit, während der nach dem Garten hinausführende Hinterflur ganz dem Geschäft gehörte. Säcke, Zitronen- und Apfelsinenkisten standen hier an der einen Wand entlang, während an der andern übereinandergeschichtete Fässer lagen, Ölfässer, deren stattliche Reihe nur durch eine zum Keller hinunterführende Falltür unterbrochen war.

Abel Hradscheck trat vom Flur her in den Garten. Hier war es schon herbstlich; nur noch Astern und Reseda[3] blühten zwischen den Buchsbaumrabatten und eine Hummel umsummte den Stamm eines alten Birnbaums, der mitten im Garten hart neben dem breiten Mittelsteige stand. Hradscheck aber hatte dessen nicht acht. Er ging vielmehr rechnend und wägend zwischen den Rabatten hin und kam erst zu Betrachtung und Bewusstsein, als er am Ende des Gartens angekommen sich umsah und nun die Rückseite seines Hauses vor sich hatte. Da lag es, sauber und freundlich, links die sich von der Straße her bis in den Garten hinziehende Kegelbahn, rechts der Hof samt dem Küchenhaus, das er erst neuerdings an den Laden angebaut hatte. Der kaum vom Winde bewegte Rauch stieg sonnenbeschienen auf und gab ein Bild von Glück und Frieden. Und das war alles sein! Aber wie lange noch?

1 das Oderbruchdorf: Dorf im Ufergebiet des Flusses Oder
2 Michaeli: Tag des Heiligen Michael (29. September)
3 die Astern und die Reseda: Gartenblumen

Material 1

Theodor Fontane (1819–1898)

Der deutsche Schriftsteller Theodor Fontane wurde am 30.12.1819 in Neuruppin (Brandenburg) geboren und starb am 20.09.1898 in Berlin. Er stammte aus einer Apothekerfamilie. In seinen Werken kritisierte er die damalige preußische Gesellschaft mit ihren moralischen Zwängen, die besonders die Frauen korsettartig einengten. Dabei offenbarte er auch das Leid, das die strengen gesellschaftlichen Vorgaben verursachten. Er beschrieb seine Zeit sehr wirklichkeitsnah und beschönigte dabei nichts. Damit gilt er heute als ein wichtiger Vertreter des literarischen Realismus im 19. Jahrhundert.

Material 2

Letschin – Ein Dorf im Oderbruch

Bei dem Dorf Tschechin, das Fontane in seiner Novelle „Unterm Birnbaum" beschreibt, handelt es sich um das Dorf Letschin an der Oder im heutigen Bundesland Brandenburg. In diesem Dorf besaß Fontanes Vater eine Apotheke. Fontane wusste, wie die Leute in dieser Gegend lebten, dachten und sprachen. Diese Kenntnisse verarbeitete er in der Novelle.

Material 3

Mordfall in Letschin

Im Jahr 1842 wurden Bürgersteige in Letschin angelegt. Den Sand dazu nahm man aus dem Garten des Hotels „Zum Alten Fritz". Dabei fand man an einer Stelle ein Skelett. Man verdächtigte den damaligen Gasthofbesitzer Fitting und dessen Ehefrau, einen Mord begangen zu haben, denn im Jahr 1836 war eine Nachfrage aus Stettin eingetroffen: Damals wurde ein Getreidehändler gesucht, der in Letschin in diesem Gasthaus übernachtet hatte und seitdem verschwunden war. Nun verbreitete sich das Gerücht, dass man den Vermissten im Gasthof ermordet und anschließend seine Kutsche in der Oder versenkt hätte. Ob der Reisende damals tatsächlich in Letschin ermordet worden war und ob es sich bei dem Skelett um dessen Überreste gehandelt hat, weiß bis heute niemand. Der Gasthofbesitzer Fitting geriet bald darauf in finanzielle Schwierigkeiten und verkaufte den Gasthof. Seine Frau und seine Kinder wanderten nach Amerika aus. Fitting wurde später, angeblich von Läusen zerfressen, tot aufgefunden.

1 a Lest den Anfang der Novelle „Unterm Birnbaum" und beschreibt euren ersten Leseeindruck.
b Welche Textstellen versteht ihr gut, welche sind schwer verständlich? Nennt Beispiele und begründet.

2 Zu Beginn der Novelle wird der Schauplatz der Handlung beschrieben.
a Zeichnet mit Hilfe des Textes eine Skizze des Ortes und beschriftet sie.
b Beschreibt die Atmosphäre des Ortes und begründet eure Aussage mit Textstellen.

3 Was inspirierte Theodor Fontane dazu, seine Novelle zu schreiben?
a Lest die Materialien 1–3 und gebt die Informationen mit eigenen Worten wieder.
b Überlegt zu zweit, wie die Handlung der Novelle „Unterm Birnbaum" verlaufen könnte.

Theodor Fontane

Unterm Birnbaum (1885) (Auszug aus dem 1. und 2. Kapitel)

Nach einem kurzen Austausch mit seiner neugierigen Nachbarin Frau Jeschke begibt sich Abel vom Garten in das Hinterzimmer des Hauses und sieht dort seine Frau Ursel. Sie beginnen zu streiten. Das Ehepaar ist hoch verschuldet, und Abel muss Szulski, dem Vertreter eines Weinhändlers aus Krakau, in Kürze seine hohen Schulden bezahlen. Verzweifelt schmiedet Abel schließlich einen mörderischen Plan.

Hradscheck trat in seine gegenüber gelegene Wohnstube. Diese machte neben ihrem wohnlichen zugleich einen eigentümlichen Eindruck, und zwar, weil alles in ihr um vieles besser und eleganter war, als sich's für einen Krämer und Dorfmaterialisten[1] schickte. Passend war eigentlich nur ein Stehpult mit einem Gitteraufsatz und einem Guckloch darüber, mit dessen Hilfe man über den Flur weg auf das große Schiebefenster sehen konnte.

Seine Frau saß in der Hinterstube, wie gewöhnlich schwarz, aber sorglich gekleidet, ganz wie jemand, der sich auf Figurmachen und Toilettendinge[2] versteht. Sie flocht eifrig an einem Kranz, während ein zweiter, schon fertiger an einer Stuhllehne hing.

„Du hier, Ursel! Und Kränze! Wer hat denn Geburtstag?“

„Niemand. Es ist nicht Geburtstag. Es ist bloß Sterbetag, Sterbetag deiner Kinder. Aber du vergisst alles. Bloß dich nicht.“

„Ach, Ursel, lass doch. Ich habe meinen Kopf voll Wunder. Du musst mir nicht Vorwürfe machen. Und dann die Kinder. Nun ja, sie sind tot, aber ich kann nicht trauern und klagen, dass sie's sind. Umgekehrt, es ist ein Glück.“

„Ich verstehe dich nicht.“

„Und ist nur zu gut zu verstehn. Ich weiß nicht aus noch ein und habe Sorgen über Sorgen.“

„Worüber? Weil du nichts Rechtes zu tun hast und nicht weißt, wie du den Tag hinbringen sollst. Hinbringen, sag ich, denn ich will dich nicht kränken und von Zeittotschlagen reden. Aber sage selbst, wenn drüben die Weinstube voll ist, dann fehlt dir nichts. Ach, das verdammte Spiel, das ewige Knöcheln und Tempeln[3]. Und wenn du noch glücklich spieltest! Ja, Hradscheck, das muss ich dir sagen, wenn du spielen willst, so spiele wenigstens glücklich. Aber ein Wirt, der nicht glücklich spielt, muss davonbleiben; sonst spielt er sich von Haus und Hof. Und dazu das Trinken, immer der schwere Ungar, bis in die Nacht hinein.“

Er antwortete nicht und erst nach einer Weile nahm er den Kranz, der über der Stuhllehne hing, und sagte: „Hübsch. Alles, was du machst, hat Schick. Ach, Ursel, ich wollte, du hättest bessere Tage.“ Dabei trat er freundlich an sie heran und streichelte sie mit seiner weißen, fleischigen Hand. Sie ließ ihn gewähren und als sie wie beschwichtigt durch seine Liebkosungen von ihrer Arbeit aufsah, sah man, dass es ihrerzeit eine sehr schöne Frau gewesen sein musste; ja, sie war es beinah noch. Aber man sah auch, dass sie viel erlebt hatte. Glück und Unglück, Lieb' und Leid, und durch allerlei schwere Schulen gegangen war. Er und

---

1 der Krämer und Dorfmaterialist: der Händler

2 sich auf Toilettendinge verstehen: sich gut anziehen und zurechtmachen

3 das Knöcheln und Tempeln: das Würfel- und Glücksspiel

sie machten ein hübsches Paar und waren gleichaltrig, Anfang vierzig, und ihre Sprech- und Verkehrsweise ließ erkennen, dass es eine Neigung gewesen sein musste, was sie vor länger oder kürzer zusammengeführt hatte. […] „Wo drückt es wieder? Eben hast du den Raps weggeschickt und wenn Leist das Öl hat, hast du das Geld. Er ist prompt auf die Minute.“ „Ja, das ist er. Aber ich habe nichts davon, alles ist bloß Abschlag und Zins. Ich stecke tief drin und leider am tiefsten bei Leist selbst. Und dann kommt die Krakauer Geschichte, der Reisende von Olszewski-Goldschmidt und Sohn. Er kann jeden Tag da sein.“ […]
Als im selben Augenblick das Bild des Reisenden, dessen Anmeldung er jetzt täglich erwarten musste, vor seine Seele trat, trat er erschreckt zurück und wiederholte nur so vor sich hin: „Es geht nicht.“

1 Was erfährt man in dem Textauszug über die beiden Hauptfiguren Abel und Ursel?
a Setzt euch zu zweit zusammen und wählt jeweils eine Figur:
– Lest den Text noch einmal genau und notiert stichwortartig Informationen zu eurer Figur (Aussehen, Lebensumstände, Verhaltensweisen).
– Leitet von der wörtlichen Rede Gedanken, Gefühle und Eigenschaften der Figur ab.
b Stellt euch gegenseitig vor, was ihr über eure Figur herausgefunden habt.
c Beschreibt die Beziehung zwischen Abel und seiner Frau. Was erwartet Abel von Ursel? Und was wünscht sie sich von ihm? Belegt eure Aussagen mit Textstellen.

2 Wie könnte Abels Plan am Ende des Textabschnitts lauten?
a Tauscht euch zu zweit über eure Vermutungen aus.
b Formuliert einen Dialog zwischen Abel und Ursel, in dem Abel seinen Plan vorstellt. Wie würde Ursel darauf reagieren?
Abel: Ursel, ich hätte eine Idee, wie wir uns endlich von allen Schulden befreien könnten. In wenigen Tagen kommt Szulski, der Vertreter des Weinhändlers aus Krakau, …
Ursel: Aber Abel, meinst du das ernst? …

3 Verfasst mit Hilfe des folgenden Methodenkastens und eurer Notizen von Aufgabe 1 eine schriftliche Charakterisierung zu einer der beiden Figuren, Abel oder Ursel, z. B.:
Bei der Hauptfigur Abel handelt es sich um einen etwa vierzigjährigen Kaufmann und Gastwirt in …

Methode **Eine literarische Figur charakterisieren**

In literarischen Texten werden die **Figuren** durch eine Reihe von **äußeren und inneren Merkmalen** beschrieben. So geht ihr bei der **Charakterisierung einer Figur** vor:
- Sammelt **Informationen über die Figur:** zu ihrem Aussehen, den Lebensumständen, Verhaltensweisen, Eigenschaften, zu ihren Gedanken und Gefühlen und zu ihrem Verhältnis zu anderen Figuren.
- Formuliert eine **Einleitung,** in der ihr die Figur zunächst allgemein vorstellt: ihren Namen, ihr Alter, den Beruf und die Lebensumstände.
- Beschreibt im **Hauptteil** das Aussehen der Figur (soweit bekannt), typische Verhaltensweisen und Eigenschaften sowie ihr Verhältnis zu anderen Figuren.
- Erläutert zum **Schluss,** wie die Figur auf euch wirkt.
- Verwendet als Tempus das **Präsens.** Belegt eure Aussagen mit **Textzitaten** (▶ S. 317).

Den Erzähler und die Sprache untersuchen

Theodor Fontane

Unterm Birnbaum (1885) (Auszug aus dem 2. Kapitel)

Um sich von seinen mörderischen Gedanken abzulenken, gräbt Hradscheck den Garten um. Hier trifft er wieder auf seine Nachbarin, die Jeschke. Hradscheck fühlt sich von ihr beobachtet. Er hat Furcht vor der „alten Hexe“, von der man im Dorf sagt, sie könne Krankheiten heilen, sich unsichtbar machen und wisse vorher, wer stirbt. Während Hradscheck noch über das Gespräch mit der Jeschke nachdenkt, stößt er unter dem alten Birnbaum auf etwas Hartes.

Er grub also vorsichtig weiter und sah alsbald, dass er auf Arm und Schulter eines verscharrten Toten gestoßen war. Auch Zeugreste kamen zu Tage, zerschlissen und gebräunt, aber immer noch farbig und wohlerhalten genug, um erkennen zu lassen, dass es ein Soldat gewesen sein müsse. Wie kam der hierher?

Hradscheck stützte sich auf die Krücke seines Grabscheits und überlegte. „Soll ich es zur Anzeige bringen? Nein. Es macht bloß Geklätsch. Und keiner mag einkehren, wo man einen Toten unterm Birnbaum gefunden hat. Also besser nicht. Er kann hier weiter liegen.“

Und dann warf er den Armknochen, den er ausgegraben, in die Grube zurück und schüttete diese wieder zu. Während dieses Zuschüttens aber hing er all jenen Gedanken und Vorstellungen nach, wie sie seit Wochen ihm immer häufiger kamen. Kamen und gingen. Heut aber gingen sie nicht, sondern wurden Pläne, die Besitz von ihm nahmen und ihn, ihm selbst zum Trotz, an die Stelle bannten, auf der er stand. [...]

Er sah sich um, als ob er bei böser Tat ertappt worden wäre. Gott sei Dank, die Jeschke war nicht da. Aber freilich, wenn sie sich unsichtbar machen und sogar Tote sehen konnte, Tote, die noch nicht tot waren, warum sollte sie nicht die Gestalten sehen, die jetzt vor seiner Seele standen? Ein Grauen überlief ihn, nicht vor der Tat, nein, aber bei dem Gedanken, dass das, was erst Tat werden sollte, vielleicht in diesem Augenblicke schon erkannt und verraten war. „Unsinn. Ein dummes altes Weib, das gerade klug genug ist noch Dümmere hinters Licht zu führen. Aber ich will mich ihrer schon wehren, ihrer und ihrer ganzen Totenguckerei. Was ist es denn? Nichts. Sie sieht einen Sarg an der Tür stehn und dann stirbt einer. Ja, sie sagt es, aber sagt es immer erst, wenn einer tot ist oder keinen Atem mehr hat oder das Wasser ihm schon ans Herz stößt. Ja, dann kann ich auch prophezein. Alte Hexe, du sollst mir nicht weitere Sorge machen. Aber Ursel! Wie bring ich's der bei? Da liegt der Stein. Und wissen muss sie's. Es müssen zwei sein ...“

1 a Was geschieht in diesem Textauszug? Gebt den Inhalt mit eigenen Worten wieder.
b Welche Pläne könnte Hradscheck mit dem Skelett des toten Soldaten haben? Tauscht euch über eure Vermutungen aus.

2 Was genau bedeuten die Textstellen A–D?

A „Auch Zeugreste kamen zu Tage, zerschlissen und gebräunt, aber immer noch farbig und wohlerhalten genug, um erkennen zu lassen, dass es ein Soldat gewesen sein müsse." (▸ Z. 3–7)

B „Es macht bloß Geklätsch." (▸ Z. 10)

C „Ein Grauen überlief ihn, nicht vor der Tat, nein, aber bei dem Gedanken, dass das, was erst Tat werden sollte, vielleicht in diesem Augenblicke schon erkannt und verraten war." (▸ Z. 30–33)

D „Aber ich will mich ihrer schon wehren, ihrer und ihrer ganzen Totenguckerei." (▸ Z. 36–37)

a Schlagt die unverständlichen Wörter nach oder stellt Vermutungen dazu an, was sie bedeuten.
b Wie würdet ihr das heute sagen? Formuliert die vier Aussagen in eure Sprache um.

3 Untersucht die Erzählweise in der Novelle.
a Welche der beiden folgenden Aussagen trifft auf die Novelle zu? Begründet mit Textstellen.

A Die Novelle wird von einem personalen Erzähler erzählt. Er spielt selbst in der Geschichte mit und weiß nicht mehr, als die anderen Figuren wissen.

B Die Novelle wird von einem auktorialen Erzähler erzählt. Er spielt nicht in der Geschichte mit. Aber er kennt die Gedanken und Gefühle der einzelnen Figuren genau und erzählt von ihnen in der Er-/Sie-Form.

b Formuliert den Anfang des Textauszugs (▸ Z. 1–23) so um, dass Hradscheck selbst ihn erzählt. Wie verändert sich die Wirkung des Textes in der Ich-Form?
Ich grub also vorsichtig weiter und sah alsbald, dass ich ...

4 Wie würde ein Hradscheck in unserer heutigen Zeit sprechen? Formuliert den Monolog der Figur Hradscheck (▸ Z. 9–13 und Z. 34–46) um.

Information **Der personale Erzähler und der auktoriale Erzähler, die Erzählform**

Der **Erzähler ist eine Figur,** die die Handlung einer Geschichte vermittelt. Ein Autor kann entscheiden, welchen Erzähler er wählt. Von der Wahl hängt ab, was der Erzähler weiß und ob er am Geschehen beteiligt ist.

- Der **personale Erzähler** ist eng in das Geschehen eingebunden. Er erzählt aus dem eingeschränkten Blickwinkel einer bestimmten Figur oder abwechselnd aus der Sicht mehrerer Figuren.
- Der **auktoriale** (allwissende) **Erzähler** steht über dem Geschehen und überblickt die gesamte Handlung. Er kennt die Gedanken und Gefühle aller Figuren und kann das Geschehen beurteilen, vorausdeuten oder sich auch direkt an die Leser wenden.
- Der Erzähler kann in der **Ich-Form** oder in der **Er-/Sie-Form** erzählen.

Handlungsmotive erschließen

Theodor Fontane

Unterm Birnbaum (1885) (Auszug aus dem 3. Kapitel)

Hradscheck streitet wegen der hohen Schulden erneut mit seiner Frau. Er wirft ihr vor, über ihre Verhältnisse zu leben. Er habe sie seinerzeit aus Mitleid geheiratet, als sie „krank und elend“ gewesen sei. Sie beschuldigt ihn daraufhin, ein schlechter Kaufmann zu sein und vor Jahren seine Geliebte im Nachbardorf finanziell unterstützt zu haben. Hradschecks Plan verfestigt sich und schließlich weiht er Ursel ein.

„Ursel, du wolltest hoch hinaus und was Apartes[1] haben, damit sie sich wundern sollten. Und was haben wir nun davon? Da stehen die Sachen und das Bauernvolk lacht uns aus.“
„Sie beneiden uns.“
„Nun gut, vielleicht oder wenigstens solang es vorhält. Aber wenn das alles eines schönen Tages fort ist?“
„Das darf nicht sein.“
„Die Gerichte fragen nicht lange.“
„Das darf nicht sein, sag ich. Alles andre. Nein, Hradscheck, das darfst du mir nicht antun, da nehm ich mir das Leben und geh in die Oder, gleich auf der Stelle. Was Jammer und Elend ist, das weiß ich, das hab ich erfahren. Aber gerade deshalb, gerade deshalb. Ich bin jetzt aus dem Jammer heraus, Gott sei Dank, und ich will nicht wieder hinein. Du sagst, sie lachen über uns, nein sie lachen nicht; aber wenn uns was passierte, dann würden sie lachen und sich über uns lustig machen, das trüg ich nicht, da möchte ich gleich tot umfallen.“
Er nickte. „So denk ich auch, Ursel. Nur nicht arm. Aber komm in den Garten! Die Wände hier haben Ohren.“
Und so gingen sie hinaus. Draußen aber nahm sie seinen Arm, hing sich, wie zärtlich, an ihn und plauderte, während sie den Mittelsteig des Gartens auf und ab schritten. Er seinerseits schwieg und überlegte, bis er mit einem Male stehen blieb und das Wort nehmend auf die wieder zugeschüttete Stelle neben dem Birnbaum wies. Und nun wurden Ursels Augen immer größer, als er rasch und lebhaft alles, was geschehen müsse, auseinanderzusetzen begann.
„Es geht nicht. Schlag es dir aus dem Sinn. Es ist nichts so fein gesponnen ...“
Er aber ließ nicht ab und endlich sah man, dass er ihren Widerstand besiegt hatte. Sie nickte, schwieg, und beide gingen auf das Haus zu.

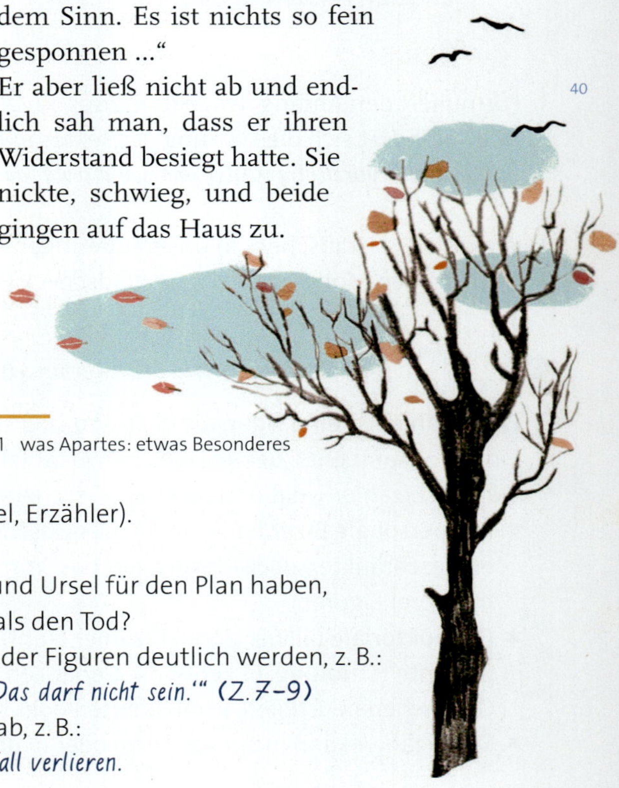

1 was Apartes: etwas Besonderes

1 Lest den Textauszug mit verteilten Rollen (Abel, Ursel, Erzähler).

2 Erschließt aus dem Gespräch, welche Gründe Abel und Ursel für den Plan haben, einen Mord zu begehen. Was fürchten beide mehr als den Tod?

a Sucht Textstellen, in denen die Handlungsmotive der Figuren deutlich werden, z. B.:
1 „‚Aber wenn das alles eines schönen Tages fort ist?‘ ‚Das darf nicht sein.‘“ (Z. 7–9)

b Leitet Aussagen zu den Gründen für ihr Handeln ab, z. B.:
Zu 1: Abel und Ursel möchten ihren Besitz auf keinen Fall verlieren.

Theodor Fontane

Unterm Birnbaum (1885) (Auszug aus dem 6. Kapitel)

Das Ehepaar Hradscheck verbreitet nun das Gerücht im Dorf, es werde Geld von Ursels Schwester erben und damit alle Schulden bezahlen können. Als die Rechnung des Krakauer Weinkontors eintrifft, glauben die Dorfbewohner, mit dem Brief sei die Erbschaft erfolgt. Im Geheimen aber warten Abel und Ursel auf die Ankunft des Handelsvertreters Szulski. An einem verregneten Novemberabend kommt er endlich, mit Pelzmantel und Pelzmütze bekleidet, im Gasthof an. In der Weinstube trifft er auf Hradscheck und einige Dorfbewohner. Hradscheck bezahlt in ihrer Anwesenheit seine Schulden, dann wird bis Mitternacht ausgelassen getrunken. Dabei erwähnt Szulski, dass er das viele Geld zur Sicherheit immer am Körper trage und am nächsten Morgen um 5 Uhr wieder abfahren wolle. In der Nacht bricht ein starker Sturm aus. Als die Nachbarin Jeschke von herabfallenden Ziegeln geweckt wird, sieht sie noch Licht in Hradschecks Haus.

Ihr Hang zu spionieren ließ ihr keine Ruh und trotzdem der Wind immer stärker geworden war, suchte sie doch die Küche wieder auf und öffnete den Laden noch einmal, in der Hoffnung was zu sehen. Eine Weile stand sie so, ohne dass etwas geschehen wäre, bis sie, als sie sich schon zurückziehn wollte, drüben plötzlich die Hradscheck'sche Gartentür auffliegen und Hradscheck selbst in der Türöffnung erscheinen sah. Etwas Dunkles, das er schon vorher herangeschafft haben musste, lag neben ihm. Er war in sichtlicher Erregung und sah gespannt nach ihrem Hause hinüber. Und dann war's ihr doch wieder, als ob er wolle, dass man ihn sähe. Denn wozu sonst das Licht, in dessen Flackerschein er dastand? Endlich aber musst' er eine geborgene Stelle gefunden haben, denn das Licht selbst war weg und statt seiner nur noch ein Schein da, viel zu schwach, um den nach wie vor in der Türöffnung liegenden dunklen Gegenstand erkennen zu lassen. Was war es? Eine Truhe? Nein. Dazu war es nicht lang genug. Oder ein Korb, eine Kiste? Nein, auch das nicht.

„Wat he man hett?", murmelte sie vor sich hin. Aber ehe sie sich, aus ihren Mutmaßungen heraus, ihre Frage noch beantworten konnte, sah sie, wie der ihr auf Minuten aus dem Auge gekommene Hradscheck von der Tür her in den Garten trat und mit einem Spaten in der Hand rasch auf den Birnbaum zuschritt. Hier grub er eifrig und mit sichtlicher Hast und musste schon ein gut Teil Erde herausgeworfen haben, als er mit einem Male das Graben aufgab und sich aufs Neue nach allen Seiten hin umsah. Aber auch jetzt wieder (so wenigstens schien es ihr) mehr in Spannung als in Angst und Sorge. „Wat he man hett?", wiederholte sie. Dann sah sie, dass er das Loch rasch wieder zuschüttete. Noch einen Augenblick und die Gartentür schloss sich und alles war wieder dunkel. „Hm", brummte Jeschke. „Dat's joa binoah, als ob he een abmurkst hett'. Na, so dull wahrd et joa woll nich sinn ... Nei, nei, denn wihr dat Licht nich. Awers ich tru em nich. Un ehr tru ick ook nich."

1 Jeschke, die alte Nachbarin, spricht einen niederdeutschen Dialekt. Sprecht ihre Aussagen langsam nach und erschließt die einzelnen Wörter. Übertragt sie in die Standardsprache.

2 Stellt die Szene in einem versprachlichten Standbild (▸ *Shadowing*, S. 297) nach:
- Zwei Schüler stellen die Figuren Jeschke und Hradscheck dar und verdeutlichen die Handlung, ihre Gefühle und ihre Beziehung zueinander durch Körperhaltung, Mimik und Gestik.
- Zwei weitere Schüler treten wie ein Schatten hinter die Figuren und sprechen stellvertretend die Gedanken der Figuren in diesem Moment aus.

Die Merkmale einer Novelle untersuchen

Theodor Fontane

Unterm Birnbaum (1885) (Auszug aus dem 7. und 8. Kapitel)

Als Jakob, der Knecht, Herrn Szulski am frühen Morgen wecken möchte, reagiert dieser nicht. Erst eine gute halbe Stunde später kommt eine Gestalt die Treppe herunter.

Er kam und stieg gerade die nicht allzu hohe Treppe hinunter. Diese lag noch im Dunkel, aber ein Lichtschimmer vom Laden her ließ die Gestalt des Fremden doch einigermaßen deutlich erkennen. Er hielt sich am Geländer fest und ging mit besonderer Langsamkeit und Vorsicht, als ob ihm der große Pelz unbequem und beschwerlich sei.

Nun aber war er unten und Jakob, der alles neugierig verfolgte, was vorging, sah, wie Hradscheck auf ihn zuschritt und ihn mit vieler Artigkeit vom Flur her in die Wohnstube hineinkomplimentierte[1], wo der Kaffee schon seit einer Viertelstunde wartete. Ehe fünf Minuten um waren, erschien das Paar wieder auf dem Flur und trat von diesem her auf die Straße, wo der verbindliche Hradscheck nunmehr rasch auf den Wagen zuschritt und den Tritt herunterließ, während der Reisende, trotzdem ihm die Pelzmütze tief genug im Gesicht saß, auch noch den Kragen seiner Wolfsschur in die Höhe klappte. „Das ist recht", sagte Hradscheck. „Besser bewahrt als beklagt. Und nun mach flink, Jakob, und hole den Koffer."

Dieser tat auch wie befohlen und als er mit dem Mantelsack wieder unten war, saß der Reisende schon im Wagen und hatte den von ihm als Trinkgeld bestimmten Gulden vor sich auf das Spritzleder gelegt. Ohne was zu sagen, wies er darauf hin und nickte nur, als Jakob sich bedankte. Dann nahm er die Leine ziemlich ungeschickt in die Hand, woran wohl die großen Pelzhandschuhe schuld sein mochten, und fuhr auf das Orth'sche Gehöft und die schattenhaft am Dorfausgang stehende Mühle zu. Diese ging nicht; der Wind wehte zu heftig. Hradscheck sah dem auf dem schlechten Wege langsam sich fortbewegenden Fuhrwerk[2] eine Weile nach, sein Kopf war unbedeckt und sein spärlich blondes Haar flog ihm um die Stirn. Es war aber, als ob die Kühlung ihn erquicke. Als er wieder in den Flur trat, fand er Jakob, der sich das Guldenstück ansah.

„Gefällt dir wohl? Einen Gulden gibt nicht jeder. Ein feiner Herr!"

„Dat sall woll sien. Awers worümm he man so still wihr? He seggte joa keen Wuhrt nich."

„Nein, er hatte wohl noch nicht ausgeschlafen", lachte Hradscheck. „Is ja erst fünf."

„Versteiht sich. Klock feiv red ick ook nich veel."

1 komplimentieren: jemanden mit vielen Worten irgendwohin bringen

2 das Fuhrwerk: die Kutsche

Gegen Mittag erfährt Hradscheck, dass eine Kutsche in der Oder liegt. Ein Suchtrupp fährt zum Ort des Geschehens und findet im Fluss Szulskis umgekippten Einspänner mitsamt Pferd, den Koffer und die Pelzmütze. Von Szulski selbst fehlt jede Spur. Es wird vermutet, dass er in der Oder ertrunken ist. Bürgermeister Woytasch fordert Aufklärung.

„Ich werde Gendarm Geelhaar nach Kienitz und Güstebiesek[3] schicken“, sagte Woytasch. „Irgendwo muss er doch antreiben. Und dann wollen wir ihm ein ordentliches Begräbnis machen. Nicht wahr, Hradscheck? Die Hälfte kann die Gemeinde geben.“

3 Kienitz und Güstebiesek: Dörfer an der Oder

1 Was geschieht in dem Textauszug? Formuliert eine schriftliche Zusammenfassung:
- Teilt den Textauszug in Abschnitte ein.
- Macht zu jedem Abschnitt Notizen zum Schauplatz, zu den Figuren, zur Atmosphäre und zu den einzelnen Handlungsschritten.
- Verfasst eine vollständige Zusammenfassung. Schreibt sachlich und im Präsens, z. B.:
  Der erste Textabschnitt spielt am frühen Morgen im Gasthaus. Eine Gestalt im Pelzmantel kommt vorsichtig die Treppe herunter. Sie wird von Hradscheck und dem Knecht Jakob beobachtet ...

2 a Welche Merkwürdigkeiten fallen dem Knecht auf? Sucht Textstellen mit Aussagen dazu und gebt wieder, wie Hradscheck diese Merkwürdigkeiten erklärt.
b Wer steckt an Stelle des Handelsvertreters Szulski in dem Pelzmantel? Tauscht euch über eure Vermutungen aus und begründet sie.

3 Weist nach, dass es sich bei der Erzählung „Unterm Birnbaum“ um eine Novelle handelt:
a Bildet Gruppen zu jeweils einer Frage A, B, C oder D. Formuliert gemeinsam eine Antwort.

A Welche außergewöhnliche Begebenheit steht im Mittelpunkt der Erzählung?

B Wodurch wendet sich das Leben der Hauptfiguren Abel und Ursel?

C Welchen Konflikt erleben die Hauptfiguren Abel und Ursel? Zu welcher Entscheidung zwingt sie dieser Konflikt?

D Welcher Gegenstand spielt für die Handlung eine besondere Rolle?

b Bildet neue Gruppen mit jeweils einer Teilnehmerin oder einem Teilnehmer aus den Gruppen A, B, C und D. Stellt euch gegenseitig eure Antworten vor.

Information **Die Novelle**

- Die Novelle (ital. *novella:* Neuigkeit) ist eine **Erzählung,** in deren Mittelpunkt eine außergewöhnliche bzw. eine **„unerhörte Begebenheit“** (Goethe) steht.
- Oft wird ein **Wendepunkt** im Leben eines Menschen beschrieben.
- Die **Figuren** erleben einen **Konflikt,** der sie zu einer Entscheidung für ihr Leben zwingt.
- Die **Handlung** dreht sich oft um einen **auffälligen Gegenstand** (z. B. Birnbaum).
- Einige Novellen enthalten auch Elemente einer Kriminalgeschichte mit einem Fall (einem Raub, Mord oder Selbstmord) und einem ungewöhnlichen Ende.

Teste dich!

Figuren und ihre Handlungsmotive untersuchen

Theodor Fontane

Unterm Birnbaum (1885) (Auszug aus dem 10. Kapitel)

Nach dem Unfall gibt es im Dorf viel Gerede. Die Dorfbewohner werden verhört. Als Nachtwächter Mewissen aussagt, dass er Ursel Hradscheck am Tag des Unglücks zwischen fünf und sechs Uhr am Deich gesehen habe, verhärtet sich der Verdacht gegen das Ehepaar. Kurz vor Weihnachten wird Hradscheck verhaftet. Einen Monat später gibt es jedoch immer noch keine endgültigen Untersuchungsergebnisse. Die Dorfbewohner beginnen auf das Gericht in Küstrin zu schimpfen und stellen sich auf Hradschecks Seite. Nur Dorfpolizist Geelhaar ist von dessen Schuld überzeugt.

Dieser Unerschütterliche war niemand Geringeres als Gendarm Geelhaar, eine sehr wichtige Person im Dorf, auf deren Autorität hin die Mehrheit sofort geschwiegen hätte, wenn ihr nicht seine erbitterte Feindschaft gegen Hradscheck und die kleinliche Veranlassung dazu bekannt gewesen wäre. Geelhaar, guter Gendarm, aber noch besserer Saufaus[1], war, um Kognaks und Rums willen, durch viele Jahre hin ein Intimus[2] bei Hradscheck gewesen, bis dieser eines Tages, des ewigen Gratiseinschenkens müde, mit mehr Übermut als Klugheit gesagt hatte: „Hören Sie, Geelhaar, Rum ist gut. Aber Rum kann einen auch ’rumbringen[3].“ Auf solche Provokation hin (Hradscheck liebte dergleichen Witze) der sich nun plötzlich aufs hohe Pferd setzende Geelhaar mit hochrotem Gesicht geantwortet hatte: „Gewiss, Herr Hradscheck. Was kann einen nicht alles ’rumbringen? Den einen dies, den andern das. Und mit Ihnen, mein lieber Herr, is auch noch nicht aller Tage Abend.“

Von der aus diesem Zwiegespräch entstandenen Feindschaft wusste das ganze Dorf und so kam es, dass man nicht viel darauf gab und im Wesentlichen bloß lachte, wenn Geelhaar zum hundertsten Male versicherte: „Der? Der muss ans Messer.“

1 der Saufaus: der Trinker

2 der Intimus: enger Freund

3 ’rumbringen: betrunken machen oder arm machen

1 Welche Motive treiben den Dorfpolizisten Geelhaar an? Prüft die folgenden Aussagen.

A Geelhaars Freundschaft zu Hradscheck ist in Feindschaft umgeschlagen, weil Hradscheck sich einmal abfällig über Geelhaars Alkoholkonsum geäußert hat.

B Geelhaar will keinen Rum mehr von Hradscheck, weil Rum schädlich ist.

C Wegen seiner Feindschaft zu Hradscheck glaubt Geelhaar weiterhin an dessen Schuld.

D Geelhaar glaubt an Hradschecks Schuld, weil er dessen schlechten Charakter kennt.

2 Verfasst mit Hilfe der folgenden Sätze eine kurze Figurencharakteristik zum Polizisten Geelhaar.

Geelhaar ist eine wichtige/unwichtige Person im Dorf, deren Meinung für die Dorfbewohner meistens von Bedeutung / bedeutungslos ist. Es ist allgemein bekannt, dass er gern/ungern Alkohol trinkt. Er ist kleinlich und nachtragend / großzügig und nachsichtig im Umgang mit seinen Freunden und Bekannten.

3 Vergleicht eure Ergebnisse mit einer Lernpartnerin oder einem Lernpartner.

5.2 Schuldig oder unschuldig? – Erzähltexte um- und ausgestalten

Einen Dialog schreiben

Theodor Fontane

Unterm Birnbaum (1885) (Auszug aus dem 10. Kapitel)

Nachbarin Jeschke und ihre Nichte Line sind überzeugt, dass Hradscheck bald aus der Untersuchungshaft entlassen wird. Gerade als sie im Wohnraum der Jeschke gemütlich darüber plaudern, kommt Dorfpolizist Geelhaar völlig unerwartet auf einen Besuch herein.

„Ja, Mutter Jeschke“, wiederholte Geelhaar, „he kümmt nu wedder rut. Das heißt, er kommt wieder ’raus, wenn er nich drinbleibt.“

„Woll, woll. Wenn he nicht drinbliewt. Awers worümm sall he drinbliewen? Keen een hatt joa wat siehn und keen een hett ioa watt utfunn’n. Un Se ook nich, Geelhaar.“

„Nein“, sagte der Gendarm. „Ich auch nicht. Aber es wird sich schon was finden oder doch finden lassen und dazu müssen Sie helfen, Mutter Jeschke. Ja, ja. So viel weiß ich, die Hradscheck hat schon lange keinen Schlaf mehr und ist immer treppauf und treppab. Und wenn die Leute sagen, es sei bloß, weil sie sich um ihren Mann gräme, so sag ich: Unsinn, er is nich so und sie is nich so.“

„Nei, nei“, wiederholte die Jeschke. „He is nich so un se is nich so. De Hradschecks, nei, de sinn nich so.“

„Keinen ordentlichen Schlaf also“, fuhr Geelhaar fort, „nich bei Tag und nich bei Nacht, und wankt immer so ’rum und is mal im Hof und mal im Garten. Das hab ich von der Male ... Hören Sie, Mutter Jeschke, wenn ich so mal nachtens hier auf Posten stehen könnte! Das wäre so was. Line bleibt mir auf und wir setzen uns dann ans Fenster und wachen und gucken. Nich wahr, Line?“

Line, die schon vorher das Weißzeug[1] beiseitegelegt und ihren blonden Zopf halb aufgeflochten hatte, schlug jetzt mit dem losen Büschel über ihre linke Hand und sagte: „Will es mir noch überlegen, Herr Geelhaar. Ein armes Mädchen hat nichts als seinen Ruf." Und dabei lachte sie.

„Kümmen's man, Geelhaar", tröstete die Jeschke, trotzdem Trost eigentlich nicht nötig war. „Kümmen's man. Ick geih to Bett. Watt doa to siehn is, ick meen hier buten, dat hebb ick siehn, dat weet ick all. Un is ümmer dat Sülwigte[2]."

„Dat Sülwigte?"

„Joa. Nu nich mihr. Awers as noch keen Snee wihr. Doa ..."

„Da. Was denn?"

„Doa wihr se nachtens ümmer so rümm hier."

„So, so", sagte der Gendarm und tat vorsichtig allerlei weitere Fragen. Und da sich die Jeschke von guten Beziehungen zur Dorfpolizei nur Vorteile versprechen konnte, so wurde sie trotz aller sonstigen Zurückhaltung immer mitteilsamer und erzählte dem Gendarm Neues und Altes, namentlich auch das, was sie damals, in der stürmischen Novembernacht, von ihrer Küchentür aus beobachtet hatte. Hradscheck habe lang dagestanden, ein flackrig Licht in der Hand. „Un wihr binoah so, as ob he wull, dat man em seihn sull." Und dann hab er einen Spaten genommen und sei bis an den Birnbaum gegangen. Und da hab er ein Loch gegraben. An der Gartentür aber habe was gestanden wie ein Koffer oder Korb oder eine Kiste. Was?, das habe sie nicht genau sehen können. Und dann hab er das Loch wieder zugeschüttet.

Geelhaar, der sich bis dahin, allem Diensteifer zum Trotz, ebenso sehr mit Line wie mit Hradscheck beschäftigt hatte, ja, vielleicht mehr noch Courmacher[3] als Beamter gewesen war, war unter diesem Bericht sehr ernsthaft geworden und sagte, während er mit Wichtigkeitsmiene seinen gedunsenen Kopf hin- und herwiegte: „Ja, Mutter Jeschke, das tut mir leid. Aber es wird Euch Ungelegenheiten machen."

„Wat? Wat, Geelhaar?"

„Ungelegenheiten, weil Ihr damit so spät herauskommt."

„Joa, Geelhaar, wat sall dat? Wat mienens mit ‚to spät'? Et hett mi joa keener nich froagt. Un Se ook nich. Un wat weet ick denn ok? Ick weet joa nix. Ik weet joa joar nix."

„Ihr wisst genug, Mutter Jeschke."

„Nei, nei, Geelhaar. Ick wet joar nix."

„Das ist gerade genug, dass einer nachts in seinem Garten ein Loch gräbt und wieder zuschüttet."

„Joa, Geelhaar, ick weet nich, awers jed'een möt doch in sein ejen Goarden en Loch buddeln könn'." „Freilich. Aber nicht um Mitternacht und nicht bei solchem Wetter."

„Na, rieden's mi man nich rin. Und moaken Se't good mit mi ... Line, Line, segg doch ook wat."

Und wirklich, Line trat infolge dieser Aufforderung an den Gendarmen heran und sagte, tief aufatmend, wie wenn sie mit einer plötzlichen und mächtigen Sinnenerregung[4] zu kämpfen hätte: „Lass nur, Mutter Jeschke. Herr Geelhaar wird schon wissen, was er zu tun hat. Und wir werden es auch wissen. Das versteht sich doch von selbst. Nicht wahr, Herr Geelhaar?"

Dieser nickte zutraulich und sagte mit plötzlich verändertem und wieder freundlicher werdendem Tone: „Werde schon machen, Mamsell[5] Line. Schulze Woytasch lässt ja, Gott sei Dank, mit sich reden und Vowinkel auch. Hauptsach' is, dass wir den Fuchs überhaupt ins Eisen kriegen. Un is dann am Ende gleich, wann wir ihn haben oder ob ihm der Balg heut oder morgen abgezogen wird."

1 das Weißzeug: die Wäsche
2 dat Sülwigte: dasselbe
3 der Courmacher: der Schmeichler
4 die Sinnenerregung: die Aufregung
5 Mamsell: Mademoiselle, Fräulein

1 Frau Jeschke spricht mit dem Dorfpolizisten in ihrem Dialekt.

a Bildet Gruppen und teilt die Textabschnitte unter euch auf.
Übertragt die Aussagen der Jeschke in eurem Abschnitt in Standardsprache, z. B.:

„Woll, woll. Wenn he nicht drinbliewt. Awers worümm sall he drinbliewen? Keen een hatt joa wat siehn und keen een hett ioa watt utfunn'n. Un Se ook nich, Geelhaar."	*Wohl, wohl. Wenn er nicht drinbleibt. Aber warum sollte er drinbleiben? Keiner hat ja was gesehen und keiner …*

b Stellt euren Absatz mit eurer Übertragung der Gruppe vor.

c Überlegt gemeinsam, warum Fontane die Figur der Jeschke Dialekt sprechen lässt, die Figur des Dorfpolizisten jedoch nicht.

2 a Besprecht, was Jeschkes Beobachtung für die Untersuchung des Dorfpolizisten bedeutet.

b Erklärt, was Dorfpolizist Geelhaar am Ende des Gesprächs mit der folgenden Aussage meint:
„Hauptsach' is, dass wir den Fuchs überhaupt ins Eisen kriegen. Un is dann am Ende gleich, wann wir ihn haben oder ob ihm der Balg heut oder morgen abgezogen wird." (▸ Z. 106–110)

3 Dorfpolizist Geelhaar will Bürgermeister Woytasch die Beobachtung der Nachbarin Jeschke melden. Verfasst einen Dialog zwischen dem Polizisten und dem Bürgermeister:

a Legt zwei Spalten an.
Notiert in die linke Spalte stichwortartig alle Tatsachen, die Geelhaar von Frau Jeschke erfährt, z. B.:
1 Jeschke hat Hradscheck in Novembernacht beobachtet
2 Hradscheck stand mit Licht in der Hand im Garten …

b Versetzt euch in die Figur des Bürgermeisters: Welche Gedanken und Fragen gehen ihm durch den Kopf, wenn er von diesen Tatsachen hört? Ergänzt sie in der rechten Spalte, z. B.:
Zu 1: Warum beobachtet diese neugierige Frau die Familie?
Zu 2: Man darf nachts mit einer Laterne im eigenen Garten stehen.

c Verfasst mit Hilfe eurer Notizen in den zwei Spalten den Dialog. So könnt ihr beginnen:
Woytasch: Herr Geelhaar! Was führt Sie zu mir? Sie sehen ja ganz aufgeregt aus.
Geelhaar: Ja, Herr Bürgermeister, das kann man wohl sagen …

4 Der Bürgermeister beauftragt Dorfpolizist Geelhaar, einen Bericht über seine Erkenntnisse zum Fall zu schreiben. Formuliert diesen Bericht.

Methode **Gestaltend schreiben**

- Wenn ihr zu einem Text gestaltend schreibt, setzt ihr euch mit **der Sicht einer bestimmten Figur** auf das Geschehen auseinander.
- Beim **gestaltenden Schreiben** sollte man folgende Fragen beachten:
  – Was weiß die Figur, was weiß sie nicht?
  – Passen die gewählte Sprache und die Handlung zur Figur und zu dem Ausgangstext?
- **Einen Dialog schreiben**
  In einem Dialog sprechen zwei oder mehr Figuren eines Textes miteinander. Dabei sprechen sie über Probleme oder Streitpunkte, die sich aus dem Ausgangstext ergeben.
- **Einen Brief aus der Sicht einer Figur schreiben**
  In einem Brief aus der Sicht einer literarischen Figur erklärt diese ihre Wahrnehmungen, Gedanken und Gefühle. Dabei geht sie auch auf ihre Beziehungen zu anderen Figuren ein.

Fordern und fördern – Die Erzählperspektive wechseln

Theodor Fontane

Unterm Birnbaum (1885) (Auszug aus dem 11. Kapitel)

Vierundzwanzig Stunden später kam – und zwar auf die Meldung hin, die Geelhaar, gleich nach seinem Gespräch mit der Jeschke, bei der Behörde gemacht hatte – von Küstrin her ein offener Wagen, in dem außer dem Kutscher der Justizrat und Hradscheck saßen. Im Dorfe selbst schien man der Ankunft des justizrätlichen Wagens schon entgegengesehen zu haben.

Frau Hradscheck war nicht da. Statt ihrer übernahm es Kunicke, den sie darum gebeten haben mochte, den Wirt und sozusagen die Honneurs des Hauses[1] zu machen. Er führte denn auch den Justizrat vom Flur her in den Laden und von diesem in die dahinter befindliche Weinstube, wo man einen Imbiss bereitgestellt hatte. Vowinkel nahm aber, unter vorläufiger freundlicher Ablehnung, nur ein kleines Glas Portwein und trat dann in den Garten hinaus, wo sich bereits alles, was zur Dorfobrigkeit gehörte, versammelt hatte. Schulze Woytasch, Gendarm Geelhaar, Nachtwächter Mewissen und drei bäuerliche Gerichtsmänner. Geelhaar, der zur Feier des Tages seinen Staats-Tschako[2] mit dem armslangen schwarzen Lampenputzer[3] aufgesetzt hatte, ragte mit Hilfe dieser Paradezutaten um fast drei Haupteslängen über den Rest aller Anwesenden hinaus. Das war der innere Zirkel. Im weiteren Umkreis aber standen die, die bloß aus Neugier sich eingefunden hatten, darunter der schon stark gefrühstückte Kantorssohn und Dorfdichter, während einige zwanzig eben aus der Schule herangekommene Jungens mit ihren Klapp-Pantinen[4] auf das Kegelhaus geklettert waren, um von hier aus Zeuge zu sein, was wohl bei der Sache herauskommen würde. Vorläufig indes begnügten sie sich damit, Schneebälle zu machen, mit denen sie nach den großen und kleinen Mädchen warfen, die hinter dem Gartenzaun der alten Jeschke standen. Alles plapperte, lachte, reckte den Hals, und wäre nicht Hradscheck selbst gewesen, der die Blicke seiner alten Freunde vermeidend ernst und schweigend vor sich hinsah, so hätte man glauben können, es sei Kirmes oder eine winterliche Jahrmarktszene.

Die Gerichtsmänner flüsterten und steckten die Köpfe zusammen, während Woytasch und Geelhaar sich umsahen. Es schien noch etwas zu fehlen, was auch zutraf. Als aber bald danach der alte Totengräber Wonnekamp mit noch zwei von seinen Leuten erschien, rückte man näher an den Birnbaum heran und begann den Schnee, der hier lag, fortzuschippen. Das ging leicht genug, bis statt des Schnees die gefrorene Erde kam, wo nun die Pickaxt aushelfen musste. Der Frost indessen war nicht tief in die Erde gedrungen und so konnte man

1 die Honneurs des Hauses machen: die Gäste empfangen
2 der Staats-Tschako: helmartige Kopfbedeckung
3 der Lampenputzer: volkstümlicher Ausdruck für Federbusch
4 die Klapp-Pantinen: die Holzschuhe

den Spaten nicht nur bald wieder zur Hand nehmen, sondern kam auch rascher vorwärts, als man anfangs gehofft hatte. Die herausgeworfenen Schollen und Lehmstücke wurden immer größer, je weicher der Boden wurde, bis mit einem Male der alte Totengräber einem Arbeiter in den Arm fiel und mit der seinem Stande zuständigen Ruhe sagte: „Nu giw mi moal; nu kümmt wat." Dabei nahm er ihm das Grabscheit ohne Weiteres aus der Hand und fing selber an zu graben. Aber ersichtlich mit großer Vorsicht. Alles drängte vor und wollte sehen. Und siehe da, nicht lange, so war ein Toter aufgedeckt, der zu großem Teile noch in Kleiderresten steckte. Die Bewegung wuchs und aller Augen richteten sich auf Hradscheck, der, nach wie vor, vor sich hinsah und nur dann und wann einen scheuen Seitenblick in die Grube tat.

„Nu hebben se'n", lief ein Gemurmel den Gartenzaun entlang, unklar lassend, ob man Hradscheck oder den Toten meine; die Jungens auf dem Kegelhäuschen aber reckten ihre Hälse noch mehr als vorher, trotzdem sie weder nah noch hoch genug standen, um irgendwas sehn zu können.

Eine Pause trat ein. Dann nahm der Justizrat des Angeklagten Arm und sagte, während er ihn dicht an die Grube führte: „Nun, Hradscheck, was sagen Sie?"

Dieser verzog keine Miene, faltete die Hände wie zum Gebet und sagte dann fest und feierlich: „Ich sage, dass dieser Tote meine Unschuld bezeugen wird."

Und während er so sprach, sah er zu dem alten Totengräber hinüber, der den Blick auch verstand und, ohne weitere Fragen abzuwarten, geschäftsmäßig sagte: „Ja, der hier liegt, liegt hier schon lang. Ich denke zwanzig Jahre. Und der Polsche[5], der es sein soll, ist noch keine zehn Wochen tot."

Und siehe da, kaum dass diese Worte gesprochen waren, so war ihr Inhalt auch schon bewiesen und jeder schämte sich, so wenig kaltes Blut und so wenig Umsicht und Überlegung gehabt zu haben. In einem gewissen Entdeckungseifer waren alle wie blind gewesen und hatten unbeachtet gelassen, dass ein Schädel, um ein richtiger Schädel zu werden, auch sein Stück Zeit verlangt und dass die Toten ihre Verschiedenheiten und ihre Grade haben, gerade so gut wie die Lebendigen.

Am verlegensten war der Justizrat. Aber er sammelte sich rasch und sagte: „Totengräber Wonnekamp hat Recht. Das ist nicht der Tote, den wir suchen. Und wenn er zwanzig Jahre in der Erde liegt, was ich keinen Augenblick bezweifle, so kann Hradscheck an diesem Toten keine Schuld haben. Und kann auch von einer früheren Schuld keine Rede sein. Denn Hradscheck ist erst im zehnten Jahr in diesem Dorf. Das alles ist jetzt erwiesen. Trotz alledem bleiben ein paar dunkle Punkte, worüber Aufklärung gegeben werden muss. Ich lebe der Zuversicht, dass es an dieser Aufklärung nicht fehlen wird, aber ehe sie gegeben ist, darf ich Sie, Herr Hradscheck, nicht aus der Untersuchungshaft entlassen. Es wird sich dabei, was ich als eine weitere Hoffnung hier ausspreche, nur noch um Stunden und höchstens um Tage handeln."

5 der Polsche: der Pole (*hier:* Szulski, der Handelsvertreter aus Krakau)

1 Zeichnet eine grobe Skizze des Schauplatzes und notiert, welche Figuren sich um die Ausgrabungsstelle versammelt haben.

2 Was geschieht bei dem Untersuchungstermin am Birnbaum?
Zu welcher Erkenntnis gelangt der Justizrat? Fasst den Inhalt des Textauszugs zusammen.

3 Beschreibt die Atmosphäre während des Untersuchungstermins.
Belegt eure Aussagen mit Textstellen.

4 Wie hat die Hauptfigur Hradscheck die Untersuchung am Birnbaum erlebt?
Erzählt das Geschehen im Textauszug aus Hradschecks Perspektive, sodass seine Sicht auf die Dinge und seine Gedanken und Gefühle während der Untersuchung deutlich werden. Geht so vor:

●●● **a** Lest den Text noch einmal genau. Was passiert in den einzelnen Abschnitten?
Notiert die Handlungsschritte untereinander in einem Flussdiagramm, z. B.:

Handlungsschritte	**Gedanken und Gefühle der Figur**
Justizrat und Hradscheck reisen in Kutsche an (Z. 1–8)	*„Gleich sind wir in meinem Gasthof. Jch bin schon aufgeregt."*
Ankunft im Gasthof, Begrüßung durch Kunicke (Z. 9–16)	*„Wo ist Ursel? Warum begrüßt sie uns nicht?"*
Treffen der Dorfvertreter im Garten: … (Z. 16–28)	…

▷ Hilfe zu Aufgabe 4 a Seite 107

●●● **b** Sucht im Text nach Hinweisen zu Hradschecks Verhalten, zu seinen Gedanken oder Gefühlen.
Versetzt euch in die Figur und ergänzt neben den Handlungsschritten Notizen dazu.

▷ Hilfe zu Aufgabe 4 b Seite 107

●●● **c** Erzählt mit Hilfe eurer Vorarbeiten das Geschehen im Textauszug aus Hradschecks Perspektive.

▷ Hilfe zu Aufgabe 4 c Seite 107

d Tauscht euren Text mit einer Lernpartnerin oder einem Lernpartner. Prüft in ihrem oder seinem Text die folgenden Punkte und formuliert einen Überarbeitungshinweis:
- Wurde der Text durchgehend in der Ich-Form verfasst?
- Stimmt das beschriebene Geschehen mit der Textvorlage überein?
- Werden die Gedanken und Gefühle Hradschecks deutlich?

5 Was denkt Geelhaar nach dem Untersuchungstermin?
Zeichnet eine Gedankenblase in euer Heft und notiert darin seine Überlegungen.

Methode **Die Erzählperspektive wechseln**

Geschichten kann man aus unterschiedlichen **Perspektiven (Sichtweisen)** erzählen, denn die Figuren nehmen das Geschehen unterschiedlich wahr. Beim Erzählen einer Geschichte aus einer anderen Perspektive geht man so vor:
- Bestimmt die **Handlungsschritte** in der Erzählung.
- Sucht im Text nach **Hinweisen zum Verhalten und zu Gedanken und Gefühlen** der Figur, aus deren Perspektive ihr erzählen sollt.
- **Versetzt euch in die Figur** und erzählt das Geschehen aus ihrer Sicht in der **Ich-Form.**

Aufgabe 4 a mit Hilfen

Lest den Text noch einmal genau. Was passiert in den einzelnen Abschnitten?
Notiert die folgenden Handlungsschritte in der richtigen Reihenfolge in einem Flussdiagramm.
Ergänzt jeweils die Zeilenangaben.

Handlungsschritte

- *Totengräber informiert über das Alter der Leiche (Z. …–…)*
- *Treffen der Dorfvertreter im Garten: Bürgermeister Woytasch, Dorfpolizist Geelhaar, Nachtwächter Mewissen, drei Gerichtsmänner (Z. …–…)*
- *Justizrat und Hradscheck reisen in Kutsche an (Z. …–…)*
- *Hradscheck beteuert seine Unschuld (Z. …–…)*
- *Justizrat erklärt Hradschecks Unschuld und fordert weitere Aufklärung (Z. …–…)*
- *Ankunft im Gasthof, Begrüßung durch Kunicke (Z. …–…)*
- *Ausgrabung des Toten unter dem Birnbaum Z. …–…)*

Aufgabe 4 b mit Hilfen

Sucht im Text nach Hinweisen zu Hradschecks Verhalten, zu seinen Gedanken oder Gefühlen.
Lest noch einmal folgende Textstellen und ordnet die Gedanken den Handlungsschritten oben zu:

Zeilen 41–44:
„… und wäre nicht Hradscheck selbst gewesen, der die Blicke seiner alten Freunde vermeidend ernst und schweigend vor sich hinsah …“

Zeilen 73–77:
„Die Bewegung wuchs und aller Augen richteten sich auf Hradscheck, der, nach wie vor, vor sich hinsah und nur dann und wann einen scheuen Seitenblick in die Grube tat.“

Zeilen 85–92:
„Eine Pause trat ein. Dann nahm der Justizrat des Angeklagten Arm und sagte, während er ihn dicht an die Grube führte: ‚Nun, Hradscheck, was sagen Sie?‘ Dieser verzog keine Miene, faltete die Hände wie zum Gebet und sagte dann fest und feierlich: ‚Ich sage, dass dieser Tote meine Unschuld bezeugen wird.‘“

A *Meine List scheint zu funktionieren. Jetzt darf ich keine Miene verziehen.*

B *Alle, die mich verdächtigt haben, schämen sich. Das geschieht ihnen recht.*

C *Da stehen sie alle, die hohen Herren. Sie werden sich gleich wundern.*

D *Gleich sind wir in meinem Gasthof. Jch bin nervös. Hoffentlich ist Ursel da.*

E *Mein Plan ist tatsächlich aufgegangen, ich bin so erleichtert.*

F *Wo ist Ursel? Warum begrüßt sie uns nicht?*

G *Gleich müssten sie auf die Knochen stoßen.*

Aufgabe 4 c mit Hilfen

Erzählt mit Hilfe eurer Vorarbeiten das Geschehen im Textauszug aus Hradschecks Perspektive.
So könnt ihr beginnen:
Der Justizrat und ich fuhren am Morgen mit der Kutsche nach Tschechin. Jch sah meinen Gasthof schon aus der Ferne und wurde immer nervöser. Ob Ursel da sein würde? Bei unserer Ankunft …

5.3 Fit in ...! – Aus einer anderen Perspektive erzählen

Stellt euch vor, ihr bekommt in der nächsten Klassenarbeit die folgende Aufgabe gestellt:

Aufgabe
Lies den Textauszug aus der Novelle „Unterm Birnbaum“ von Theodor Fontane.
Erzähle anschließend das Geschehen aus der Perspektive des Dorfpolizisten Geelhaar.
Wie hat er die Situation erlebt?

Theodor Fontane

Unterm Birnbaum (1885) (Auszug aus dem 20. Kapitel)

Hradscheck wird bald aus der Haft entlassen. In einem Abschlussverhör gibt er an, er habe nur verdorbenen Speck vergraben. Für den Toten in seinem Garten lässt er eine Grabstelle unter dem Birnbaum errichten, was ihm die Anerkennung der Dorfbewohner einbringt. Im Frühjahr stockt er sein Haus um eine Etage auf und ist auch sonst guter Dinge und sehr unternehmungslustig. Nur seiner Frau Ursel geht es nicht gut. Sie wird immer schmaler und stirbt schließlich. Nach einer kurzen Trauerzeit nimmt Hradscheck wieder aktiv am Leben teil. Er fährt häufig nach Berlin oder nach Frankfurt (Oder) und lernt eine Frau kennen. Die Dorfbewohner kommen gern in seine Gaststätte, weil er immer neue Geschichten zu erzählen weiß. Nachbarin Jeschke hält jedoch die Gerüchteküche am Brodeln. Sie behauptet, dass es in Hradschecks Keller spuken würde. Ede, ein Angestellter Hradschecks, glaubt so fest an den Spuk, dass er sich weigert, in den Keller zu gehen. Hradscheck verliert irgendwann die Nerven und beschließt, die Leiche Szulskis, die in seinem Keller vergraben ist, wegzuschaffen. Aus dem Kellerfenster scheint jedoch Licht heraus. Um es zu verdunkeln, holt er sich ein Holzbrett, das normalerweise die Ölfässer neben der Falltür zum Keller abstützt. Am nächsten Morgen erscheint Ede pünktlich zur Arbeit, trifft Hradscheck jedoch nicht an. Aus Sorge ruft er die Nachbarn herbei.

Ede, der noch eine Zeit lang in allen Ecken und Winkeln umhergesucht hatte, stand jetzt, als die Gruppe sich näherte, mitten auf dem Flur und wies auf ein großes Ölfass, das um ein Geringes vorgerollt war, nur zwei Fingerbreit, nur bis an den großen Eisenring, aber doch gerade weit genug, um die Falltür zu schließen.
„Doa sitt he in“[1], schrie der Junge.
„Schrei nicht so!“, fuhr ihn Schulze Woytasch an. Und Kunicke setzte mit mehr Derbheit, aber auch mit größerer Gemütlichkeit hinzu: „Halt's Maul, Junge.“
Dieser jedoch war nicht zur Ruh zu bringen. „Ick weet allens. Dat's de Spök. De Spök hett noah em grappscht. Un denn wull he rut un kunn nich.“[2]

1 Dort sitzt er drin.

2 Ich weiß alles. Das ist der Spuk. Der Spuk hat nach ihm gegriffen. Und dann wollte er raus und konnte nicht.

Um diese Zeit war auch Eccelius[3] aus der Pfarre herübergekommen, leichenblass und so von Ahnungen geängstigt, dass er, als man das Fass jetzt zurückgeschoben und die Falltür geöffnet hatte, nicht mit hinuntersteigen mochte, sondern erst in den Laden und gleich danach auf die Dorfgasse hinaustrat. Geelhaar und Schulze Woytasch, schon von Amts wegen auf bessere Nerven gestellt, hatten inzwischen ihren Abstieg bewältigt, während Kunicke, mit einem Licht in der Hand, von oben her in den Keller hineinleuchtete. Da nicht viele Stufen waren, so konnt er das Nächste bequem sehen: Unten lag Hradscheck, allem Anschein nach tot, ein Grabscheit in der Hand, die zerbrochene Laterne daneben. Geelhaar und Woytasch krochen zusammen auf die Stelle zu, wo hinter einem Lattenverschlag der Weinkeller war. Die Tür stand auf, etwas Erde war aufgegraben und man sah Arm und Hand eines hier Verscharrten. Alles andere war noch verdeckt.

Aber freilich, was sichtbar war, war gerade genug, um alles Geschehene klarzulegen.

Keiner sprach ein Wort und mit einem scheuen Seitenblick auf den entseelt am Boden Liegenden stiegen alle drei die Treppe wieder hinauf.

Auch oben, wo sich Eccelius ihnen wieder gesellte, blieb es bei wenigen Worten, was schließlich nicht wundernehmen konnte. Waren doch alle, mit alleiniger Ausnahme von Geelhaar, viel zu befreundet mit Hradscheck gewesen, als dass ein Gespräch über ihn anders als peinlich hätte verlaufen können. Peinlich und mit Vorwürfen gegen sich selbst gemischt. Warum hatte man bei der gerichtlichen Untersuchung nicht besser aufgepasst, nicht schärfer gesehen? Warum hatte man sich hinters Licht führen lassen?

Nur das Nötigste wurde festgestellt. Dann verließ man das durch so viele Jahre hin mit Vorliebe besuchte Haus, das nun für jeden ein Haus des Schreckens geworden war. Kunicke schritt quer über den Damm auf seine Wohnung, Eccelius auf seine Pfarre zu. Woytasch war mit ihm.

Geelhaar war im Hradscheck'schen Hause zurückgeblieben. Er machte nicht viel von der Sache. Und so ging er denn in den Laden, legte die Hand auf Edes Kopf und sagte: „Hör, Ede, das war heut ein bisschen scharf. So zwei Dodige[4] gleich morgens um neun! Na, schenk mal was ein. Was nehmen wir denn?“

„Na, 'nen Rum, Herr Geelhaar.“

„Nei, Rum is mir zu schwach. Gib erst 'nen Kognak. Und dann ein' Rum.“

Was noch geschehen musste, geschah still und rasch und schon um die neunte Stunde des folgenden Tages trug Eccelius nachstehende Notiz in das Tschechiner Kirchenbuch ein:

„Heute, den 3. Oktober, früh vor Tagesanbruch, wurde der Kaufmann und Gasthofsbesitzer Abel Hradscheck ohne Sang und Klang in den hiesigen Kirchhofsacker gelegt. Nur Schulze Woytasch, Gendarm Geelhaar und Bauer Kunicke wohnten dem stillen Begräbnisakte[5] bei. Der Tote, so nicht alle Zeichen trügen, wurde von der Hand Gottes getroffen, nachdem es ihm gelungen war, den schon früher gegen ihn wach gewordenen Verdacht durch eine besondere Klugheit wieder zu beschwichtigen. Er verfing sich aber schließlich in seiner List und grub sich, mit dem Grabscheit in der Hand, in demselben Augenblick sein Grab, in dem er hoffen durfte, sein Verbrechen für immer aus der Welt geschaffen zu sehen. Und bezeugt dadurch aufs Neue die Spruchweisheit: ‚Es ist nichts so fein gesponnen, 's kommt doch alles an die Sonnen.‘“

3 Eccelius: der Pastor von Tschechin

4 Dodige: die Toten

5 der Begräbnisakt: die Beerdigung

Die Aufgabe richtig verstehen und planen

1 Lest die Aufgabenstellung sorgfältig durch.
Erklärt euch gegenseitig, was ihr machen sollt und was ihr dabei beachten müsst.

2 Zur Lösung der Aufgabe müsst ihr den Inhalt des Textes genau verstehen.
Prüft die folgenden Aussagen zum Text und schreibt die zutreffenden ins Heft.

A Hradscheck ist beim Weinholen in den Keller gestürzt.
B Hradscheck ist im Keller, um ein Loch zu graben. Woytasch kommt ihm zu Hilfe.
C Geelhaar und Woytasch finden Hradscheck tot im Keller.
D Geelhaar und Woytasch wird schnell klar, dass der zweite Tote Szulski sein muss.
E Die Dorfbewohner sind froh, dass ihr Misstrauen gegenüber Hradscheck bestätigt wird.
F Es wird allen klar, dass Hradscheck sie getäuscht und er Szulski ermordet hat.

3 a Übertragt die folgende Tabelle ins Heft und notiert darin die wichtigen Handlungsschritte.
b Versetzt euch in die Figur Geelhaar und ergänzt seine Gedanken und Gefühle dazu.

Handlungsschritte	Gedanken und Gefühle der Figur
– *Ede zeigt Woytasch, Geelhaar und dem Pfarrer die geschlossene Falltür zum Keller. (Z. 1–8)* – …	*„Was könnte Hradscheck dort unten gemacht haben?“* …

c Notiert stichwortartig, was ihr über die Beziehung zwischen Geelhaar und Hradscheck wisst.

Schreiben und überarbeiten

4 Erzählt mit Hilfe eurer Notizen von Aufgabe 3 das Geschehen aus Geelhaars Perspektive, sodass seine Gedanken und Gefühle dazu deutlich werden. Schreibt in der Ich-Form.

5 Überarbeitet eure Texte in Partnerarbeit. Nutzt dafür die folgende Checkliste:

Checkliste

Die Erzählperspektive wechseln

- Wurde **nur das wiedergegeben,** was die Figur tatsächlich wissen kann?
- Stimmt die **Reihenfolge des Geschehens** mit der Textvorlage überein?
- Wird deutlich, welche **Gedanken und Gefühle** die Figur zum Geschehen hat?
- Passen die dargestellten Gedanken und Gefühle zum **Charakter** der Figur?
- Wurde der Text in der **Ich-Form** verfasst?
- Wurde das **Präteritum als Erzählzeit** beibehalten?

Schreibwörter ► S. 324

die Novelle	der Konflikt	das Verhalten	charakterisieren	inspirieren
der Realismus	die Perspektive	der Dialog	gestalten	skizzieren

6 Außergewöhnliche Vorkommnisse – Kurzgeschichten lesen und verstehen

1 a Beschreibt das Bild.
b Wen grüßt der Mann? Denkt euch eine kurze Geschichte zu dem Bild aus und erzählt sie.

2 Welche Kurzgeschichten kennt ihr? Gebt den Inhalt der Geschichten wieder.

In diesem Kapitel ...

- lest ihr moderne und klassische Kurzgeschichten,
- lernt ihr die typischen Merkmale von Kurzgeschichten kennen,
- untersucht ihr die Wirkung von Kurzgeschichten,
- übt ihr, Inhaltsangaben zu verfassen.

6.1 Begebenheiten zwischen Menschen – Kurzgeschichten untersuchen

Die Figuren und das Leitmotiv beschreiben

Susanne Kilian

Nie mehr (1975)

Marion sitzt an ihrem Tisch, direkt unter dem Fenster, und macht Hausaufgaben. Es ist so die Zeit. Nach dem Mittagessen, ab zwei bis ungefähr vier, halb fünf, je nachdem. Manchmal guckt Marion durchs Fenster raus in den trüben, grauen Oktobernachmittag. Und ab drei Uhr guckt sie immer öfter hoch, rüber zu dem Balkon vom Altersheim. Der liegt genau in ihrem Blickfeld. Die bunten Blumenkästen haben sie längst reingebracht. Der Balkon ist leer und glänzt dunkel vor Feuchtigkeit.
Das ist jetzt schon der zweite Tag, wo sie nicht kommt. Sie – das ist die alte Frau aus dem Heim drüben. Marion nennt sie heimlich für sich „die Vogelalte". Jeden Nachmittag im Herbst und Winter füttert sie die Vögel. Das läuft Tag für Tag gleich ab: Irgendwann zwischen drei und vier, immer zwischen drei und vier, nie früher und nie später, geht drüben die Balkontür auf. Eine dicke alte Frau, auf zwei Stöcke gestützt – sie hat jedes Mal Schwierigkeiten, entweder mit den Stöcken oder mit der Türklinke –, watschelt auf den Balkon. An ihrem unförmigen, dicken Körper hängen, krumm und nach innen gebogen, die Beine, als würden sie sich biegen unter dem Gewicht. Watscheln ist eigentlich ein lustiges Wort, aber Marion fällt kein anderes ein, das so genau den Gang der Frau beschreiben könnte. Aber es sieht nicht lustig aus, wie sie geht. Kein bisschen. Eher sehr beschwerlich.
Zuerst läuft die Frau auf dem Balkon hin und her. Langsam. Ganz langsam. Wie das Pendel einer riesigen Uhr. Hin-tick, nach links, her-tack, nach rechts. Nach einer Weile bleibt sie stehn. Direkt am Geländer. Sie hängt ihre beiden Stöcke daran und stützt sich darauf. Hält sich dran fest. Und lässt sich vor-, zurück-, vor-, zurückschaukeln. Dann lehnt sie nur noch vorn mit dem Bauch gegen das Geländer, lässt es los und kramt mit den Händen in ihren Manteltaschen. Marion hat sie noch nie in einem anderen Mantel gesehn. Schwarz, oben ein kleiner Pelzkragen, mit drei riesigen, glänzenden Knöpfen zugeknöpft. Und so altmodisch! Und nie hat Marion sie was anderes aus der Tasche rausholen sehn als die rote Plastiktüte. Sachte wird die aufgewickelt. Ein Stück Brot kommt zum Vorschein. Stückchen für Stückchen wird es mit zittrigen, runzligen Händen zerkrümelt und fliegt in eine aufgeregt flatternde, nickende, pickende Vogelversammlung. Tauben und Spatzen zanken sich um das Brot. Und die Alte hört mittendrin auf und schaut ihnen zu. Dann verteilt sie sehr langsam und bedächtig die letzten Krümel. Das rote Plastiksäckchen wird zurückgesteckt.

Jetzt läuft alles wieder genauso ab wie vorher, nur so, als liefe nun der Film rückwärts: Die Alte steckt den Beutel ein. Schaukelt vor, zurück am Geländer. Nimmt die Stöcke wieder. Läuft hin, her, hin. Und geht vom Balkon, wobei sie wieder Schwierigkeiten mit der Tür hat. Und heute ist sie nicht da.

Marion schaut nicht jeden Tag so genau nach ihr. Bloß wenn sie Langeweile hat, guckt sie ihr die ganze Zeit zu. Dann überlegt sie, ob die Frau wohl Kinder hat? Und wie viele? Wo die wohl wohnen? Ob sie überhaupt verheiratet war? Sicher war sie früher mal nicht so dick. Und vielleicht ein sehr schönes junges Mädchen. Bestimmt war sie mal so alt wie Marion. Und ein winziges Baby war sie auch mal. Jetzt ist sie dick und alt und ganz allein da auf dem Balkon.

Marion kann sich richtig vorstellen, wie sie beim Frühstück ihr Brot in das Plastiksäckchen schiebt. Bestimmt verstohlen und heimlich. Und wahrscheinlich lächelt sie ein bisschen dabei, weil sie daran denkt, wie sich am Nachmittag die Vögel drum streiten werden.

Vielleicht ist sie bloß krank. In einer Woche oder zwei, drei, bei alten Leuten dauert das ja immer länger, denkt Marion, da wird sie wieder drüben stehn.

Aber vier Wochen vergehn. Sechs. Acht.

Früher hat Marion nicht jeden Tag auf die Frau gewartet. Sie hat einfach nur gesehn, wie sie drüben stand, so wie sie einen Bus oder einen Zug sehen würde, der an einem bestimmten Ort zu einer bestimmten Zeit täglich eine Stunde steht.

Jetzt wartet Marion. Die Alte fehlt ihr. Sie hatte sich an ihren Anblick, an ihr Dasein gewöhnt. Und die Alte hatte zu ihrer Umgebung gehört, ohne dass sie es richtig gemerkt hatte.

Nach einem Vierteljahr wartete Marion nicht mehr. Die Frau war nicht krank gewesen. Sie war gestorben.

Hinter den Fensterscheiben drüben im Altersheim hatte Marion schon eine Neue gesehn. Zwischen den andern, die sie wie die Vogelalte nur vom Ansehn kannte. Die Neue fiel durch ihr schneeweißes Haar besonders auf. Marion würde die Vogelalte nie, nie mehr sehen.

Da erst fiel ihr ein, dass sie nicht einmal wusste, wie die Frau geheißen hat. Keinen Namen wusste sie. Nie hatte sie ein Wort mit ihr gesprochen. Noch nicht mal zugewinkt hatte sie ihr. Dabei war es ihr jetzt, als wäre etwas, was sie sehr lieb hatte, fortgegangen.

Sie dachte, die Frau mit den schneeweißen Haaren wird auch sterben. Sie sind alle da drüben bis zum Tod. Keine geht einfach so weg. Und immer kommen andere nach.

Es war das erste Mal, dass sie zum Altersheim rüberguckte und so was dachte.

1 a Lest den Titel der Kurzgeschichte und stellt Vermutungen über den Inhalt an.
b Lest die Geschichte und prüft eure Erwartungen. Was habt ihr richtig vermutet?

2 Untersucht den Inhalt der Geschichte.
a Worum geht es? Ordnet der Geschichte ein Thema zu und begründet eure Wahl:
In der Geschichte „Nie mehr" geht es um das Thema ... Das wird deutlich an ...

Generationskonflikt • Einsamkeit • Freundschaft • Nachbarschaft • Wohnsituation

b An welcher Stelle wendet sich die Geschichte?
Gebt die Textstelle mit Zeilen an und besprecht, was sich nach dem Wendepunkt verändert.

3 Kurzgeschichten handeln häufig von Alltagssituationen.
Trifft diese Aussage auf die vorliegende Geschichte zu? Begründet eure Antwort.

4 Charakterisiert die Figuren in der Geschichte.

a Sucht Textstellen, die das Aussehen, die Lebensumstände, Verhaltensweisen und Gedanken oder Gefühle Marions und der „Vogelalten" beschreiben.
Notiert die Informationen stichwortartig in einer Tabelle und gebt dazu die Textstellen an:

Marion	„die Vogelalte"
– *Schülerin, macht Hausaufgaben (Z. 1–2)*	– *alte Frau, lebt in einem Altersheim (Z. 13–14)*

b Klärt aus dem Textzusammenhang, warum Marion die alte Frau als „Vogelalte" bezeichnet.

c Beschreibt die Beziehung zwischen Marion und der alten Frau. Deutet dazu folgende Zeilen:
„Da erst fiel ihr ein, dass sie nicht einmal wusste, wie die Frau geheißen hat. Keinen Namen wusste sie. Nie hatte sie ein Wort mit ihr gesprochen. Noch nicht mal zugewinkt hatte sie ihr." (▶ Z. 106–110)

d Wählt eine der beiden Figuren und verfasst mit Hilfe eurer Notizen eine schriftliche Charakterisierung (▶ S. 297). Belegt eure Aussagen über die Figur mit Textzitaten.

Methode **Textstellen zitieren**

- **Zitieren** heißt, dass man Stellen aus einem Text **wortwörtlich** wiedergibt. Durch Zitate kann man seine Aussagen zu dem Text belegen und andere können sie gut nachvollziehen.
- Man kennzeichnet Zitate durch **Anführungszeichen.** Dahinter gibt man die **Fundstelle** im Text mit Zeilen an, z. B.: *„Sie – das ist die alte Frau aus dem Heim drüben." (Z. 13–14)*
- **Textauslassungen** in der Mitte oder am Ende des Zitats werden durch eckige Klammern gekennzeichnet: *„Marion sitzt an ihrem Tisch [...] und macht Hausaufgaben." (Z. 1–2)*

5 Untersucht das Leitmotiv in der Geschichte.

a Im Text fallen die vielen Zeitangaben auf. Schreibt sie heraus: *nach dem Mittagessen (Z. 3), ...*

b Was beabsichtigt die Autorin mit der Wahl des Leitmotivs „Zeit"?
Nehmt zu folgenden zwei Aussagen Stellung:

A Susanne Kilian verwendet in ihrer Kurzgeschichte „Nie mehr" das Leitmotiv der *Zeit*. Hiermit will sie auf die Bedeutung der Zeitplanung im Leben hinweisen.

B Bereits der Titel der Kurzgeschichte weist auf das Ende von etwas hin. Die Leser der Geschichte werden durch das Leitmotiv *Zeit* dazu angeregt, über die Vergänglichkeit in der Natur und im Leben der Menschen nachzudenken.

6 Vielleicht hat auch die „Vogelalte" das Mädchen Marion beobachtet.
Was schreibt sie darüber in ihr Tagebuch oder in einem Brief an ihren Enkel? Verfasst einen kurzen Text.

Information **Das Leitmotiv**

Leitmotive können in Geschichten als Gegenstände, Farben, als Handlungen, Situationen, Stimmungen oder Sätze vorkommen. Sie tauchen an verschiedenen Stellen im Text immer wieder auf. Durch diese **Wiederholung** gewinnt ein Leitmotiv eine besondere **Bedeutung.**

Sprache, Erzähler und Zeitgestaltung untersuchen

Selim Özdoğan

Sonntag (1998)

Es war Sonntagmittag, und ich fuhr mit meinem Fahrrad nach Hause. Es war kein Sonntag, wie wir ihn kennen. Ich fühlte mich gut und war voller Liebe, ich hätte alles sein können an diesem Tag. Es war mild, verglichen mit den letzten Wochen, ein Hauch von Frühling lag in der Luft. Noch einmal dieses Gefühl, es überstanden zu haben.

Ich fuhr an einer Bushaltestelle vorbei, die völlig demoliert war. Glasscherben auf dem Bürgersteig, tausend kleine Glasscherben, und ich dachte nicht an meine Reifen. Ich dachte: Wie kann man nur so draufkommen? Ich sah rüber auf die andere Straßenseite, und die andere Bushaltestelle war genauso ein Bild der Verwüstung. Wie kann man auf so eine verschissene Idee kommen?

In Wirklichkeit habe ich eine ziemlich genaue Ahnung, wie man auf so eine Idee kommt. Es war Samstagnacht gewesen, ein paar Jungs, immer Jungs, und niemals weniger als zwei, die sich betrinken. Eine Samstagnacht, schon wieder, und du wirst aggressiv. Dein Leben kotzt dich an, du trinkst, damit der Spaß endlich kommt, du trinkst, damit du dich amüsierst, und dieses Mal trinkst du mehr als sonst, weil die letzten Wochenenden sich so geglichen haben, dass du sie gar nicht auseinanderhalten kannst. Keine einzige Frau lächelt zurück, du bist jung, du willst Abenteuer, und du willst die Welt in ihren Grundfesten erschüttern. Es reicht nicht, wenn du einfach nur Straßenlaternen austrittst, heute Nacht soll es mal etwas Größeres sein, heute Nacht willst du fühlen, wenn schon nichts anderes, dann wenigstens Macht. Und du kommst mit deinen Freunden an dieser Bushaltestelle vorbei. So kommt man auf so eine Idee.

Und am nächsten Morgen wachst du auf, mit

einer verschwommenen Erinnerung und einem Glücksgefühl, dass endlich etwas passiert ist. Scheiße, Mann, wie wir diese Bushaltestelle auseinandergenommen haben, alles nur noch Schutt und Asche, war das geil. Wie diese riesigen Scheiben zerbrochen sind, klirr, und glitzernde, kleine Dinger ergossen sich auf die Straße, ein Bild für die Götter. Und dann dieses Geräusch, meine Fresse, wann haben wir so etwas Schönes zum letzten Mal gehört?

Scherben, Verwüstung und Verzweiflung, und die Verzweiflung anderer Leute macht mich immer trauriger als meine eigene, weil ich über die wenigstens lachen kann.

Abends saß ich dann in der Bahn und sah dieses Plakat der Verkehrsbetriebe. Bis zu 1 000 DM Belohnung für Hinweise, die zur Ergreifung eines Vandalen[1] führen. Leicht verdientes Geld.

1 der Vandale: jemand, der mutwillig Schaden anrichtet und etwas zerstört

1 a Welches gesellschaftliche Problem thematisiert die Kurzgeschichte? Umschreibt es kurz.
b Wie versteht ihr den letzten Satz in der Geschichte: „Leicht verdientes Geld“ (▸ Z. 57)? Wählt eine Aussage und begründet eure Wahl.
A Überwachungskameras nehmen alles auf. Somit werden Täter schnell ermittelt.
B Der Erzähler war Zeuge. Er wird die Täter anzeigen, um die Belohnung zu erhalten.
C Auf Grund gesellschaftlicher Probleme sind Zerstörungsfälle häufig. Es ist leicht, dabei tatenlos zuzuschauen und den Fall später zu melden.

2 Untersucht die sprachliche Gestaltung der Geschichte.
a Betrachtet die Wortwahl. Welche Ausdrücke und Formulierungen fallen auf? Welcher Sprachebene (▸ S. 319) kann man sie zuordnen?
b Beschreibt den Satzbau. Wählt dafür passende Begriffe aus dem Kasten:

kurz • einfach • vollständig • unvollständig • Hauptsätze • Satzgefüge

c Untersucht den Gebrauch der Personalpronomen im Text:
– Welche Abfolge ist in den einzelnen Abschnitten erkennbar? Bestimmt die richtige Angabe:
A ich → du → wir → ich
B ich → du → ich → wir
– Wie wirkt diese Veränderung der Personalpronomen in den Abschnitten auf den Leser?

3 a Bestimmt den Erzähler in der Geschichte. Welche Erzählform (▸ S. 296) liegt vor?
b Was erfährt man im Text über den Erzähler? Notiert stichwortartig Informationen zur Figur.
c Formuliert eine Aussage dazu, wie sich die Stimmung des Erzählers im Laufe der Geschichte verändert. Wie fühlt er sich zu Beginn der Geschichte, wie am Ende?

4 Untersucht die Zeitgestaltung in der Geschichte.
a Im Text wird über verschiedene Zeitpunkte erzählt. Sucht nach Zeitangaben und bestimmt sie.
b Was passiert zu den einzelnen Zeitpunkten? Formuliert zu jedem einen Satz.
c Übertragt den folgenden Zeitstrahl ins Heft und ordnet die Zeitpunkte chronologisch an.

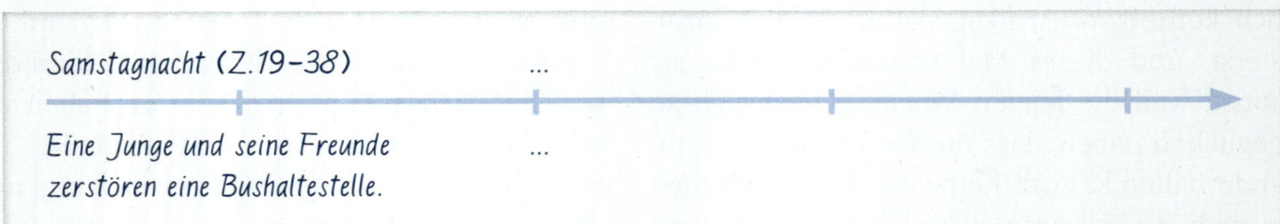

5 Das Ende der Geschichte wirkt offen. Wie könnte es weitergehen? Schreibt eine Fortsetzung.

Information **Die Zeitgestaltung in einer Erzählung**

- Der **Erzähler** kann sich streng an die **zeitliche Reihenfolge** der Ereignisse halten, also **chronologisch** erzählen.
- Er kann aber auch eine **Handlung unterbrechen** und in **Rückblenden** von vergangenen Ereignissen erzählen oder in **Vorausdeutungen** Ereignisse vorwegnehmen.

Die Merkmale von Kurzgeschichten untersuchen

Wolfgang Borchert

Die Kirschen (1947)

Nebenan klirrte ein Glas. Jetzt isst er die Kirschen auf, die für mich sind, dachte er.
Dabei habe ich das Fieber. Sie hat die Kirschen extra vors Fenster gestellt, damit sie ganz kalt sind. Jetzt hat er das Glas hingeschmissen. Und ich hab das Fieber.
Der Kranke stand auf. Er schob sich die Wand entlang. Dann sah er durch die Tür, dass sein Vater auf der Erde saß. Er hatte die ganze Hand voll Kirschsaft.
Alles voll Kirschen, dachte der Kranke, alles voll Kirschen. Dabei sollte ich sie essen.
Ich hab doch das Fieber. Er hat die ganze Hand voll Kirschsaft. Die waren sicher schön kalt. Sie hat sie doch extra vors Fenster gestellt für das Fieber. Und er isst mir die ganzen Kirschen auf. Jetzt sitzt er auf der Erde und hat die ganze Hand davon voll. Und ich hab das Fieber. Und er hat den kalten Kirschsaft auf der Hand. Den schönen kalten Kirschsaft. Er war bestimmt ganz kalt. Er stand doch extra vorm Fenster. Für das Fieber. Er hielt sich am Türdrücker. Als der quietschte, sah der Vater auf.
Junge, du musst doch zu Bett. Mit dem Fieber, Junge. Du musst sofort zu Bett.
Alles voll Kirschen, flüsterte der Kranke. Er sah auf die Hand. Alles voll Kirschen.
Du musst sofort zu Bett, Junge. Der Vater versuchte aufzustehen und verzog das Gesicht. Es tropfte von seiner Hand.
Alles Kirschen, flüsterte der Kranke. Alles meine Kirschen. Waren sie kalt?, fragte er laut. Ja? Sie waren doch sicher schön kalt, wie? Sie hat sie doch extra vors Fenster gestellt, damit sie ganz kalt sind. Damit sie ganz kalt sind.
Der Vater sah ihn hilflos von unten an. Er lächelte etwas. Ich komme nicht wieder hoch, lächelte er und verzog das Gesicht. Das ist doch zu dumm, ich komme buchstäblich nicht wieder hoch.
Der Kranke hielt sich an der Tür. Die bewegte sich leise hin und her von seinem Schwanken. Waren sie schön kalt?, flüsterte er, ja?
Ich bin nämlich hingefallen, sagte der Vater. Aber es ist wohl nur der Schreck. Ich bin ganz lahm, lächelte er. Das kommt von dem Schreck. Es geht gleich wieder. Dann bring ich dich zu Bett. Du musst ganz schnell zu Bett.
Der Kranke sah auf die Hand.
Ach, das ist nicht so schlimm. Das ist nur ein kleiner Schnitt. Das hört gleich auf. Das kommt von der Tasse, winkte der Vater ab. Er sah hoch und verzog das Gesicht. Hoffentlich schimpft sie nicht. Sie mochte gerade diese Tasse so gern. Jetzt hab ich sie kaputt gemacht. Ausgerechnet diese Tasse, die sie so gern mochte. Ich wollte sie ausspülen, da bin ich ausgerutscht. Ich wollte sie nur ein bisschen kalt ausspülen und deine Kirschen da hineintun. Aus dem Glas trinkt es sich so schlecht im Bett. Das

weiß ich noch. Daraus trinkt es sich ganz schlecht im Bett.
Der Kranke sah auf die Hand. Die Kirschen, flüsterte er, meine Kirschen?
Der Vater versuchte noch einmal hochzukommen. Die bring ich dir gleich, sagte er. Gleich, Junge. Geh schnell zu Bett mit deinem Fieber. Ich bring sie dir gleich. Sie stehen noch vorm Fenster, damit sie schön kalt sind. Ich bring sie dir sofort.
Der Kranke schob sich an der Wand zurück zu seinem Bett. Als der Vater mit den Kirschen kam, hatte er den Kopf tief unter die Decke gesteckt.

1 a Warum steckt der Junge am Ende der Geschichte den Kopf unter die Decke? Wie fühlt er sich? Tauscht euch über euer Textverständnis aus.
b Richtig oder falsch? Prüft die folgenden Aussagen zum Text.
A Der Vater wollte die Kirschen seines Sohnes aufessen.
B Der Sohn glaubt, seinen Vater auf frischer Tat ertappt zu haben.
C Kirschsaft hat die Hand des Vaters rot gefärbt.
D Der kranke Sohn erhofft sich von dem kalten Kirschsaft eine Linderung der Krankheit.
E Der Junge ist von seinem Vater enttäuscht und will ihn nicht mehr sehen.
F Der Junge steckt den Kopf unter die Decke, weil er sich schämt.

2 An welchem Ort spielt die Kurzgeschichte? Beschreibt den Schauplatz der Handlung mit eigenen Worten: *Die Geschichte spielt in zwei nebeneinanderliegenden Räumen einer Wohnung oder eines Hauses. Bei dem einen Raum handelt es sich um …*

3 Untersucht die Handlung der Geschichte.
a Bestimmt die einzelnen Handlungsschritte und notiert sie untereinander ins Heft:
1. Der kranke Junge hört, wie in der Küche etwas runterfällt und zersplittert.
2. Er steht auf und geht …
b Markiert, an welcher Stelle der Geschichte eine Wendung erfolgt.

4 Untersucht, was sich im Inneren der Figuren abspielt.
a Was sagt der kranke Sohn bei der Begegnung mit dem Vater in der Küche? Und was denkt er dabei? Legt dazu eine Tabelle mit Textstellen an:

Aussagen des Sohns	Gedanken des Sohns
– „Alles voll Kirschen“ (Z. 26) *– „Alles Kirschen. Alles meine Kirschen. Waren sie kalt?“ (Z. 31–32)*	*– Er hat die Kirschen gegessen, die eigentlich für mich waren …*

b Die Gedanken des Vaters werden im Text nicht direkt wiedergegeben. Übertragt die Tabelle ins Heft. Notiert darin, was der Vater sagt, und ergänzt mögliche Gedanken der Figur.

Aussagen des Vaters	Gedanken des Vaters
– „Junge, du musst doch zu Bett. Mit dem Fieber, Junge. Du musst sofort zu Bett.“ (Z. 24–25) *– …*	*– Jetzt habe ich ihn geweckt, dabei sollte er doch ausschlafen …*

5 Formuliert eine Aussage zu eurem Textverständnis und begründet sie.

In der Kurzgeschichte „Die Kirschen" geht es ...
- *um den Betrug eines ungerechten Vaters an seinem kranken Sohn.*
- *um gegenseitiges Vertrauen und Misstrauen zwischen den Menschen.*
- *um die heilsame Wirkung von Kirschen bei Fiebererkrankungen.*

6 Lest das Autorenporträt zu Wolfgang Borchert und stellt einen Bezug zwischen seiner Biografie und der Geschichte „Die Kirschen" her.

Wolfgang Borchert (1921–1947)

Wolfgang Borchert wurde 1921 in Hamburg geboren und starb bereits 1947 im Alter von nur 26 Jahren. Seine Gesundheit war durch den Krieg und den Hunger in der Nachkriegszeit zerstört worden. Als junger Mann erlebte Borchert den Nationalsozialismus und den Zweiten Weltkrieg (1939–1945). Seine Heimatstadt Dresden wurde zerbombt. In seinem literarischen Werk stellte er immer wieder die Verlorenheit und Hoffnungslosigkeit der Menschen in dieser Zeit dar.

7 Weist nach, dass es sich bei der Erzählung „Die Kirschen" um eine Kurzgeschichte handelt:

a Bildet Gruppen zu je einer Frage A–F und beantwortet sie gemeinsam. Macht euch Notizen zu der jeweiligen Antwort.
- **A** Welches alltägliche Geschehen wird in der Kurzgeschichte dargestellt?
- **B** Wie beginnt die Geschichte: Ist eine Einleitung mit Angaben zum Ort, zur Zeit und zu den wichtigen Figuren erkennbar?
- **C** Gibt es an einer Stelle der Geschichte einen Wendepunkt?
- **D** Wie endet die Geschichte? Ist der Schluss eindeutig?
- **E** Über welche sprachlichen Besonderheiten verfügt die Geschichte?
  Tipp: Achtet auf wörtliche Rede, Auslassungen, die Länge der Satzgefüge, Wiederholungen.
- **F** Ist ein Leitmotiv in der Geschichte erkennbar?

b Bildet neue Gruppen mit allen sechs Antworten. Stellt sie mit Hilfe eurer Notizen vor und vergleicht eure Ergebnisse mit den Aussagen im Infokasten unten.

8 Was geschah vor dem Einsetzen der Kurzgeschichte? Ergänzt eine mögliche Einleitung.

Information **Die Kurzgeschichte**

Bei Kurzgeschichten (engl. *short story*) handelt es sich um **knappe, moderne Erzählungen** mit folgenden Merkmalen:
- Sie erzählen einen aussagekräftigen Abschnitt aus dem **Alltagsleben einer Figur.**
- Die handelnden Figuren stellen meist **Alltagsmenschen** dar.
- Der **Anfang ist unvermittelt:** Die Geschichte springt mitten hinein ins Geschehen.
- Die Handlung erfährt einen **Wendepunkt,** der oftmals überraschend erfolgt.
- Der **Schluss ist offen.** Die Leser sind aufgefordert, selbst über ein Ende oder eine Lösung nachdenken.
- Kurzgeschichten werden meist in **Alltagssprache** mit kurzen, einfachen Sätzen und umgangssprachlichen Elementen verfasst.
- In vielen Kurzgeschichten ist ein **Leitmotiv** (▸ S. 114) erkennbar.

Teste dich!

Merkmale von Kurzgeschichten nachweisen

Kurzgeschichten ...

- **G** stellen einen aussagekräftigen Abschnitt im Alltagsleben einer Figur dar.
- **A** haben nur wenige handelnde Figuren.
- **U** erzählen die Abenteuer verschiedener Figuren in einer Fantasiewelt.
- **T** verfügen über einen Wendepunkt.
- **S** verfügen über eine ausführliche Einleitung, in der der Schauplatz der Handlung beschrieben wird.
- **R** verfügen über mehrere Wendepunkte.
- **L** weisen häufig ein Leitmotiv auf.
- **L** setzen unvermittelt ein.
- **A** haben einen offenen Schluss, der viele Deutungsmöglichkeiten zulässt.
- **N** enden immer mit einem Happy End.

1 Notiere die Buchstaben der richtigen Aussagen. Rückwärts gelesen ergeben sie ein Lösungswort.

Pea Fröhlich

Der Busfahrer (1987)

Er wusste, dass sie an der nächsten Station einsteigen würde, und freute sich. Wenn Platz war, saß sie immer so, dass er sie im Rückspiegel sehen konnte. Meistens las sie, manchmal schaute sie auch auf die Straße. Er konnte an ihrem Gesicht ablesen, ob es ihr gut ging. Im Winter trug sie einen braunen Pelz mit einem passenden Käppchen und im Sommer weiße oder blaue Kleider. Einmal hatte sie die Haare aufgesteckt, es stand ihr nicht und jemand musste es ihr gesagt haben, denn am nächsten Tag sah sie wieder aus wie sonst. Sie war ihm sehr vertraut und er hätte sie gerne angesprochen, aber er wagte es nicht. Er fürchtete sich nur davor, dass sie einmal nicht mehr einsteigen würde. Vielleicht, dass sie die Arbeitsstelle wechselte. Für ihn war das die schönste Zeit am Tag, die fünf Stationen, die sie immer mit ihm fuhr. Diesmal sah er sie schon von Weitem. Sie stand da und lachte einen Mann an, der den Arm um sie gelegt hatte. Sie verpasste das Einsteigen, weil der Mann sie küsste.

2 a Worum geht es in der Geschichte? Notiere die richtige Antwort:
A Es geht um einen Busfahrer, der heimlich für eine Frau schwärmt, die einen anderen liebt.
B Es geht um einen Busfahrer, der seine Frau mit einem anderen Mann überrascht.

b Weise anhand von drei Merkmalen nach, dass es sich bei dem Text um eine Kurzgeschichte handelt. Belege deine Aussagen mit Textstellen.

c Vergleiche deine Lösungen mit einer Lernpartnerin oder einem Lernpartner.

6.2 Egal was passiert ... – Eine Inhaltsangabe schreiben

Marlene Röder

Chuck Norris und all seine Freunde (2011)

„Kennst du den schon? Kleine Jungs tragen Schlafanzüge mit Superman drauf, Superman trägt einen Schlafanzug mit Chuck Norris drauf!"

„Ja, kenn ich. Jetzt halt die Klappe und trag mich einfach da hoch. Oder willst du warten, bis Chuck vorbeikommt und mit anpackt?"

Chuck Norris ist ein Actionheld. Ich habe noch nie einen Film mit ihm gesehen, aber wie alle kenne ich die Witze. In denen geht es immer darum, dass Chuck Norris etwas tut, was eigentlich unmöglich ist. Leider ist er jetzt nicht hier, deswegen muss mein Kumpel Piet den Actionhelden spielen.

Piet riecht nach Schweiß, als ich ihm den linken Arm um den Hals schlinge und er seinen unter meine Kniekehlen schiebt und mich hochhebt und trägt wie eine verdammte Braut.

„Ich bin nicht sicher, ob das so 'ne geniale Idee ist, Ben", keucht er, während wir die Metalltreppe hochwanken.

„Klar ist das genial", behaupte ich, obwohl ich mir gerade auch nicht mehr so sicher bin. Durch das Gitterwerk der Treppe kann man auf den Boden gucken. Er ist ziemlich tief unten.

Endlich sind wir oben. Piet setzt mich vorsichtig ab. Meine Beine, diese dummen, nutzlosen Anhängsel, baumeln über den Rand der Halfpipe. Über unserer zerkratzten, steilen, wunderbaren Halfpipe. Wie immer fühle ich mich sofort besser.

„Jetzt noch den Rolli", sage ich. „Los, beeil dich, die anderen müssten gleich hier sein."

Rainbow, denke ich, Rainbow, Rainbow.

Piet stöhnt, er hat einen ziemlich roten Kopf, aber er tut, was ich ihm sage, weil er weiß, dass mir das hier wirklich wichtig ist, und weil er ein guter Kumpel ist, der beste, vielleicht sollte ich ihm das mal sagen, aber dann lass ich es doch.

Er geht die Treppe wieder runter und ich sitze hier und kann die ganze Prärie überblicken.

Wir nennen es die Prärie, weil hier nichts ist. Keine Häuser, nur verrostete Bahnschienen und Glasscherben und über allem das hohe Gras. Mittendrin unsere Halfpipe. Horror für jeden Rollifahrer. Außer für mich.
Es stimmt nicht, was ich über den Namen gesagt habe. Wir nennen es die Prärie, weil es cool klingt.
Jetzt kann ich die anderen sehen, sie sind schon beim Skelett des kaputten Kinderwagens. Johnny geht voran, natürlich, dann Patexx und Fred mit seinem Punkerhund. Zuletzt kommt Rainbow, wie ein Leuchtfeuer am Schluss. Sie geht mit ausgebreiteten Armen, als wollte sie mit den Händen über das Gras streichen, als wollte sie das Zittern spüren, das der Wind durch die Halme laufen lässt.
Ich würde das auch gerne machen, bei ihren Haaren. Wie sich das wohl anfühlt, all die Farben. Eigentlich heißt sie anders. Aber ich nenne sie Rainbow, weil ihre Haare so bunt sind.
Vielleicht hat jemand einen Witz erzählt, denn jetzt kann ich sie lachen hören, ihr Lachen sprudelt über die ganze Prärie. Niemand kann so lachen wie Rainbow. Ohne sie sind Piets Chuck-Norris-Witze nur halb so lustig.
Es stimmt nicht, was ich über Rainbows Namen gesagt habe. Ich nenne sie Rainbow, weil sie mir Glück bringt.
Johnny hat mich oben auf der Halfpipe gesehen, er salutiert vor mir wie vor einem General und ruft: „Zu Diensten! Warum hast du uns herbestellt, Ben?“
Johnny ist eine echt coole Sau, und wäre Chuck Norris hier, würde er das bestimmt auch finden und er und Johnny wären Freunde.
Johnny und ich sind auch so was wie Freunde, wir reden oft übers Skaten und ich weiß, dass er mich respektiert, weil ich mehr Ahnung davon habe als Piet und die anderen Jungs.
Zumindest theoretisch.
Johnny hat mich auch schon auf Wettkämpfe mitgenommen. *Du bist doch unser Maskottchen, Ben.* Er ist echt in Ordnung, und wenn Johnny loslegt, Mann, er macht unglaubliche Sachen mit seinem Board. „Chuck Norris isst keinen Honig. Chuck Norris kaut Bienen!“, sagt Piet dann immer. Wenn wir skaten gehen, sagen wir manchmal, wir gehen Bienen kauen. Und wenn es auf dieser Welt einigermaßen gerecht zugehen würde, würde mir Johnny beibringen, wie man sie richtig kaut.
„Wirste schon sehen, Johnny!“, rufe ich zurück. „Wirste gleich sehen!“
Die Halfpipe ist echt hoch. Aber was soll mir schon passieren? Im Rollstuhl sitze ich ja schon.
Es stimmt nicht, was ich über das Skaten gesagt habe. Wir nennen es fliegen.
Fluchend zerrt Piet meinen Rolli auf die Plattform, klappt ihn auf und murmelt dabei, dass ich ihm was schuldig bin. Er hebt mich rein und ich lege den Gurt an. Unten witzeln Patexx und Fred, dass ich jetzt auch auf die Pipe will. Aber Rainbow lacht nicht. Nicht ein winziges bisschen.
„Was soll ’n das werden, Ben?“, fragt Johnny.
„Willst du das wirklich durchziehen, nur wegen letzter Woche …?“, fragt Piet.
Letzte Woche waren wir bei Johnny und haben DVDs übers Skaten geguckt und ein paar Folgen Jackass. Rainbow hielt sich die Hände vor die Augen, während die Jackass-Truppe mit einem Bobbycar Rolltreppen runtersauste und alle möglichen anderen krassen Kamikaze-Aktionen machte. Ich musste über Rainbow lachen und sie selbst lachte auch und wiederholte immer wieder: „Sind die mutig oder einfach total durchgeknallt, oh Gott, ich kann nicht hingucken!“ Aber dann guckte sie doch.
Johnny war neue Cola holen gegangen und da habe ich sie gefragt, obwohl ich doch weiß, dass Rainbow auf Johnny steht, jeder weiß das, aber ich musste trotzdem fragen, ob sie mal Bock hat, was mit mir zu machen. Nur wir beide.
Rainbow zögerte ganz kurz, dann sagte sie: „Klar, warum nicht?“ Und einen Moment hab ich gedacht, dass ich ein Glückspilz bin, aber

dann habe ich kapiert, dass ich nur ein Krüppel bin. Jeden anderen hätte sie abblitzen lassen, weil sie sich wegen Johnny nicht mit anderen Jungs trifft. Aber ich zähle wohl nicht als Junge, ich bin nur der im Rollstuhl. Mit mir auszugehen ist ungefähr so erotisch, wie seinen Opa durch den Park zu schieben. Na, danke.

Das war letzte Woche und da wusste ich, dass ich was ändern muss.

„Willste das wirklich machen?", wiederholt Piet. Ich frage nur, ob er die Kamera hat.

„Klar", antwortet Piet und klappt die Videokamera auf: „Mach mal winke, winke für deine Fans."

Ich mache das Victory-Zeichen in die Kamera und sage: „Egal was passiert, du stellst das auf YouTube."

„Was soll 'n das heißen, Ben, ‚egal was passiert'?"

Ich antworte nicht, setze den Helm auf, den ich mir gestern gekauft habe, rot und blau. Meine Finger zittern nur ein bisschen.

„Du hast gesagt, du kriegst das hin. Du rockst die Pipe. Es kann nichts passieren. Echt, Mann, dein Vater bringt mich um!" Piet umklammert die Griffe meines Rollis.

„Wenn's nach meinem Vater ginge, würde ich zu Hause in meinem Zimmer sitzen und Modellflugzeuge bauen."

Wir schauen uns an und schließlich nickt Piet, als würde ihn das Mühe kosten, und gibt die Griffe meines Rollis frei.

Das, was ich über meinen Vater gesagt habe, stimmt nicht. Vielleicht könnte er es sogar verstehen.

Ich rolle vor zur Kante.

Die anderen unten an der Halfpipe haben jetzt kapiert, dass ich es ernst meine. Johnny ruft zu mir hoch: „Hey, Ben, wir brauchen dich noch! Du bist doch unser Maskottchen!" Aber ich hab keinen Bock, den Rest meines Lebens bloß das Scheißmaskottchen von anderen Leuten zu sein. Jetzt balanciere ich nur noch auf den Hinterreifen, es ist ein geiles Gefühl, den Rolli so unter Kontrolle zu haben.

„Mach keinen Scheiß, hörst du?!", brüllt Johnny und vielleicht ist das Angst in seiner Stimme. Rainbow ist ganz still und sieht aus, als würde sie sich am liebsten die Augen zuhalten.

„Chuck Norris hat bis unendlich gezählt. Zweimal!", flüstere ich, stoße mich ab über die Kante – und fliege.

1 „... und fliege." – Wie könnte die Handlung weitergehen? Stellt Vermutungen darüber an.

2 Besprecht den Inhalt der Kurzgeschichte:
Worin besteht Bens geniale Idee? Was will er wem beweisen?

3 Untersucht die Beziehung zwischen der Hauptfigur und den anderen Figuren:
- Legt euer Heft quer und übertragt das folgende Schema. Notiert darin die Namen der handelnden Figuren.
- Lest den Text noch einmal genau und ergänzt im Schema Informationen zu den einzelnen Figuren und zur Beziehung zwischen ihnen und der Hauptfigur Ben.

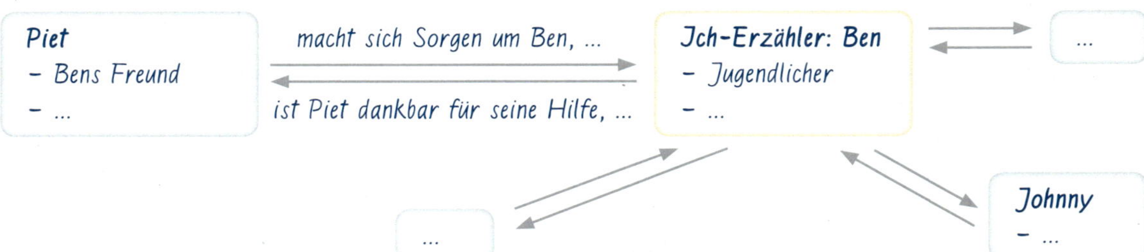

Über fünf Haltestellen zur Inhaltsangabe

In einer Inhaltsangabe formuliert ihr euer Textverständnis und teilt anderen das Wichtigste aus der Geschichte mit. Schreibt eine Inhaltsangabe zur Geschichte „Chuck Norris und all seine Freunde" (► S. 121–123). Bearbeitet dafür die folgenden Arbeitsschritte und geht nach der „Bus-Stopp-Methode" vor:

Methode **Die Bus-Stopp-Methode**

- Löst die jeweiligen Aufgaben zunächst in Einzelarbeit.
- Wenn ihr eine Aufgabe gelöst habt, steht auf und wartet an einer im Raum gekennzeichneten „Haltestelle" zur Aufgabe (Bus-Stopp) auf einen weiteren Schüler, der die Aufgabe gelöst hat.
- Vergleicht euer Arbeitsergebnis. Korrigiert und ergänzt eure Aufzeichnungen, falls nötig.
- Löst dann die nächste Aufgabe wieder allein und begebt euch anschließend zum nächsten Stopp, um euer Ergebnis mit einem anderen Schüler zu vergleichen.
- Wenn ihr mit allen Aufgaben fertig seid, bereitet mit einer Lernpartnerin oder einem Lernpartner eure Ergebnisse für eine Präsentation vor.
- Stellt eure Arbeitsergebnisse in der Klasse vor. Klärt offene Fragen und korrigiert Fehler.

Stopp 1: Überfliegendes Lesen – Allgemeine Informationen in der Einleitung angeben

1 Formuliert eine Einleitung für die Inhaltsangabe.
Informiert darin über die Textsorte, die Autorin, den Titel (mit Erscheinungsjahr) sowie über das Thema des Textes. Verwendet dazu einen der folgenden Satzanfänge:

- *In der Kurzgeschichte „..." von ... aus dem Jahr ... geht es um einen Jungen, der ...*
- *In der Kurzgeschichte „..." von ... aus dem Jahr ... wird beschrieben, ...*

Stopp 2: Genaues Lesen – Handlungsschritte notieren

2 Lest den Text genau. Formuliert die einzelnen Handlungsschritte in kurzen Sätzen und stellt sie in einem Flussdiagramm dar.

Handlung: Chuck Norris und all seine Freunde

1. Ben, der nicht laufen kann, bittet seinen Freund Piet, ihn die Halfpipe hochzutragen. (Z. 1–14)

↓

2. Piet trägt ihn hoch und setzt ihn oben auf den Rand der Halfpipe. (Z. 15–26)

↓

3. Ben bittet Piet ...

Stopp 3: Zeit nehmen! – Den Hauptteil schreiben

3 Fasst mit Hilfe eurer Vorarbeiten von Aufgabe 2 den Inhalt des Textes zusammen.

a Lest den folgenden Anfang einer Inhaltsangabe und die Tipps dazu:

Ben hat sich mit seinen Freunden an einer Halfpipe verabredet, die sich außerhalb der Stadt auf einem unwegsamen Gelände befindet. Da er nicht laufen kann, fordert er seinen Freund Piet dazu auf, ihn die Halfpipe hochzutragen. Nachdem Piet ihn am Rand der Halfpipe abgesetzt hat, bittet er Piet auch noch darum, seinen Rollstuhl hochzubringen. Während Piet sich mit dem Rollstuhl abmüht, hält Ben Ausschau nach den anderen Freunden …

Formuliert mit eigenen Worten und achtet auf eine sachliche Sprache.
Verwendet keine wörtliche Rede.
Schreibt im Präsens, bei Vorzeitigkeit im Perfekt.
Macht die Zusammenhänge der Handlung durch passende Satzverknüpfungen deutlich.

b Schreibt den Textanfang ab und setzt ihn fort. Beachtet die Schreibtipps.
Folgende Verknüpfungswörter könnt ihr verwenden:

denn • aber • deshalb • zuerst • dann • daraufhin • anschließend • einige Zeit später • schließlich • am Ende • als • jedoch • solange • während • nachdem • bevor • sodass • obwohl • da • weil • statt • anstatt

Stopp 4: Vertiefen – Aussagen in indirekter Rede wiedergeben

4 a Prüft, ob ihr wichtige Aussagen in wörtlicher Rede in eurer Inhaltsangabe richtig wiedergegeben habt: Lest noch einmal die Information im Methodenkasten unten und unterstreicht in eurer Inhaltsangabe Aussagen in indirekter Rede.

b Formuliert die folgende direkte Rede aus dem Text in die indirekte Rede um.

A „Klar ist das genial", behaupte ich. (► Z. 22)
B Johnny fragt: „Warum hast du uns herbestellt, Ben?" (► Z. 74–75)
C Ich mache das Victory-Zeichen in die Kamera und sage: „Egal was passiert, du stellst das auf YouTube." (► Z. 148–149)

Methode **Wörtliche Rede in die indirekte Rede umwandeln**

- In der **indirekten Rede** stehen die Verben im **Konjunktiv I** (► S. 311 f.), z. B.:
  „Trag jetzt den Rolli hoch", sage ich. → Ben sagt, er solle jetzt den Rolli hochtragen.
- Formuliert man die Aussage in einem ***dass*-Satz,** kann der **Indikativ** (► S. 311) bleiben, z. B.:
  Ben sagt, dass er jetzt den Rolli hochtragen soll.
- Bei der Umwandlung in die indirekte Rede verändert man auch die **Pronomen,** z. B.:
  Johnny ruft: „Du bist unser Maskottchen." → Johnny ruft, er sei ihr Maskottchen.

Stopp 5: Mein Textverständnis – Den Schluss formulieren

5 Im Schlussteil einer Inhaltsangabe kann man sich dazu äußern, wie man den Text verstanden hat.

a Lest die folgenden zwei Schlussteile aus Inhaltsangaben zur Geschichte „Chuck Norris und all seine Freunde". Welcher Schluss gefällt euch besser? Begründet eure Wahl.

Die Kurzgeschichte soll zeigen, dass Menschen mit Behinderungen manchmal darunter leiden, dass man ihnen nicht alles zutraut. Bens Vater sähe Ben beispielsweise lieber zu Hause Modellflugzeuge bauen, als waghalsige Stunts einzuüben (vgl. Z. 159–161). Röders Kurzgeschichte finde ich gut, weil Ben mutig ist und den anderen zeigt, dass auch eine Behinderung kein Hindernis darstellen muss.

Meiner Ansicht nach soll die Kurzgeschichte Verständnis für körperbehinderte Menschen wecken. Ben möchte Rainbow beeindrucken, glaubt aber, keine Chance zu haben. Dies wird deutlich, wenn er meint, er würde nicht als Junge zählen, er sei nur der im Rollstuhl (vgl. Z. 137).

b Was soll die Kurzgeschichte eurer Meinung nach zeigen oder zum Ausdruck bringen? Formuliert für den Schluss eine Aussage zu eurem Textverständnis.

6 a Setzt euch mit einer Lernpartnerin oder einem Lernpartner zusammen und stellt euch gegenseitig eure Inhaltsangaben vor.

b Lest gemeinsam den Methodenkasten unten und prüft, ob ihr in euren Texten alle Hinweise umgesetzt habt. Macht euch gegenseitig Überarbeitungsvorschläge.

c Überarbeitet eure Inhaltsangabe und stellt sie der Klasse vor.

7 In den Zeilen 19–26 sind sich Ben und Piet nicht sicher, ob Bens Idee tatsächlich genial ist. Zeichnet zwei Gedankenblasen und notiert darin, welche Gedanken den beiden Figuren jeweils durch den Kopf gehen könnten.

Methode **Eine Inhaltsangabe schreiben**

In einer Inhaltsangabe fasst man den Inhalt eines Textes **knapp und sachlich** zusammen.

- Gebt in der **Einleitung** die Textsorte (z. B. Kurzgeschichte, Novelle, Ballade), den Titel, das Erscheinungsjahr des Textes, den Namen der Autorin / des Autors und das Thema an.
- Stellt im **Hauptteil** die wichtigsten Ereignisse der Handlung (Handlungsschritte) in der zeitlich richtigen Reihenfolge dar. Verzichtet auf die Darstellung von Einzelheiten.
- Formuliert zum **Schluss** eine Einschätzung zur Textaussage oder Autorenabsicht:
  - Wie versteht ihr den Text?
  - Was soll eurer Meinung nach durch den Text zum Ausdruck gebracht werden?
- Nutzt in der Inhaltsangabe **eigene Worte** und achtet auf eine **sachliche Sprache.**
  - Verwendet keine wörtliche Rede, sondern gebt besonders wichtige Äußerungen der Figuren in der **indirekten Rede** wieder oder umschreibt sie.
  - Schreibt im **Präsens,** bei Vorzeitigkeit im Perfekt.
  - Macht die Zusammenhänge der Handlung durch passende **Satzverknüpfungen** deutlich.

Fordern und fördern – Inhalte zusammenfassen

Pattie Wigand

Ein Montagmorgen im Bus (1994/95)

Es waren drei kleine Wörter, die ein Wunder bewirkten.

Als ich in den Bus stieg, schien die Sonne. Bei einem Blick aus dem Fenster des 151ers zeigte sich freilich der Chicagoer Winter von seiner schmutzigsten Seite – kahle Bäume, Schneematsch, die Autos voller Streusalzspritzer.

Der Bus fuhr mehrere Kilometer am Lincolnpark entlang, aber niemand schaute hinaus. Wir, die Fahrgäste, saßen in dicken Mänteln dicht nebeneinander und dösten zum eintönigen Rattern des Motors in der stickigen, überheizten Luft. Kein Mensch sprach. Das gehörte zu den ungeschriebenen Regeln des Chicagoer Berufsverkehrs. Zwar begegneten uns jeden Tag dieselben Gesichter, aber wir versteckten uns lieber hinter unseren Zeitungen. Konnte etwas symbolträchtiger sein? Menschen, die nebeneinandersaßen, hielten mit dünnen Bögen Papier Distanz.

Als sich der Bus den Wolkenkratzerpalästen des Michiganboulevards näherte, ertönte plötzlich eine laute Stimme: „Achtung! Achtung!“ Zeitungen raschelten. Hälse reckten sich. „Hier spricht der Fahrer.“ Stille.

Alles starrte dem Fahrer auf den Hinterkopf. In seiner Stimme lag Autorität.

„Legen Sie alle die Zeitung weg.“ Langsam, zentimeterweise sanken die Blätter. Der Fahrer wartete. Wir falteten die Zeitungen zusammen und legten sie auf den Schoß. „Nun drehen Sie alle den Kopf zur Seite und sehen Sie Ihrem Sitznachbarn ins Gesicht. Na, los, auf geht's!“ Erstaunlicherweise gehorchten wir. Noch lächelte niemand. In gedankenlosem Gehorsam folgten wir wie eine Herde.

Neben mir saß eine ältere Frau mit einem roten, fest um den Kopf geschlungenen Schal. Ich sah sie fast täglich. Wir blickten uns in die Augen und warteten unbewegt auf die nächste Anordnung.

„Jetzt sprechen Sie mir nach ...“

Es war ein Befehl, erteilt im Ton eines militärischen Ausbilders: „Guten Morgen, Nachbar!“

Die Stimmen klangen schwach und ängstlich. Bei vielen von uns waren es die ersten Worte, die uns an dem Tag über die Lippen kamen. Doch wir sagten sie wie Schulkinder im Chor zu dem fremden Menschen neben uns.

Wir lächelten uns an. Wir konnten nicht anders. Da war zum einen das Gefühl der Erleichterung, dass wir nicht entführt oder ausgeraubt wurden, zum anderen aber auch das leise Empfinden, dass sich hier eine lange unterdrückte allgemeine Höflichkeit Bahn brach. Wir hatten es gesagt: Das Eis war gebrochen. Guten Morgen, Nachbar. Eigentlich war es gar nicht so schwer. Einige wiederholten es sogar. Andere gaben sich die Hand. Viele lachten. Der Busfahrer sagte nichts mehr. Es war auch gar nicht nötig. Keine einzige Zeitung wurde wieder hochgenommen. Alle unterhielten sich angeregt. Erst hatten wir zwar den Kopf über den verrückten Kerl von Fahrer geschüttelt, aber nun waren wir alle froh über seinen Einfall. Immer wieder gab es Gelächter, warme

sprudelnde Laute, wie ich sie nie zuvor in einem Linienbus gehört hatte.
Als wir meine Haltestelle erreichten, sagte ich meiner Nachbarin auf Wiedersehen und sprang vom Trittbrett, um einer Pfütze auszuweichen. An derselben Haltestelle hatten vier weitere Busse angehalten, denen Fahrgäste entstiegen. Die Weiterfahrenden saßen regungslos und stumm da wie Ölgötzen. Anders die Leute in meinem Bus. Als er losfuhr, brachten ihre lebhaften Mienen mich zum Lachen. Der Tag hatte besser angefangen als alle Tage sonst.
Ich blickte dem Fahrer nach. Er sah konzentriert in den Rückspiegel, um eine Lücke im Verkehr zu erspähen. Es schien ihm gar nicht bewusst zu sein, welch ein Montagmorgenwunder er da eben vollbracht hatte.

1 Um welches Thema geht es in der Kurzgeschichte „Ein Montagmorgen im Bus"? Wählt die zutreffende Aussage.

A In der Kurzgeschichte geht es um das öffentliche Verkehrssystem in Chicago.
B Die Kurzgeschichte erzählt vom Berufsalltag eines Busfahrers in Michigan.
C Die Kurzgeschichte thematisiert das menschliche Miteinander in Großstädten.
D Die Kurzgeschichte erzählt von den Schwierigkeiten, im Winter einen Bus zu fahren.

2 Bereitet eine Inhaltsangabe zu der Geschichte vor:

●●● **a** Formuliert einen Einleitungssatz. Informiert darin über die Textsorte, den Titel, den Autor, das Erscheinungsjahr sowie über das Thema des Textes. ▷ Hilfe zu Aufgabe 2 a auf Seite 129

●●● **b** Gliedert den Text in Abschnitte und notiert die einzelnen Handlungsschritte in kurzen Sätzen untereinander, z. B.:
1. Der Ich-Erzähler steigt an einem Wintertag in Chicago in einen Stadtbus.
2. Die Fahrgäste im Bus ... ▷ Hilfe zu Aufgabe 2 b auf Seite 129

3 Welche Aussagen einzelner Figuren sind so wichtig, dass man sie in der Inhaltsangabe indirekt wiedergeben sollte?

●●● **a** Bestimmt drei wichtige Aussagen in wörtlicher Rede und schreibt sie ins Heft ab. ▷ Hilfe zu Aufgabe 3 a auf Seite 129

●●● **b** Formuliert die Aussagen in wörtlicher Rede in die indirekte Rede um. Verwendet für die Redebegleitsätze passende Verben aus dem Kasten.

sagen • befehlen • ansagen • bitten • fragen • auffordern • meinen • rufen

▷ Hilfe zu Aufgabe 3 b auf Seite 129

4 „Menschen, die nebeneinandersaßen, hielten mit dünnen Bögen Papier Distanz." (► Z. 18–20) Was drückt die Textstelle aus? Formuliert für den Schluss eine Aussage zu eurem Textverständnis. ▷ Hilfe zu Aufgabe 4 auf Seite 129

5 Formuliert mit Hilfe eurer Vorarbeiten in den Aufgaben 2–4 eine vollständige Inhaltsangabe.

6 Mit welchen sprachlichen Bildern wird das Verhalten der Fahrgäste beschrieben?

a Sucht nach Vergleichen oder Metaphern im Text und schreibt sie ins Heft ab, z. B.:
„In gedankenlosem Gehorsam folgten wir wie eine Herde." (Z. 35–36)

b Wählt eins der sprachlichen Bilder aus und erklärt seine Bedeutung und Wirkung.

Aufgabe 2 a mit Hilfen

Formuliert einen Einleitungssatz. Ergänzt den folgenden Satzanfang:

Die Kurzgeschichte „ ? “ von ? aus dem Jahr ? handelt von ? .

Aufgabe 2 b mit Hilfen

Gliedert den Text in Abschnitte und ordnet ihnen die folgenden Handlungsschritte zu:

- Die Fahrgäste lachen und unterhalten sich.
- Die Fahrgäste im Bus schweigen, lesen Zeitung und dösen vor sich hin.
- Der Busfahrer macht eine Ansage.
- Der Ich-Erzähler sieht andere Busse, in denen die Fahrgäste schweigen.
- Der Ich-Erzähler blickt dem Bus nach und freut sich über das Montagmorgenwunder.
- Der Ich-Erzähler steigt an einem Wintermorgen in Chicago in einen Stadtbus.
- Die Fahrgäste legen die Zeitung weg und schauen sich an.
- Der Ich-Erzähler verabschiedet sich von seiner Sitznachbarin und steigt aus dem Bus aus.
- Nach einer weiteren Aufforderung begrüßen sich die Fahrgäste und lächeln sich an.

Aufgabe 3 a mit Hilfen

Welche Aussagen einzelner Figuren sind so wichtig, dass man sie in der Inhaltsangabe indirekt wiedergeben sollte? Prüft folgende Aussagen und notiert drei wichtige ins Heft:

„Hier spricht der Fahrer.“ (▸ Z. 25) • „Legen Sie alle die Zeitung weg.“ (▸ Z. 28) • „Achtung! Achtung!“ (▸ Z. 23) • „Jetzt sprechen Sie mir nach ... Guten Morgen, Nachbar!“ (▸ Z. 42/44) • „Nun drehen Sie alle den Kopf zur Seite und sehen Sie Ihrem Sitznachbarn ins Gesicht. (▸ Z. 31–33)

Aufgabe 3 b mit Hilfen

Formuliert die Aussagen in wörtlicher Rede in die indirekte Rede um.
Wählt die jeweils richtige Umwandlung aus und schreibt sie mit passendem Redebegleitsatz ins Heft.

Der Busfahrer sagte: ...	Der Busfahrer sagt/befiehlt, ...
„Legen Sie alle die Zeitung weg.“ (▸ Z. 28)	– alle sollten die Zeitung weglegen. – wir alle legen die Zeitung weg.
„Nun drehen Sie alle den Kopf zur Seite und sehen Sie Ihrem Sitznachbarn ins Gesicht.“ (▸ Z. 31–33)	– Sie alle drehen nun den Kopf zur Seite und sehen Ihrem Sitznachbarn ins Gesicht. – alle sollten den Kopf zur Seite drehen und ihrem Sitznachbarn ins Gesicht sehen.
„Jetzt sprechen Sie mir nach ... Guten Morgen, Nachbar!“ (▸ Z. 42/44)	– dass Sie mir nachsprechen sollen. – alle sollten ihm den Gruß nachsprechen.

Aufgabe 4 mit Hilfen

Notiert die Aussage, die eurem Textverständnis entspricht:

A Im Bus verstecken sich alle hinter der Zeitung, um nicht mit dem Sitznachbarn reden zu müssen.

B Das dünne Zeitungspapier ist wie eine Mauer. Die Autorin verdeutlicht, wie anonym und wenig zugewandt die Menschen miteinander umgehen.

6.3 Fit in …! – Eine erweiterte Inhaltsangabe schreiben

Stellt euch vor, ihr bekommt in der nächsten Klassenarbeit die folgende Aufgabe gestellt:

Aufgabe

1. Schreibe eine Inhaltsangabe zu Ilse Aichingers Kurzgeschichte „Das Fenstertheater".
2. Überprüfe, inwieweit die Merkmale einer Kurzgeschichte auf den Text zutreffen.

Ilse Aichinger

Das Fenstertheater (1953)

Die Frau lehnte am Fenster und sah hinüber. Der Wind trieb in leichten Stößen vom Fluss herauf und brachte nichts Neues. Die Frau hatte den starren Blick neugieriger Leute, die unersättlich sind. Es hatte ihr noch niemand den Gefallen getan, vor ihrem Haus niedergefahren zu werden. Außerdem wohnte sie im vorletzten Stock, die Straße lag zu tief unten. Der Lärm rauschte nur mehr sehr leicht herauf. Alles lag zu tief unten. Als sie sich eben vom Fenster abwenden wollte, bemerkte sie, dass der Alte gegenüber Licht angedreht hatte. Da es noch ganz hell war, blieb dieses Licht für sich und machte den merkwürdigen Eindruck, den aufflammende Straßenlaternen unter der Sonne machen. Als hätte einer an seinen Fenstern die Kerzen angesteckt, noch ehe die Prozession die Kirche verlassen hat. Die Frau blieb am Fenster.

Der Alte öffnete und nickte herüber. Meint er mich?, dachte die Frau. Die Wohnung über ihr stand leer und unterhalb lag eine Werkstatt, die um diese Zeit schon geschlossen war. Sie bewegte leicht den Kopf. Der Alte nickte wieder. Er griff sich an die Stirne, entdeckte, dass er keinen Hut aufhatte, und verschwand im Inneren des Zimmers.

Gleich darauf kam er in Hut und Mantel wieder. Er zog den Hut und lächelte. Dann nahm er ein weißes Tuch aus der Tasche und begann zu winken. Erst leicht und dann immer eifriger. Er hing über die Brüstung, dass man Angst bekam, er würde vornüberfallen. Die Frau trat einen Schritt zurück, aber das schien ihn zu bestärken. Er ließ das Tuch fallen, löste seinen Schal vom Hals – einen großen bunten Schal – und ließ ihn aus dem Fenster wehen. Dazu lächelte er. Und als sie noch einen weiteren Schritt zurücktrat, warf er den Hut mit einer heftigen Bewegung ab und wand den Schal wie einen Turban um seinen Kopf. Dann kreuzte er die Arme über der Brust und verneigte sich. Sooft er aufsah, kniff er das linke Auge zu, als herrsche zwischen ihnen ein geheimes Einverständnis. Das bereitete ihr so lange Vergnügen, bis sie plötzlich nur mehr seine Beine in dünnen, geflickten Samthosen in die Luft ragen sah. Er stand auf dem Kopf. Als sein Gesicht gerötet, erhitzt und freundlich wieder auftauchte, hatte sie schon die Polizei verständigt.

Und während er, in ein Leintuch gehüllt, abwechselnd an beiden Fenstern erschien, unterschied sie schon drei Gassen weiter über dem Geklingel der Straßenbahnen und dem gedämpften Lärm der Stadt das Hupen des Überfallautos. Denn ihre Erklärung hatte nicht sehr klar und ihre Stimme erregt geklungen. Der alte Mann lachte jetzt, sodass sich sein Gesicht in tiefe Falten legte, streifte dann mit einer vagen Gebärde darüber, wurde ernst, schien das Lachen eine Sekunde lang in der hohlen Hand zu halten und warf es dann hinüber. Erst als der Wagen schon um die Ecke bog, gelang es der Frau, sich von seinem Anblick loszureißen.

Sie kam atemlos unten an. Eine Menschenmenge hatte sich um den Polizeiwagen gesammelt. Die Polizisten waren abgesprungen, und die Menge kam hinter ihnen und der Frau her. Sobald man die Leute zu verscheuchen suchte, erklärten sie einstimmig, in diesem Hause zu wohnen. Einige davon kamen bis zum letzten Stock mit. Von den Stufen beobachteten sie, wie die Männer, nachdem ihr Klopfen vergeblich blieb und die Glocke allem Anschein nach nicht funktionierte, die Tür aufbrachen. Sie arbeiteten schnell und mit einer Sicherheit, von der jeder Einbrecher lernen konnte. Auch in dem Vorraum, dessen Fenster auf den Hof sahen, zögerten sie nicht eine Sekunde. Zwei von ihnen zogen die Stiefel aus und schlichen um die Ecke. Es war inzwischen finster geworden. Sie stießen an einen Kleiderständer, gewahrten den Lichtschein am Ende des schmalen Ganges und gingen ihm nach. Die Frau schlich hinter ihnen her.

Als die Tür aufflog, stand der alte Mann, mit dem Rücken zu ihnen gewandt, noch immer am Fenster. Er hielt ein großes weißes Kissen auf dem Kopf, das er immer wieder abnahm, als bedeutete er jemandem, dass er schlafen wolle. Den Teppich, den er vom Boden genommen hatte, trug er um die Schultern. Da er schwerhörig war, wandte er sich auch nicht um, als die Männer auch schon knapp hinter ihm standen und die Frau über ihn hinweg in ihr eigenes finsteres Fenster sah.

Die Werkstatt unterhalb war, wie sie angenommen hatte, geschlossen. Aber in die Wohnung oberhalb musste eine neue Partei eingezogen sein. An eines der erleuchteten Zimmer war ein Gitterbett geschoben, in dem aufrecht ein kleiner Knabe stand. Auch er trug sein Kissen auf dem Kopf und die Bettdecke um die Schultern. Er sprang und winkte herüber und krähte vor Jubel. Er lachte, strich mit der Hand über das Gesicht, wurde ernst und schien das Lachen eine Sekunde lang in der hohlen Hand zu halten. Dann warf er es mit aller Kraft den Wachleuten ins Gesicht.

Die Aufgabe richtig verstehen und planen

1 Besprecht zu zweit, wie ihr bei der Lösung der Aufgaben vorgehen würdet. Notiert die Schritte.

2 Lest die Geschichte genau und notiert stichwortartig die Antworten zu folgenden W-Fragen:
- Wann spielt die Geschichte? Welche Zeitspanne wird dargestellt?
- Wo spielt die Geschichte?
- Wer sind die handelnden Figuren?
- Worum geht es? Was ist das Thema der Geschichte?

3 Was passiert in der Geschichte? Formuliert die einzelnen Handlungsschritte in kurzen Sätzen und ordnet sie in einem Flussdiagramm untereinander an:

1. Eine Frau steht an ihrem Fenster und beobachtet, wie ein alter Mann im Haus gegenüber das Licht anmacht.

↓

2. Der Mann öffnet das Fenster und nickt herüber.

↓

3. Der Mann geht ins Zimmer zurück und holt ...

4 Übertragt die folgenden sechs Merkmale von Kurzgeschichten auf Zettel und macht euch zu jedem einzelnen Merkmal Notizen:
- Trifft das Merkmal auf die Geschichte zu?
- Mit welchen Textstellen kann man es nachweisen?

Alltagssprache (einfache Sätze, Umgangssprache) | *offener Schluss* | *unvermittelter Anfang* | *Wendepunkt im Handlungsverlauf* | *erkennbares Leitmotiv* | *Darstellung von Alltagsmenschen im Alltagsleben*

Schreiben und überarbeiten

5 Verfasst mit Hilfe eurer Vorarbeiten in den Aufgaben 2 und 3 (▸ S. 131) die Inhaltsangabe:
a Formuliert einen Einleitungssatz. Gebt Textsorte, Titel, Autorin, Erscheinungsjahr, Thema an.
b Gebt die Handlungsschritte der Geschichte knapp und sachlich im Präsens wieder.
c Formuliert zum Schluss, wie ihr das Verhalten der Frau einschätzt und was die Autorin mit der Geschichte vermutlich zum Ausdruck bringen möchte. Verwendet folgende Formulierungen:

> Die Frau verhält sich neugierig/ängstlich/aufgeregt/intolerant/unüberlegt. •
> Die Figur wirkt auf mich ... • Ihr Verhalten erscheint mir ... •
> Die Geschichte macht deutlich, ... • Meiner Ansicht nach zeigt die Geschichte, ... •
> Die Autorin fordert die Leser auf, darüber nachzudenken, ...

6 Formuliert einen zusammenhängenden Text dazu, inwieweit die Merkmale einer Kurzgeschichte auf den Text „Das Fenstertheater" zutreffen: *Bei der Geschichte „Das Fenstertheater" handelt es sich um eine/keine typische Kurzgeschichte, denn in ihr werden ... dargestellt / sie verfügt über ... / ... sind erkennbar.*

7 Überarbeitet die Inhaltsangabe und Deutung der Kurzgeschichte mit Hilfe der Checkliste.

Checkliste

Inhalte zusammenfassen und deuten
- Habt ihr in der **Einleitung** die Textsorte, den Titel, das Erscheinungsjahr, den Namen der Autorin / des Autors und das Thema angegeben?
- Werden im **Hauptteil** die wichtigen Handlungsschritte in richtiger Reihenfolge aufgeführt?
- Habt ihr zum **Schluss** eine Einschätzung zur Textaussage oder Autorenabsicht formuliert?
- Habt ihr **mit eigenen Worten knapp und sachlich** formuliert?
- Habt ihr die Inhaltsangabe im **Präsens** verfasst?
- Habt ihr wörtliche Rede durch **indirekte Rede** wiedergegeben?
- Habt ihr alle Aussagen zur Geschichte **mit geeigneten Textstellen belegt?**

Schreibwörter ▸ S. 324

die Kurzgeschichte	das Thema	das Verständnis	zusammenfassen	unvermittelt
der Wendepunkt	das Leitmotiv	die Aussageabsicht	thematisieren	aussagekräftig

7 Fremd und vertraut – Stadtgedichte untersuchen, verändern, gestalten

Franz Radziwill: Die Einsamkeit (Öl auf Leinwand, 1959)

1 a Wie wirkt diese Stadtansicht auf euch? Tauscht euch über euren ersten Eindruck aus.
b Untersucht, welche Bildelemente diese Wirkung bei euch ausgelöst haben.
c Beschreibt die Stimmung, die das Bild vermittelt.

2 Tauscht euch über eure Eindrücke vom Leben in einer größeren Stadt aus:
- Welche Vorteile und Chancen bietet das Großstadtleben?
- Welche Nachteile und Einschränkungen gibt es?

3 Formuliert eine Überschrift und zwei gereimte Verse für ein Stadtgedicht.

In diesem Kapitel ...

- untersucht und gestaltet ihr Songs und Gedichte über Städte,
- tragt ihr ein Gedicht wirkungsvoll vor,
- schreibt ihr eine vollständige Gedichtinterpretation,
- verfasst ihr selbst Stadtgedichte.

7.1 Stadtgefühle – Gedichte und Songs untersuchen

Das lyrische Ich betrachten

Volker Ludwig (*1937)

Sechs Uhr vierzehn, Bahnhof Zoo (1986)

Sechs Uhr vierzehn, Bahnhof Zoo:
Der Zug rollt ein,
die Bremsen schrein.
Der Tag ist taufrisch,
der Himmel blau mit Sahne.
Die Sonne piekst mir ins Gesicht.
Ich kneif mich ganz fest in den Arm.
Ich bin in Berlin ...

Ich spür's wie Fieber,
jetzt bin ich am Ziel!
Ich schnapp gleich über,
Mann, ist das 'n Gefühl!
Früh am Morgen in einer fremden Stadt
Früh am Morgen in einer fremden Stadt

Sechs Uhr fünfzehn, Bahnhof Zoo:
Ich steh und atme gaaaanz tieeeef ein.
Es riecht nach Großstadt,
nach Ruß und Abenteuer,
nach Kino, Weltkrieg und Benzin,
Schicksal und Pisse,
Wahnsinn, das isse,
die Luft von Berlin ...

Ich spür's wie Fieber,
jetzt bin ich am Ziel!
Ich schnapp gleich über,
Mann, ist das 'n Gefühl!
Früh am Morgen in einer fremden Stadt
Früh am Morgen in einer fremden Stadt

Der Song stammt aus dem Musical „Linie 1". Die Handlung des Musicals spielt in der Berliner U-Bahn-Linie 1, die zwischen sehr verschiedenartigen Stadtvierteln verkehrt.

1 Lest den Songtext und tauscht euch über euren ersten Eindruck aus:
- *Der Text wirkt auf mich ...*
- *Wenn ich den Songtext lese, sehe ich vor meinem inneren Auge ...*
- *Beim Lesen des Textes denke ich an ... / erinnere ich mich an ... / frage ich mich, ...*

2 Beschreibt mit Hilfe der folgenden Begriffe den Aufbau des Songs.
Welche Auffälligkeiten entdeckt ihr in dem Songtext?

Strophen • Verse • Refrain • Reim • Wiederholungen

3 Im Song teilt ein lyrisches Ich etwas über seine Beobachtungen, Gedanken und Gefühle mit.

a In welcher Situation befindet sich das lyrische Ich? Formuliert Aussagen zum Ort und zur Zeit:
Das lyrische Ich steht ...

b Was nimmt das lyrische Ich in dieser Situation wahr? Ergänzt die Aussagen:
Das lyrische Ich sieht/hört/riecht/schmeckt/spürt ...

c Wie stellt ihr euch das lyrische Ich vor? Formuliert Vermutungen über sein Alter, seine Herkunft und sein Geschlecht. Belegt eure Vermutungen mit Textstellen:
Ich stelle mir bei dem lyrischen Ich eine/einen ... vor, denn im Songtext heißt es „...“ (V. ...).

4 Wie wird die Stadt Berlin in dem Song beschrieben?

a Gebt Textstellen an, in denen etwas über die Stadt gesagt wird.

b In der zweiten Strophe wird die Stadt mit Schlagwörtern wie *Ruß* und *Abenteuer* beschrieben. Listet die Wörter auf und besprecht, wofür sie jeweils stehen. Was verbindet ihr damit?
Bei dem Wort Ruß denke ich an Qualm, Schmutz, schlechte Luft, graue Häuserwände.
Das Wort steht für die Fabriken und/oder ... in der Stadt.

c Besprecht, welche Einstellung das lyrische Ich gegenüber der Stadt hat:
- *Das lyrische Ich fühlt sich angezogen/abgestoßen von der Stadt, denn ...*
- *Das lyrische Ich ist gelangweilt/genervt/fasziniert von Berlin, denn ...*

5 Beschreibt die Gesamtstimmung des Songs. Welche Wörter, Formulierungen und sprachlichen Bilder (▶ S. 141) erzeugen diese Wirkung?

6 Denkt euch eine dritte Strophe aus, die mit „Sechs Uhr dreißig, Bahnhof Zoo“ beginnt. Worum könnte es in dieser Strophe gehen? Formuliert Verse.

7 Sammelt Schlagwörter, die eure Lieblingsstadt beschreiben. Stellt sie der Klasse vor und erklärt, wofür sie jeweils stehen.

Information **Das lyrische Ich**

- In vielen Gedichten oder Songs gibt es ein **„Ich“**, das den Lesern seine persönlichen **Gefühle, Beobachtungen** oder **Gedanken** in einer bestimmten Situation mitteilt. Man nennt dieses „Ich“ das lyrische Ich. Es ist nicht mit der Autorin / dem Autor gleichzusetzen.
- In manchen Gedichten heißt es auch „wir“ oder das Geschehen wird von einem Beobachter geschildert, der weder „ich“ noch „wir“ sagt.

Die äußere Gedichtform untersuchen

Orhan Veli Kanık (1914–1950) (Übersetzung: Annemarie Schimmel)

Ich hör Istanbul (1941)

Ich hör Istanbul, mit geschlossenen Augen;
Eben weht sachte der Wind;
Es rühren sich leise und lind
An den Bäumen die Blätter.
Fern, ganz in der Ferne
Die niemals ruhenden Glöckchen der Wasserträger;
Ich hör Istanbul, mit geschlossenen Augen.

Ich hör Istanbul, mit geschlossenen Augen;
Es fliegen wohl Vögel vorüber,
Hoch in der Luft in Scharen und schreiend und schreiend.
In den Reusen[1] werden die Netze gezogen,
Frauenfüße, die leicht ins Wasser tauchen –
Ich hör Istanbul, mit geschlossenen Augen.

Ich hör Istanbul, mit geschlossenen Augen;
Der kühle kühle Bazar,
Mahmutpascha[2] zwitschernd und zirpend,
Die Höfe von Tauben erfüllt.
Und Hammerstimmen kommen von den Docks,
In dem geliebten Frühlingswind ist Schweißgeruch.
Ich hör Istanbul, mit geschlossenen Augen.

Ich hör Istanbul, mit geschlossenen Augen;
Den Rausch alter Welten noch in sich tragend
Mit dunklen Bootsschuppen ein Haus am Strand
Im Rauschen mattgewordener Südwinde
Hör ich Istanbul, mit geschlossenen Augen.

[...]

1 die Reuse: sackartiges Netz für den Fischfang

2 Bazar Mahmutpascha: große Einkaufsstraße in Istanbul

1 In dem Gedicht beschreibt ein lyrisches Ich, wie es die Stadt Istanbul wahrnimmt. Tauscht euch darüber aus, wie die beschriebenen Sinneseindrücke auf euch wirken: Welche könnt ihr euch gut vorstellen? Welche erscheinen ungewöhnlich?

2 Untersucht den Inhalt des Gedichts.

a Welcher Aussage stimmt ihr zu? Begründet.

> **A** Das lyrische Ich befindet sich an einer zentralen Stelle der Stadt Istanbul und listet seine aktuellen Sinneseindrücke auf.

> **B** Das lyrische Ich spricht über seine Erinnerungen an die besondere Atmosphäre der Stadt Istanbul, indem es die Höreindrücke verschiedener Standorte schildert.

b Welche Orte der Stadt werden in den einzelnen Strophen beschrieben? Benennt sie mit eigenen Worten.

3 Untersucht die äußere Gedichtform und prüft die folgenden Aussagen. Welche treffen zu?

A Die einzelnen Strophen verfügen über abwechselnd sieben und sechs Verse.
B Die Strophen, die jeweils aus unterschiedlich vielen Versen bestehen, beginnen und enden immer mit demselben Vers.
C Der Aufbau der Strophen wirkt unregelmäßig.
D Das Gedicht verfügt über einen Refrain.

4 Das Gedicht wurde in türkischer Sprache verfasst. In der deutschen Übersetzung sind die ursprünglich vorhandenen Reime nicht alle erhalten geblieben.

a Untersucht den Reim im Gedicht: Gibt es Reimwörter? Ist ein Reimschema erkennbar?
b Erläutert, warum der Text trotz fehlender Reime als Gedicht bezeichnet werden kann.
c Anstatt der Reime enthält das Gedicht viele Wiederholungen. Lest Verse mit Wiederholungen laut vor und beschreibt, wie diese wirken.

5 Vergleicht das Gedicht über Istanbul mit dem Song über Berlin auf ▸ Seite 134: Welche Gemeinsamkeiten und welche Unterschiede in der Beschreibung der Städte fallen euch auf?

6 Verfasst eine Gedichtstrophe zu einer euch bekannten Stadt. Beschreibt darin Geräusche, die für die Stadt typisch sind, z. B.: *Jch hör Hamburg, mit geschlossenen Augen; …*

Information **Die äußere Gedichtform: der Vers, die Strophe, der Refrain, der Reim**

- Ein **Vers** bezeichnet die **einzelne Zeile** in einem Gedicht oder Song.
- Eine **Strophe** besteht aus **mehreren Versen,** die eine Gruppe bilden.
- Als **Refrain** bezeichnet man **einen oder mehrere Verse zwischen einzelnen Strophen, zu Beginn oder am Schluss einer Strophe,** die regelmäßig wiederkehren.
- Viele Gedichte und Songs verfügen über **Reime.** Wörter reimen sich, wenn der letzte betonte Vokal und die folgenden Laute gleich klingen, z. B.: *die Stadt – sie hat.*
  Typische Reimschemata sind **Paarreim** (a a b b), **Kreuzreim** (a b a b), **umarmender Reim** (a b b a).
  Wenn Silben nicht gleich, aber ähnlich klingen, nennt man dies einen **unreinen Reim,** z. B.: *Fieber – über.*

Ein Gedicht gestaltend vortragen

Arno Holz (1863–1929)

Rote Dächer! (1898/99)

Aus den Schornsteinen, hier und da, Rauch,
oben, hoch, in sonniger Luft, ab und zu, Tauben.
Es ist Nachmittag.
Aus Mohdrickers[1] Garten her gackert eine Henne,
die ganze Stadt riecht nach Kaffee.

Ich bin ein kleiner, achtjähriger Junge
und liege, das Kinn in beide Fäuste,
platt auf dem Bauch
und gucke durch die Bodenluke.
Unter mir, steil, der Hof,
hinter mir, weggeworfen, ein Buch.
Franz Hoffmann. Die Sklavenjäger.

Wie still das ist!

Nur drüben in Knorrs[1] Regenrinne
zwei Spatzen, die sich um einen Strohhalm zanken,
ein Mann, der sägt,
und dazwischen, deutlich von der Kirche her,
in kurzen Pausen, regelmäßig, hämmernd,
der Kupferschmied Thiel[1].

Wenn ich unten runtersehe,
sehe ich grade auf Mutters Blumenbrett:
ein Topf Goldlack[2], zwei Töpfe Levkojen, eine Geranie
und mittendrin, zierlich in einem Zigarrenkistchen,
ein Hümpelchen[3] Reseda.

Wie das riecht? Bis zu mir rauf!

Und die Farben!
Jetzt! Wie der Wind drüber weht!
Die wunder, wunderschönen Farben!

Ich schließe die Augen. Ich sehe sie noch immer.

1 Mohdricker, Knorr, Thiel: deutsche Familiennamen

2 Goldlack , Levkoje, Geranie, Reseda: Bezeichnungen für Gartenblumen

3 ein Hümpelchen: eine kleine Menge

1 Lest das Gedicht und gebt drei Adjektive an, die die Stimmung im Gedicht beschreiben.

2 a Wie stellt ihr euch das lyrische Ich vor, das dieses Gedicht spricht?
Wählt eine Aussage und begründet eure Entscheidung mit Textstellen.
A Bei dem lyrischen Ich handelt es sich um ein Kind. Es beschreibt seine aktuellen Eindrücke.
B Ein kindliches lyrisches Ich spricht dieses Gedicht am Ende eines schönen Sommertags.
C Das lyrische Ich ist eine junge Frau, die sich an ihr Elternhaus erinnert.
D Das lyrische Ich scheint ein erwachsener, vielleicht schon älterer Mann zu sein, der sich an seine Kindheit erinnert.

b Schildert die Situation, an die das lyrische Ich sich erinnert, mit eigenen Worten.

c Setzt die Verben im Gedicht ins Präteritum und vergleicht die Wirkung. Erklärt, warum das lyrische Ich seine Wahrnehmungen aus der Vergangenheit im Präsens beschreibt.

3 a Beschreibt die besondere Anordnung der Verse im Gedicht.

b Welche Aussage beschreibt die Wirkung dieser Formatierung am besten? Wählt aus:
A Durch die Zentrierung wirkt das Gedicht übersichtlicher.
B Das Gedicht wirkt durch die mittige Anordnung wie ein starker Baum.
C Die Formatierung des Gedichts verstärkt die inhaltliche Wirkung.
D Die grafische Anordnung der Verse hilft beim Verstehen des Gedichts.

4 a Wie sollte man das Gedicht vortragen?
Bildet Gruppen und startet ein Vorlese-Experiment:
– Tragt euch gegenseitig das Gedicht in unterschiedlichen Lautstärken vor.
– Sprecht einzelne Strophen oder Verse in unterschiedlichem Tempo.
Besprecht, wie der Vortrag jeweils wirkt.

b Bereitet einen Gedichtvortrag vor: Legt eine Folie über den Text und tragt Vortragszeichen ein zu Lautstärke, Tempo, Betonungen, Pausen und Zeilensprüngen (Enjambements). Übt den Vortrag ein.

c Tragt das Gedicht der Gruppe vor. Die Zuhörenden bewerten anschließend, ob Lautstärke, Tempo, Betonungen und Pausen angemessen waren.

5 Das Gedicht wurde vor mehr als hundert Jahren verfasst. Schreibt einzelne Verse so um, dass eine Stadt in der heutigen Zeit beschrieben wird.

Methode **Ein Gedicht sinngestaltend vortragen**

- Wenn ihr ein Gedicht vortragt, soll der Vortrag einerseits das **Verständnis der Zuhörer** erleichtern und andererseits eure **eigene Deutung des Gedichts** zum Ausdruck bringen.
- Bereitet euch auf einen **Gedichtvortrag** gut vor:
  – Überlegt, welche Wörter oder Verse ihr besonders hervorheben wollt.
  – Prüft, an welchen Stellen Sätze über mehrere Verse laufen (Enjambement). Man sollte diese nicht durch Sprechpausen am Versende unterbrechen.
  – Tragt auf einer Kopie des Gedichttextes folgende **Vortragszeichen** ein:

____ lauter	.... leiser	→ schneller	← langsamer
II lange Pause	I kurze Pause	☐ Betonung	↵ Enjambement

Sprachliche Bilder verstehen

Lisa-Marie Blum (1911–1993)

Großstadtabend (1988)

Schwer hat es die Dämmerung
in der Stadt
kaum schleicht sie herbei
schon hat das Licht
überall
ihre Schleier zerrissen
und das Autogedröhn
will von der Stille
nichts wissen

Sie steigt auf die Dächer
verkriecht sich in Ecken
aber wer Zeit hat
kann sie entdecken
braucht nur am Küchenfenster
zu stehn

Im Hof unten
siehst du die Schleier wehn
und oft zeigt sie dir
den strahlenden Stern
hoch über dem Schornstein
unendlich fern

Ihre Augen dunkeln
sie scheut das Licht
sei still
ganz still
wenn sie leise spricht

1 Beschreibt die Wirkung, die das Gedicht „Großstadtabend" auf euch hat.

2 Bestimmt das Thema des Gedichts. Wählt eine Aussage und begründet sie mit Textstellen.
A Das Gedicht beschreibt die besondere Stimmung, die abends in einer Großstadt herrscht.
B Das Gedicht beschreibt den Gegensatz zwischen der Natur und der künstlichen Welt der Großstadt.

3 Die Abendstimmung in der Stadt wird durch Personifikationen besonders anschaulich beschrieben. Untersucht die Personifikationen im Gedicht:
a Was machen *die Dämmerung, das Licht* und *das Autogedröhn* in der Stadt?
Schreibt die Verben zu den drei Begriffen aus dem Gedicht heraus, z. B.:
Die Dämmerung schleicht herbei (V. 3), steigt auf Dächer (V. 10), ...
Das Licht zerreißt ... (V. ...). Das Autogedröhn ...
b Beschreibt, wie *die Dämmerung, das Licht* und *das Autogedröhn* durch diese Verhaltensweisen wirken.
c Stimmt ihr den folgenden Deutungen zu? Wählt eine Aussage, A oder B, und formuliert eure Meinung dazu. Begründet eure Ansicht mit Textstellen.
A Die Personifikation der Dämmerung wirkt wie die Beschreibung eines Tiers.
B Die Beschreibung der Stadt wirkt durch die Personifikationen aggressiv.

4 Erklärt die Bedeutung der Metapher *Schleier der Dämmerung* im Gedicht:
a Sucht die Verse, in denen der Begriff *Schleier* vorkommt, und schreibt sie ab.
b Notiert, welche Eigenschaften ihr mit einem Schleier verbindet, z. B.:
Schleier sind leicht, durchsichtig ... Sie bewegen sich im Wind. Sie bedecken ...
c Formuliert eine Aussage zur Bedeutung der Metapher im Gedicht:
Was ist hier mit Schleier gemeint? Warum kann das Licht die Schleier zerreißen?
Im Gedicht wehen die Schleier der Dämmerung im Hof (V. ...), das Licht zerreißt diese Schleier (V. ...).
Mit Schleier ist hier ... gemeint, denn ...
Die Autorin verwendet dieses Bild, um auszudrücken / zu beschreiben / zu verdeutlichen ...

5 Untersucht und deutet die letzten beiden Verse des Gedichts. Wer spricht in diesen Versen in welcher Weise zu wem?

6 Formuliert einen Vorschlag für einen anderen Gedichttitel, der auf die Personifikationen im Gedicht einstimmt.

Information **Sprachliche Bilder (die Metapher, die Personifikation, der Vergleich)**

- Mit Hilfe **sprachlicher Bilder** kann man Inhalte in Gedichten oder Songs besonders **anschaulich** beschreiben und eine bestimmte Stimmung erzeugen.
- Bei einer **Metapher** wird ein Wort nicht wörtlich, sondern **in einer übertragenen Weise bildhaft** verwendet, um etwas zu veranschaulichen, z. B.: *das Meer der Häuser.*
- Eine besondere Form der Metapher ist die **Personifikation.** Dabei werden Gegenstände, Begriffe oder Bestandteile der Natur vermenschlicht, z. B.: *die Bremsen schreien.*
- Bei einem **Vergleich** werden zwei Vorstellungen durch *wie* verbunden, z. B.: *Menschen bewegen sich wie Ameisen durch die Straßen.*

Ein Gedicht schriftlich interpretieren

Ludwig Jacobowski (1868–1900)

Großstadt-Lärm (1900)

Wo bist du, stilles Ackerland, — *a* *„du" → „Ackerland"*
Vom bittern Tagewerk[1] ermüdet, — *b* *„ermüdet" → Personifikation*
Du grenzenloser Himmelsrand, — *a*
Von treuen Sternen eingefriedet[2]? — *b* *„treue Sterne" → tröstendes Bild*
O draußen, wo die Nacht sich senkt
Auf Gärten, Heide, Wald und Fluren[3],
Und locker in den Ästen hängt
Ein Hauch von Dampf und Silberspuren.

Hier schleiche ich die Mauern lang,
Die droh'n, auf mich herabzufallen.
Nachtschwärmer kreuzen meinen Gang
Und taumeln in durchlärmten Hallen.

Gejohle aus dem Kellerloch,
Bis an die Dächer ein Gebrause,
O Land der Stille, hol mich doch,
Hol den Gefangenen nach Hause.

Constantin Emile Meunier: In the Black Country
(Öl auf Leinwand, 1890)

1 das Tagewerk: die tägliche Arbeit
2 eingefriedet: von einem Zaun umgeben
3 die Flur: nicht bebaute Grünflächen

1 a Kopiert den Gedichttext, lest das Gedicht und macht Notizen zu eurem ersten Eindruck.
b Lest den Text noch einmal und prüft, durch welche Wörter und Formulierungen dieser erste Eindruck entstanden ist. Markiert sie im Text und notiert eure Gedanken dazu, z. B.:

Vom bittern Tagewerk ermüdet, — *„bitter" – wirkt unangenehm, unglücklich*
Du grenzenloser Himmelsrand, — *→ klingt irgendwie nach Freiheit*

2 Bestimmt das Thema des Gedichts. Schreibt die zutreffende Aussage ins Heft.
A Das Gedicht beschreibt das Gefühl eines Menschen, der sich am Ende seines Arbeitstags nach Erholung auf dem Land sehnt.
B Das Gedicht beschreibt den Gegensatz zwischen dem friedlichen Leben auf dem Land und der hektischen und menschenfeindlichen Welt der Großstadt.

3 Untersucht den Inhalt und die Stimmung des Gedichts genauer:

a Vertieft euer Verständnis, indem ihr schwierige Verse mit eigenen Worten umschreibt, z. B.:
„O draußen, wo die Nacht sich senkt" (V. 5) – draußen wird es langsam dunkel
„Nachtschwärmer kreuzen meinen Gang" (V. 11) – mir kommen feiernde Menschen entgegen

b Worum geht es in den einzelnen Strophen? Formuliert zu jeder einen kurzen Satz, z. B.:
Strophe 1: Der Sprecher sehnt sich nach Feldern mit weitem Horizont und nach dem Sternenhimmel.
Strophe 2: Der Sprecher denkt an ...

c Notiert zu jeder Strophe ein Adjektiv, das die Stimmung in der Strophe beschreibt:

fröhlich • friedlich • erwartungsvoll • sehnsuchtsvoll • harmonisch • ruhig • unruhig • ungeduldig • traurig • bedrohlich • trüb • melancholisch • optimistisch • pessimistisch

4 Bestimmt den Sprecher im Gedicht:

a Markiert im Text Personalpronomen wie *ich, wir* oder *du*.

b Ist ein lyrisches Ich erkennbar? Notiert stichwortartig, wie ihr es euch vorstellt.

c Wer ist im Gedicht mit *du* gemeint? Notiert, an wen das lyrische Ich sich richtet.

5 Untersucht die äußere Gedichtform:

a Notiert stichwortartig Angaben zur Anzahl der Strophen und Verse.

b Prüft, ob ein bestimmtes Reimschema vorliegt.

c Untersucht das Metrum (▸ S. 300) im Gedicht: Ist ein regelmäßiger Rhythmus zwischen betonten und unbetonten Silben erkennbar? Setzt die Kennzeichnung der betonten Silben in jeder Verszeile fort.

6 Untersucht die sprachliche Gestaltung des Gedichts:

a Markiert im Text Wörter, die auffallen und besonders anschaulich wirken.
Macht am Rand Notizen dazu, wie ihr sie versteht und was ihr mit ihnen verbindet.

b Bestimmt die beiden Personifikationen in der ersten und in der letzten Strophe.

c Schreibt auffällige Wörter aus dem Text heraus und ordnet sie: Mit welchen wird das Land beschrieben, mit welchen die Stadt? Ergänzt Aussagen zur Wirkung dieser Wörter.

Methode **Ein Gedicht untersuchen**

1 Inhalt und Thema des Gedichts
- Worum geht es in dem Gedicht?
- Welche **Situation** und welche **Stimmung** werden beschrieben?
- Werden eine **inhaltliche Entwicklung** oder **Gegensätze** dargestellt?
- Drückt der **Titel** das Thema aus?

2 Lyrischer Sprecher (das lyrische Ich)
- Gibt es ein **lyrisches Ich** (▸ S. 135) oder ist der Sprecher des Gedichts nicht erkennbar?
- An wen richtet sich das Gedicht? Ist ein konkreter **Adressat** erkennbar?

3 Äußere Form des Gedichts
- Aus wie vielen **Strophen** mit jeweils wie vielen **Versen** besteht das Gedicht?
- Liegt ein **Reimschema** vor?
- Ist ein durchgehendes **Metrum** (▸ S. 300) erkennbar? Fallen **Abweichungen** auf?

4 Sprachliche Gestaltung
- Welche **sprachlichen Bilder** (▸ S. 141) werden verwendet? Welche **Wirkung** erzeugen diese?
- Welche **Wörter** fallen auf?
- Welche **Zeitform** wird verwendet?

7 Verfasst mit Hilfe eurer Vorarbeiten in den Aufgaben 1–6 eine vollständige Gedichtanalyse:

a Formuliert eine Einleitung. Ergänzt dafür die folgenden Sätze:
In dem Gedicht „...“ von ... aus dem Jahr ... wird ... beschrieben.
Das Gedicht vermittelt eine ... Stimmung.

b Formuliert eine Aussage zum Inhalt des Gedichts:
In der ersten Strophe äußert das lyrische Ich seine Sehnsucht nach Feldern und Sternenhimmel in der freien Natur. In der zweiten Strophe beschreibt es ...

c Beschreibt in einigen Sätzen das lyrische Ich:
Das lyrisches Ich ist in dem Gedicht deutlich erkennbar, z. B. in V. 9 „Hier schleiche ich die Mauern lang“.
Bei diesem lyrischen Ich handelt es sich vermutlich um einen müden Arbeiter in der Stadt, der ...

d Stellt die äußeren Merkmale und die sprachlichen Besonderheiten des Textes vor und beschreibt, wie sie wirken. Folgende Formulierungen könnt ihr verwenden:

Aussagen zur äußeren Gedichtform
- Das Gedicht verfügt über ... Strophen mit jeweils ... Versen.
- Es wurde im ...reim verfasst.
- Im Gedicht ist ein/kein durchgehendes Metrum erkennbar.
- Der (un-)regelmäßige Aufbau des Gedichts wirkt/verstärkt/unterstreicht ...

Aussagen zur sprachlichen Gestaltung
- Die Personifikation „...“ in Vers ... bewirkt/verdeutlicht/bringt zum Ausdruck, ...
- Das Land wird mit Wörtern wie ... (V. ...) beschrieben. Diese Wörter zeigen/veranschaulichen/machen deutlich, ...
- Für die Beschreibung der Stadt verwendet der Autor Wörter wie ... (V. ...). Diese bewirken / stellen dar / machen deutlich / erinnern an ...

e Formuliert einen Schluss. Wählt einen der folgenden Satzanfänge und setzt ihn fort:
- *In dem Gedicht wird deutlich, ...*
- *Mich persönlich spricht dieses Gedicht nicht / in besonderer Weise an, denn ...*

Methode **Ein Gedicht schriftlich interpretieren**

- **Einleitung:**
  - Gebt die Textart (Gedicht), den Titel, den Namen der Autorin / des Autors und das Entstehungsjahr des Textes an.
  - Formuliert eine knappe Aussage zum Thema und zur Gesamtstimmung des Gedichts.
- **Hauptteil:**
  - Fasst den Inhalt des Gedichts zusammen.
  - Formuliert eine Aussage zum lyrischen Ich.
  - Beschreibt die äußere Gedichtform (Strophen, Verse, Reim, Metrum) und ihre Wirkung.
  - Erläutert die sprachlichen Gestaltungsmittel (z. B. sprachliche Bilder) des Gedichts. Geht dabei auf ihre Bedeutung im Gedicht und auf ihre Wirkung ein.
  - Belegt alle Aussagen zum Text mit Textstellen.
- **Schluss:**
  - Fasst die Ergebnisse eurer Textuntersuchung zusammen.
  - Wenn ihr eine eigene Meinung zu wichtigen Aussagen des Gedichts habt, könnt ihr diese ebenfalls formulieren.

Konkrete Poesie betrachten

Burckhard Garbe (*1941)

statt planung (1974)

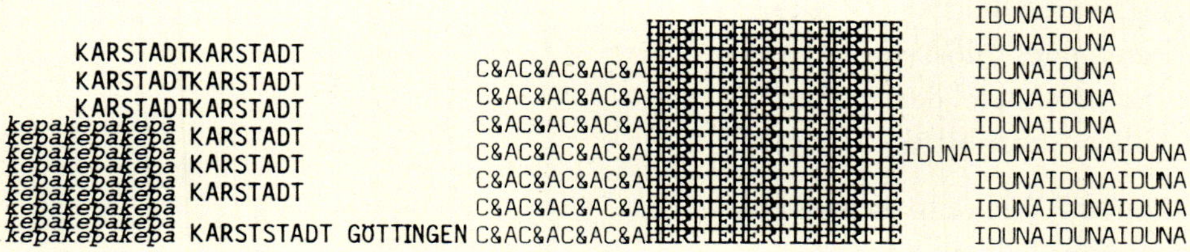

1 a Beschreibt den Aufbau des Gedichts „statt planung". Beachtet sowohl die grafische Gestaltung als auch den Inhalt.

b Formuliert eine Aussage dazu, wie dieses Gedicht auf euch wirkt.

2 Welche Aussage hat sich in dem Titel des Gedichts versteckt? Erklärt das Wortspiel.

3 Deutet die Aussage des Gedichts. Bezieht dabei auch die Größenverhältnisse zwischen dem Stadtnamen und den Firmennamen ein.

4 Das Gedicht „statt planung" ist über vierzig Jahre alt. Welche Firmen- oder Markennamen prägen heute das Bild der Innenstädte in deutschen Großstädten?
Entwerft eine aktuelle Version des Gedichts.

5 Gestaltet am Computer ein grafisches Gedicht zum Thema „Stadt".

a Sammelt Ideen, welche Schriftarten, Icons und Emoticons zu Stadtgedichten passen.

b Überlegt, welche Aussage zum Thema „Stadt" ihr darstellen wollt, und entwerft das Gedicht.

Information | **Konkrete Poesie**

- Als konkrete Poesie bezeichnet man Gedichte, deren Aussage durch die **räumliche Anordnung der Buchstaben oder Wörter** oder durch ihren **Klang** entsteht. Die typischen Merkmale der Lyrik (Verse, Strophen, Reim und Rhythmus) treten dabei in den Hintergrund.
- Autoren konkreter Poesie stellen mit ihren Arbeiten einen Zusammenhang zwischen **Poesie** und **bildender Kunst** her.

Teste dich!

Dagmar Nick (*1926)

Großstadtabend (1958)

Honigabend hat die Stadt
bronzefarben eingeschlossen.
Durch das Schattenspiel der Gossen[1]
tanzt ein gelbes Ahornblatt.

Ist schon Herbst? Wie mag das sein,
jetzt durch einen Wald zu streifen,
wenn die Ebereschen[2] reifen –
Ach, die Trambahnschienen[3] schrein,

Blasser Vollmond sinkt vergessen
in den Feuerschlund der Essen[4],
grell von Neon überstrahlt.

Und in einer späten Stille
steht ein Mädchen, wie von Zille[5]
an die Häuserwand gemalt.

1 die Gosse: Abflussrinne am Gehweg

2 die Eberesche: Baum oder Strauch mit orangefarbenen Beeren

3 die Trambahn: die Straßenbahn

4 die Esse: Feuerstelle zur Metallverarbeitung

5 Heinrich Zille (1858–1929): Berliner Maler, der die einfachen Menschen in Berlin darstellte

Heinrich Zille: Mutter mit kleinem Mädchen (schwarze Kreide, um 1910)

1 Prüfe, welche der folgenden Aussagen zutreffen.
Die Buchstaben der richtigen Aussagen ergeben ein Lösungswort.

TA Das Gedicht „Großstadtabend" von Dagmar Nick wird aus der Perspektive eines weiblichen lyrischen Ichs geschildert.

EB Zwischen den Strophen 2 und 3 verändern sich der Strophenaufbau und das Reimschema.

ER Das Reimschema macht deutlich, dass ein inhaltlicher Zusammenhang zwischen den letzten beiden Strophen besteht.

FE Der Mond ist die wichtigste Metapher des Gedichts.

ES Die Vorstellung der Leser wird in den ersten drei Strophen wiederholt auf die Farbe Gelb und ihre unterschiedlichen Farbabstufungen gelenkt.

KI Die sprachlichen Bilder des Gedichts sind überwiegend Vergleiche.

CH Die Personifikationen im Gedicht verdeutlichen den Gegensatz zwischen Natur und Stadtleben.

EN Das tanzende gelbe Ahornblatt in Vers 4 symbolisiert die Jahreszeit Herbst.

FE In der letzten Strophe wird eine Art Graffiti auf einer Hauswand beschrieben.

7.2 Lyrikwerkstatt – Gedichte gestalten

Station 1: Ein Parallelgedicht verfassen

Günter Kunert (*1929)

Charlottenburger Sonntagmorgen (1987)

Die Reglosigkeit eines Terrariums:
Bewohner verkrochen in Stein
und Traum. Tauben
auf dem Zeitungskiosk die sich
ausgestopft stellen.
Nur ein offenes Fenster
atmet die Frühe ein.

Lustvolle Menschenleere

geheiligt durch einen
vergrauten Pudel,
der ein greisenhaftes Geschöpf
an der Leine führt.

Frankfurter Samstagnachmittag (2016)

Die Betriebsamkeit eines Ameisenhügels:
Fußgänger bewegen sich unaufhörlich
in für sie geräumten Zonen. Ziehen
in planvollen Bahnen auf die Jagd nach der
Beute für ein besseres Leben.
Nur ein einzelner Baum schenkt Schatten,
gewährt eine Pause.

Unablässige Menschenbahnen

schultern Massen von Dingen
in Tüten und Taschen,
halten den Kreislauf
in Gang.

1 Lest das Gedicht „Charlottenburger Sonntagmorgen". Beschreibt mit eigenen Worten die Atmosphäre, die in dem Gedicht vermittelt wird.

2 a Vergleicht das Parallelgedicht „Frankfurter Samstagnachmittag" mit der Vorlage:
- Welche Elemente wurden übernommen?
  Betrachtet die Überschrift, die äußere Gedichtform und besondere sprachliche Mittel.
- Wie unterscheiden sich das Thema, der Inhalt und die Stimmung in beiden Gedichten?

b Besprecht, wie man beim Schreiben eines Parallelgedichts vorgehen sollte.

c Verfasst ein eigenes Parallelgedicht zu „Charlottenburger Sonntagmorgen".
Tauscht dafür das Bild des ersten Verses aus, z. B.: *Die Unübersichtlichkeit eines Haifischbeckens: … / Die Trostlosigkeit eines Parkhauses: … / Die Dämmerung eines Aquariums: …*
Vergleicht eure Gedichte: Wie verändern sich die Aussage und die Stimmung?

Methode **Ein Parallelgedicht verfassen**

- Markiert Elemente oder Aussagen im **Ausgangsgedicht,** die euch besonders ansprechen.
- Überlegt, worin sich euer Gedicht **inhaltlich** von der Vorlage unterscheiden soll. Legt eine Mindmap an und notiert Ideen zum Inhalt, passende Schlagwörter oder sprachliche Bilder.
- Untersucht die **äußere Gedichtform** und die **sprachlichen Mittel** in der Vorlage. Einige dieser Merkmale solltet ihr in eurem Gedicht übernehmen.
- Orientiert euch auch beim inhaltlichen Aufbau an der Vorlage. Imitiert das Gedicht jedoch nicht, sondern bringt **eigene Gedanken und Empfindungen** zum Ausdruck.

Station 2: Einen Brief an das lyrische Ich schreiben

Peter Schneider (*1940)

Auf der Straße (1983)

Wenn ich auf die Straße hinaustrete,
sehe ich keinen Verkehr zwischen den Leuten,
keine Gruppen, die sich über die Zeitung unterhalten,
es liegt kein Gespräch in der Luft.
Ich sehe Leute, die so aussehen, als lebten sie
unter der Erde und als wären sie das letzte Mal
bei irgendeinem dritten oder vierten
Kindergeburtstag froh gewesen. Sie bewegen sich,
als wären sie von einem System elektrischer Drähte
umgeben, das ihnen Schläge austeilt, falls sie
einmal einen Arm ausstrecken oder mit dem Fuß
hin- und herschlenkern.
Sie gehen aneinander vorbei und beobachten sich,
als wäre jeder der Feind des anderen.
Das ganze Leben hier macht den Eindruck,
als würde irgendwo ein großer Krieg geführt
und alle würden auf ein Zeichen warten,
dass die Gefahr vorüber ist und man sich
wieder bewegen kann.

1 Worum geht es in dem Gedicht? Besprecht, welche Situation beschrieben wird.

2 Untersucht das lyrische Ich im Gedicht:

a Beschreibt, was das lyrische Ich sieht. Was denkt und empfindet es dabei?

b Macht euch Notizen dazu, wie ihr euch das lyrische Ich vorstellt (Alter, Geschlecht, Herkunft).

c Wie wirkt das lyrische Ich auf euch? Wählt passende Angaben aus dem Kasten und begründet:

> fröhlich • entspannt • angespannt • neugierig • genervt • müde • besorgt • gestresst • aggressiv • gelangweilt • aufgeregt • traurig • wehmütig • einsam • nachdenklich • unsicher

3 Verfasst einen Brief an das lyrische Ich des Gedichts:

- Schreibt ihm, wie seine Wahrnehmung und Bewertung der Menschen auf euch wirken.
- Teilt ihm mit, ob ihr die von ihm beschriebene Situation ähnlich empfindet oder ob ihr sie ganz anders wahrnehmt. Schildert eure eigenen Beobachtungen und Erfahrungen.
- Schreibt darüber, wie ihr eure eigene Lebenssituation in einer Stadt oder auf dem Dorf bewertet. Welche Rolle spielt das menschliche Zusammenleben dort?

Liebes lyrisches Ich,
du bist ein guter Beobachter. Ich kann mir gut vorstellen, wie die Menschen in deiner Umgebung …

Station 3: Ein Gedicht illustrieren

Gerrit Engelke (1890–1918)

Zu viele Menschen, zu viele Straßen (1914)

... denke so – dass du mit vielen Leuten
Durch die Straßen gehst –
Vor diesem Laden da stehst –
Unter vielen, fremden Leuten –

Dass du im Alltagseinerlei
In Menschenrudeln
Durch die Straßenstrudel
Dahingetrieben – –
Immer an mir vorbei – –

... denke so – dass zu viele Menschen
Durch die Straßen gehn –
Dass die Straßen alle auseinander zweigen –
Dass
Wir uns nie im Abendschweigen
In einer Gasse wiedersehen.

1 a Betrachtet zunächst nur die Bilder zum Gedicht. Welche Stimmung vermitteln sie?
b Lest das Gedicht und prüft, ob dessen Wirkung eurem Eindruck von den Bildern entspricht.
c Formuliert mit eigenen Worten eine Aussage dazu, was das lyrische Ich im Gedicht empfindet.

2 Untersucht zu jeder Strophe, welche Verse oder welche Begriffe im zugehörigen Bild umgesetzt wurden.

3 a Sucht in diesem Kapitel (▸ S. 134–152) nach einem Gedicht, das euch zur grafischen Gestaltung anregt.
b Entwerft zu diesem Gedicht eine Zeichnung, eine Bilderfolge oder eine Collage, die die Aussage und Wirkung des Gedichts unterstreicht.

Station 4: Ein Gedicht verfremden

Jürgen Becker (*1932)

Vorstadt (1977)

In den leeren Straßen. Ich frage mich,
was Architektur ist, was Blumenkübel sind, was
ist ein Parkplatz. Es ist kalt, und
es ist kalter Abend. Menschen keine; Stille
ist nicht zu erfinden. Vor einem Schaufenster
stehend zähle ich 47 brennende Lampen.

1 Lest das Gedicht „Vorstadt" und beschreibt euren ersten Eindruck: Wie wirkt es auf euch?

2 Beschreibt die Stimmung im Gedicht und untersucht, durch welche formalen und sprachlichen Mittel sie entsteht. Achtet auf die folgenden Punkte:

äußere Form • Zeilensprünge • Wiederholungen • Wortwahl • Vollständigkeit der Sätze

3 Im Gedicht ist ein lyrisches Ich deutlich erkennbar.
- a Wie fühlt sich das lyrische Ich an dem beschriebenen Ort? Beschreibt die Atmosphäre, die in der Vorstadt herrscht.
- b Einige Aussagen des lyrischen Ichs sind unvollständig. Wie könnte man sie vervollständigen? Notiert mögliche Ergänzungen und vergleicht sie mit einem Lernpartner, z. B.:
  In den leeren Straßen. (V. 1) – Ich befinde mich in leeren Straßen.
- c Deutet den letzten Vers. Was denkt das lyrische Ich, während es die Lampen zählt?

4 Gestaltet einen Prosatext zu dem Gedicht. Lasst darin das lyrische Ich seine Beobachtungen, Gedanken und Gefühle in vollständigen Sätzen schildern, z. B.:
Müde gehe ich durch die ausgestorbenen Straßen dieser Vorstadt, in der ich schon seit Jahren lebe. Plötzlich erscheint mir diese Umgebung …

5 Wählt ein anderes Gedicht aus diesem Kapitel und verfremdet dieses in einen Prosatext. Stellt eure Textfassung der Klasse vor. Erkennen eure Mitschülerinnen und Mitschüler den Text wieder?

7.3 Fit in ...! – Ein Gedicht interpretieren

Stellt euch vor, ihr bekommt in der nächsten Klassenarbeit die folgende Aufgabe gestellt:

Aufgabe

1. Untersuche Eichendorffs Gedicht „In Danzig". Berücksichtige folgende Fragen:
   - Was ist das Thema des Gedichts?
   - Wie ist die äußere Form des Gedichts gestaltet?
   - Welche Wirkung entsteht durch die sprachlichen Bilder, mit denen die Stadt und ihre Umgebung beschrieben werden?
2. Schreibe auf der Grundlage deiner Textuntersuchung eine vollständige Gedichtinterpretation.

Joseph von Eichendorff (1788–1857)

In Danzig (1841)

Dunkle Giebel, hohe Fenster,
Türme tief aus Nebeln sehn,
Bleiche Statuen wie Gespenster
Lautlos an den Türen stehn.

Träumerisch der Mond drauf scheinet,
Dem die Stadt gar wohl gefällt,
Als läg zauberhaft versteinet[1]
Drunten eine Märchenwelt.

Ringsher durch das tiefe Lauschen[2],
Über alle Häuser weit,
Nur des Meeres fernes Rauschen –
Wunderbare Einsamkeit!

Und der Türmer[3] wie vor Jahren
Singet ein uraltes Lied:
Wolle Gott den Schiffer wahren[4],
Der bei Nacht vorüberzieht!

Die Stadt Danzig liegt in Polen direkt an der Ostsee. Die aus dem 15. Jh. stammende Marienkirche ist auch heute noch die höchste Backsteinkirche der Welt.

1 versteinet: versteinert, aus Stein
2 das Lauschen: das aufmerksame Zuhören
3 der Türmer: Wächter auf einem Turm, der die Stadt vor Gefahren warnt
4 wahren: bewahren, schützen

Die Aufgabe richtig verstehen und planen

1 Was ist zu tun? Gebt mit eigenen Worten wieder, was die Aufgabe von euch verlangt.

2 a Bearbeitet eine Kopie des Gedichttextes:
- Notiert am Rand Stichworte zu eurem ersten Eindruck.
- Schreibt neben jede Strophe einen Satz zum Inhalt und ergänzt ein Adjektiv zur Stimmung.
- Notiert unter den Text eine Aussage zum Thema des Gedichts und zum lyrischen Ich.
- Notiert Angaben zur Anzahl der Strophen und Verse, zum Reimschema und zum Metrum.
- Markiert auffällige Wörter und Formulierungen und schreibt eure Gedanken dazu auf.
- Sucht nach sprachlichen Bildern und notiert stichwortartig deren Bedeutung und Wirkung.

b Nummeriert eure Notizen und legt einen Schreibplan für die Gedichtinterpretation an.

Schreiben und überarbeiten

3 Verfasst mit Hilfe der folgenden Formulierungen die vollständige Gedichtinterpretation.

Einleitung
- In seinem Gedicht „...“ aus dem Jahr ... beschreibt Eichendorff ...
- In dem Gedicht geht es um ... Das Gedicht vermittelt eine ... Stimmung.

Hauptteil
- In der ... Strophe beschreibt/vergleicht/sieht/hört der Sprecher ...
- Dabei ist ein lyrisches Ich (nicht) direkt erkennbar.
- Die Strophen bestehen aus ...
- Das regelmäßige Reimschema / Das regelmäßige Metrum unterstreicht ...
- Die Metapher / Die Personifikation / Der Vergleich „...“ (V. ...) verdeutlicht / bewirkt / unterstreicht / bringt zum Ausdruck / verstärkt den Eindruck ...

Schluss
- Zusammenfassend kann man sagen, ... / Insgesamt wird deutlich, ...
- Auf mich wirkt das Gedicht ..., denn ...

4 Überarbeitet euren Text mit Hilfe der folgenden Checkliste.

Checkliste

Ein Gedicht schriftlich interpretieren

Einleitung
- Habt ihr die Textart, den Titel, den Namen des Autors und das Entstehungsjahr des Textes angegeben?
- Habt ihr eine Aussage zum Thema und zur Stimmung formuliert?

Hauptteil
- Habt ihr den Inhalt des Gedichts zusammengefasst?
- Habt ihr eine Aussage zum lyrischen Ich formuliert?
- Habt ihr die äußere Gedichtform (Strophen, Verse, Reimschema, Metrum) beschrieben?
- Habt ihr die sprachlichen Gestaltungsmittel des Gedichts erläutert?
- Habt ihr alle Aussagen zum Gedicht mit Textstellen belegt?

Schluss
- Habt ihr die Ergebnisse eurer Textuntersuchung zusammengefasst?
- Habt ihr kurz die Wirkung des Gedichts auf euch beschrieben?

Schreibwörter ▸ S. 324

die Strophe	die Metapher	das Metrum	die Stimmung	lyrisch
der Vers	die Personifikation	der Rhythmus	die Atmosphäre	harmonisch

8 „Romeo und Julia“ – Ein klassisches Drama untersuchen und spielen

„Romeo und Julia“, Frankfurter Volkstheater im Europa-Park Rust, 2002

„Romeo und Julia“ – Wichtige Figuren:

Familie Montague:
- der alte Montague, reicher Edelmann
- Lady Montague, seine Frau
- Romeo, Sohn der Montagues
- Benvolio, Neffe der Montagues
- Mercutio, Romeos Freund

Familie Capulet:
- der alte Capulet, reicher Edelmann
- Lady Capulet, seine Frau
- Julia, Tochter der Capulets
- Tybalt, Neffe der Capulets
- Amme (Kindermädchen) von Julia

Fürst von Verona
Bruder Laurenz, ein Priester

1 Romeo und Julia gelten als das berühmteste Liebespaar der Weltliteratur. Sammelt, was euch spontan zu diesen beiden Figuren einfällt.

2 Stellt anhand der Figurenliste oben Vermutungen zum Inhalt des Dramas „Romeo und Julia“ an.

3 An einer Theateraufführung sind neben Schauspielern noch viele andere Personen beteiligt. Nennt die verschiedenen Aufgaben, die zur Aufführung eines Theaterstücks gehören.

In diesem Kapitel ...

- lernt ihr eine der berühmtesten Liebesgeschichten der Weltliteratur kennen,
- untersucht ihr die Figuren, den Konflikt und den Aufbau eines Dramas,
- spielt ihr Dramenszenen,
- gestaltet ihr eine Rollenbiografie zu einer Figur,
- bereitet ihr euch auf einen Theaterbesuch vor.

8.1 Auf Leben und Tod – Figuren und Handlungsaufbau des Dramas kennen lernen

Die Exposition des Dramas untersuchen

William Shakespeare

Romeo und Julia (1599) (1. Akt, 1. Szene)

Die Handlung des Dramas „Romeo und Julia“ spielt um 1300 n. Chr. in der mittelalterlichen Handelsstadt Verona in Italien. Die zwei adligen Familien Montague und Capulet sind seit Generationen zerstritten. In der ersten Szene treffen Sampson und Gregory, zwei Diener aus dem Hause Capulet, auf Abram, einen Diener aus dem Hause Montague.

„Romeo und Julia“, Frankfurter Volkstheater im Europa-Park Rust, 2002

Sampson: Fang Streit mit ihnen an! Ich halte dir den Rückweg frei.
Gregory: Wegrennen wirst du.
Sampson: Aber lass sie den Streit anfangen, dann sind wir im Recht.
Gregory: Ich werde ihnen Fratzen schneiden. Mal sehen, was sie dann machen.
Sampson: Ich werde vor ihnen ausspucken. Das wird sie beleidigen.
Abram: Spucken Sie uns an, Sir?
Sampson: Ich spucke aus, Sir.
Gregory: Streitet ihr euch?
Abram: Streiten? Nein, Sir.
(Benvolio[1] tritt auf.)
Sampson: Aber wenn ihr streiten wollt: Ich bin bereit. Ich diene einem besseren Herrn als ihr.
Abram: Das ist gelogen!
Sampson: Zieht, wenn ihr Männer seid. Gregory, hau ihm eins über die Rübe! *(Sie fechten.)*
Benvolio: Hört auf, ihr Narren! Steckt eure Waffen ein, ihr wisst ja nicht, was ihr tut!
(Tybalt[2] tritt auf.)
Tybalt: Was? Lass doch die feigen Hunde. Komm her, Benvolio, auf Leben und Tod!
Benvolio: Ich will nur Frieden stiften. Steck dein Schwert weg. Oder hilf mir, die beiden Streithähne zu trennen.
Tybalt: Was, mit der Waffe in der Hand willst du Frieden stiften? Ich hasse das Wort „Frieden“! Ich hasse alle Montagues! – Und dich ganz besonders! Los, Feigling, wehr dich!
(Sie fechten. Drei oder vier Bürger treten auf, mit Knüppeln und Spießen.)
Bürger: Her mit den Knüppeln und Spießen! Stoßt zu! Schlagt sie zusammen! Nieder mit den Capulets! Nieder mit den Montagues!
(Der alte Capulet im Schlafanzug und seine Frau treten auf.)

1 Benvolio: Neffe des Edelmanns Montague
2 Tybalt: Neffe des Edelmanns Capulet

CAPULET: Was ist das für ein Geschrei? – He, gebt mir mein Schwert!
LADY CAPULET: Nein, Krücken brauchst du – und kein Schwert!
(Der alte Montague und seine Frau treten auf.)
CAPULET: Mein Schwert, sage ich! Der alte Montague schwingt seins doch auch gegen mich!
MONTAGUE: Capulet, du Verbrecher! *(Zu seiner Frau:)* Halt mich nicht zurück! Lass mich los!
LADY MONTAGUE: Keinen Schritt weiter!
(Der Fürst tritt mit seinem Gefolge auf.)

1 a Lest die erste Szene des Dramas und äußert euren Leseeindruck: Wie wirkt dieser Anfang auf euch?
b Äußert Vermutungen dazu, um welchen zentralen Konflikt es in dem Drama gehen könnte.

2 a Notiert alle Figuren, die in dieser Anfangsszene auftreten. Ordnet sie den beiden verfeindeten Familien – Montague und Capulet – oder den Außenstehenden zu.
b Verteilt die Rollen, setzt euch als verfeindete Familien gegenüber und lest die Szene laut.

3 Besprecht den Inhalt der Szene:
a Worum geht es in dem Textauszug? Bestimmt die richtige Aussage.

A Der alte Montague und der alte Capulet kämpfen gegeneinander.
B Die Diener der Montagues beginnen einen Streit mit den Capulets.
C Die Diener der Capulets provozieren einen Streit mit den Montagues.
D Der Fürst stiftet zwei Familien zu einem Streit an.

b Was genau passiert im Verlauf der Szene? Gebt die Handlungsschritte mit eigenen Worten wieder.
c Nennt Textstellen, die die Beziehung zwischen den Familien Montague und Capulet verdeutlichen.

4 Bildet Gruppen und stellt die Szene in einem Standbild dar:
– Verteilt die Rollen und bestimmt ein Regieteam.
– Versucht, eure jeweilige Rolle durch Mimik (Gesichtsausdruck) und Gestik (Körperhaltung) darzustellen.
– Das Regieteam prüft und korrigiert die Darstellung.
– Äußert euch anschließend dazu, welches Verhalten und welche Gedanken und Gefühle der Figuren ihr ausgedrückt habt.

5 Verfasst einen Brief des Fürsten, in dem er die zwei verfeindeten Familien zum Frieden aufruft.

Methode **Die Figurenkonstellation in einem Standbild darstellen**

- Mit Hilfe eines **Standbilds** kann man die **Figurenkonstellation** in einer Dramenszene darstellen. Dabei erstarren die Darsteller für einige Sekunden und drücken die Situation, ihre jeweiligen Empfindungen sowie ihr Verhältnis zu den anderen Figuren nur durch Mimik (Gesichtsausdruck) und Gestik (Körperhaltung) aus.
- Ein Regieteam leitet den Aufbau des Standbilds an. Die Darsteller erklären anschließend, was sie jeweils ausdrücken wollten.

William Shakespeare

Romeo und Julia (1599) (1. Akt, 5. Szene)

Romeo schleicht sich zusammen mit seinen Freunden Benvolio und Mercutio zu einem Ball der Capulets, um dort heimlich eine Frau zu treffen, in die er sich verliebt hat. Doch als er Julia, die Tochter der Capulets, erblickt, vergisst er die andere Frau.

ROMEO *(er erblickt Julia. Zu einem Diener):* Wer ist die Dame dort, die jetzt dem Ritter ihre Hand reicht?

DIENER: Ich weiß nicht, Sir.

ROMEO *(voller Bewunderung):* Sie leuchtet heller als alle Fackeln, ihre Schönheit strahlt mehr als ein Diamant am Ohr einer dunklen Schönen. Sie ist wie eine schneeweiße Taube inmitten ihrer Begleiterinnen, die wie Krähen wirken neben ihr. Ich will aufpassen, wo sie nach dem Tanz Platz nimmt. Ich will mit meiner plumpen Hand ihre zarte Hand berühren. Mein Herz, hast du je geliebt, dann vergiss es! Erst heute Abend sehe ich – die wahre Schönheit!

TYBALT: Seiner Stimme nach zu urteilen, ist das ein Montague! *(Zu seinem Diener:)* Hol mir das Schwert, Junge. Was? Wagt der Lümmel, hierherzukommen und hinter der albernen Maske unser Fest zu stören? – Nun, bei unserer Familienehre, ich schlage ihn tot und denke, das ist keine Sünde.

CAPULET: Was hast du vor? Warum so wütend?

TYBALT: Dies ist ein Montague, einer von unseren Feinden. Der Schuft ist hierhergekommen, um unser Fest zu stören.

CAPULET: Das ist doch der junge Romeo.

TYBALT: Der Lümmel Romeo!

CAPULET: Nimm dich zusammen, lass ihn zufrieden. Er benimmt sich wie ein Edelmann. Ganz Verona weiß, dass er ein edler, wohlerzogener junger Mann ist. In meinem Haus soll ihm nichts Böses geschehen. Also beherrsche dich, nimm einfach keine Notiz von ihm. Deine finsteren Blicke passen nicht zum Fest. [...]

„Romeo und Julia“, Frankfurter Volkstheater im Europa-Park Rust, 2002

ROMEO *(er himmelt Julia an und nimmt ihre Hand):* Wenn ich mit meiner unwürdigen Hand dich Heilige entweihe, ist das nur eine leichte Sünde. Meine Lippen sind bereit, die grobe Berührung durch einen zarten Kuss zu mildern.

JULIA: Da tun Sie Ihrer Hand wirklich Unrecht, sie drückt mir ja ihre Verehrung aus. Auch Heiligenfiguren haben Hände, die ein andächtiger Pilger[1] berühren darf.

ROMEO: Haben Heilige nicht auch Lippen, und fromme Pilger ebenso?

JULIA: Pilger sollten sie zum Beten gebrauchen.

ROMEO: Liebe Heilige, lass die Lippen tun, was die Hände taten, damit aus Glaube nicht Verzweiflung wird.

JULIA *(lächelnd):* Heiligenfiguren halten still, wenn sie dem Betenden eine Bitte gewähren.

ROMEO: Dann halte auch still, wenn ich tue, wofür ich gebetet habe. *(Er küsst sie.)* So sind meine Lippen von jeder Sünde frei.

JULIA: Jetzt haben meine Lippen deine Sünde.

ROMEO: Sünde von meinen Lippen? Ein süßer Vorwurf! Gib mir meine Sünde wieder. *(Er küsst sie noch einmal.)*

JULIA: Du verstehst zu küssen. –

(Die Amme kommt.)

1 der Pilger: Gläubiger auf dem Weg zu einem religiösen Ort

Amme: Madam, Ihre Mutter möchte mit Ihnen sprechen. *(Julia geht zögernd weg.)*

Romeo *(zur Amme):* Wer ist ihre Mutter?

Amme: Na, junger Mann, ihre Mutter ist die Herrin dieses Hauses, eine gute Dame, klug und tugendsam. Ich habe ihre Tochter großgezogen, mit der Sie gerade gesprochen haben. Ich sage Ihnen, wer sie einmal bekommt, hat das ganz große Los gezogen.

Romeo: O Gott! Sie ist eine Capulet? – Ich würde für sie mein Leben hingeben. [...]

Julia: Geh, frag nach seinem Namen. – Wenn er schon verheiratet sein sollte, dann will ich sterben, und mein Grab wird mein Brautbett sein. *(Amme hat sich erkundigt und kommt zurück.)*

Amme: Sein Name ist Romeo, ein Montague, der einzige Sohn unseres alten Feindes.

Julia: Meine große Liebe – zu dem verhassten Feind! Die Liebe beginnt für mich unheilvoll. Ich kannte ihn nicht, und jetzt liebe ich ihn, diesen verhassten Feind.

1 Bereits bei ihrer ersten Begegnung verlieben sich Romeo und Julia ineinander.

a Was genau meinen Romeo und Julia mit den folgenden Aussagen? Besprecht die Bedeutung.

A „Wenn ich mit meiner unwürdigen Hand dich Heilige entweihe, ist das nur eine leichte Sünde. Meine Lippen sind bereit, die grobe Berührung durch einen zarten Kuss zu mildern.“ (▸ Z. 37–41)

B „Wenn er schon verheiratet sein sollte, dann will ich sterben, und mein Grab wird mein Brautbett sein.“ (▸ Z. 74–77)

C „Meine große Liebe – zu dem verhassten Feind! Die Liebe beginnt für mich unheilvoll.“ (▸ Z. 81–82)

b Gebt den Inhalt der Szene wieder. Nehmt dafür die Rolle Romeo oder die Rolle Julia ein und berichtet aus deren Perspektive:

Romeo: Gestern haben Mercutio, Benvolio und ich uns verkleidet und sind auf den Ball der Capulets geschlichen. Eigentlich wollte ich dort eine bestimmte Frau treffen. Aber da sah ich ...

Julia: Gestern haben meine Eltern ein großes Fest veranstaltet ...

2 Trotz seiner Maske wird Romeo von Tybalt, Julias Cousin, erkannt. Warum hindert der Hausherr Capulet Tybalt daran, Romeo hinauszuwerfen? Erklärt sein Verhalten.

3 Der erste Akt des Dramas gibt wichtige Hinweise auf den weiteren Handlungsverlauf. Diesen Teil nennt man „Exposition“.

a Fasst zusammen, was man in der Exposition über den Ort, die Zeit des Geschehens und über die Hauptfiguren, Romeo und Julia, erfährt.

b Beschreibt den zentralen Konflikt, der sich in der Exposition anbahnt.

Information **Die Exposition im klassischen Drama**

- Die Exposition ist eine Art **Einleitung,** die die Zuschauer in die Handlung des Dramas einführt. Meist umfasst sie den ersten Abschnitt eines Theaterstücks, **den ersten Akt.**
- Die Exposition informiert über **Zeit** und **Ort** des Geschehens und stellt die **Hauptfiguren** vor. Der **zentrale Konflikt** des Dramas wird angekündigt.

Historisch-biografische Bezüge untersuchen

William Shakespeare (1564–1616)
William Shakespeare war ein englischer Dramatiker, Lyriker und Schauspieler. Seine Komödien und Tragödien gehören zu den am meisten aufgeführten und verfilmten Bühnenstücken der Weltliteratur. Vermutlich stammte er aus einer wohlhabenden Familie in Stratford-upon-Avon. Mit 18 Jahren heiratete er die acht Jahre ältere Bauerntochter Anne Hathaway, mit der er drei Kinder hatte. Um 1586 zog er – angeblich mit einer der vielen reisenden Schauspielertruppen – nach London. Als der erfolgreichste Bühnenautor seiner Zeit und Mitbesitzer des Londoner Globe Theatre erwarb er Wohlstand und hohes Ansehen sowohl beim Volk als auch am Hof der englischen Königin Elisabeth I.

Das mittelalterliche Verona

Verona, Stadt in Norditalien, war im Mittelalter eine reiche Handelsstadt. Dort lebten wohlhabende Bürger in Großfamilien zusammen. Während Jungen schon vor der Ehe erste Liebeserfahrungen machen durften, mussten die Mädchen zur damaligen Zeit als Jungfrauen in die Ehe gehen. Sie heirateten jung, häufig schon mit zwölf oder dreizehn Jahren. Die Ehemänner waren oft sehr viel älter. Den Hochzeiten, die von den Familienoberhäuptern ausgehandelt wurden, durften sich die Kinder nicht widersetzen. Über Verona herrschte ein vielseitig gebildeter Fürst, der für Ruhe und Ordnung sorgte und Recht sprach, wenn Gesetze gebrochen wurden. Neben der Todesstrafe war die Verbannung, der Ausschluss aus der Gemeinschaft durch die Vertreibung aus einer Stadt, eine der härtesten Strafen.

1 a Was wisst ihr bereits über William Shakespeare?
Tauscht euch aus und notiert die Informationen stichwortartig.
b Lest den Text oben und ergänzt weitere Informationen über den berühmten englischen Dichter.

2 a Gebt die Informationen über das Leben im mittelalterlichen Verona mit eigenen Worten wieder: Was habt ihr über die Stadt, ihren Fürsten und über die damals geltenden Regeln und Sitten erfahren?
b Überlegt gemeinsam, was die damaligen Regeln für das Liebespaar Romeo und Julia bedeuten könnten.

Eine berühmte Dramenszene untersuchen

William Shakespeare

Romeo und Julia (1599) (2. Akt, 2. Szene)

Romeo schleicht sich zum Haus der Capulets und versteckt sich am Balkon, der zu Julias Zimmer gehört.

Romeo: Was für ein Licht fällt durch das Fenster dort oben? Es ist wie die Morgensonne im Osten, und Julia ist meine Sonne! [...]

Julia *(zu sich selbst):* O Romeo, Romeo! Warum musst du Romeo sein? Verleugne deinen Vater und lege deinen Namen ab. Oder, wenn du es nicht kannst, schwöre mir deine Liebe, und ich will keine Capulet mehr sein.

Romeo *(zu sich selbst):* Soll ich länger zuhören? Oder soll ich antworten?

Julia: Nur dein Name ist mein Feind. Du bist, wie du bist – ob Montague oder nicht. Was bedeutet schon „Montague"? [...] Dein Name ist kein Teil von dir. Nimm auch mich, wie ich bin.

Romeo: Ich nehme dich beim Wort. Nenne mich „Geliebter", und ich bin wie neu getauft.

Julia *(überrascht):* Wer bist du, fremder Mann, verborgen in der Nacht, der du dich in meine Gedanken einmischst?

Romeo: Meinen Namen will ich nicht nennen. Mein Name, liebe Heilige, ist mir verhasst, weil er dich an deinen Feind erinnert.

Julia: Meine Ohren haben noch nicht hundert Worte von deinen Lippen aufgesogen, doch kenne ich den Klang. Bist du nicht Romeo und ein Montague?

Romeo: Weder der eine noch der andere, schönes Mädchen, wenn dir diese Namen nicht gefallen.

Julia: Wie kamst du hierher, sag mir, und wozu? Die Gartenmauern sind hoch und schwer zu erklettern, und der Ort könnte für dich den Tod bedeuten, wenn meine Verwandten dich hier finden.

Romeo: Mit den leichten Flügeln der Liebe bin ich über die Mauer geflogen. Steine können die Liebe nicht aufhalten, und was die Liebe kann, das wird sie auch versuchen. Deine Verwandten können mich nicht aufhalten.

„Romeo und Julia", Frankfurter Volkstheater im Europa-Park Rust, 2002

Julia: Wenn sie dich sehen, werden sie dich ermorden.

Romeo: Viel mehr Gefahr liegt in deinen Augen als in tausend Schwertern. Schau mich liebevoll an, und ich fürchte mich nicht mehr vor den Feinden.

Julia: Ich will nicht, um alles in der Welt, dass sie dich hier finden.

Romeo: Der Mantel der Nacht wird mich verbergen. Nur wenn du mich nicht liebst, sollen sie mich hier finden, dann kann mein Leben durch ihren Hass enden. Was bedeutet mir schon mein Leben ohne deine Liebe?

Julia: Wer hat dir diesen Ort gezeigt?

Romeo: Die Liebe ließ mich nachforschen. Ich hätte dich gefunden, und wärst du auf einer fernen Insel, vom Meer umtost. Ich hätte alles für dich gewagt.

Julia: Du weißt, ich konnte dich in der Nacht nicht sehen, sonst würde ich mädchenhaft erröten, weil du alles mitgehört hast, was ich hier gesprochen habe. Gern würde ich die guten Sitten einhalten, gern würde ich meine Worte zurücknehmen. Aber wozu? Wichtig ist nur: Liebst du mich wirklich? Ich weiß, dass du Ja sagen wirst, und will es glauben. Doch schwöre nichts, Liebesschwüre sind oft falsch. O, edler Romeo, wenn du mich wirklich liebst, sag es offen und ehrlich. Aber wenn du glaubst, du hättest meine Liebe zu schnell gewonnen, werde ich widerspenstig sein und Nein sagen. Aber nur in diesem Fall – sonst um nichts in der Welt. In Wahrheit, schöner Montague, hab ich dich sehr lieb, deshalb vertraue mir, ich bin aufrichtiger als die anderen Mädchen, die sich nur verstellen, wenn sie so tun, als ob sie abweisend sind. Ich wäre wohl auch abweisender gewesen, wenn du nicht zufällig meine wahre Liebesleidenschaft mitgehört hättest.

Romeo: Ich schwöre bei dem heiligen Mond, der silberhell diese Baumwipfel beleuchtet –

Julia: O, schwöre nicht beim Mond, dem unbeständigen, der sich immer verändert, damit deine Liebe nicht auch so veränderlich sein wird.

Romeo: Wobei soll ich denn schwören?

Julia: Schwöre überhaupt nicht. Dich vergöttere ich und glaube dir auch so.

Romeo: Wenn meines Herzens treue Liebe –

Julia: Lass die wohltönenden Worte heute Nacht. Alles geschieht so schnell, so unbedacht, wie ein Blitz, der schon vorüber ist, ehe man sagen kann: „Es blitzt.“ – Mein Süßer, gute Nacht! Die Knospe unserer Liebe kann sich öffnen und zur schönen Blüte werden durch die Wärme des Sommers, wenn wir uns wiedersehen. Gute Nacht! Gute Nacht! [...]

Romeo: Schwör mir noch einmal deine Liebe.

Julia: Alles möchte ich dir geben. Meine Liebe ist so tief wie das Meer. Je mehr Liebe ich dir gebe, desto mehr Liebe habe ich, das Geben und das Nehmen sind unendlich. – [...]

(Julia geht ins Zimmer.)

Romeo: O selige, selige Nacht! Ist das alles nur ein Traum? [...]

Julia: Drei Worte noch, lieber Romeo, und dann wirklich gute Nacht. Wenn deine Liebe zu mir ehrenhaft ist, dein Ziel die Ehe, gib mir morgen Bescheid durch jemanden, den ich dir schicken werde, wo und wann die kirchliche Trauung vollzogen werden soll. Dir will ich mein Schicksal zu Füßen legen und dir, als meinem Ehemann, durch die ganze Welt folgen. [...] Doch wenn du es nicht gut meinst, dann bitte ich dich [...], deine Bemühungen einzustellen und mich in meinem Schmerz allein zu lassen. Morgen werde ich dir einen Boten schicken.

Romeo: Bei meinem Seelenheil –

Julia: Gute Nacht! Gute Nacht!

1 Lest die berühmte „Balkonszene“ mit verteilten Rollen. Achtet auf eine passende Sprechweise.

2 Untersucht Julias Monolog zu Beginn, als sie noch nicht weiß, dass Romeo ihr zuhört (▸ Z. 4–14). Gebt ihre Gedanken mit eigenen Worten wieder.

3 Mit welchen Sprachbildern beschreiben Romeo und Julia ihre Liebe? Sucht Beispiele im Text.

4 Die Balkonszene stellt eine Schlüsselszene für den Fortgang der Handlung dar. Wie geht es weiter? Diskutiert in der Klasse verschiedene Möglichkeiten des weiteren Handlungsverlaufs.

Den Dramenaufbau analysieren

William Shakespeare

Romeo und Julia (1599) (3. Akt, 1. Szene)

Romeo und Julia werden heimlich von einem Priester, Bruder Laurenz, getraut. Auf einem öffentlichen Platz der Stadt treffen Romeos Freunde Benvolio und Mercutio auf Tybalt, Julias Cousin.

Benvolio: Ich bitte dich, lieber Mercutio, wir wollen uns zurückziehen. Der Tag ist heiß, und viele Capulets sind hier. Wenn wir sie treffen, wird es wieder Streitereien geben. An heißen Tagen kommt das Blut schnell in Wallung.

Mercutio: Tu doch nicht so! Du bist ein Draufgänger, wie es keinen zweiten in Italien gibt.

Benvolio: Meinst du?

Mercutio: Wenn es noch einen zweiten wie dich gäbe, würdet ihr beide nicht überleben, weil ihr euch gegenseitig umbringen würdet. Du ziehst doch schon vom Leder, wenn einer mehr Haare im Bart hat als du. Du greifst einen Mann an, der Nüsse knackt, nur weil du nussbraune Augen hast. Du hast schon mit einem Mann gestritten, weil er auf der Straße gehustet und dadurch deinen schlafenden Hund geweckt hat. – Und du willst mich heute vom Streiten zurückhalten?

„Romeo und Julia", Frankfurter Volkstheater im Europa-Park Rust, 2002

Benvolio: Wenn ich so gerne streiten würde wie du, wäre ich längst tot.

Mercutio: Unsinn!

(Tybalt und andere treten auf.)

Benvolio: O Gott, hier kommen die Capulets.

Mercutio: Beim Teufel, was soll's?

Tybalt *(zu seinen Leuten)*: Folgt mir, ich will mit ihnen sprechen. – Ihr Herren, guten Tag. Ein Wort mit einem von euch beiden.

Mercutio: Nur ein Wort? Wie wäre es mit einem Wort und einem Schlag mit dem Schwert?

Tybalt: Ich bin gern dazu bereit, bei passender Gelegenheit.

Mercutio: Warum lange warten?

Tybalt: Mercutio, du bist doch ein Spielkamerad von Romeo?

Mercutio: Spielkamerad? Wenn du uns zu Spielern machen willst – hier ist mein Geigenbogen. *(Er erhebt sein Schwert.)* Ein Tänzchen gefällig?

Benvolio: Wir sind hier in aller Öffentlichkeit. Entweder zieht ihr euch zurück oder sagt vernünftig, warum ihr euch streiten wollt. Alle Leute gaffen ja schon.

Mercutio: Lass sie gaffen. Ich jedenfalls ziehe mich nicht zurück, ich nicht! *(Romeo tritt auf.)*

Tybalt: Gut! Friede sei mit euch! – Hier kommt mein Mann.

Mercutio: Dein Mann? Etwa dein Dienstmann? Lächerlich! Geh nur zum Duellplatz voraus, dann wird er dir folgen – wie ein Diener.

Tybalt *(zu Romeo)*: Die „Liebe", die ich für dich empfinde, kann ich nur so ausdrücken: Du bist ein elender Schuft!

Romeo: Tybalt, der Grund, den ich habe, um dich zu lieben, hält meine Wut zurück. Ein „elender Schuft" bin ich nicht.

Tybalt: Bürschchen, du hast mich gekränkt, das ist nicht zu entschuldigen. Los, zieh dein Schwert!

Romeo: Niemals habe ich dich gekränkt, im Gegenteil, ich liebe dich mehr, als du dir vorstellen kannst. Den Grund für meine Liebe kennst du noch nicht. Drum, guter Capulet, lass mich zufrieden.

1 Besprecht zu zweit den Inhalt der Szene. Beantwortet die folgenden Fragen:

A Warum provoziert Tybalt Romeo?

B Warum hält Romeo sich zurück?

C Wie ist es zu verstehen, dass Romeo Tybalt liebt? Welchen Grund hat er dafür?

3. Akt, 1. Szene – Fortsetzung

Benvolio: O Romeo, Romeo, der tapfere Mercutio ist tot! Sein feuriger Geist ist zu den Wolken aufgestiegen.

Romeo: Dieser Tag bringt Unheil, wie wird das enden? *(Tybalt tritt wieder auf.)*

Benvolio: Der wütende Tybalt kommt wieder zurück.

Romeo: Er triumphiert, und Mercutio ist erschlagen! Was soll jetzt alle Zurückhaltung? Feurige Wut soll mich jetzt leiten! *(Zu Tybalt:)* Tybalt, nimm den „elenden Schuft" zurück! Mercutios Seele schwebt noch über unseren Köpfen und wartet auf deine, damit du sie begleitest. Entweder du – oder ich – oder wir beide werden ihr folgen.

Tybalt: Elendes Bürschchen, du sollst ihn begleiten.

Romeo: Diese Waffe wird alles entscheiden. *(Sie kämpfen. Tybalt unterliegt und wird getötet.)*

Benvolio: Romeo, fort, fort! Hau ab! Die Polizisten kommen gleich! Tybalt ist tot! Steh nicht wie versteinert herum! Der Fürst wird dich zum Tode verurteilen, wenn sie dich kriegen. Weg! Verschwinde!

(Romeo läuft weg. Bürger treten auf.)

Bürger: Wo ist der Mörder von Mercutio? Wo ist Tybalt?

Benvolio: Da liegt er.

(Der Fürst, der alte Montague, der alte Capulet, ihre Frauen und viele andere treten auf.)

Fürst: Wo sind die verbrecherischen Anstifter dieses Streites?

Benvolio: O edler Fürst, ich kann den unglücklichen Verlauf dieser tödlichen Streitereien berichten:
Der junge Romeo hat den Tybalt erschlagen, dort liegt der Mann – aber Tybalt hatte zuvor den tapferen Mercutio erschlagen.

Lady Capulet *(weinend bei Tybalts Leiche)*: Tybalt, mein armer Neffe! Das Kind meines Bruders! *(Zum Fürsten:)* O Fürst! Das Blut meines lieben Verwandten wurde vergossen! Für unser Blut muss das Blut der Montagues vergossen werden! – Mein armer Vetter!

Fürst: Benvolio, wer hat die Schlägerei angefangen?

Benvolio: Das war Tybalt. Romeo hat ihm gut zugeredet und ihm gesagt, dass der Streit unbedeutend sei und dass Ihr, mein Fürst, jedes Duell verboten hättet. Alles das konnte den hitzigen Tybalt nicht besänftigen, der nichts vom Frieden wissen wollte. Stattdessen hat er den spitzen Stahl seines Schwerts auf die Brust des kühnen Mercutio gerichtet. Romeo hat laut gerufen: „Halt, Freunde, auseinander!" Er wollte sie trennen. Aber unter dem Arm von Romeo hindurch traf ein unglücklicher Stoß von Tybalt den kräftigen Mercutio. – Zunächst ist Tybalt geflohen, kam aber schnell zurück und hat Romeo angegriffen. Bevor ich mein Schwert ziehen konnte, um sie zu trennen, war der kräftige Tybalt erschlagen. Und während er stürzte, ist Romeo geflohen. Das ist die volle Wahrheit!

Lady Capulet: Benvolio ist ein Verwandter der Montagues. Er spricht nicht die Wahrheit. Tybalt ist noch nie besiegt worden. Gewähre uns Gerechtigkeit, Fürst. Romeo erschlug Tybalt. Romeo darf nicht leben!
Fürst: Romeo hat ihn erschlagen. Tybalt hat Mercutio erschlagen. Wer ist der Schuldige?
Montague: Nicht der Romeo, Fürst. Er war Mercutios Freund. Nicht er, sondern Tybalt war der Anstifter.
Fürst *(denkt nach):* Für sein Vergehen wird Romeo aus Verona verbannt. Ich werde eure Bitten und Entschuldigungen nicht anhören! Romeo soll aus der Stadt möglichst schnell verschwinden, wenn er gefasst wird, ist das seine letzte Stunde. Tragt diesen toten Körper weg, und erwartet meine Befehle. *(Alle gehen.)*

2 Wie endet die Auseinandersetzung zwischen Mercutio, Benvolio und Romeo aus dem Hause Montague und Tybalt aus dem Hause Capulet?
a Gliedert die 1. Szene des 3. Akts in Handlungsschritte und fasst den Inhalt zusammen:
1. Mercutio und Benvolio treffen auf Tybalt und seine Freunde.
2. Tybalt spricht Mercutio und Benvolio an und Mercutio provoziert ...
3. Romeo kommt hinzu und ...
b Welches Urteil spricht der Fürst am Ende der Szene aus?
Besprecht, was dieses Urteil für Romeo und Julia bedeutet.

3 Klassische Dramen sind meist nach einem bestimmten Schema aufgebaut.
a Betrachtet das Schema im Infokasten und ordnet ihm die Szenen der ► Seiten 154–163 zu.
b Überlegt, welche Wirkung dieser Dramenaufbau auf die Zuschauer hat.
c Entwickelt Ideen, wie das Drama ausgehen müsste, wenn es ...
A als Komödie endet. **B** als Tragödie endet.

4 Was denkt Romeo, als er von dem Urteil des Fürsten erfährt?
Und was denkt Julia, als sie von dem Urteil über ihren Ehemann hört?
Wählt eine der beiden Figuren und verfasst einen inneren Monolog (► S. 298).

Information **Der Handlungsverlauf im klassischen Drama**

- Klassische Dramen verfügen über einen strengen Aufbau:

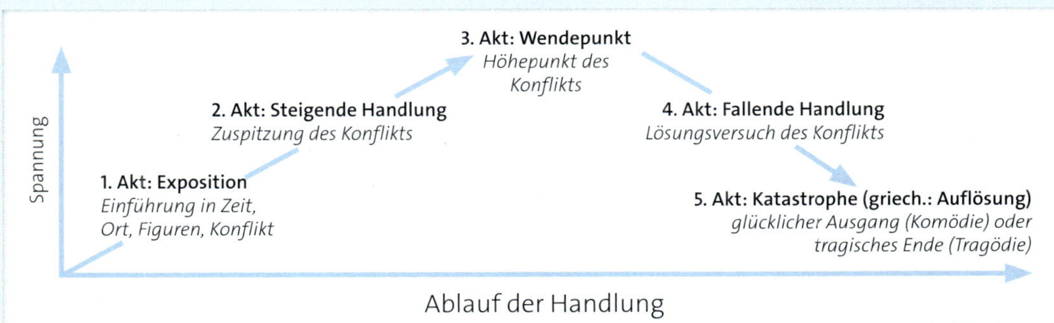

- Im Verlauf der Handlung gibt es eine entscheidende **Wende.** Die Spannung erreicht ihren **Höhepunkt** und es wird entschieden, wie die Handlung ausgeht und der **Konflikt gelöst** wird.

Teste dich!

Rund ums klassische Drama und um Shakespeare

1 Welche Begriffserklärungen treffen zu? Notiere die Buchstaben, sie ergeben ein Lösungswort.

1 das Drama
- **ES** Streit zwischen mehreren Figuren
- **GR** literarischer Text, in dem die Handlung durch Dialoge dargestellt wird
- **DE** Film über einen Konflikt

2 der Akt
- **IE** Abschnitt eines Theaterstücks, der aus mehreren Szenen besteht
- **IN** ein Gespräch zwischen zwei Figuren
- **TU** die Einleitung zu einem Bühnenstück

3 die Exposition
- **SA** die spannendste Stelle im Drama
- **CH** Einleitung, die in die Handlung des Dramas einführt
- **ND** Bezeichnung für den zentralen Konflikt

4 der Wendepunkt
- **EK** Bezeichnung für den Mord an einer Figur
- **KU** Regieanweisung für den Hauptdarsteller
- **EN** Stelle im Drama, an der die Spannung den Höhepunkt erreicht und der Handlungsausgang entschieden wird

5 die Tragödie
- **IR** andere Bezeichnung für Schicksal
- **LA** Form des Dramas, in der die Hauptfigur am Ende scheitert
- **NI** Dramenform mit heiterer Handlung, die glücklich endet

6 die Komödie
- **TA** andere Bezeichnung für Humor
- **ND** Dramenform mit heiterer Handlung, die glücklich endet
- **ST** Form des Dramas, in der die Hauptfigur am Ende scheitert

2 Wie ist ein klassisches Drama aufgebaut? Schreibe die Angaben in der richtigen Reihenfolge ins Heft. Die Buchstaben ergeben ein Lösungswort.
- **TE** Wendepunkt: Der Höhepunkt des Konflikts wird erreicht.
- **AR** Exposition: Das Geschehen des Dramas wird vorbereitet.
- **TO** Steigende Spannung: Der Konflikt spitzt sich zu.
- **LE** Fallende Spannung: Es kommt zu Lösungsversuchen.
- **S** Katastrophe oder Happy End
- **IS** Die Zuschauer lernen Zeit, Ort und Figuren kennen und der Konflikt wird angedeutet.

3 Notiere richtige Aussagen zu William Shakespeare. Die Buchstaben ergeben ein Lösungswort.
- **SE** Shakespeare war ein italienischer Dichter.
- **HA** Shakespeare lebte im 16./17. Jahrhundert in England.
- **HN** Er stammte aus einer armen Familie.
- **UT** Seine Ehefrau war acht Jahre jünger als er.
- **KI** „Romeo und Julia“ war sein einziges Drama.
- **ML** Er schrieb Theaterstücke für das Volk.
- **ET** Seine Stücke wurden auch am Hof der englischen Königin aufgeführt.

8.2 „Lass mich sterben" – Szenen gestaltend interpretieren

Dramenszenen spielen

William Shakespeare

Romeo und Julia (1599) (3. Akt, 2. Szene)

AMME: O weh! Er ist tot, tot, tot! Es ist aus mit uns. Weh dieser Tag. Er ist ermordet! Er ist tot!

JULIA: O Himmel! Kann der Himmel so böse sein?

AMME: Dieser Romeo! Wer hätte das von ihm gedacht?

JULIA: Was bist du für ein Teufel, dass du mich so quälst? Hat Romeo sich selbst erschlagen? Wenn er erschlagen ist, sag Ja, wenn nicht, Nein. Ein Wort entscheidet über Wohl und Wehe.

AMME: Ich habe die Wunde gesehen, mit meinen eigenen Augen, hier auf seiner männlichen Brust. Ich habe die Leiche gesehen, ganz mit Blut beschmiert. Bei diesem Anblick fiel ich in Ohnmacht.

JULIA: Ich möchte sterben! Ich bin am Ende! Legt mich zu Romeo auf die Totenbahre!

AMME: O Tybalt, Tybalt, der beste Freund, den ich hatte! O höflicher Tybalt, ehrlicher Gentleman! Dass ich es erleben musste, dich tot zu sehen!

JULIA: Ist Romeo geschlachtet und ist Tybalt tot, mein liebster Vetter und mein allerliebster Mann? Wer will noch leben, wenn diese beiden tot sind?

AMME: Tybalt ist von uns gegangen und Romeo ist verbannt. Romeo, der ihn tötete, ist verbannt worden.

JULIA: O Gott! Hat Romeo Tybalts Blut vergossen?

AMME: Er hat es getan. Wehe, wehe über diesen Tag!

JULIA: O dieser Heuchler! Dieser engelsgleiche Teufel! Dieser Rabe, gefiedert wie eine Taube! Dieser Wolf im Schafspelz! Dieser verdammte Heilige! Welch eine Verstellung! Welch eine Enttäuschung für mich!

„Romeo und Julia", Frankfurter Volkstheater im Europa-Park Rust, 2002

AMME: Alle Männer sind Betrüger! Keine Treue, keine Ehrlichkeit! Alle sind Heuchler, Lügner, falsch! – (Wo ist mein Diener? – Gib mir einen Schnaps!) Schande komme über Romeo!

JULIA *(nachdem sie zur Besinnung gekommen ist, zur Amme)*: Deine Zunge soll dir abfallen, weil du solch einen Wunsch ausgesprochen hast! Romeo ist nicht für solche Schande geboren. Solche Schande ist ihm fremd! Was für ein Biest war ich, dass ich ihn so beschimpfen konnte!

Amme: Er hat deinen Vetter getötet! Ist das etwa gut?

Julia: Soll ich schlecht sprechen über meinen Ehemann? Wer soll ihn verteidigen, wenn nicht ich, seine Drei-Stunden-Frau? – Warum hat Romeo meinen Vetter getötet? Der Schurke von Vetter wollte meinen Mann töten! Mein Mann lebt, den Tybalt erschlagen wollte, und Tybalt ist tot, der meinen Mann erschlagen wollte. Wozu weine ich noch? – „Tybalt ist tot und Romeo – verbannt.“ Das ist alles sehr schrecklich. – Wo sind mein Vater und meine Mutter, Amme?

Amme: Sie weinen und klagen über Tybalts Leichnam. Willst du zu ihnen gehen?

Julia: Sollen sie doch mit Tränen seine Wunden waschen. Ich will weinen wegen Romeos Verbannung. Ich werde als Jungfrau zur Witwe gemacht und werde noch als Jungfrau sterben.

Amme: Geh in dein Zimmer. Ich werde Romeo holen. Ich weiß, wo er ist. Hörst du, heute Abend wird er hier sein. Ich will zu ihm. Er ist in Laurenz' Zelle versteckt.

Julia: O finde ihn! Und sag ihm, er soll kommen, um seinen letzten Abschied zu nehmen. *(Julia geht mit der Amme weg.)*

1 Julia zeigt zwei unterschiedliche Reaktionen auf den Bericht der Amme über Romeos Tat. Besprecht, wie sie zuerst reagiert und wie sie anschließend ihre Einstellung ändert.

2 Bereitet in Gruppen das Spiel der Szene vor:

a Beantwortet zu jeder auftretenden Figur die folgenden Fragen und macht euch Notizen:
- Welche Eigenschaften der Figur werden in der Szene deutlich?
- Welche Absicht hat die Figur in der Szene?
- Was denkt die Figur in der Szene?
- Was fühlt die Figur?

Julia
Eigenschaften: leidenschaftlich, unsicher, ...
Absicht: will ihrem Ehemann treu sein
Gedanken: ist entsetzt über Romeos Tat, aber ...
Gefühle: ...

Amme
Eigenschaften: ...
Absicht: ...
Gedanken: ...
Gefühle: ...

b Überlegt gemeinsam, wie ihr beim Spiel Eigenschaften, Absichten, Gedanken und Gefühle der beiden Figuren durch Sprechweise, Mimik und Gestik umsetzen könnt.

3 Übt das Spiel der Szene in der Gruppe ein:

a Einigt euch, wer die Rollen Julia und Amme spielt. Die anderen bilden ein Regieteam.

b Lest die Szene zunächst laut. Das Regieteam gibt dabei Rückmeldungen zu Sprechweise, Betonung, Lautstärke und Pausen.

c Spielt die Szene anschließend. Das Regieteam prüft, ob Eigenschaften, Absicht, Gedanken und Gefühle der Figuren durch Sprechweise, Mimik und Gestik angemessen umgesetzt werden.

4 Spielt die Szene noch einmal und wendet die Stopp-Technik an:
Ein Spielleiter kann das Spiel jederzeit mit einem „Stopp!“ unterbrechen. Dann befragt er die Figuren nach ihren Gedanken, Gefühlen, Zielen und Wünschen. Sagt der Spielleiter „Weiter!“, wird das Spiel fortgesetzt.

William Shakespeare

Romeo und Julia (1599) (3. Akt, 5. Szene)

Romeo erfährt von Priester Laurenz, dass er zur Verbannung verurteilt ist. Er soll bei Tagesanbruch nach Mantua fliehen. Julias Eltern beschließen, dass Julia den älteren Grafen Paris heiraten soll, der großes Interesse an ihr zeigt. Romeo und Julia treffen sich heimlich.

Julias Schlafzimmer. Auf der einen Seite das Fenster über dem Garten, auf der anderen Seite eine Tür.

JULIA: Willst du schon gehen? – Der Tag ist noch so fern. – Es war die Nachtigall und nicht die Lerche, die dein banges Ohr gehört hat. Jede Nacht singt sie dort im Granatapfelbaum. – Glaub mir, Liebster, es war die Nachtigall.

ROMEO: Die Lerche war's, sie kündigt den Morgen an, keine Nachtigall. Sieh, Liebste, die schwache Morgendämmerung dort im Osten. Die Kerzen der Nacht sind ausgebrannt. Der Tag schleicht heran über die dunstigen Berggipfel. Ich muss jetzt fort und leben – oder bleiben und sterben.

JULIA: Glaub mir, das Licht dort ist noch kein Tageslicht. Das ist nur ein Meteor, von der Sonne angestrahlt, um dir auf dem Weg nach Mantua zu leuchten. Drum bleib noch bei mir. Du musst doch noch nicht gehen!

ROMEO: Sollen sie mich verhaften, sollen sie mich hinrichten. Wenn du es willst, bin ich dazu bereit. Wenn du es willst, ist das Grau dort nicht der Morgen, sondern nur der Widerschein des Mondes. Wenn du es willst, dann war es nicht die Lerche. Auch ich möchte viel lieber bleiben als gehen. Komm, Tod, sei mir willkommen, Julia will es so. Es ist noch nicht Tag.

JULIA: Nein, es wird Tag! Auf! Fort von hier! Es ist die Lerche. Sonst ist ihr Gesang so süß, heute höre ich nur schrille Töne, weil sie uns trennt. Sie treibt dich fort aus meinen Armen. Fort jetzt! Es wird heller und heller.

ROMEO: Der Tag ist hell, aber dunkel unser Leid.

„Romeo und Julia", Frankfurter Volkstheater im Europa-Park Rust, 2002

(Die Amme tritt hastig auf.)

AMME: Madam!

JULIA: Amme?

AMME: Deine Frau Mutter kommt gleich hier aufs Zimmer. Der Tag ist angebrochen. Sei vorsichtig!

JULIA: Dann, Fenster, lass den Tag herein und den Liebsten hinaus.

ROMEO: Leb wohl, leb wohl! Noch ein letzter Kuss!

(Er steigt aus dem Fenster.)

JULIA: Jetzt gehst du fort, Liebster, Mann und Freund. Jeden Tag, jede Stunde möchte ich von dir hören. Wann werde ich meinen Romeo wiedersehen?

ROMEO: Leb wohl! Bei jeder Gelegenheit bekommst du meine Grüße, Geliebte.

JULIA: Werden wir uns je wiedersehen?

ROMEO: Ich bin ganz sicher. Und später werden alle unsere Leiden nur noch süße Erinnerungen sein.

JULIA: O Gott, ich habe schlimme Vorahnungen, mir ist, als sehe ich dich da unten bleich, wie im Grab.

Romeo: Auch du bist bleich. Es ist der Kummer. Adieu, adieu! *(Er entfernt sich.)*

Julias Mutter kommt in das Zimmer ihrer Tochter und macht ihr klar, dass sie den Grafen Paris schon am nächsten Donnerstag heiraten soll. Julia versucht alles, um ihre Mutter davon abzubringen. Dann betritt auch der alte Capulet das Zimmer, und es kommt zu einer lautstarken Auseinandersetzung zwischen Vater und Tochter.

Lady Capulet *(zu ihrem Mann):* Sie will von einer Heirat nichts wissen.

Capulet: Wie? Sie will nichts davon wissen? Sagt sie uns keinen Dank, dass wir einen so würdigen Edelmann dazu gebracht haben, ihr Bräutigam zu sein?
(Zu Julia, wütend:) Du kleines Aas, du wirst am nächsten Donnerstag mit Paris in die Kirche Sankt Peter gehen, oder ich werde dich dorthin schleifen.

Julia: Guter Vater, ich bitte dich auf Knien, hör mich an mit Geduld, nur ein Wort.

Capulet: Zum Henker mit dir, du freches Luder! Ich sage dir – du bist am Donnerstag in der Kirche, oder komm mir nie wieder unter die Augen! Keine Widerrede!

1 Romeo und Julia treffen sich ein letztes Mal vor Romeos Flucht nach Mantua. Untersucht das Abschiedsgespräch der beiden Liebenden (► Z. 1–61):
- Was meinen sie mit dem Streit um Nachtigall und Lerche, wofür stehen die zwei Vögel jeweils?
- Mit welchen Hoffnungen und mit welchen Ängsten gehen sie auseinander?

2 Im weiteren Verlauf der Szene streitet Julia mit ihrem Vater (► Z. 62–77).
a Beschreibt die Beziehung zwischen den beiden Figuren.
b Beurteilt das Verhalten des Vaters. Welche Gründe könnte es für sein Verhalten geben?

3 Bereitet das Spiel der Szene in Gruppen vor: Fertigt Kopien des Textes an. Lest die Szene mit verteilten Rollen und erklärt, wie die Figuren jeweils zueinander sprechen. Tragt Regieanweisungen zur Sprechweise ein und ergänzt Markierungen zu Betonung, Lautstärke und Pausen.

4 Spielt die Szene. Stellt die Gefühle der Figuren durch passende Sprechweise, Mimik und Gestik dar.

5 Improvisiert eine Fortsetzung der Szene.

Methode **Eine Dramenszene spielen**

- Zeigt im szenischen Spiel, wie ihr die **Figuren, ihre Aussagen** und **ihr Handeln** versteht.
- Besprecht vor dem Spiel, welche **Eigenschaften** die einzelnen Figuren in der Szene haben, welche **Absichten** sie verfolgen und was sie **denken und fühlen.**
- Überlegt, wie ihr das Verhalten, die Gedanken und die Gefühle der jeweiligen Figur durch **Mimik** (Gesichtsausdruck), **Gestik** (Körperhaltung und Bewegungen) und durch die **Sprechweise** verdeutlichen könnt.
- Fügt in eine Textkopie der Szene **Regieanweisungen** zur **Sprechweise** (z. B.: *zärtlich, wütend, aufgeregt*) und Hinweise zu **Betonung, Lautstärke** und **Pausen** ein.
- Verteilt die Rollen und probt erst das **laute Lesen,** dann das **szenische Spiel** der Szene. Lernt den Text für eure Rolle möglichst auswendig.

Fordern und fördern – Eine Rollenbiografie schreiben

William Shakespeare

Romeo und Julia (1599) (5. Akt, 3. Szene)

Romeo befindet sich in der Verbannung in Mantua. Er weiß nicht, dass Julia gezwungen wurde, in die Heirat mit dem Grafen Paris einzuwilligen. Julia nimmt auf Rat des Priesters Laurenz ein Betäubungsmittel, durch das sie am Hochzeitsmorgen wie tot erscheint. Ihre verzweifelten Eltern bahren sie in der Familiengruft auf. Der Priester schickt Romeo einen Brief, in dem er ihm mitteilt, dass Julia nicht tot ist und er sie nach Mantua entführen soll. Doch bevor Romeo den Brief erhält, hört er von einem Diener, Julia sei gestorben. Er eilt zur Grabstelle der Capulets, tötet Graf Paris und verschafft sich Zugang zur Gruft. Dort sieht er die scheinbar tote Julia und vergiftet sich aus Verzweiflung. Laurenz eilt in die Gruft. In diesem Moment erwacht Julia.

„Romeo und Julia", Frankfurter Volkstheater im Europa-Park Rust, 2002

JULIA: O mein Vater! Wo ist er, mein Mann, mein Romeo?

BRUDER LAURENZ: Ich höre Geräusche. Komm aus dieser Grube des Todes und des unnatürlichen Schlafes. Eine größere Macht als die, die wir beeinflussen können, hat unsere Pläne vereitelt. Komm, komm fort! Dein heimlicher Ehemann liegt hier tot, Graf Paris auch. Komm, ich will dich in ein Nonnenkloster bringen. Frag nicht lange, die Polizei kommt. Wir können hier nicht bleiben.

JULIA: Geh du, ich bleibe hier.

(Bruder Laurenz geht.)

Was ist das? Ein Glas in der Hand von meinem Liebsten? Gift? Er starb durch Gift. – Du Schelm! Er hat alles ausgetrunken. Kein Tropfen ist übrig geblieben, um mir zu helfen. Ich will deine Lippen küssen. Vielleicht haftet dort noch ein Rest vom Gift. *(Sie küsst ihn.)* Deine Lippen sind warm!

POLIZEIHAUPTMANN: Wo sind sie?

JULIA: Was für ein Lärm? Schnell! O glücklicher Dolch! *(Sie reißt Romeos Dolch an sich.)* Lass mich sterben.

(Sie ersticht sich und fällt zu Boden. [...] Der Fürst tritt mit Gefolge auf.)

FÜRST: Was ist passiert? Warum weckt man mich aus meiner Morgenruhe?

(Capulet und seine Frau treten auf.)

CAPULET: Warum schreien hier alle herum?

LADY CAPULET: Die Leute auf der Straße schreien „Romeo", andere „Julia" und einige auch „Paris". Und alle rennen zu unserem Grabmal.

FÜRST *(zu den Polizisten):* Warum seid ihr so ängstlich?

1. **POLIZIST:** O mein Fürst, hier liegt Graf Paris erschlagen, und Romeo ist tot. Und Julia, die schon vorher tot war, ist noch warm und wurde wohl erst jetzt getötet.

FÜRST: Untersucht, wie es zu diesen grässlichen Morden gekommen ist!

1. **POLIZIST:** Hier ist ein Priester und der Diener von Romeo. Sie hatten Werkzeuge bei sich, um die Gruft der Toten zu öffnen.

Capulet: O Himmel! Frau, sieh nur, wie unsere Tochter blutet! Sieh den Dolch im Busen meiner Tochter!

Lady Capulet: Schrecklich! Ich werde das nicht überleben!

(Montague und andere treten auf.)

Fürst: Komm her, Montague. Früh bist du aufgestanden, um den frühen Tod deines Sohns und Erben zu sehen.

Montague: O weh! Mein Fürst! Meine Frau ist heute Nacht gestorben. Der Schmerz über die Verbannung meines Sohnes hat sie umgebracht. Und jetzt das noch! – O Sohn! Was tust du? Du drängst dich vor deinem Vater ins Grab.

Fürst: Wir werden versuchen, die wahren Umstände aufzuklären. Bringt die Verdächtigen her. [...]

Fürst: Capulet! Montague! Seht, was eure Zwietracht angerichtet hat! Euer Hass hat die Liebe dieser jungen Menschen zerstört. Der Himmel selbst hat euch bestraft.

Capulet *(geht auf Montague zu und reicht ihm die Hand)*: O Bruder Montague, reich mir die Hand zur Versöhnung. Um meiner Tochter willen. – Was kann ich mehr verlangen?

Montague: Ich kann dir mehr geben: Ich will für deine Tochter Julia eine Statue aus reinem Gold machen lassen. Der Name deiner Tochter soll unvergessen sein, solange die Stadt Verona besteht.

Capulet: Ebenso reich soll dein Sohn Romeo neben der Dame seines Herzens liegen, ihr Andenken wird unsere Feindschaft besiegen.

Fürst: Ein trauriger Frieden entsteht an diesem Morgen. Aus Kummer hält sich die Sonne noch verborgen. Nie gab es eine traurigere Geschichte anderswo als die von Julia und Romeo.

1 Tauscht euch über die Schlussszene des Dramas aus:
Was habt ihr so kommen sehen? Was überrascht euch an diesem Ende?

2 Gliedert die Szene in Handlungsschritte und fasst das Ende des Dramas zusammen.

3 Wenn Schauspieler sich auf das Spiel einer Rolle vorbereiten, erarbeiten sie eine Rollenbiografie der Figur, um sich ein genaues Bild von ihr zu machen.
Verfasst eine Rollenbiografie zu einer Figur aus dem Drama „Romeo und Julia“:

●●● **a** Tragt aus den abgedruckten Dramenszenen (► S. 154–170) Informationen über die Figur zusammen:
- Wie heiße ich?
- Wie alt bin ich?
- In welcher Familie lebe ich?
- In welcher Zeit lebe ich?
- Wo wohne ich?
- Wer sind meine Freunde und meine Feinde?
- Welche Ziele, Hoffnungen, Träume habe ich?
- Welche Probleme habe ich?
- Welche Ängste quälen mich?

▷ Hilfe zu Aufgabe 3 a auf Seite 171

●●● **b** Formuliert die Rollenbiografie als zusammenhängenden Text. Schreibt in der Ich-Form, z. B.:
Lady Capulet: Ich heiße Lady Capulet und bin die Mutter von Julia. Ich lebe um 1300 in ...

▷ Hilfe zu Aufgabe 3 b auf Seite 171

4 **a** Tragt euch eure Rollenbiografien gegenseitig vor. Achtet beim Vortrag der Biografie darauf, eure Rolle überzeugend darzustellen.
b Enthält euer Text alle wichtigen Informationen zur Figur? Gebt euch Rückmeldungen dazu.

5 Führt zu zweit ein Rolleninterview durch: Einer befragt als Interviewer die Figur nach Einzelheiten aus ihrem Leben. Der andere antwortet spontan aus der Perspektive der Figur.

Aufgabe 3 a mit Hilfen

Wählt eine der beiden Hauptfiguren – Romeo oder Julia – und ordnet ihr in einer Tabelle die passenden Informationen aus dem Kasten zu.

reiche Handelsstadt Verona • aus reicher Familie • Julia Capulet • Romeo Montague • 14 Jahre alt • 13 Jahre alt • meine Freunde: Cousin Benvolio, Mercutio, Bruder Laurenz • meine Freunde: meine Amme, mein Cousin Tybalt, Bruder Laurenz • Familie Montague • Familie Capulet • möchte Mann heiraten, den ich liebe • Mittelalter • Familie ist mit der Familie meiner/meines Geliebten zerstritten • muss aus Verona fliehen • soll einen älteren Grafen heiraten • habe ein Familienmitglied unserer Feinde umgebracht • werde meine Geliebte / meinen Geliebten nie wiedersehen

	Informationen zur Figur
– Wie heiße ich? – Wie alt bin ich? – Wo wohne ich? – In welcher Zeit lebe ich? – …	…

Aufgabe 3 b mit Hilfen

Formuliert die Rollenbiografie zu Romeo oder Julia als zusammenhängenden Text. Setzt die folgenden Sätze in der Ich-Form fort:

Romeo:
Ich bin Romeo und lebe um 1300 in der reichen italienischen Handelsstadt Verona. Ich bin 14 Jahre alt und gehöre zur Familie Montague, die schon seit vielen Jahren mit der Familie Capulet …
Meine Zeit verbringe ich gern mit meinem Cousin … und meinem Freund …
Seit ich auf einem Kostümfest Julia begegnet bin, hat sich mein Leben …

Julia:
Ich bin Julia und lebe um 1300 in der reichen italienischen Handelsstadt Verona. Ich bin 13 Jahre alt und gehöre zur Familie Capulet, die schon seit vielen Jahren mit der Familie Montague …
Meine Amme ist für mich …
Seit ich auf dem Kostümfest meiner Eltern Romeo begegnet bin, …

Methode — Eine Rollenbiografie verfassen

- Rollenbiografien dienen dazu, sich von einer **Figur** ein möglichst **genaues und lebendiges Bild** zu machen, um sie anschließend überzeugend spielen zu können.
- Tragt aus den einzelnen Szenen des Dramas Informationen über die Figur zusammen: ihren Namen, ihr Alter, ihre Herkunft, ihren familiären Hintergrund, ihre Freunde und Feinde, ihre Ziele, Hoffnungen und Träume sowie ihre Probleme und Ängste.
- Fasst diese Aussagen zur Figur in einem Text zusammen. Formuliert den Text in der Ich-Form, so als würde die Figur über sich selbst sprechen.

8.3 Projekt – Eine Theateraufführung besuchen und auswerten

1 Recherchiert im Internet oder in Zeitschriften, welche Theateraufführungen in eurer Nähe stattfinden. Organisiert einen Theaterbesuch mit der Klasse.

2 Formuliert vor dem Theaterbesuch Regeln, wie man sich im Theater verhalten sollte, z. B.:
- *Man muss vor der Vorstellung das Handy ausschalten.*
- *Man soll auf ordentliche Kleidung achten.*
- *Man darf während der Vorstellung ...*

3 a Bildet Gruppen und verteilt Beobachtungsaufgaben: Wer achtet beim Theaterbesuch worauf?

> Werbung für das Theaterstück • Beleuchtung • Ton (Geräusche oder Musikeinspielungen) • Bühnenbild und Requisiten • Kostüme • Schauspieler/-innen (Name, Rolle, Sprechweise, Mimik, Gestik)

b Macht euch nach der Vorstellung Notizen zu eurer Beobachtungsaufgabe: Was ist euch aufgefallen? Wie wirkte die Gestaltung? Wie bewertet ihr diesen Aspekt der Aufführung?

4 a Setzt euch nach dem Theaterbesuch in euren Gruppen zusammen und tauscht euch über eure Beobachtungsergebnisse und eure Bewertungen aus.

b Formuliert eure Meinung zur Aufführung insgesamt:
- Was hat euch gefallen oder beeindruckt?
- Was fandet ihr an der Aufführung weniger gelungen?
- Warum würdet ihr anderen den Besuch dieser Aufführung (nicht) empfehlen?

5 Verfasst in der Gruppe einen Bericht über die Theateraufführung für die Schülerzeitung oder die Webseite eurer Schule:
- Nennt Titel, Datum und Ort der Aufführung.
- Geht auf die verschiedenen Aspekte der Aufführung ein (Werbung für das Theaterstück, Beleuchtung, Ton, Bühnenbild und Requisiten, Kostüme, Leistung der einzelnen Schauspieler/-innen). Äußert dabei Lob und Kritik und begründet eure Aussagen.
- Formuliert zum Schluss eine Empfehlung, ob andere Klassen die Aufführung besuchen sollten oder nicht. So könnt ihr beginnen:
  Am Freitagabend, ..., besuchte unsere Klasse die Aufführung „Romeo und Julia" von W. Shakespeare im Theater „Am Volksgarten". Die Hauptrolle der Julia wurde gespielt von ...

Schreibwörter ► S. 324

der Akt	die Exposition	die Komödie	die Konstellation	zaghaft
die Szene	die Katastrophe	die Tragödie	die Beziehung	zärtlich

9 Die Zeitung – Sachtexte verstehen und gestalten

1 Was findet man in einem Zeitungsständer?
Berichtet euch gegenseitig, welche Zeitungen und Zeitschriften ihr kennt.

2 a Wo und wie informiert ihr euch über aktuelle Themen wie Sportereignisse, Veranstaltungen oder das politische Geschehen? Tauscht euch darüber aus.
b Listet Informationsmedien auf, die man nutzen kann, um auf dem Laufenden zu bleiben.

3 Führt in eurer Klasse eine Umfrage durch:
- Wer von euch liest regelmäßig Zeitung?
- Lest ihr sie in gedruckter Form oder im Internet?
- Warum lest ihr (keine) Zeitung?

In diesem Kapitel …

- informiert ihr euch über verschiedene Zeitungstypen und ihren Aufbau,
- lernt ihr journalistische Textsorten kennen, z. B. Bericht und Reportage,
- erstellt ihr eine eigene Klassenzeitung.

9.1 Aktuelle Ereignisse – Zeitungstexte gedruckt und online untersuchen

Zeitungstypen unterscheiden

1 Seriös oder sensationsorientiert? Untersucht die Titelseiten zweier Zeitungen vom selben Tag.

a Gebt an, über welche Themen beide Zeitungen berichten.

b Beschreibt die Gestaltung der beiden Seiten. Geht dabei auf die folgenden Punkte ein:

> Farbgestaltung • Anteil von Bildern und Texten • Schriftgröße der Überschriften und Texte

c Welche Titelseite spricht euch eher an? Begründet eure Aussage.

d Um welchen Zeitungstyp handelt es sich jeweils: Boulevardzeitung oder Abonnementzeitung? Lest die Hinweise im Infokasten und begründet eure Zuordnung.

Information **Boulevardzeitungen und Abonnementzeitungen**

- **Boulevardzeitungen** werden auf der Straße (franz. *boulevard:* große Straße) oder am Kiosk verkauft. Sie haben einen **hohen Unterhaltungswert.**
  Boulevardzeitungen verfügen häufig über **reißerische Schlagzeilen,** die bestimmte Gefühle auslösen. Der Satzbau und die Wortwahl in den Zeitungstexten sind meist sehr **einfach.** In Überschriften, Texten und Bildern werden **auffällige Farben und Fettdrucke** verwendet.
- **Abonnementzeitungen** werden hauptsächlich bestellt (abonniert). Sie haben einen **hohen Informationswert.** Abonnementzeitungen enthalten **ausführlichere Artikel.** Diese sind meist **sachlich** formuliert und nüchtern gestaltet.

Die Titelseite einer Zeitung genauer untersuchen

1 Beschreibt den Aufbau der Titelseite mit Hilfe der vorgegebenen Begriffe.

2 a Sammelt Titelseiten von verschiedenen Zeitungen desselben Tages und vergleicht sie. Untersucht die folgenden Punkte:

- **A** Welche Themen werden auf der Titelseite genannt?
- **B** Was zeigen die Bilder auf der Seite?
- **C** Was ist der Aufmacher der Zeitung?
- **D** Wie hoch ist der Bildanteil im Vergleich zum Textanteil?
- **E** Was wird farbig hervorgehoben?
- **F** Wie sind die Schlagzeilen optisch und sprachlich gestaltet?

b Bestimmt, um welchen Zeitungstyp es sich bei den einzelnen Zeitungen jeweils handelt – Boulevardzeitung oder Abonnementzeitung. Begründet eure Einschätzung.

c Stellt eure Ergebnisse der Klasse vor und erklärt: Welche Funktion haben Titelseiten?

3 a Sammelt am Zeitungskiosk oder im Internet Schlagzeilen aus verschiedenen Zeitungen zum gleichen Ereignis. Notiert jeweils Schlagzeile, Zeitungsname und Zeitungstyp.

b Stellt die Schlagzeilen vor. Lasst die anderen raten, um welchen Zeitungstyp es sich handelt.

Information **Der Aufbau der Titelseite von Zeitungen**

- Die **Titelseite** soll die Leserinnen und Leser über den Inhalt der Zeitung informieren. Damit möglichst viele Themen gezeigt werden können, werden die Texte oft nur angerissen. Es folgen dann Seitenverweise auf die genauere Darstellung im Innenteil der Zeitung.
- Jede Zeitung hat ihr eigenes **Layout.** Als Layout bezeichnet man die Gestaltung einer Zeitungsseite. Auf der Titelseite findet man meistens die folgenden Elemente:
  - **Zeitungskopf** (Titel der Zeitung, Ausgabennummer, Datum, Preis),
  - **Schlagzeile** (auch Hauptüberschrift oder Headline genannt),
  - **Aufmacher** (Titelbild und häufig Leitartikel),
  - weitere **Nachrichtentexte.**

Die Ressorts einer Zeitung kennen

A **Ohne Karte und Kompass**

B **Rückschlag für Canon**

C **Wohnwagen samt Besitzer gestohlen**

D **Ronaldo und Real unterzeichnen Vertragsverlängerung**

Amsterdam. Niederländische Diebe haben in Delft einen Wohnwagen samt dessen Besitzer gestohlen. Der 29 Jahre alte Wohnwagenbesitzer hatte am Sonnabend in seinem Caravan still vor sich hingearbeitet, als der Wohnwagen sich plötzlich in Bewegung setzte, berichtete die Polizei. Diebe hatten das Gefährt an ihr Auto gekoppelt. Der Besitzer rief daraufhin die Polizei an. Als die Diebe bemerkten, dass sich im Campingwagen ein Mensch befand, koppelten sie den Wagen ab und flüchteten. Die beiden Männer im Alter von 36 und 23 Jahren wurden wenig später von der Polizei gestellt.

Berlin. Der Regisseur Fatih Akin („Gegen die Wand“) wird Wolfgang Herrndorfs Bestseller „Tschick“ verfilmen. Kinostart ist am 15. September 2016, wie die Agentur Just Publicity in Berlin weiter mitteilte.
Herrndorf starb 2013 im Alter von 48 Jahren. Sein preisgekröntes, auch als Theaterversion erfolgreiches Buch handelt von zwei jugendlichen Außenseitern, die einen Sommer lang ohne Karte und Kompass durch die ostdeutsche Provinz fahren – Stoff für ein Roadmovie.

Madrid. Der dreimalige Weltfußballer Cristiano Ronaldo hat mit Champions-League-Sieger Real Madrid eine Verlängerung seines Arbeitsvertrags bis zum 30. Juni 2021 unterzeichnet. „Ich will mit diesem Trikot weiter Geschichte schreiben“, sagte der 31 Jahre alte Portugiese bei der Unterzeichnungszeremonie in Madrid. Die vorzeitige Verlängerung um drei Jahre wird nach Medienberichten mit einer „deutlichen Verbesserung“ des Gehalts des Topverdieners von Real einhergehen. Zurzeit bekomme Ronaldo noch ein Netto-Jahresgehalt von 20,5 Millionen Euro, heißt es.

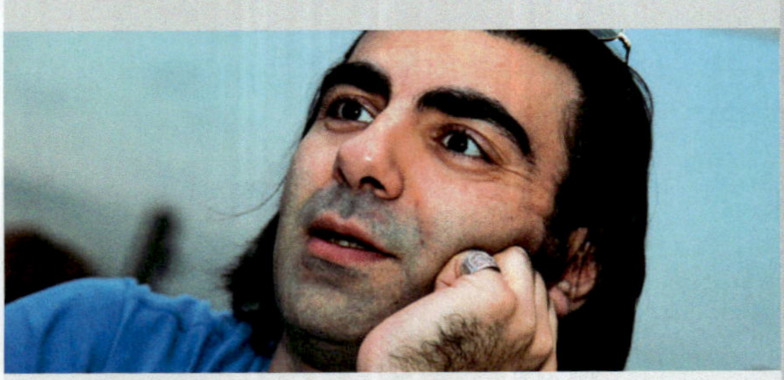

Tokio. Dem weltweit größten Kamerahersteller Canon macht die wachsende Konkurrenz der Smartphones schwer zu schaffen. Der Nettogewinn sank im zweiten Quartal um 16 Prozent auf umgerechnet knapp 500 Millionen Euro, wie der japanische Konzern mitteilte. Bereits im ersten Quartal war der Gewinn um rund 29 Prozent eingebrochen. Weil immer mehr Menschen mit den Handy-Alleskönnern fotografieren, schrumpft der Absatz von Digitalkompaktkameras beständig.

1 Was wisst ihr über den Aufbau einer Zeitung?

a Notiert Themengebiete (Ressorts), nach denen die Artikel in Zeitungen geordnet werden. Vergleicht eure Angaben.

b Untersucht eine Tageszeitung und ergänzt eure Auflistung der Ressorts.

c Welche Art von Artikeln findet man unter welchem Ressort?
Formuliert zu den einzelnen Ressorts in eurer Liste Erklärungen, z. B.:
- *Im Ressort „Lokales" findet man alles, was in der unmittelbaren Umgebung ...*
- *Unter „Kultur" stehen Artikel zu neuen Kinofilmen, ...*

d Tauscht euch darüber aus, welche Ressorts euch besonders interessieren.

2 a Lest die Schlagzeilen A–D auf ▶ Seite 176 und tauscht euch aus:
- Welche Art von Nachricht erwartet ihr unter diesen Schlagzeilen jeweils?
- Welchen Ressorts würdet ihr die Schlagzeilen zuordnen?

Politik • Wirtschaft • Sport • Kultur • Wissen • Lokales • Aus aller Welt

b Ordnet die Schlagzeilen den vier Nachrichtentexten zu und überprüft, ob eure Zuordnung der Schlagzeilen zu den einzelnen Ressorts richtig war.

3 Bereitet ein Schlagzeilen-Quiz vor:

a Schreibt Schlagzeilen aus einer Tageszeitung auf einzelne Zettel.

b Notiert auf der Rückseite jeweils, aus welchem Ressort ihr die Schlagzeile entnommen habt.

c Tauscht eure Zettel und ratet, zu welchen Ressorts die Schlagzeilen eures Lernpartners gehören.

4 Fertigt Zeitungscollagen an:

a Bildet Gruppen zu den folgenden Ressorts: *Politik, Wirtschaft, Sport, Kultur, Lokales.*

b Sammelt eine Woche lang interessante Artikel zu eurem Ressort.

c Stellt euch in der Gruppe gegenseitig eure Artikel vor:
- Aus welcher Zeitung welchen Datums stammt der Artikel?
- Wie lautet die Schlagzeile des Artikels?
- Worum geht es in dem Artikel? Fasst den Inhalt kurz zusammen.

d Fertigt aus euren Zeitungsartikeln eine Collage und hängt sie im Klassenraum auf.

e Führt einen Museumsgang *(Gallery Walk)* durch. Stellt euren Mitschülern dabei die verschiedenen in eurem Ressort behandelten Themen vor.

5 Formuliert zu den vier Nachrichten auf ▶ Seite 176 eigene Schlagzeilen.

Information **Der Aufbau einer Zeitung**

- Zur besseren Orientierung sind die Inhalte einer Zeitung nach **Themen** geordnet. Diese nennt man **Ressorts.**
- In den Zeitungen findet man die Ressorts häufig in der folgenden Reihenfolge: *Politik, Wirtschaft, Sport, Kultur (Feuilleton), Wissen, Lokales, Aus aller Welt.*
- In einer Zeitungsredaktion hat jedes Ressort einen Ressortleiter.

Diagramme auswerten

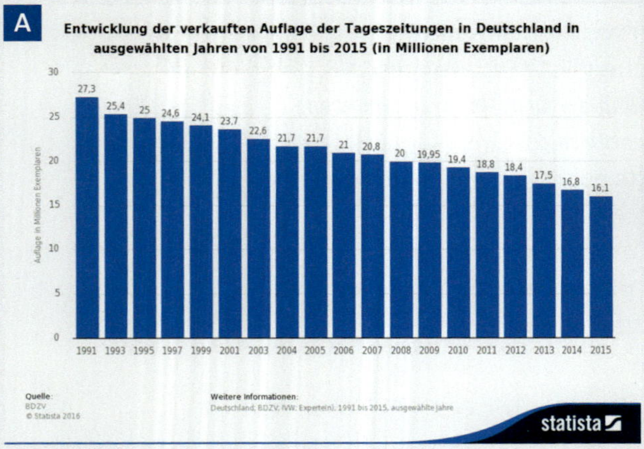

B Nachrichten – Was lest ihr? Was lesen eure Eltern?

Umfrage in einer 8. Klasse
(Mehrfachnennungen möglich)

	Schülerinnen und Schüler	Eltern
Tageszeitung	24 %	52 %
Onlinezeitung	15 %	36 %
Nachrichten-App	18 %	48 %

1 Wertet die beiden Grafiken A und B aus:
- a Lest jeweils die Überschrift und alle Angaben.
- b Gebt zu jeder Grafik an, worum es darin geht.
  Zu welcher übergeordneten Frage informieren die beiden Grafiken?
- c Beschreibt die Entwicklung und die Situation, die die Grafiken verdeutlichen.

2 Verfasst einen Informationstext zu den Aussagen der beiden Grafiken.
Folgende Formulierungen könnt ihr verwenden:

> Die Grafiken geben Auskunft über ... • Das Diagramm zeigt ... • Dabei fällt auf, dass ... •
> In der Tabelle geht es um ... • Vergleicht man die Zahlen, zeigt sich, dass ... •
> Insgesamt wird durch die beiden Grafiken deutlich, ...

3 Formuliert Vermutungen dazu, wie sich die Nutzung der verschiedenen Medienformen von Tageszeitungen in den kommenden Jahren entwickeln wird. Begründet eure Aussagen.

Methode | **Diagramme auswerten**

- In Diagrammen werden Angaben (z. B. Mengen) **bildlich** dargestellt.
- So könnt ihr **Diagramme entschlüsseln:**
  1. Schritt: Betrachtet das Diagramm genau. Lest die Überschrift und alle Angaben.
  2. Schritt: Untersucht das Diagramm: Welche Angaben werden gemacht? Wofür stehen die Zahlen? Welche Informationen werden gegeben?
  3. Schritt: Wertet das Diagramm aus. Vergleicht die Angaben und notiert, was euch auffällt.
  4. Schritt: Bei mehreren Diagrammen zu einem Oberthema solltet ihr zunächst die Grundaussage der einzelnen Diagramme ermitteln. Vergleicht dann die Aussagen.

Zeitungen online lesen

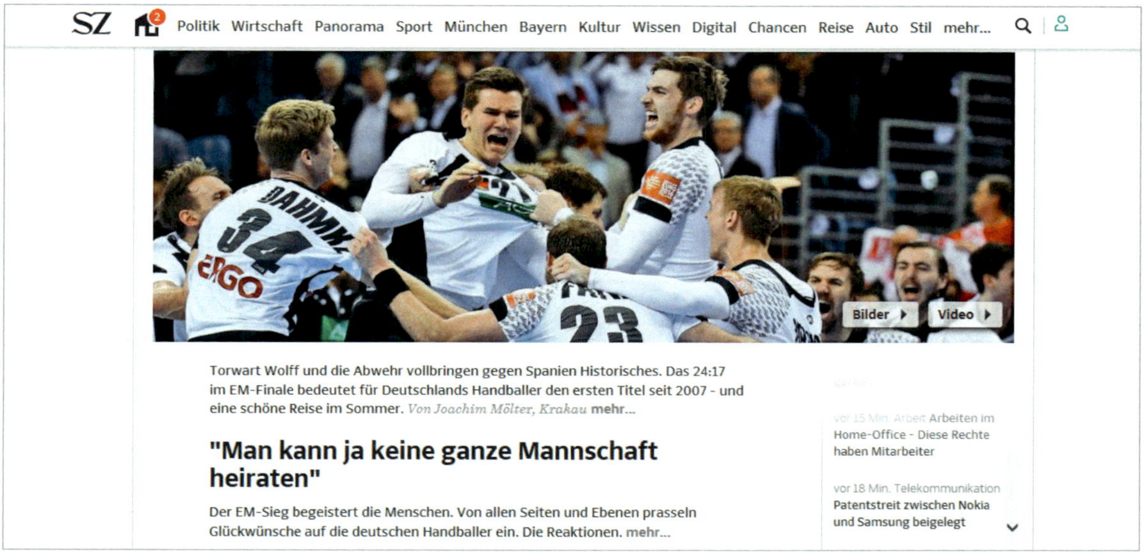

1 a Beschreibt die Seite der Onlineausgabe einer Zeitung. Verwendet folgende Begriffe:

> Suchfunktion • Reiter zu den unterschiedlichen Ressorts der Zeitung • Schlagzeile • Link zur Fortsetzung des Zeitungsartikels • Links zu weiteren Artikeln

b Gebt an, welche zusätzlichen Funktionen die Onlinezeitung im Vergleich zur herkömmlichen Tageszeitung (Printausgabe) bietet.

2 Vergleicht die Onlineausgabe einer Zeitung mit der Printausgabe:
- Wie sind die Titelseiten jeweils aufgebaut? Wie hoch ist der Anteil an Werbung?
- Wie gut könnt ihr euch in der Printausgabe orientieren, wie gut in der Onlinezeitung?
- Welche Vor- und Nachteile haben Print- und Onlinezeitung jeweils?

3 Eine Onlinezeitung kann jederzeit aktualisiert werden. Überlegt, was das für die Redakteure und für die Leser bedeutet.

Information **Die Onlinezeitung**

Die meisten Zeitungen bieten heute neben der **gedruckten Ausgabe (Printausgabe)** auch eine **Onlineausgabe** im Internet an. Diese Ausgabe verfügt über folgende Besonderheiten:
- Sie kann **ständig aktualisiert** werden, auch mehrmals täglich.
- Sie ist **interaktiv.** Leser können Artikel kommentieren oder an Abstimmungen teilnehmen.
- Die Inhalte sind **multimedial.** Die Zeitung kann auch Film- oder Tonbeiträge enthalten.
- Sie reißt auf der Startseite lediglich Themen an. **Links** führen zu weiteren Informationen.
- Es gibt eine **Such- und Archivfunktion,** über die die Leser gezielt Artikel suchen können.

Zeitungstypische Textsorten unterscheiden

Die Meldung und der Bericht

Hai-Angriff vor laufender Kamera

Australischer Surfer wehrt Attacke ab

In Südafrika wurde der australische Surf-Profi Mick Fanning während eines Wettkampfs von einem Hai attackiert. Der 34-Jährige schlug um sich, vertrieb den Hai und wurde schließlich von Helfern gerettet – unverletzt.

Surf-Star entkommt Hai-Angriff

Südafrika. Jeffreys Bay in Südafrika ist bekannt für tolle Wellen – und viele Haie. Im Finale eines Wettkampfs wurde der australische Surf-Star Mick Fanning nun von einem Hai angegriffen – und wehrte sich.

Es ist so etwas wie der Albtraum eines jeden Surfers: Der Australier Mick Fanning wartete in den Wellen der Jeffreys Bay in Südafrika gerade auf Wellen, als unmittelbar hinter ihm plötzlich Rücken- und Schwanzflosse eines Hais zu sehen sind. Das Tier scheint den hinteren Teil von Fannings Board anzugreifen, der Veranstalter berichtet sogar von zwei Haien, die den 34-Jährigen attackiert hätten.

Fanning – Surf-Weltmeister der Jahre 2007, 2009 und 2013 – konnte sich nicht auf seinem Brett halten und fiel ins Wasser. Kurz darauf wurde er unversehrt geborgen. Die Organisatoren brachen das Finale nach dem Vorfall ab. In einem Interview schildert Fanning, wie er versucht habe, sich zu wehren: „Ich habe dem Hai auf den Rücken geschlagen."

Jeffreys Bay im Südosten Südafrikas ist einer der berühmtesten Surf-Spots der Welt. Er ist bekannt für seine lange, rechtsbrechende Welle. Berüchtigt sind die Gewässer vor Südafrika allerdings auch für die große Anzahl an Haien.

1 Lest die beiden Zeitungsartikel und formuliert das gemeinsame Thema:
In den beiden Zeitungsartikeln geht es um ...

2 a Formuliert zu den beiden Artikeln W-Fragen und beantwortet sie stichwortartig im Heft:
Wer? Was? Wann? Wo? Wie? Warum? Welche Folgen?

b Erläutert Unterschiede und Gemeinsamkeiten beider Artikel. Vergleicht folgende Punkte:

Textlänge • Ausführlichkeit der Darstellung • Einbau von Zitaten • Sprache

c Bericht oder Meldung? Bestimmt die Textsorte mit Hilfe des Infokastens auf ▶ S. 181.

Bei Unwetter aus Zoo entlaufen

Raubtiere auf den Straßen von Tiflis

Tiflis. Bei Überschwemmungen in Tiflis sind mehrere Menschen ums Leben gekommen. Der Zoo der georgischen Hauptstadt wurde weitgehend zerstört, zahlreiche Tiere brachen aus ihren Gehegen aus. Darunter Tiger, Bären und Löwen.

Bei Überschwemmungen nach heftigem Regen sind in der georgischen Hauptstadt Tiflis mindestens acht Menschen ums Leben gekommen. Der Zoo wurde in der Nacht zum Sonntag zu weiten Teilen zerstört, wie örtliche Medien berichteten. Zahlreiche Tiere, darunter mindestens sechs Tiger, acht Bären und sechs Löwen, brachen aus ihren Gehegen aus und streunten durch die Stadt. Aus Sicherheitsgründen erschossen Polizisten und Spezialkräfte mehrere Tiere.

Auch Wohnviertel wurden überflutet. Mehrere Menschen wurden von den Wassermassen mitgerissen. Präsident Georgi Margwelaschwili sprach den Angehörigen der Toten sein Beileid aus. Alles werde rasch wieder aufgebaut, versprach er. Regierungschef Irakli Garibaschwili sagte, die Überschwemmungen hätten „großen Schaden“ angerichtet.

Der Zivilschutz der Südkaukasusrepublik richtete einen Krisenstab ein. Das Innenministerium riet den Menschen in Tiflis, vorerst in ihren Wohnungen zu bleiben.

3 Untersucht den Aufbau des Zeitungsberichts:

a Gliedert den Text in Abschnitte und notiert die Zeilenangaben.

b Welche W-Fragen werden im ersten Textabschnitt beantwortet? Schreibt sie ins Heft und ergänzt die Antworten stichwortartig.

c Macht Notizen zu den Detailinformationen, die in nachfolgenden Abschnitten gegeben werden.

d Welche Zitate werden direkt oder indirekt angeführt? Schreibt die Aussagen ab und markiert in den Sätzen Angaben dazu, wer das jeweils gesagt hat. Wir wirken diese Zitate auf die Leser?

4 Formuliert eine Meldung zu dem oben beschriebenen Ereignis. Beantwortet darin nur die wichtigsten W-Fragen zum Geschehen.

Information **Die Meldung und der Bericht**

- In Zeitungen unterscheidet man zwischen zwei **informierenden Textsorten:** der Meldung und dem Bericht.
- In **Meldungen** wird knapp und sachlich über ein Ereignis berichtet. Dabei werden nur die wichtigsten W-Fragen beantwortet, auf weiterführende Detailinformationen wird verzichtet.
- Ein **Zeitungsbericht** informiert ebenfalls knapp und sachlich über ein aktuelles Ereignis. Er beantwortet zu Beginn die wichtigsten W-Fragen, berichtet im weiteren Textverlauf dann aber auch über weitere Details des Ereignisses.
  Ein Zeitungsbericht kann Zitate von Experten oder Betroffenen wiedergeben, die namentlich genannt werden. Sie sollen die Glaubwürdigkeit einer Aussage unterstreichen und den Bericht lebendiger wirken lassen.

Der Kommentar

Louisa Knobloch

Kommentar: Mit einfachen Dingen überfordert

Nicht für die Schule, für das Leben lernen wir – das besagt schon ein lateinisches Sprichwort. Dass künftig mehr Alltagskompetenzen im Unterricht vermittelt werden sollen, ist daher eine gute Sache. Gerade was den Umgang mit Geld angeht, haben offenbar viele Jugendliche Nachholbedarf: Die Zahl der jungen Menschen, die ihre Schulden nicht mehr bezahlen können, ist in den vergangenen Jahren stark angestiegen. Der Grund ist in vielen Fällen leichtsinniges Konsumverhalten: Die Kosten für den Handyvertrag werden unterschätzt, bargeldloses Online-Shopping verleitet zu Bestellungen. Auch unbedachtes Posten von Fotos im Internet kann als Urheberrechtsverletzung schnell teure Abmahnungen nach sich ziehen. Angesichts voller Stundenpläne ist es sinnvoll, kein zusätzliches Fach einzuführen, sondern bestehende Angebote in den einzelnen Fächern auszubauen. Die Frage ist allerdings, wo bei der Vermittlung von Alltagskompetenzen begonnen werden soll: Diskutiert wurden auch scheinbar selbstverständliche Dinge wie Schnürsenkel binden, einen Knopf annähen, den Hof kehren oder höflich grüßen. Dass junge Menschen zum Teil bereits mit solchen einfachen Aufgaben überfordert sind, ist erschreckend. Diese in der Schule zu vermitteln, hilft zwar den Jugendlichen, ändert aber nichts an der Ursache: Erziehung ist in erster Linie die Pflicht der Eltern.

1 Lest den Kommentar. Was genau ist mit dem Begriff „Alltagskompetenzen" (▶ Z. 3) gemeint? Erklärt die Bedeutung und nennt Beispiele.

2 Worin unterscheidet sich der Artikel inhaltlich von einer Meldung oder einem Bericht? Gebt an, wie er auf euch gewirkt hat.

3 In einem Kommentar nimmt eine Autorin oder ein Autor Stellung zu einem aktuellen Geschehen oder einer öffentlichen Diskussion.

a Welche Frage wird in dem Artikel diskutiert? Formuliert sie mit eigenen Worten.

b Welche Meinung äußert die Autorin zu dieser Fragestellung? Notiert sie in einem Satz:
Die Autorin Louisa Knobloch ist der Meinung, dass Alltagskompetenzen …

c Gebt ein Argument und ein Beispiel an, mit denen die Autorin ihre Meinung stützt.

4 Was sind eurer Meinung nach wichtige Alltagskompetenzen, die im Unterricht mehr Berücksichtigung finden sollten? Nennt zwei Beispiele und begründet euren Standpunkt.

Information | **Der Kommentar**

- In einem Kommentar stellt eine Verfasserin / ein Verfasser seine **persönliche Meinung** zu einem Thema dar. Ihre/Seine Meinung sollte mit Argumenten und Beispielen begründet sein.
- Der **Verfasser** des Kommentars wird mit Namen genannt.
- Der Kommentar soll dazu anregen, sich eine **eigene Meinung zum Thema** zu bilden.

Das Interview

„Furchtbar verschlafen“

Ein Interview mit der Bundestagsabgeordneten Kristina Schröder

SPIEGEL: Frau Schröder, Sie engagieren sich seit einigen Monaten dafür, dass Schulen in Ihrem hessischen Wahlkreis später mit dem Unterricht beginnen. Sind Sie eine Langschläferin?

Schröder: Ich persönlich bin gar nicht betroffen, meine große Tochter kommt erst in zwei Jahren in die Grundschule. Aber ich kann mich noch gut daran erinnern, wie quälend für mich als Schülerin das frühe Aufstehen war.

SPIEGEL: Es heißt doch so schön: *Morgenstund hat Gold im Mund.*

Schröder: Das hängt vom Schlaftyp ab. Ausgeschlafenere Kinder sind auf jeden Fall leistungsfähiger, gesünder und schlanker. Und auch viele Eltern leiden darunter, dass die Kinder unter der Woche so früh aufstehen müssen und furchtbar verschlafen in die Schule gehen. Das ist schlecht für das Familienleben.

SPIEGEL: Berücksichtigt der Ruf nach einem späteren Schulbeginn nicht nur einen Teil der Eltern? Maurer oder Krankenschwestern, die früh zur Arbeit müssen, sind froh, wenn sie die Kinder um halb acht in der Schule abgeben können.

Schröder: Deswegen muss der spätere Schulbeginn unbedingt mit einer Betreuung ab 7.30 Uhr kombiniert werden.

SPIEGEL: Den Ruf nach einem späteren Schulbeginn gibt es seit Jahren. Warum tut sich nichts?

Schröder: Das ist ein kulturelles Problem. Frühes Aufstehen ist in Deutschland ganz eng mit Redlichkeit verbunden, mit Fleiß und Disziplin. Viele Eltern haben immer noch das Gefühl, sie verhätscheln die Kinder, wenn sie sie ausschlafen lassen. Das ist natürlich Quatsch. Zur Wahrheit gehört aber auch: Ein späterer Schulbeginn scheitert oft am Widerstand der Lehrer.

1 Erklärt, wie der Interviewer die Politikerin dazu bringt, sich ausführlich zu äußern.

2 In einem Interview kann man verschiedene Arten von Fragen einsetzen.

a Prüft die einzelnen Fragen im Text oben: Handelt es sich jeweils um eine W-Frage, eine Entscheidungsfrage, eine Einstiegsfrage oder eine Abschlussfrage?

b Diskutiert, welche Fragetypen für ein Zeitungsinterview besonders geeignet sind.

c Welche weitere Frage würdet ihr der Politikerin gern stellen? Notiert sie und überlegt eine mögliche Antwort.

3 Wie ist eure Meinung zum Thema Schulbeginn? Verfasst einen Kommentar (► S. 182).

4 Formuliert zwei Aussagen der Politikerin für einen Bericht in indirekte Rede (► S. 311 f.) um.

Information **Das Interview**

Mit einem Interview werden durch Fragen gezielt Informationen ermittelt. Fragetypen sind:

- **W-Frage:** zielt auf nähere Auskünfte oder Tatsachen zum Thema,
- **Entscheidungsfrage:** kann nur mit Ja oder Nein beantwortet werden,
- **Einstiegsfrage:** umreißt das Thema, um das es gehen soll,
- **Abschlussfrage:** ermöglicht es, das Thema abzurunden oder einen Ausblick zu geben.

Die Reportage

Katrin Puvogel: **Unter uns die sieben Berge**

Rundflug mit dem Gyrocopter

Sankt Augustin. So weit oben und doch ganz nah: Beim Gyrocopter-Rundflug muss sich unsere Reporterin Katrin Puvogel erst kurz überwinden und genießt dann die Aussicht auf das Siebengebirge – in einem offenen Fluggerät.

Der kleine grüne Streifen rechts von mir ist ungefähr so breit wie mein Finger. Der Kopfhörer knackt, dann höre ich eine Stimme: „Rechts siehst du die Poppelsdorfer Allee!“ Vorsichtig wage ich, mich etwas nach links zu lehnen, und rufe dem Piloten zu: „Robert! Links unten, da wohne ich!“ Ich strecke meine Hand aus und deute auf ein Haus in der Bonner Südstadt, das von hier wie Spielzeug aussieht. Der Fahrtwind pfeift um meinen Arm und prompt wird mir wieder klar: Dieses Fluggerät ist wirklich rundum offen.

Auf dem Flughafen Bonn-Hangelar treffen wir Robert Krause und Uwe Pütz. Sie warten auf uns neben zwei knallorangefarbenen Gyrocoptern. Unweigerlich fühle ich mich an eine meiner Lieblingsgeschichten aus der Augsburger Puppenkiste erinnert: „Robbi, Tobbi und das Fliewatüüt“. Der Gyrocopter sieht aus wie ein Mix aus Hubschrauber und Motorrad. Mir ist etwas mulmig zumute. „Mit Gyrocopter-Flügen kann man Flugangst behandeln“, sagt Uwe zu mir. Im Ernst? „Wir hatten schon über 1000 Gäste und keinem ist schlecht geworden.“

„Wir fliegen etwa 600 Meter über dem Boden“, erklärt er, als wir uns den Gyrocopter aus der Nähe ansehen. „Wir haben heute perfektes Wetter für deinen ersten Flug“, sagt Uwe. Das heißt: Sonne, wenig Wind, nicht zu heiß. „Oben wird es etwa vier Grad kühler sein“, meint Pilot Robert und überreicht mir einen Ganzkörperanzug. Ich fühle mich ein bisschen wie bei „Topgun“, auch wenn mein Kollege Chris Necke mich in dem etwas zu großen Anzug lieber mit einem „Michelinmännchen“ vergleicht. Auch einen Helm bekomme ich, damit ich mich in der Luft mit Robert verständigen kann. Über Funk sprechen wir miteinander, denn zurufen kann man sich dort oben nichts: Weil der Gyrocopter offen ist, muss man als Passagier Ohrenschutz tragen, um sich vor den 61,8 Dezibel zu schützen.

Ehe ich mich versehe, rollen wir schon Richtung Startbahn. Ich kann zuhören, wie Robert die Informationen zur Starterlaubnis an den Tower durchgibt, verstehe allerdings kein Wort außer: „Golf-Oscar-Formation“. Das sind wohl wir. Dann geht es los: Der Gyrocopter startet nicht senkrecht wie ein Hubschrauber, sondern eher wie ein Flugzeug. Als wir losrollen, spüre ich die Vibration der Fahrt über die Startbahn und höre das gleichmäßige Knattern des Heckpropellers. Dann, ganz sanft, hebt der Gyrocopter ab. Wir gewinnen sehr schnell an Höhe und schon nach wenigen Sekunden kann ich den Rhein glitzern sehen. Es knackt im Kopfhörer: „Wenn du nach rechts schaust, kannst du den Kölner Dom sehen“, sagt Robert. Ich bin völlig baff und vergesse, dass wir schon Hunderte Meter über dem Boden sind. Das Fliegen fühlt sich etwa so an wie Motorradfahren in der Luft, die frische Luft ist zu spüren, aber dass wir mit 110 Stun-

denkilometer unterwegs sind, kann ich nicht so recht glauben.
„Schau mal nach rechts unten", rauscht es im Kopfhörer, „da sind die anderen." Mein Kollege sitzt im zweiten Gyrocopter viele Meter unter uns. „Die sind schwerer", sagt Robert zu mir und lacht. Bis zu vier Kilometer kann der Gyrocopter in die Luft steigen.
Das Siebengebirge ist mir am Boden durchaus bekannt, aus der Luft entfaltet es aber eine ganz besondere Schönheit. Der dunkelgrüne Wald zeichnet sich zwischen den gelben Feldern und dem bläulich glitzernden Rhein ab. Der Petersberg ist nicht nur ein weit entfernter Punkt, und obwohl wir recht weit davon entfernt sind, kann ich alles sehr genau sehen.
Robert und ich können uns ganz entspannt unterhalten, für ihn ist die Strecke Routine – was aber nicht bedeutet, dass er nicht ständig wachsam den Flugfunk verfolgt. „Man kann das mit dem Autofahren vergleichen", sagt er. „Wir variieren die Strecke aber auch ganz bewusst", erzählt er. Ihm ist besonders wichtig, sehr umsichtig zu fliegen, das merke ich sofort. Alle paar Minuten fragt er mich auch, ob alles okay ist.
Zurück am Boden werden wir begrüßt: „Ihr wart aber lange weg." Knapp fünfzig Minuten sind wir geflogen. Mir kam es eher vor wie fünfzehn. Das Fliegen mit dem Gyrocopter ist wirklich ein besonderes Gefühl, noch nie habe ich Fahrtwind in der Luft gefühlt. Und wie von Robert versprochen ist mir weder schlecht noch hatte ich Angst. „Verstehst du jetzt, warum ich nach dem ersten Flug direkt meine Lizenz gemacht habe?", fragt Robert mich. Ich kann nur eine Gegenfrage stellen: „Wo kann ich mich zum Kurs anmelden?"

1 Habt ihr die Welt oder eure Wohngegend schon aus der Luft gesehen? Berichtet davon.

2 Lest die Reportage und beschreibt die Besonderheiten dieser Textsorte:
a Erklärt, wie der Textanfang (▸ Z. 1–12) auf euch wirkt. Was fällt euch auf?
b Nennt die Zeitform, in der die Reportage verfasst wurde.
c Ordnet die markierten Textstellen den folgenden Merkmalen von Reportagen zu:
   A Reportagen enthalten sachliche Informationen, die Antworten auf wichtige W-Fragen geben.
   B Reportagen enthalten Schilderungen der Sinneswahrnehmungen, Gedanken und Gefühle der Beteiligten.
   C Reportagen enthalten direkte Zitate von beteiligten Personen.
d Gebt zu jedem Merkmal A–C zwei weitere beispielhafte Textstellen an.

Information **Die Reportage**

- Reportagen sollen nicht nur **informieren,** sondern die Leser gleichzeitig **unterhalten.** Deshalb informieren sie besonders **anschaulich** und **lebendig** über ein Ereignis.
- Reportagen haben einen **szenischen Einstieg,** der mitten ins Geschehen hineinführt und die Leser neugierig macht. Der Reporter ist Augenzeuge des Ereignisses.
- Sie enthalten **sachliche Informationen** (Antworten auf W-Fragen).
- Sie wollen Lesern das **Gefühl vermitteln, selbst dabei zu sein.** Daher werden möglichst alle Sinne angesprochen sowie die Atmosphäre und Stimmung vor Ort **lebendig geschildert.**
- Reportagen enthalten oft **Zitate von Personen.**
- Sie sind meist im **Präsens** formuliert, können aber Zeitformwechsel enthalten.

Teste dich!

Zeitungstypische Textsorten kennen

A

Schulstreich landet vor Gericht

Opfer hatte monatelang Schmerzen

Hannover. Er zog seinem Mitschüler den Stuhl weg und landete deshalb vor dem Amtsgericht Hannover. Dort ist ein heute 17-Jähriger am Dienstag …

B

„Der/die/das Nutella“

Was die Anrufer der Duden-Hotline beschäftigt – trotz vieler Korrekturprogramme

„Anachronismus“ ist kein einfaches Wort. Wer wissen will, wie man es schreibt, kann die Duden-Sprachberatung anrufen, statt wild herumzugoogeln. Deren Leiterin Kathrin Kunkel-Razum über die deutsche Rechtschreibung im Internetzeitalter und warum wir so oft an ihr verzweifeln.

SZ: Die Duden-Redaktion hat eine lange Liste „schwieriger Wörter“ erstellt. Sie beginnt mit „asozial“ und endet mit „zuwider“.
Ist Deutsch trotzdem eine schöne Sprache?

Kathrin Kunkel-Razum: Auf jeden Fall. Nehmen Sie ein Wort wie „fluffig“, das erst seit 2006 im Duden steht …

C

Ferienjob im Phantasialand

In wenigen Schritten nach Mexiko

Brühl. 20 Jahre nach seinem ersten Ferienjob wagt sich GA-Reporter Simon Bartsch zurück ins Phantasialand. Dort arbeitet er als Achterbahn-Kontrolleur und als Aushilfe bei der Eiskunstlauf-Show.

Das Brüllen einer Raubkatze durchbricht die morgendliche Stille. Palmen säumen den kleinen Weg, auf der anderen Seite der Pflanzen stürzen sich Touristen in den todesmutigen Kampf mit der Black Mamba. Afrika ist so nah. In diesem Fall mitten in Brühl. Während junge Menschen und Familien ihren ersten Urlaubstag in dem Freizeitpark genießen, heißt es für mich richtig anpacken. Ich werde heute Ferienjobs im Phantasialand ausprobieren …

1 Bestimme zu jedem Textausschnitt, um welche journalistische Textsorte es sich handelt.

2 Ordne den Fachbegriffen A–E die jeweils richtige Erklärung zu.

A der Kommentar	– Textanfang, der die Leser mitten ins Geschehen führt
B der Bericht	– Kurzform des Berichts
C die Meldung	– wertender Text, in dem ein Autor Stellung bezieht
D das Ressort	– Text, der knapp und sachlich über ein Ereignis informiert
E szenischer Einstieg	– Themenbereich

3 Vergleiche deine Ergebnisse mit einer Lernpartnerin oder einem Lernpartner.

9.2 Was ist los? – Eine Klassenzeitung gestalten

Schritt für Schritt zur Klassenzeitung

Schritt 1: Die Aufgaben klären und verteilen

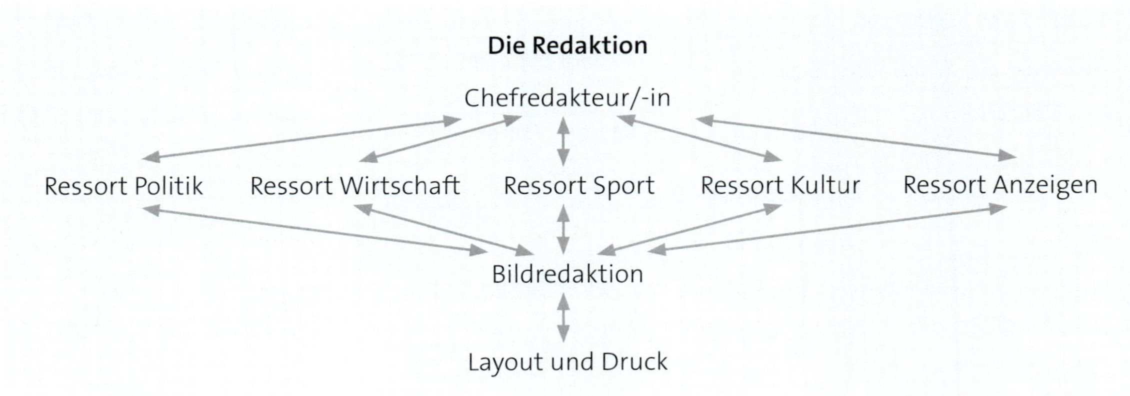

1 Erklärt mit Hilfe der Grafik, wie eine Redaktion aufgebaut ist und welche Aufgaben zum Zeitungsmachen gehören.

2 Plant eine eigene Klassenzeitung:

a Gründet gemeinsam die Redaktion. Verteilt dazu die einzelnen Aufgaben einer Redaktion.

b Legt einen Namen für eure Zeitung fest mit Bezug zu eurer Klasse oder zu eurem Wohnort.

c Führt die erste Redaktionssitzung durch. Besprecht dabei die folgenden Fragen und haltet eure Ergebnisse in einem Ergebnisprotokoll (▸ S. 291) fest.
- Für wen macht ihr die Zeitung? Bestimmt die Zielgruppe (Mitschüler/-innen der Schule, Eltern, Bewohner/-innen eures Wohnorts).
- In welcher Form wollt ihr eure Zeitung veröffentlichen (bunt oder schwarz-weiß, gedruckt oder online auf der Webseite der Schule)?
- Wann soll die Zeitung erscheinen? Wie sieht entsprechend der Zeitplan aus?
- Welches Ressort soll wie viele Artikel vorbereiten?

Information **Die Zeitungsredaktion**

- Als Redaktion bezeichnet man alle **Redakteurinnen und Redakteure** einer Zeitung.
- **Aufgabe** einer Zeitungsredaktion ist es, Informationen zu veröffentlichen. Dies geschieht durch das Schreiben und Bearbeiten (= Redigieren) von Artikeln.
- Eine Redaktion wird von einer **Chefredakteurin oder einem Chefredakteur** geleitet. Sie oder er ist verantwortlich für die inhaltlichen Schwerpunkte und die Planung.
- Die Redaktion trifft sich regelmäßig zu **Redaktionssitzungen,** in denen alle Bereiche aufeinander abgestimmt und gemeinsame Vereinbarungen getroffen werden.

Schritt 2: Themen für Zeitungsbeiträge sammeln

3 a Bildet Gruppen zu den einzelnen Ressorts.
Überlegt gemeinsam, zu welchen Themen ihr Beiträge verfassen könntet:
- Welche Ereignisse in eurer Nähe werden auf Plakaten, im Radio oder im Internet angekündigt?
- Worüber berichten andere Medien derzeit?
- Welche Themen interessieren eure Zielgruppe?

b Notiert eure Ideen und Vorschläge für Beiträge gut lesbar auf einem DIN-A3-Blatt, z. B.:

4 a Stellt eure Themenvorschläge für euer Ressort in der Redaktionssitzung vor.

b Diskutiert die Vorschläge und legt gemeinsam fest, welche Artikel umgesetzt werden sollen.

Schritt 3: Die Recherche planen und Anfragen stellen

5 a Teilt die festgelegten Themen für euer Ressort unter euch auf.

b Beschafft euch erste Informationen zu eurem Thema und legt einen Rechercheplan an, z. B.:

Ressort KULTUR: Rechercheplan zum Thema „Konzert der Band *The Scouts*“ (Lina und Mika)			
Welche Fragen interessieren die Zielgruppe?	**Woher bekommen wir die Informationen?**	**Welche Textsorte erscheint geeignet?**	**Welches Bildmaterial wird benötigt?**
1. Wann wurde die Band gegründet? 2. Wer sind die einzelnen Mitglieder? 3. Wer schreibt die Songs der Band?	*– Webseite der Band lesen – das Konzert besuchen – ein Bandmitglied interviewen*	*– Bericht über das Konzert – Reportage über das Konzert – Interview mit Bandmitglied*	*– Foto der Band – Fotos vom Konzert*

6 Bevor ihr eine Veranstaltung besucht, einen bestimmten Ort besichtigt oder Menschen interviewt, müsst ihr Termine vereinbaren und Anfragen stellen.

a Ermittelt einen Ansprechpartner, der euch Informationen zu eurem Thema vermitteln kann.

b Schreibt eine E-Mail oder führt ein Telefonat. Eure Anfrage sollte folgende Punkte enthalten:

> Name • Schule • Angabe des Projekts • Frage nach dem Namen des Ansprechpartners • genaues Anliegen (z. B. Bitte um Interview oder Ortsbesichtigung) • höfliche Frage, ob dies möglich ist • Bitte um Rückmeldung • Kontaktdaten

Schritt 4: Recherche durchführen, Informationen und Bildmaterial sammeln

7 a Recherchiert nach Informationen zu eurem Thema im Internet oder in Zeitungen und Büchern in der Bibliothek.
b Macht euch Notizen zu wichtigen Informationen und ordnet sie den Fragen in eurem Rechercheplan (▶ Aufgabe 5) zu. Gebt jeweils an, woher ihr die einzelnen Informationen habt.

8 Führt die geplanten Veranstaltungsbesuche, Ortsbesichtigungen, Interviews usw. durch:
- Notiert jeweils Ort, Datum, Namen der Gesprächspartner.
- Macht euch Notizen zu wichtigen Informationen, persönlichen Eindrücken und Beobachtungen.
- Bittet eure Gesprächspartner um Bildmaterial oder fragt, ob ihr selbst fotografieren dürft.

Schritt 5: Die Textsorte festlegen und den Beitrag verfassen

9 Entscheidet, welche Textsorte für das Thema und eure Schreibabsicht besonders geeignet ist:

Jhr wollt kurz und sachlich über etwas informieren?
→ Meldung/Bericht (▶ S. 181)

Jhr wollt eure persönliche Meinung darstellen und etwas bewerten?
→ Kommentar (▶ S. 182)

Jhr wollt über etwas informieren und gleichzeitig die Umstände aus persönlicher Sicht lebendig schildern?
→ Reportage (▶ S. 185)

Jhr wollt aus der Sicht einer bestimmten Person über etwas informieren?
→ Interview (▶ S. 183)

10 a Verfasst euren Beitrag am Computer. Ergänzt eine Schlagzeile, die die Leser neugierig macht.
b Stellt euren Text der Gruppe vor, diskutiert Änderungsvorschläge und überarbeitet ihn.

11 a Wählt gemeinsam mit der Bildredaktion Bilder zu eurem Text aus. Beachtet folgende Fragen:
- Zieht das Bild die Blicke der Leser auf sich und macht es neugierig?
- Passt das Bild inhaltlich gut zum Beitrag? Ergänzt es den Beitrag um weitere Informationen?
- Ist die Bildqualität ausreichend gut?

b Formuliert Bildunterschriften zu den ausgewählten Bildern.

Schritt 6: Das Layout der Zeitung erstellen

12 Gestaltet das Layout der Zeitung am Computer. Probiert durch Änderung der folgenden Elemente verschiedene Gestaltungsmöglichkeiten aus:

Seitenränder • Anzahl der Spalten • Schriftart • Schriftgröße • Fettdruck • Zeilenabstand • Platzierung der Texte und Bilder

Fordern und fördern – Eine Reportage schreiben

Notizen zum Waffelverkauf am 27.10. in der Vicco-von-Bülow-Realschule, Bonn

- überall im Schulhaus Plakate mit Ankündigung
- Schülervertretung startet neues Projekt: Waffelverkauf jeden Dienstag im Eingangsbereich
- Erlös geht an Amnesty International (Organisation für Menschenrechte)
- Preis: 1 € pro Waffel
- Beteiligte: Schülervertreter, Lehrer, Eltern
- 9.15 Uhr: Vorbereitung des Teigs (Spenden), vier Waffeleisen, Puderzucker, Servietten
- 9.25 Uhr: großer Andrang in der Pause
- 2 Minuten vor dem Pausengong: letzte Waffel verkauft
- Amelia: „Superlecker! Könnten die jeden Tag machen."
- Furkan: „Essen für einen guten Zweck - das ist doch genial!"
- Frau Hausmann (Mutter): „Es ist wichtig, dass unsere Kinder sich einsetzen für andere, denen es nicht so gut geht wie uns."
- Herr Frank (Lehrer): „Die Schüler sind mit Feuereifer dabei."
- am Ende: 48 Waffeln verkauft

1 Bereitet mit Hilfe des Notizzettels eine Reportage über den Waffelverkauf für eine Klassenzeitung vor:

a Welche sachlichen Informationen sollte die Reportage enthalten?
Notiert W-Fragen zu dem Ereignis und sucht auf dem Notizzettel nach den Antworten.
▷ Hilfe zu Aufgabe 1 a auf Seite 191

b Welche Eindrücke und Sinneswahrnehmungen könnt ihr schildern, um die Reportage lebendig zu gestalten? Versetzt euch in die Anwesenden und notiert, was sie hören, sehen, riechen, schmecken, fühlen, z. B.:
- *Man hört das Zischen der Waffeleisen / den Schulgong / …*
- *Man sieht die lange Schülerschlange / …*

▷ Hilfe zu Aufgabe 1 b auf Seite 191

2 Verfasst die Reportage:

a Formuliert einen Anfang, der die Leser direkt in das Geschehen versetzt, z. B.:
„Hier fehlt noch ein Löffel für den Teig!" „Und wer hat den Puderzucker?" „Leute, beeilt euch! Gleich klingelt's und wir sind nicht fertig!" In Raum 102 herrscht hektisches Treiben …
▷ Hilfe zu Aufgabe 2 a auf Seite 191

b Setzt die Reportage mit Hilfe eurer Notizen von Aufgabe 1 fort. Beachtet folgende Hinweise:
- Informiert die Leser über die wichtigen Fakten zum Ereignis.
- Schreibt möglichst lebendig. Schildert Sinneswahrnehmungen der Anwesenden im Präsens. Die Leser sollen das Gefühl haben, sie wären selbst dabei.
- Zitiert die Äußerungen von Beteiligten.
- Ergänzt eine passende Überschrift.

▷ Hilfe zu Aufgabe 2 b auf Seite 191

c Tauscht eure Texte mit einem Lernpartner und gebt euch Tipps zur Überarbeitung.

Aufgabe 1a mit Hilfen

Welche sachlichen Informationen sollte die Reportage enthalten?
Übertragt die folgenden W-Fragen ins Heft. Lasst zwischen ihnen jeweils zwei Zeilen frei.
Sucht dann auf dem Zettel nach den Antworten und schreibt sie unter die jeweilige W-Frage.

- Was findet statt?
- Wo findet die Aktion statt?
- Wann findet die Aktion statt?
- Wer ist daran beteiligt?
- Wie wird die Aktion durchgeführt?
- Warum findet die Aktion statt?

Aufgabe 1b mit Hilfen

Welche Eindrücke und Sinneswahrnehmungen könnt ihr schildern, um die Reportage lebendig zu gestalten? Versetzt euch in die Anwesenden und notiert, was sie hören, sehen, riechen, schmecken, fühlen. Ordnet dafür die Beispiele im Kasten folgenden Satzanfängen zu:

- *Man hört ...*
- *Man sieht ...*
- *Man riecht ...*
- *Man schmeckt ...*
- *Man fühlt ...*

bunte Plakate im Schulhaus • Kommentare der wartenden Schüler • Geschubse und Gedrängel in der Schlange • Geld, das in der Kasse klingelt • Puderzucker wie Schnee • erwartungsvolle Gesichter • die Hitze der Waffeleisen • süßen Waffelduft • Zitrone und Vanille • knusprige Waffeln • den Schulgong

Aufgabe 2a mit Hilfen

Formuliert einen Anfang, der die Leser direkt in das Geschehen versetzt. Verwendet folgende Satzanfänge:
Köstlicher Duft strömt aus ... Der Schulhof ist ... Noch sind alle Schüler ... Nur in Raum 102 ...

Aufgabe 2b mit Hilfen

Setzt die Reportage mit Hilfe eurer Notizen von Aufgabe 1 fort. Beachtet folgende Hinweise:

- Informiert die Leser über die wichtigen Fakten zum Ereignis. Ergänzt dafür folgende Sätze:
  Jeden Dienstag findet in ... statt.
  Die Idee für dieses Projekt stammt von ...
  Eltern spenden ... und in der großen Hofpause verkaufen ...
  Eine Waffel kostet ...
  Das so verdiente Geld geht an ...
- Schreibt möglichst lebendig. Schildert Sinneswahrnehmungen der Anwesenden im Präsens. Die Leser sollen das Gefühl haben, sie wären selbst dabei. Ergänzt dafür folgende Sätze:
  Der Schulgong ertönt, und von allen Seiten kommen ...
  Ich stehe in der Schlange, sehe ... und rieche ...
  Endlich erhalte auch ich eine Waffel und beiße hinein. Das schmeckt ...
- Zitiert die Äußerungen von Beteiligten. Ergänzt dafür folgende Sätze:
  Amelia und Furkan setzen sich neben mich und meinen: „...“
  Später unterhalte ich mich noch mit Frau Hausmann, einer Schülermutter. Sie äußert sich begeistert: „...“
  Und Herr Frank meint dazu: „...“
- Ergänzt eine passende Überschrift. Wählt eine der folgenden aus:
  A Neues Projekt der Schülervertretung
  B Oh, es riecht gut ... – Waffeln essen für einen guten Zweck
  C Unterstützung für Amnesty International
  D Dienstags gibt es Waffeln!

9.3 Fit in ...! – Zeitungstexte untersuchen

Stellt euch vor, ihr bekommt in der nächsten Klassenarbeit die folgende Aufgabe gestellt:

Aufgabe
Untersuche die beiden Zeitungstexte. Gehe dabei so vor:

1 a Lies die beiden Zeitungstexte aufmerksam und betrachte das Foto.
  b Worum geht es in den Texten?
  Fasse den Inhalt beider Texte zusammen und bestimme das gemeinsame Thema.

2 a Untersuche, um welche Textsorten es sich jeweils handelt.
  Begründe dein Ergebnis, indem du jeweils zwei Textsortenmerkmale angibst und passende Textstellen als Beispiel anführst.
  b Beschreibe, wie beide Texte auf dich wirken. Begründe, woran das liegt.

Material 1 **Badeunfall am Plöner See**

Fotograf rettet 16-jährigen Flüchtling

Kiel. Am Montagabend rettete ein Passant einen Nichtschwimmer aus dem Plöner See. Ein 16-jähriger Flüchtling aus Syrien war gegen 21 Uhr mit seinen beiden Cousins an einer unbewachten Badestelle in den See gegangen, um sich abzukühlen. Als dieser den Kontakt zum Boden verlor, riefen die beiden anderen laut um Hilfe. Ein Hobbyfotograf am Ufer wurde auf die Gruppe aufmerksam, schleppte den Nichtschwimmer ab und rettete ihm so das Leben.
Bereits im vergangenen Jahr war an gleicher Stelle ein 28-jähriger Mann in Untiefen geraten und ertrunken.

Material 2 **„Plötzlich war da kein Boden mehr unter meinen Füßen“**

Als Nichtschwimmer kam er nach Deutschland. Heute ist Akram Jeridi Azubi im Schwimmbad. Unser Reporter Tobias Hinz hat ihn bei seiner Arbeit begleitet.

„Eine Schwimmnudel bitte. Die grüne da.“ Chlorgeruch hängt in der feuchtwarmen Luft. Tropfnass steht ein kleiner Junge in blau-türkis gestreifter Badehose am Beckenrand. Das Wasser rinnt an seinem ausgestreckten Arm herunter. Vor ihm bilden sich Wasserpfützen. Er bekommt, was er möchte. Flitzt zurück zum Becken. Zu den anderen Kindern des Schwimmkurses. „Die machen ihr Seepferdchen – und sind 5 oder 6 Jahre alt. Ich habe meins mit 18 gemacht – da machen andere ihren Führerschein ...“ Akram Jeridi grinst und deutet mit einem Kopfnicken Richtung Schwimmkurs. Er ist 22, hoch gewachsen, wirkt sportlich, trägt eine blaue Sporthose, das rote Poloshirt der Achenbacher Bäderbetriebe und Flipflops an den Füßen. Auch wenn der junge Mann mit syrischen Wurzeln den Kurs heute nicht leitet, schaut er gerne zu, wenn Menschen schwimmen lernen.
Akram Jeridi kam als syrischer Flüchtling nach Deutschland – und als Nichtschwimmer. Er wollte sich gemeinsam mit seinen beiden Cousins im Hochsommer im Plöner See abkühlen. Die Warnhinweise konnte er nicht lesen. Er stand schon bis zur Hüfte im

Wasser. „Ich bin einen Schritt weiter gegangen. Plötzlich war da kein Boden mehr unter meinen Füßen. Da war einfach nichts mehr, nichts mehr zum Festhalten“, erzählt er und sein ernster Blick lässt die Angst vermuten, die er in diesem Augenblick gehabt haben musste. „Ich habe versucht, mich irgendwie über Wasser zu halten und dabei Unmengen von Wasser geschluckt.“ Seine Cousins riefen um Hilfe – auf Arabisch. Gerettet wurde er schließlich von einem geübten Schwimmer, der zufällig in der Nähe als Hobbyfotograf unterwegs war und den jungen Syrer ans Ufer brachte.

Akram Jeridi hatte großes Glück. Pro Jahr ertrinken mehr als 300 Menschen in Flüssen und Badeseen – besonders in unbewachten Gewässern. Auch geübte Schwimmer überschätzen häufig ihre Fähigkeiten. Hinzu kommt, dass immer weniger Menschen sicher schwimmen können.

„Zwei Tage später stand mein Entschluss fest: Ich wollte schwimmen lernen, ich wollte in Deutschland bleiben und ich wollte anderen Menschen das Schwimmen beibringen“, sagt Akram Jeridi und reicht einem kleinen Mädchen im korallroten Tankini einen Schwimmgürtel. Sie strahlt ihn an: „Weißt du was, ich habe gerade zwei Ringe aus dem Wasser rausgeholt!“ Er lacht sie an. „Cool.“

Dann greift er zu seiner silbernen Trillerpfeife und pfeift einmal kurz. Der Junge, der gerade versucht hatte, das „PAUSE“-Schild vom 3-Meter-Brett abzuhängen, blickt schuldbewusst zu Boden und trollt sich davon.

„Es war gar nicht so einfach: Erst musste ich Schwimmen lernen. Dann habe ich richtig lange trainiert, bis ich gut genug war für die Aufnahmeprüfung – springen, tauchen und alles! Und dann natürlich Deutsch lernen: Das war das Schwierigste.“ Aber das klappt offensichtlich recht gut. Nur die etwas vorsichtige Art, wie er die Konsonanten ausspricht, verrät ihn.

Jetzt ist Akram Jeridi in seinem zweiten Ausbildungsjahr als Fachangestellter für Bäderbetriebe, so die korrekte Bezeichnung für den Bademeister, dessen Aufgaben von Aufsicht über technische Kontrollen bis hin zum Schwimmunterricht reichen.

Heute hat er Aufsicht. Solange er Auszubildender ist, hat er dabei einen erfahrenen Kollegen an seiner Seite. Morgen darf er wieder Schwimmunterricht geben. „Das macht mir am meisten Spaß. Denn das verlernen Menschen nie wieder“, erklärt der junge Mann mit Stolz und wirft einen Blick auf die Bildschirme über ihm. Dann ein lautes „Danke!“. Die grüne Schwimmnudel ist zurück. Der Schwimmkurs ist für heute zu Ende.

Die Aufgabe richtig verstehen und planen

1 Was genau verlangen die Aufgaben (▸ S. 192) von euch? Tauscht euch mit einem Lernpartner darüber aus, wie ihr bei der Erledigung der Aufgaben vorgehen würdet.

2 Bereitet die Zusammenfassung der beiden Zeitungstexte vor:

a Formuliert W-Fragen zum Inhalt der Texte *(Was? Wer? Wann? Wo? Wie? Warum?)* und notiert die Antworten stichwortartig.

b Worum geht es in den beiden Texten? Formuliert das gemeinsame Thema.

3 Untersucht die beiden Zeitungstexte genauer:

a Um welche zwei Textsorten handelt es sich? Welche Textmerkmale weisen die Texte auf? Ordnet den beiden Texten die richtige Textsorte und die zutreffenden Merkmale zu:

Textsorten:
Meldung • Bericht • Interview • Kommentar • Reportage

Textmerkmale:
sachliche Sprache • Beantwortung nur der wichtigen W-Fragen • keine Angabe von Details • Einstiegsfrage • Angabe des Verfassers • W-Fragen und Entscheidungsfragen • Antworten einer bestimmten Person • Darstellung einer Meinung mit Begründung • Zitate von Personen • informierende Textteile mit sachlichen Informationen • szenischer Einstieg • unterhaltende Textpassagen mit Schilderungen • Formulierung im Präsens • Beschreibung der Atmosphäre vor Ort

b Sucht zu den Textmerkmalen passende Textstellen und notiert die Zeilenangaben.

c Notiert zu beiden Texten jeweils Adjektive, die die Wirkung beschreiben:

sachlich • lebendig • knapp • anschaulich • informativ • nüchtern • spannend

Schreiben und überarbeiten

4 Formuliert die Zusammenfassung der beiden Texte und eure Untersuchungsergebnisse in einem zusammenhängenden Text. Folgende Satzanfänge könnt ihr verwenden:

- *Text 1 berichtet über ... / In Text 2 geht es um ...*
- *Das gemeinsame Thema der Texte ist ... / Die Gemeinsamkeit beider Texte besteht darin, dass ...*
- *Text 1 kann man der Textsorte ... zuordnen. Ein Merkmal dieser Textsorte ist ... Außerdem ...*
- *Text 2 ist eindeutig ein/eine ... Man erkennt das daran, dass ... Weiterhin verfügt der Text über ...*
- *Auf mich wirkt Text 1 ... Das liegt daran, dass ...*
- *Text 2 empfinde ich dagegen als ... Das hängt damit zusammen, dass ...*

5 Überarbeitet euren Text mit Hilfe der folgenden Checkliste.

Checkliste

Zeitungstexte untersuchen

- Habt ihr den **Inhalt** der Zeitungstexte zusammengefasst und das **Thema** angegeben?
- Habt ihr die jeweilige **Textsorte** der Zeitungstexte genannt?
- Habt ihr die Zuordnung zu einer Textsorte begründet durch die **Angabe von Textsortenmerkmalen** und **beispielhaften Textstellen?**
- Habt ihr die **Wirkung** der Zeitungstexte beschrieben und begründet, wodurch sie entsteht?

Schreibwörter ► S. 324

die Boulevardzeitung	das Ereignis	die Redaktion	der Kommentar	das Interview
die Abonnementzeitung	das Ressort	der Redakteur	die Reportage	interviewen

10 Mehr als ein Spiel – Fußball im Roman und im Film

Kick it like Beckham, 2002

Das Wunder von Bern, 2003

1 Beschreibt anhand der Filmbilder:
Wie stellt ihr euch die Lebenssituation des Mädchens vor, wie die des Jungen?

2 a Was könnte in dem Mädchen und in dem Jungen im abgebildeten Moment vorgehen?
Formuliert Vermutungen zu den Gedanken und Gefühlen der beiden Filmfiguren.
b Überlegt, welche Rolle Fußball für die beiden Figuren spielen könnte.

3 Tauscht euch darüber aus, welche Bedeutung Fußball oder ein anderer Sport für euch hat.

In diesem Kapitel ...

- lernt ihr einen Jugendroman und einen Film zum Thema „Fußball" kennen,
- untersucht ihr, wie Handlung und Figuren im Roman dargestellt werden,
- lernt ihr, mit welchen Mitteln ein Film eine Geschichte erzählt,
- untersucht und schreibt ihr eine Filmkritik.

10.1 „Kick it like Beckham" – Einen Jugendroman untersuchen

Einen Romananfang untersuchen

Narinder Dhami

Kick it like Beckham (2002, Auszug 1)

Old Trafford. Manchester United gegen Anderlecht. Die Zuschauer, ein Meer aus Rot und Weiß, sind unglaublich nervös. Sie warten auf das alles entscheidende Tor.

„Die große Frage ist nur, *wer* von Manchester United das Tor schießen wird", sagt John Motson atemlos. „Wird es Scholes sein? Oder vielleicht Ryan Giggs? Oder wird David Beckham[1] hier die Entscheidung bringen?"

Die Zuschauer lehnen sich vor und feuern die Spieler an. Die Atmosphäre ist wie elektrisiert. „Oh, da kommt ja der Ball, auf den Beckham gewartet hat! Jede Menge Spieler im Mittelfeld, und auch Bhamra kämpft sich durch. Eine wunderbare Flanke von Beckham, und da ist Bhamra. Was für ein großartiger Kopfball! – und ... und ... TOR!"

Die Zuschauer rasen vor Begeisterung.

„Ein Tor! Ein Tor von Jess Bhamra! Ein exzellenter Kopfball! Sie ist höher gesprungen als all ihre Gegenspieler. Fantastisch, wie sie den Ball ins Toreck gezirkelt hat! Der Torwart hatte keine Chance! Jess Bhamra macht sich allmählich einen Namen bei Old Trafford! Was meinen Sie, Gary? Haben wir in ihr etwa einen neuen Star vor uns?"

Nun werden Gary Lineker, Alan Hansen und John Barnes im TV-Studio eingeblendet. Alle drei sehen ziemlich beeindruckt aus.

„Unbedingt, Motty!", meint Gary und wendet sich an die Diskussionsrunde. „Was meinen Sie, Alan? Könnte Jess Bhamra die Antwort auf Englands Gebete sein?"

Alan zieht die Augenbrauen hoch. „Kein Zweifel, dass wir hier ein großes Talent vor uns haben, Gary. Sie denkt voraus, hat Ballgefühl und eine schnelle Reaktion. Wisst ihr was? Ich wünschte, sie würde für Schottland spielen!"

Gary lacht und wendet sich dann an John Barnes. „John, glauben Sie, dass England die richtige Spielerin gefunden hat, um an die ruhmreiche Weltmeisterschaft von 1966 anzuknüpfen?" „Keine Frage, Gary", antwortet John. „Ich glaube, wir haben endlich das fehlende Puzzleteilchen gefunden. Und das Beste an ihr ist, dass sie noch längst nicht ihre Höchstform erreicht hat!"

Kick it like Beckham, 2002

1 David Beckham: ehemaliger britischer Fußballspieler und Nationalspieler. Er begann seine Karriere als Profifußballer 1992 im Alter von 17 Jahren bei Manchester United und galt als Schlüsselspieler der Mannschaft.

Gary blickt wieder in die Kamera. „Und nun, hier bei uns im Studio Jess' Mutter – Mrs Bhamra!"

MUM?! Verschwinde! Was hast du in meinem Tagtraum verloren?

„Mrs Bhamra, Sie müssen sehr stolz auf Ihre Tochter sein!", sagt Gary strahlend.

„Nein, ganz im Gegenteil!", kreischt Mum. „Ich finde es schrecklich, dass sie mit diesen Männern herumrennt! Und dabei siebzigtausend fremden Menschen ihre nackten Beine zeigt! Sie bringt nur Schande über unsere Familie ..." Sie wirft einen giftigen Blick auf die Diskussionsteilnehmer. „Und Sie drei sollten sie nicht noch ermutigen."

Gary, Alan und John blicken drein wie kleine Jungs, die von ihrem Lehrer ausgeschimpft werden.

„Jesminder, du kommst auf der Stelle nach Hause!", poltert Mum weiter und hält den drohend erhobenen Zeigefinger in die Kamera. Ihre Augen blitzen vor Zorn. „Warte nur, bis du mir unter die Augen trittst! Jesminder Bhamra ..."

In der nächsten Sekunde wurde die Tür meines Zimmers aufgerissen.

„Jesminder, hast du mich nicht gehört?", fauchte Mum.

Verflixt, warum muss sie einen immer stören, wenn es gerade am spannendsten ist? Dabei wollte Gary gerade Sven-Goran Eriksson interviewen, der mit dem Gedanken spielt, mich für das nächste Englandspiel aufzustellen.

„Jesminder, bist du verrückt geworden?" Anklagend blickte Mum zuerst auf den Fernseher, dann auf mich. Mit ihrem speziellen Blick, der überdeutlich sagt: Hör zu, ich bin deine Mutter und habe hier das Sagen. „Fußball hin oder her! Morgen ist die Verlobungsfeier deiner Schwester, und du sitzt hier herum und schaust dir diesen Glatzkopf an!"

Aufgebracht riss sie mir die Fernbedienung aus der Hand und schaltete den Fernseher aus.

1 Wie findet ihr den Beginn des Jugendromans „Kick it like Beckham"?

a Beschreibt euren ersten Leseeindruck.

b Erläutert anhand einzelner Textstellen, wodurch dieser Eindruck entstanden ist.

2 Worum geht es in dem Romananfang? Wählt die zutreffenden Aussagen aus.

A In dem Auszug geht es um ein Fußballspiel zwischen Manchester United und Anderlecht, in dem Jess Bhamra das entscheidende Tor für Manchester schießt.

B Der Romananfang dreht sich um eine Sportsendung, in der Frau Bhamra die Teilnahme ihrer Tochter Jess an Fußballspielen kritisiert.

C Zu Beginn des Romans sieht sich die Figur Jess Bhamra eine Sportsendung zu einem Fußballspiel an, wird dabei aber von ihrer Mutter gestört.

D Im Romananfang geht es um Jess Bhamra, die sich ein Fußballspiel im Fernsehen ansieht und sich dabei vorstellt, selbst an dem Spiel teilzunehmen.

3 Wie stellt ihr euch die Hauptfigur Jess Bhamra vor?

a Lest den Auszug noch einmal und macht euch Notizen zu ihren Lebensumständen, zu ihren Träumen und zu ihrem Verhältnis zur Mutter.

b Stellt die Figur Jess mit Hilfe eurer Notizen einer Lernpartnerin oder einem Lernpartner vor. Tauscht euch über euren Eindruck von der Figur aus.

4 Was denkt die Mutter am Ende des Textauszugs über ihre Tochter Jess? Zeichnet eine Denkblase ins Heft und schreibt ihre Gedanken hinein.

Die Hauptfigur charakterisieren

Narinder Dhami

Kick it like Beckham (2002, Auszug 2)

Jess spielt mit ihren Freunden häufig Fußball im Park. Sie hat Talent und wird zum Training der Mädchenfußballmannschaft „Hounslow Harriers" eingeladen. Bald darauf erhält sie das Angebot, dem Verein beizutreten. Als sie nach einem Training wieder einmal im Park Fußball spielt, wird sie von ihrer Mutter beobachtet und zur Rede gestellt.

Ich war kein bisschen müde und hätte ohne Weiteres nach Old Trafford und wieder zurückrennen können! In einer richtigen Mannschaft zu spielen – genau das hatte ich mir immer gewünscht! Und nachdem ich mich nun auch an die Shorts gewöhnt hatte, wollte ich sie gar nicht mehr ausziehen. Es war mir egal, dass ganz London meine Narbe sehen konnte. Ich war in absoluter Hochstimmung, als ich im Park ankam, wo die Jungs wie üblich spielten. Ich rannte zu ihnen und strahlte über das ganze Gesicht. „Hey, Tony!"

Tony begrüßte mich mit einem bewundernden Blick. „Wow, Jess! In diesem Dress siehst du wie ein Profi aus!"

„Es ist fantastisch, Tony", sagte ich überschwänglich. „Es ist eine Spitzenmannschaft, und der Trainer hat echt was drauf!"

„Klasse!"

Die anderen Jungs hatten aufgehört zu spielen und starrten mich an.

„Was hast du denn da auf deinem Oberschenkel?", fragte Taz und zeigte auf mein Bein.

„Noch nie 'ne Brandnarbe gesehen?", entgegnete ich schnippisch.

Mit Ausnahme von Tony hatten alle aufgehört zu spielen und gaben Würgelaute von sich.

„Das sieht ja scheußlich aus!" Angewidert verzog Taz das Gesicht.

„Hey, Mann!" Tony machte Anstalten, ihm an die Gurgel zu springen. „Halt die Klappe, Blödmann!"

„Ah, Loverboy greift ein!", grölten die anderen und wollten sich ausschütten vor Lachen.

„Schon gut", versuchte ich Tony zu besänftigen. Da sah ich den Ball vor Taz' Füßen. „Aber dafür kann ich besser spielen als du!" Ich machte einen Satz nach vorn und schnappte mir den Ball. Taz rannte mir nach, doch ich trickste ihn aus, indem ich den Ball mit der Ferse zwischen seinen Beinen durchschoss. Dann drehte ich mich um und nahm den Ball hinter ihm wieder auf. Taz stieß einen Wutschrei aus. Er drehte sich um und setzte mir nach. Kurz bevor er bei mir war, stoppte ich den Ball und schoss ihn blitzschnell außerhalb seiner Reichweite.

„Du hat ja gar nichts drauf!", rief ich, während ich schon vom Platz rannte und mich köstlich amüsierte.

Allerdings wurde ich unsanft abgebremst, als Taz mich plötzlich von hinten um die Taille packte und hochhob.

„Lass mich sofort runter!", schrie ich empört.

Die Jungen brüllten vor Lachen, als Taz mich über seine Schulter warf wie ein Feuerwehrmann, der jemanden rettet. Ich lachte mit – aber nur, bis ich den Ausdruck auf Tonys Gesicht sah. Er starrte an Taz und mir vorbei, doch ich konnte nicht sehen, was ihn so entsetzte. Auch den anderen war auf einmal das Lachen vergangen. Taz wandte den Kopf und ließ mich fallen.

Meine Mutter stand auf dem Weg neben dem Rasen, eine Tüte mit Lebensmitteln in der Hand. Und sie sah aus, als wollte sie mir bei lebendigem Leib die Haut abziehen. [...]

„*Chi! Chi!*" Mum hatte sich vor dem Bild von Guru Nanak aufgebaut und rang die Hände.

Kick it like Beckham, 2002

„Er hat dich überall angefasst und hatte seine Hände sogar auf deinen nackten Schenkeln!" Sie durchbohrte mich mit vorwurfsvollen Blicken. Ich hatte noch immer meinen Harriers-Dress an und saß wie ein Häuflein Elend auf dem Sofa. „Du bist kein Kind mehr, Jesminder, begreifst du das denn nicht?" [...]

„Jessie, jetzt, wo deine Schwester verlobt ist, ist alles etwas anders geworden", sagte Dad. Er saß auf dem Sofa und schenkte sich einen Whisky ein. Ich trinke normalerweise nicht, aber in diesem Moment hätte ich auch ein Gläschen brauchen können. „Du weißt ja, wie schnell man bei unseren Leuten in Verruf kommt."

„*Sie* heiratet, nicht ich!", wehrte ich mich.

„Als ich so alt war wie du, war ich schon verheiratet", gab Mum zu bedenken. „Und du willst noch nicht mal lernen, wie man *Daal* kocht!"

Mir war schleierhaft, was Daalkochen mit Fußballspielen zu tun hatte. „Und außerdem spiele ich sowieso nicht mehr mit Jungs." Vielleicht würde sie das beruhigen.

„Gut." Mum drehte sich um und eilte Richtung Küche. „*Gaal kuthum,* Ende der Geschichte."

„Ich spiele jetzt in einem Mädchenteam", fuhr ich tapfer fort. „Sie wollen, dass ich bei richtigen Spielen mitmache."

Mum und Dad tauschten entsetzte Blicke aus.

„Der Trainer meint, ich könne es weit bringen", fügte ich hastig hinzu und blickte voller Hoffnung auf Dad. Er war normalerweise nicht so streng wie Mum.

„Weit bringen?" Mum schnaubte. „Und wohin bitte? Jessie, als du noch jünger warst, durftest du spielen, so viel du wolltest. Doch jetzt ist Schluss! Du hast genug gespielt."

„Das ist nicht fair!", schluchzte ich auf. „Er hat mich schon aufgestellt."

„Er?!" Mum stürzte sich auf dieses Wörtchen wie eine Katze auf eine Maus und wandte sich empört an Dad. „Und eben sagte sie noch, es seien nur Mädchen!"

„Aber unser Trainer heißt Joe", versuchte ich zu erklären.

„Siehst du, wie sie lügt?" Anklagend blickte Mum wieder zu Dad und schüttelte den Kopf. „Welche Familie will schon eine Schwiegertochter, die den ganzen Tag übers Fußballfeld rennt, aber keine runden *Chapattis* backen kann?" Sie bedachte mich mit einem strengen Blick. „Jetzt, wo deine Prüfungen vorbei sind, will ich, dass du lernst, ein komplettes *Punjabi*-Dinner zu kochen. Mit Fleisch *und* vegetarisch!"

„Aber ... Dad ...", stammelte ich hilflos.

Dad machte den Mund auf, um etwas zu sagen, doch Mum ließ ihn gar nicht erst zu Wort kommen.

„Da siehst du, wie verwöhnt deine Tochter ist!", schimpfte sie. „Bei deiner Nichte fing es genauso an. Ständig Widerworte! Und eines Tages brennt sie durch und wird Model! Und heute läuft sie mit diesen winzigen, kurzen Röcken herum!"

„Mum!" Ich wollte endlich auch mal wieder zu Wort kommen. „Sie ist Modedesignerin!"

„Sie ist *geschieden*, das ist sie!", rief Mum mir triumphierend in Erinnerung. „Verstoßen nach nur drei Jahren Ehe von einem Weißen mit blauen Haaren! Ihre arme Mutter! Sie traut sich seither nicht mehr in den Tempel. Nein, schreib es dir hinter die Ohren: So eine Schande wird es in meiner Familie nicht geben!" Abwehrend streckte sie beide Arme aus. „Das war mein letztes Wort. Kein Fußball mehr!"

1 In welchen zwei verschiedenen Situationen wird die Hauptfigur Jess dargestellt? Beschreibt sie.

2 Erschließt in Partnerarbeit, wie Jess in den beiden Situationen beschrieben wird:

a Untersucht jeweils eine Situation – das Spiel mit den Freunden im Park oder das Gespräch mit den Eltern. Notiert eure Ergebnisse und belegt sie mit Textstellen.
Beachtet, dass Figuren direkt und indirekt dargestellt werden können (▶ Infokasten unten).

Situation im Park:
- *Jess ist gut gelaunt, als sie nach dem Fußballtraining im Park ankommt (Z. 1–12).*
- *Sie wirkt selbstbewusst und hat kein Problem damit, ihre Narbe zu zeigen (Z. 7–8).*
- *...*

Situation zu Hause:
- *Jess fühlt sich sehr unglücklich (Z. 73–75).*
- *Sie versucht, ihre Wünsche/Bedürfnisse zu erklären, aber ... (Z. ...).*
- *...*

b Tragt euch gegenseitig eure Ergebnisse vor und besprecht die Gründe für den Konflikt zwischen Jess und ihren Eltern.

3 Verfasst eine Charakterisierung (▶ S. 297) der Hauptfigur Jess:
- Stellt die Figur vor (Name, ungefähres Alter, Lebensumstände).
- Beschreibt ihr Aussehen, typische Verhaltensweisen und Eigenschaften sowie ihr Verhältnis zu anderen Figuren.
- Erläutert, wie die Figur auf euch wirkt.

4 Wählt Situation A oder B und verfasst einen Dialog zwischen den jeweiligen Figuren:

A Jess berichtet einer Freundin von ihrem Konflikt mit den Eltern und bittet sie um Rat.

B Jess' Eltern führen am Abend ein Gespräch über ihre Tochter.

Information **Direkte und indirekte Beschreibung von Figuren**

Die **Eigenschaften von Figuren** können direkt genannt oder indirekt dargestellt werden:
- Eine Figur wird **direkt** beschrieben, wenn der Erzähler konkrete Aussagen über sie trifft oder die Figur über sich selbst spricht, z. B.: *Ich war in absoluter Hochstimmung, als ich im Park ankam.* → Die Figur beschreibt ihre Stimmung selbst.
- Eine Figur wird **indirekt** beschrieben durch die Art, wie sie handelt, spricht und fühlt. Davon lassen sich Eigenschaften der Figur ableiten, z. B.: *„Der Trainer meint, ich könne es weit bringen", fügte ich hastig hinzu.* → Die Figur muss sich auf andere Figuren berufen. Sie wirkt unsicher und steht scheinbar unter großem Druck.

Äußere und innere Handlung unterscheiden

Narinder Dhami

Kick it like Beckham (2002, Auszug 3)

Trotz des Verbots ihrer Eltern spielt Jess heimlich weiter Fußball. Dabei wird sie eines Tages von ihrer Schwester Pinky entdeckt und verraten. Als ihre Mutter außer sich vor Zorn Stubenarrest verhängt, befürchtet Jess das Ende ihrer Fußballkarriere. In dieser Situation besucht Jess' Trainer Joe die Familie. Kann er Jess helfen?

Mit zittrigen Händen trug ich das Tablett mit dem Tee aus der Küche und hoffte, dass niemand die Tassen auf den Untertellern klirren hörte. Im Wohnzimmer herrschte betretenes Schweigen. Dad, Mum und Pinky blickten Joe stumm an und sahen dabei keineswegs freundlich aus. Immerhin hatten sie ihn nicht einfach hinausgeworfen, sondern waren bereit, ihn anzuhören. Ich stellte das Tablett auf dem Couchtisch ab und reichte Joe eine Tasse.

„Danke, Jess“, sagte er mit ruhiger Stimme.

Ich kauerte mich in eine Ecke des Sofas und beobachtete ihn verstohlen. Es war ein herrliches Gefühl, ihn wiederzusehen. Mein Herz war kurz vorm Zerspringen, und mein Magen schlug Purzelbäume, wann immer ich seinen Blick auf mir fühlte. [...]

War Joe nur vorbeigekommen, um sich zu erkundigen, warum ich nicht zum Training kam? Oder hatte Jules [meine Fußballfreundin] ihm erzählt, dass meine Eltern von der ganzen Sache nichts gewusst hatten?

Aber egal – angesichts der finsteren Blicke, mit denen er konfrontiert war, hatte er inzwischen sicher längst erraten, wie die Dinge standen.

Joe räusperte sich. „Es tut mir leid, dass ich einfach so bei Ihnen hereinplatze, Mrs und Mr Bhamra“, begann er. „Aber ich wollte Sie persönlich sprechen. Ich habe erst heute erfahren, dass Sie nicht gewusst haben, dass Jess in unserer Mannschaft spielt.“

Kick it like Beckham, 2002

„Allerdings haben wir das nicht gewusst!“, entgegnete Mum barsch.

Joe blickte Mum an. „Dafür möchte ich mich entschuldigen“, sagte er. Am liebsten wäre ich ihm um den Hals gefallen! Jules musste ihm alles erzählt haben, und er hatte sich denken können, dass es kein leichtes Gespräch werden würde. Aber er war trotzdem gekommen! Na klar, es ging ihm nur darum, dass ich wieder mitspielte, aber ich freute mich trotzdem.

„Wenn mir das bekannt gewesen wäre, hätte ich Jess natürlich aufgefordert, es Ihnen zu sagen ...“ Er machte eine kurze Pause, ehe er weiterredete. „... weil ich nämlich glaube, dass sie ein enormes Talent hat.“

Ein langes Schweigen folgte.

Schließlich ergriff Dad das Wort. „Ich glaube, wir wissen besser, welche Talente unsere Tochter hat“, sagte er mit fester Stimme. „Jess hat keine Zeit fürs Fußballspielen. Sie fängt bald ein Studium an."

„Aber es ist eine große Ehre, in dieser Mannschaft zu spielen", hörte ich mich sagen. Ich konnte nicht länger schweigen.

Mum funkelte mich an. „Gibt es eine größere Ehre, als seine Eltern zu respektieren?", fragte sie bissig.

Dad musterte Joe. „Junger Mann, als ich noch ein Teenager war und in Nairobi lebte, war ich im Kricket-Team. Ich war der beste Werfer meiner Schule", sagte er barsch. „Unser Team hat sogar den Ostafrika-Cup gewonnen. Doch als ich in dieses Land hier kam, war alles zu Ende. Kein Verein wollte mich haben. Diese verdammten Weißen in ihren Clubhäusern lachten über mich und meinen Turban und schickten mich weg."

Betreten blickte ich zu Boden.

Diese Geschichte war mir nicht neu, weil Mum sie mir mal erzählt hatte, doch aus Dads Mund hatte ich sie noch nie gehört. „Tut mir leid, Mr Bhamra", begann Joe. „Aber inzwischen ..."

„Inzwischen was?", fiel Dad ihm ins Wort. „Kein einziger junger Inder ist in einem Fußballverein. Und da glauben Sie, sie würden unsere Mädchen zulassen? Ich will nicht, dass Jesminder sich große Hoffnungen macht ..." Er warf mir einen kurzen Seitenblick zu. „... sonst wird sie am Ende genauso enttäuscht sein wie ich damals."

„Aber, Dad, inzwischen hat sich doch so vieles verändert", sagte ich verzweifelt. „Schau dir Nasser Hussain an! Er ist der Kapitän des englischen Kricket-Teams, und er stammt aus Asien!"

„Hussain ist ein muslimischer Name", warf Mum streng ein. „Diese Familien sind ganz anders als wir."

„Oh, *Mum!*"

Doch es nützte nichts. Ich musste einsehen, dass sie nicht nachgeben würden. Das war offenbar auch Joe klar, denn nur wenige Minuten später verabschiedete er sich, ohne seinen Tee ausgetrunken zu haben.

Da ich unbedingt noch kurz mit ihm reden wollte, begleitete ich ihn zu seinem Auto.

Mum warf mir einen vorwurfsvollen Blick zu, doch das war mir egal. Wahrscheinlich war es ohnehin das letzte Mal, dass ich Joe sah.

„Tut mir furchtbar leid", sagte ich leise, als ich die Haustür hinter mir zuzog. „Aber vielen Dank, dass du es versucht hast."

Joe zuckte mit den Achseln. „Wir sind nächsten Samstag zu einem Spiel nach Deutschland eingeladen. Echt schade, dass du nicht mitkommen kannst."

Vor Überraschung fielen mir fast die Augen aus dem Kopf. „Wow! Nach Deutschland! Wirklich?" Doch ich kam schnell wieder zur Besinnung, weil mir dämmerte, dass meine Chancen, an diesem Spiel teilzunehmen, gleich null waren.

„Jetzt begreife ich deine Situation", sagte Joe. „Aber glaub mir, Eltern wissen nicht immer, was das Beste für einen ist, Jess."

Ich blickte ihm noch lange nach, als er davonfuhr. Meine Gedanken überschlugen sich. *Eltern wissen nicht immer, was das Beste für einen ist ...*

Joe hatte Recht.

In meinem Fall wussten sie es wirklich nicht.

1 Der Roman „Kick it like Beckham" entstand nach dem gleichnamigen Film, der 2002 in England ins Kino kam.

a Lest den Vorspann zu Auszug 3 und betrachtet das Filmbild (▶ S. 201): Habt ihr euch die Figuren Jess und ihren Trainer Joe so vorgestellt?

b Beschreibt die Figuren auf dem Filmbild: Was drücken sie mit ihrer Mimik und ihrer Körperhaltung jeweils aus?

c Joe besucht Jess' Familie. Stellt Vermutungen darüber an, wie das Gespräch zwischen den Eltern und Joe verlaufen könnte.

2 a Lest den Textauszug (▸ S. 201 f.) und überprüft eure Vermutung zum Gesprächsverlauf zwischen Jess' Eltern und ihrem Trainer Joe.

b Was geschieht in diesem Textauszug? Fasst die äußere Handlung zusammen.

3 Äußerlich passiert in dem Textauszug wenig, aber dafür gibt er wichtige Einblicke ins Innere der Figuren. Untersucht die innere Handlung der Figur Jess:

a Schreibt die markierten Textstellen ins Heft ab und formuliert eine Deutung, z. B.:

1 Mit zittrigen Händen trug ich das Tablett mit dem Tee aus der Küche und hoffte, dass niemand die Tassen auf den Untertellern klirren hörte. (▸ Z. 1–3)	→ *Jess ist sehr unsicher und nervös. Aber sie will nicht, dass ihr Trainer oder ... diese Nervosität ...*

b Sucht im Textauszug nach weiteren Stellen, die zeigen, was in der Figur Jess vorgeht. Übertragt sie ebenfalls ins Heft und deutet sie.

c Fasst Jess' Gefühlslage mit eigenen Worten in der Sie-Form zusammen. So könnt ihr beginnen: *Als der Trainer plötzlich bei der Familie auftaucht, ist Jess sehr nervös und durcheinander. Sie freut sich, Joe wiederzusehen ...*

4 Der Textauszug enthält auch Hinweise darauf, was in den anderen Figuren vorgeht:

A „Im Wohnzimmer herrschte betretenes Schweigen. Dad, Mum und Pinky blickten Joe stumm an und sahen dabei keineswegs freundlich aus." (▸ Z. 4–6)

B „Ich musste einsehen, dass sie nicht nachgeben würden. Das war offenbar auch Joe klar, denn nur wenige Minuten später verabschiedete er sich, ohne seinen Tee ausgetrunken zu haben." (▸ Z. 91–95)

Wählt eine Figur – Vater, Mutter, Pinky oder Joe – und verfasst zu Textstelle A oder B einen inneren Monolog (▸ S. 298).

5 Stellt die Beziehung der Figuren nach dieser Szene in einer Skizze (▸ S. 297) dar.

Information **Äußere und innere Handlung**

In **erzählenden Texten** (wie beispielsweise Roman, Kurzgeschichte, Novelle) unterscheidet man zwischen der äußeren Handlung und der inneren Handlung.

- Die **äußere Handlung** gibt äußere Abläufe wieder, die beobachtet werden können.
- Die **innere Handlung** bietet einen Einblick in das Innere der Figuren. Man erfährt etwas über ihre unausgesprochenen Gedanken, Gefühle, Ängste oder Wünsche.

Ein Lesetagebuch führen

Ein Lesetagebuch ist ein persönliches Heft, in das ihr während der Lektüre eure Leseeindrücke, Gedanken und Gefühle zum Roman schreibt. Ihr könnt darin auch Fragen notieren, die beim Lesen entstehen. Das Lesetagebuch hilft euch, über das Gelesene nachzudenken und eure eigene Meinung dazu zu entwickeln und zu begründen.

A

...
Nachdem ich das Gespräch der Bhamras mit Joe gelesen hatte, wurde mir klar, warum Herr Bhamra seine Tochter vom Fußballspielen abhalten möchte. Er hat früher als indischer Kricket-Spieler in England schlechte Erfahrungen gemacht und möchte Jess davor bewahren, dass sie in ähnlicher Weise diskriminiert und enttäuscht wird. Herr Bhamra möchte nicht, dass Jess als Sportlerin ausländischer Herkunft beschimpft oder ausgegrenzt wird. Er möchte seine Tochter nur schützen.

B

...
Der Roman „Kick it like Beckham" von Narinder Dhami befasst sich mit den Problemen, die junge Menschen asiatischer Herkunft haben können, wenn sie in Europa – und damit in zwei verschiedenen Kulturen gleichzeitig – leben.
Jn dem Roman geht es um die Geschichte von Jess Bhamra, deren Eltern aus Jndien stammen.
Jch würde den Roman allen empfehlen, die sich für dieses Thema interessieren. Der Roman ist spannend und unterhaltsam geschrieben, und man kann die Probleme und Konflikte der verschiedenen Figuren gut nachvollziehen.

1 Lest die zwei Seiten A und B aus einem Lesetagebuch zu dem Roman „Kick it like Beckham". Besprecht, wie der Leser sich hier mit dem Roman auseinandersetzt, und formuliert für jede Seite eine Überschrift.

2 Gestaltet drei Lesetagebuchseiten zu „Kick it like Beckham". Ihr könnt folgende Vorschläge oder eigene Gestaltungsideen umsetzen.

Mögliche Lesetagebuchseiten

Vor dem Lesen	Während des Lesens	Nach dem Lesen
Erwartungsseite: *Lest den Titel und betrachtet das Cover oder die Bilder zum Roman. Formuliert eure Erwartungen an den Roman.*	– ***Figurenseite:*** *Sammelt Textaussagen zu einer Figur und beschreibt ihre Entwicklung.* – ***Briefseite:*** *Schreibt einen Brief an eine Figur des Romans.* – ***Textstellenseite:*** *Erklärt Textstellen, die bei euch bestimmte Gefühle auslösen oder euch zum Nachdenken über eine bestimmte Frage anregen.*	– ***Fortsetzungsseite:*** *Notiert Jdeen dazu, wie die Handlung weitergehen könnte.* – ***Empfehlungsseite:*** *Verfasst eine Romankritik zur Veröffentlichung auf der Schulwebseite.*

Teste dich!

Innere Handlung untersuchen

Narinder Dhami

Kick it like Beckham (2002, Auszug 4)

Schließlich erlaubt der Vater Jess doch noch, an dem Endspiel der Hounslow Harriers gegen den Verein QPR teilzunehmen. Während Pinkys Hochzeitsfeier in vollem Gange ist, steigt Jess in das laufende Spiel ein. Am Ende der 1. Halbzeit steht es 1:1.

QPR gab sich nicht geschlagen. In der zweiten Halbzeit legten sie noch einmal ein ordentliches Tempo vor und spielten etliche Torchancen heraus, die jedoch ungenutzt blieben. In der fünfundachtzigsten Minute begann ich zu glauben, wir müssten in die Verlängerung gehen, um den Sieger des Turniers zu ermitteln. Doch ich hatte mich gewaltig getäuscht.
Es geschah in der achtundachtzigsten Minute. Jules passte mir den Ball von der Seitenlinie zu, und ich dribbelte mit ihm los, indem ich geschickt die gegnerischen Verteidigerinnen umspielte, die schon ziemlich erschöpft aussahen. Ich war am Rand des Strafraums, als ich auf einmal den Boden unter den Füßen verlor. „Autsch!" Unsanft landete ich auf dem Rasen. Der Schiedsrichter pfiff.
Eine der Gegnerinnen hatte mich gefoult und wir bekamen einen Freistoß. Der perfekte Ort für einen Schuss nach Beckham-Art.
Jules grinste mich an. „Er gehört dir, Jess."
Der Schiedsrichter zeigte auf die Stelle, wo ich den Ball hinzulegen hatte. Ich platzierte ihn sorgfältig und machte einige Schritte rückwärts, bevor ich tief Luft holte. Zuerst blickte ich auf den Ball, dann auf die gegnerische Mauer.

Kick it like Beckham, 2002

In meinem Kopf waren die QPR-Spielerinnen auf einmal verschwunden. Stattdessen sah ich Mum, drei meiner alten Tanten und Pinky in ihrem Hochzeitsgewand vor dem Tor stehen und mich missbilligend beäugen.
Ich ließ mich von ihnen jedoch nicht aus der Ruhe bringen. Ich blinzelte ein paarmal, und schon waren sie verschwunden. Was für ein Glück!
Ich nahm einen kurzen Anlauf und schoss mit dem rechten Innenfuß. Der Ball flog genau so, wie ich es beabsichtigt hatte, nämlich seitlich an der gegnerischen Mauer vorbei. Der Torwart hatte keine Chance. In einem vergeblichen Versuch, den Ball zu fangen, warf er sich zur Seite, doch der Ball schoss über seinen Kopf hinweg und landete direkt unterhalb der Querlatte im Netz. Ich konnte es kaum glauben.
Ich hatte eine Bananenflanke geschossen wie Beckham!
Unglaublich!

1 a Welche Textstellen zeigen, was in der Figur Jess vorgeht? Schreibe sie ins Heft ab.
b Formuliere zu jeder Textstelle eine Deutung zu Jess' innerer Handlung.
c Vergleiche deine Deutungen mit einer Lernpartnerin oder einem Lernpartner.

10.2 „Das Wunder von Bern" – Filmsprache verstehen

Den Filmanfang untersuchen

Die Handlung des Films „Das Wunder von Bern" von Sönke Wortmann aus dem Jahr 2002 spielt im Ruhrgebiet und erzählt die Geschichte der Familie Lubanski. Im Laufe des Films wird diese Geschichte mit einer weiteren verknüpft: der Geschichte der Fußball-WM 1954 in der Schweiz mit dem Endspiel zwischen Deutschland und Ungarn.

1 Matthias und seine Freunde warten auf eine Brieftaube.

2 Als sie im Anflug ist, laufen die Freunde zum Taubenschlag.

3 Die Taube übermittelt den Stand eines Fußballspiels.

4 Das Ergebnis lautet: Rot-Weiß Essen – Alemannia Aachen: 0:1.

1 a Betrachtet die Bilder aus der Eingangsszene des Films. Beschreibt, was ihr darauf seht.
b Erläutert, was darauf hinweist, dass der Film im Ruhrgebiet in den 1950er Jahren spielt. Was sagen die Bilder über die Lebensbedingungen in der damaligen Zeit aus?

2 a Untersucht zu zweit Bild 2 genauer. Beachtet folgende Punkte:
- Welche Figuren sind zu sehen? Wie sehen sie aus?
- Wie ist das Bild aufgebaut? Was sieht man im Vordergrund, in der Mitte, im Hintergrund?
- Wie ist das Bild farblich gestaltet? Wie sind die Lichtverhältnisse?

b Beschreibt, wie das Bild durch diese Gestaltung wirkt. Welche Atmosphäre erzeugt es?

3 Schaut euch den Vorspann des Films an und verteilt Beobachtungsaufgaben, z. B.:
- Wer konzentriert sich auf die Handlung?
- Wer achtet auf die Musik?
- Wer achtet auf die Kameraeinstellungen?
- Wer achtet auf die Gestaltung der Filmbilder?

Information **Die Exposition und die Mise en Scène**

- **Exposition:** Die ersten Szenen eines Films führen die Zuschauer in Ort und Zeit der Handlung ein, stellen die Hauptfiguren vor und vermitteln eine bestimmte Atmosphäre.
- **Mise en Scène:** Filmbilder werden oft wie ein Gemälde inszeniert. Durch die gezielte Gestaltung von Bildaufbau, Farbe und Licht wirkt das Bild besonders eindrucksvoll.

Kameraeinstellungen und ihre Wirkung beschreiben

Christa Lubanski lebt mit ihren drei Kindern Ingrid, Bruno und Matthias in Essen. Ihr Ehemann war Soldat im Zweiten Weltkrieg und geriet in sowjetische Gefangenschaft. Frau Lubanski betreibt eine Kneipe und sichert damit den Lebensunterhalt der Familie. Ingrid hilft ihr dabei. Bruno spielt in einer Band und Matthias sammelt Zigarettenkippen, aus denen er neue Zigaretten dreht, die er dann verkauft. 1954 kehrt der Vater nach zehn Jahren Gefangenschaft nach Essen zurück.

1

2

1 a Beschreibt Filmbild 1. Was seht ihr im Vordergrund und was im Hintergrund?
b Erklärt die Situation, die auf dem Bild dargestellt wird. Formuliert Vermutungen dazu, welche Gedanken und Gefühle die einzelnen Figuren auf dem Bild haben könnten.
c Totale, Halbnahaufnahme oder Großaufnahme? Bestimmt die Kameraeinstellung (▸ S. 307) und beschreibt die Wirkung des Bilds.

2 a Beschreibt gemeinsam Filmbild 2 und besprecht:
- Was könnte dem Vater bei seiner Ankunft durch den Kopf gehen?
- Wie wirkt der Vater vermutlich auf die einzelnen Familienmitglieder?

b Erklärt, wie die Bildgestaltung (Bildaufbau, Farben, Lichtverhältnisse) die Besonderheit dieser Situation deutlich macht.

3

4

3 a Beschreibt die Filmbilder 3 und 4. Was drücken sie über das Verhältnis zwischen dem Vater und seinem jüngsten Sohn Matthias aus?
b Vermutet, welche Konflikte sich nach der Rückkehr des Vaters in der Familie ergeben könnten.

4 Schaut euch den ganzen Film an. Achtet darauf, wie die Familiengeschichte sich entwickelt und wie sie mit der Geschichte der Fußball-WM 1954 verknüpft wird.

Die Kameraperspektive untersuchen

Matthias ist ein leidenschaftlicher Fußballfan. Als Spieler ist er zwar nicht sehr talentiert, aber er kennt Helmut Rahn, den Nationalspieler und Stürmer von Rot-Weiß Essen. Die Freundschaft mit Rahn bedeutet Matthias sehr viel. Rahn bezeichnet Matthias als seinen Glücksbringer, ohne den er nicht gewinnen könne.

1 Rahn überhört die Türklingel. Matthias wirft Steinchen.

2 Nach einem Moment erscheint Rahn am Fenster.

3 Matthias möchte Rahn zum Training bewegen.

4 Matthias begleitet Rahn zum Training.

1 Welchen Eindruck vermitteln die Filmbilder von Matthias und Rahn? Tauscht euch aus.

2 a Klärt mit Hilfe der Information unten, aus welcher Kameraperspektive die Figuren in den Bildern 1–4 gezeigt werden.

b Erklärt, welches Verhältnis zwischen den beiden Figuren durch die Wahl dieser Kameraperspektiven verdeutlicht wird:

Filmbild 1: Für Bild 1 wurde die Normalsicht gewählt. Es zeigt, wie Matthias im Hof zu Rahns Wohnung aufschaut. An Matthias' Blickrichtung kann man erkennen, dass …

Filmbild 2: Bild 2 zeigt Helmut Rahn, der …

3 Entwerft eine weitere Filmeinstellung, die Matthias und Rahn auf dem Weg zum Training zeigt. Skizziert die Szene und ergänzt Angaben zu folgenden Punkten: *Umgebung, Figuren, Kameraeinstellung, Kameraperspektive.*

Information **Die Kameraperspektive**

Mit einer Kamera kann man verschiedene **Perspektiven (Blickwinkel)** einnehmen:
- **Normalsicht:** Die Kamera befindet sich in gleicher Höhe wie die Figur oder das Objekt.
- **Untersicht (Froschperspektive):** Die Kamera steht viel niedriger als Figur oder Objekt.
- **Aufsicht (Vogelperspektive):** Die Kamera steht viel höher als Figur oder Objekt.
- Mit Hilfe einer bestimmten Kameraperspektive kann man die Beziehungen zwischen Figuren verdeutlichen.

Einen Filmdialog erschließen

Nach seiner Rückkehr aus der Kriegsgefangenschaft fällt es Richard Lubanski schwer, wieder in den normalen Familienalltag zurückzufinden. Oft kommt es zu Konflikten mit den Kindern, besonders mit Matthias. An einem Sonntag hat Richard bei einem Besuch in der Kirche gesehen, dass Matthias dort eine Kerze angezündet hat. Dazu stellt er ihn wenig später in der Kneipe der Familie zur Rede. Währenddessen läuft im Hintergrund im Fernsehen das WM-Vorrundenspiel Deutschland gegen Ungarn.

RICHARD: Verkaufst du mir eine von deinen Zigaretten?
MATTHIAS *(holt eine Zigarette aus der Tabaktüte)*: Ja klar. Hier, schenke ich dir.
RICHARD: Hör mal. Ich hab dich da neulich in der Kirche gesehen. Hast 'ne Kerze angezündet. Sagst du mir auch, für wen?
(Matthias schweigt.)
RICHARD: Na komm, sag schon.
MATTHIAS: Für den Helmut Rahn.
RICHARD: Helmut Rahn?
MATTHIAS: Herberger stellt ihn meistens nicht auf. Da dachte ich, ich muss was tun.
RICHARD: Komm mal mit raus.
(Richard und Matthias verlassen die Kneipe. Sie setzen das Gespräch draußen fort.)
RICHARD: Versteh ich das richtig? Du zündest in der Kirche 'ne Kerze an, bloß dass irgend so 'n Balltreter nicht auf der Reservebank sitzen muss?
MATTHIAS: Aber Helmut Rahn ist nicht irgend so 'n Balltreter. Er ist der Beste. Und ich ...
RICHARD: Bist du noch zu retten? Erklär mir mal, wie du darauf kommst, die Kirche zu so albernen Mätzchen zu missbrauchen? Du gehst jetzt nach Hause und denkst über den Sinn der Kirche nach.
MATTHIAS: Aber jetzt spielt doch ...
(Richard gibt Matthias eine Ohrfeige.)
RICHARD: Schluss jetzt, ab nach Hause. Und fang bloß nicht an zu heulen. Ein deutscher Junge weint nicht. *(Matthias läuft davon.)*

1 a Lest den Filmdialog mit verteilten Rollen.
b Erklärt mit eigenen Worten, warum Matthias in der Kirche die Kerze angezündet hat.

2 a Welchen Eindruck vermittelt der Vater Richard in dieser Szene? Begründet eure Meinung.
b Erläutert, was dieser Dialog über das Verhältnis zwischen Vater und Sohn zeigt.
c Erklärt, worin der Konflikt zwischen Richard und Matthias besteht.

3 Was denken und fühlen Matthias und der Vater jeweils während des Gesprächs?
a Wählt eine der beiden Figuren und schreibt mit Hilfe eurer Ergebnisse aus den Aufgaben 1 und 2 einen inneren Monolog (▸ S. 298).
b Stellt euch die Monologe gegenseitig vor: Habt ihr ähnliche Gedanken und Gefühle formuliert?

Eine Szenenmontage untersuchen

Nach der Ohrfeigenszene (▶ S. 209) verhält sich Richard weiter aggressiv. Matthias versucht auszureißen, doch sein Vater erteilt ihm Stubenarrest und schlägt ihn erneut. Auch mit seinem älteren Sohn Bruno streitet Richard sich. Als Bruno das Elternhaus verlässt, weiß Richard, dass sich etwas ändern muss. Er sucht den Pfarrer für ein Gespräch auf.
Danach geht er auf den Fußballplatz der Kinder.

Pfarrer: Herr Lubanski.
Richard: Guten Tag, Herr Pfarrer. Entschuldigen Sie die Störung, aber haben Sie ein paar Minuten Zeit für mich?
Pfarrer: Ja, natürlich. Kommen Sie. Wer hätte das gedacht? Jetzt sind wir im Halbfinale. Und 'n Junge von hier hat 'n Tor geschossen. Es ist unglaublich.
Richard: Und im Halbfinale geht's gegen Österreich, richtig?
Pfarrer: Gegen Österreich, genau. Aber das wird mindestens genauso schwierig werden.
Richard: Eigentlich bin ich nicht hier, um über Fußball zu reden.
Pfarrer: Natürlich nicht, entschuldigen Sie.
Richard: Ich weiß einfach nicht mehr weiter. Nix ist so, wie es mal war. Ich versuch ja, alles richtig zu machen. Dadurch wird aber alles nur noch schlimmer. …
Pfarrer: …

1 Überlegt, wie sich das Gespräch zwischen den beiden fortsetzen könnte.

2 a Beschreibt, was nach der Dialogszene auf dem Fußballplatz der Kinder passiert.
b Wie wirkt Richard auf diesen Filmbildern? Begründet eure Aussagen.

3 Im Film folgen die beiden Szenen aufeinander, d. h., sie werden aneinandermontiert.
a Erläutert, inwieweit durch die Montage deutlich wird, dass Richard sich verändert.
b Erklärt, was Richard in seiner Familie vermutlich zukünftig anders machen möchte.

Eine Parallelmontage untersuchen

Richard fährt mit Matthias zum WM-Endspiel nach Bern. Es ist höchste Zeit, denn bald schon ist Anpfiff. Sie erreichen das Stadion gerade noch rechtzeitig zur 2. Halbzeit.

1 Nacht: Richard weckt Matthias.

2 Vor dem Endspiel: Trainer Herberger instruiert das Team.

3 Auf dem Weg nach Bern

4 Spielstand: Deutschland – Ungarn 2:2

5 Ankunft im Stadion

6 Ende der 1. Halbzeit: Turek hat ein Tor verhindert.

7 Matthias schleicht sich ins Stadion.

8 ...

9 ...

10 ...

1 Die Bilder der beiden Handlungsstränge (Fahrt nach Bern und Endspiel) werden jeweils abwechselnd gezeigt. Dieser Wechselschnitt heißt Parallelmontage.

a Erzählt die Handlung Bild für Bild nach: *Bild 1 zeigt, ... Währenddessen ... Dann sieht ...*

b Beschreibt, wie die Parallelmontage auf euch wirkt.

2 Rahn erzielt das Tor zum Sieg. Was bedeutet das Tor für Matthias und seinen Vater?

Information **Die Montage**

- Durch die **Verknüpfung einzelner Szenen** lassen sich verschiedene **Handlungsstränge miteinander in Beziehung setzen.** So kann man beispielsweise zeigen, warum sich eine Figur auf eine bestimmte Weise verhält. Diese Verknüpfungstechnik heißt **Montage.**
- Bei der **Parallelmontage** werden Handlungen an verschiedenen Orten abwechselnd gezeigt.

Fordern und fördern – Eine Filmkritik untersuchen

Kim Schmitz

Filmkritik zu „Das Wunder von Bern" von Sönke Wortmann

„Boszik hat den Ball ... verloren, diesmal gegen Schäfer. Schäfer nach innen geflankt. Aus dem Hintergrund müsste Rahn schießen ... Rahn schießt ... Tor! Tor! Tor!" Mit diesen Sätzen verkündete Sportreporter Herbert Zimmermann Deutschlands sportlichen Triumph in der Nachkriegszeit: Deutschland gewann das Endspiel der Fußball-Weltmeisterschaft 1954 gegen Ungarn. Regisseur Sönke Wortmann, selbst einst Kicker, hat lange davon geträumt, jenes Ereignis, von dem nur noch wenige Fernsehbilder erhalten sind, in einen Film zu verwandeln. Da Wortmann aber weiß, dass ein reiner Fußballfilm fürs große Publikum nicht funktioniert, hat er das Fußballereignis geschickt mit einer Familiengeschichte im Nachkriegsdeutschland verknüpft. Und so bietet Wortmanns Film „Das Wunder von Bern" einen großartigen Ausflug in die deutsche Geschichte und die Fußballgeschichte zugleich.

Hauptschauplatz des Films ist das Ruhrgebiet, genauer eine Bergarbeitersiedlung in Essen, in der Familie Lubanski zu Hause ist. Bereits die ersten Bilder des Films vermitteln einen intensiven Eindruck vom Leben in den fünfziger Jahren: Man sieht noch Überreste des Kriegs, spürt Armut und Entbehrungen, aber eben auch Versuche, wieder nach vorn zu blicken. Frau Lubanski und ihre drei Kinder sehen voller Hoffnung und Sorge der Rückkehr von Richard Lubanski entgegen, der Jahre in russischer Kriegsgefangenschaft verbracht hat. Längst hat Frau Lubanski, gespielt von der wunderbaren Johanna Gastdorf, gelernt, sich und ihre Kinder allein durchzubringen. Und längst hat Matthias, der Jüngste, einen Ersatzvater gefunden: den „Boss" der deutschen Nationalmannschaft, den Essener Starstürmer Helmut Rahn.

Als Richard Lubanski – durch Krieg und Gefangenschaft verstört – schließlich nach Hause zurückkehrt, fällt es ihm schwer, sich wieder in die Familie einzufinden. Es kommt zu Konflikten, insbesondere zwischen Richard und dem elfjährigen Matthias, die sich ja nie kennen lernen konnten. Als die Beziehung zwischen Vater und Sohn zu zerbrechen droht, geschieht fast so etwas wie ein erstes kleines Wunder: Richard springt über seinen Schatten und fährt mit Matthias zum Endspiel der Fußball-WM nach Bern.

Sönke Wortmann hat die Beziehungsgeschichte zwischen Vater (Peter Lohmeyer) und Sohn (Louis Klamroth) gefühlvoll und einfach fantastisch umgesetzt. Die Schauspieler – übrigens im wirklichen Leben ebenfalls Vater und Sohn – spielen die Rollen absolut glaubwürdig. Beeindruckend, wie der junge Klamroth den Vater Lohmeyer sogar gelegentlich an die Wand spielt! Und schließlich gibt es im Film dann noch das WM-Finale in Bern mit dem großen Fußball-Wunder: Matthias kommt gerade noch rechtzeitig im Stadion an, um dabei zu sein, wie Helmut Rahn das entscheidende Tor schießt. Hier nun liefert Wortmann Spiel- und Massenszenen im Stadion, die teils digital unterstützt, teils real sind. Und genau hier fällt der Film leider etwas ab. Man bemerkt die Computerkunststücke schnell und in den realen Szenen ist die Kamera oft so nah an den Beinen der Spieler, dass man die Übersicht verliert.

Alles in allem hat Sönke Wortmann aber ein überzeugendes Familiendrama gestaltet, das vor dem Hintergrund des unvergessenen WM-Finales 1954 in Bern höchst spannend abläuft. Respekt!

1 Auf welche Aspekte des Films geht die Verfasserin in ihrer Kritik ein?

a Gliedert den Text in Abschnitte. Notiert die Zeilenangaben untereinander.

●●● b Notiert zu jedem Abschnitt, auf welche Aspekte des Films darin eingegangen wird.

▷ Hilfe zu Aufgabe 1b siehe unten

2 Wie werden die verschiedenen Aspekte des Films in der Kritik bewertet?

●●○ a Schreibt wertende Aussagen aus dem Text heraus. Gebt dahinter hin Klammern an, auf welchen Aspekt sich diese Bewertung bezieht – auf Thema und Inhalt des Films, auf die schauspielerischen Leistungen oder auf die technische Umsetzung? ▷ Hilfe zu Aufgabe 2a siehe unten

●●● b Formuliert eine zusammenfassende Aussage dazu, wie die Verfasserin den Film bewertet:
Nach Ansicht der Verfasserin ist der Film im Ganzen … ▷ Hilfe zu Aufgabe 2b siehe unten

3 Schreibt eine eigene Kritik zu dem Film „Das Wunder von Bern".

●○○ **Aufgabe 1b mit Hilfen**

Ordnet den Abschnitten 1–5 die folgenden Angaben zu:

zusammenfassendes Urteil • Einschätzung der schauspielerischen Leistungen • Einschätzung der technischen Umsetzung • Entstehungshintergrund • Angabe des Themas • Inhaltsangabe: Weltmeisterschaft • Inhaltsangabe: Familiengeschichte

●○○ **Aufgabe 2a mit Hilfen**

Ordnet den folgenden Aussagen aus dem Text jeweils den Aspekt zu, auf den sie sich beziehen:
1 Thema und Inhalt des Films – **2** schauspielerische Leistungen – **3** technische Umsetzung.

A „Und so bietet Wortmanns Film ‚Das Wunder von Bern' einen großartigen Ausflug in die deutsche Geschichte und die Fußballgeschichte zugleich." (▸ Z. 17–20)

B „gespielt von der wunderbaren Johanna Gastdorf" (▸ Z. 33–34)

C „Sönke Wortmann hat die Beziehungsgeschichte zwischen Vater (Peter Lohmeyer) und Sohn (Louis Klamroth) gefühlvoll und einfach fantastisch umgesetzt." (▸ Z. 51–54)

D „Beeindruckend, wie der junge Klamroth den Vater Lohmeyer sogar gelegentlich an die Wand spielt!" (▸ Z. 56–58)

E „Und genau hier fällt der Film leider etwas ab. Man bemerkt die Computerkunststücke schnell und in den realen Szenen ist die Kamera oft so nah an den Beinen der Spieler, dass man die Übersicht verliert." (▸ Z. 66–70)

●○○ **Aufgabe 2b mit Hilfen**

Formuliert eine zusammenfassende Aussage dazu, wie die Verfasserin den Film bewertet.
Setzt den folgenden Anfang fort und verwendet die Angaben im Kasten:
Nach Ansicht der Verfasserin ist der Film im Ganzen gelungen, aber er enthält auch Schwachstellen. Positiv bewertet werden …

Unterschiede in der Gestaltung der beiden Handlungsstränge • Familiengeschichte in einfühlsamer Weise erzählt • Fußballgeschichte zwar mit Hilfe des Computers gestaltet, aber … • Besetzung der Rollen … • Leistung der Schauspieler … • Eindruck insgesamt …

10.3 Projekt – Eine Sportfilmbroschüre erstellen

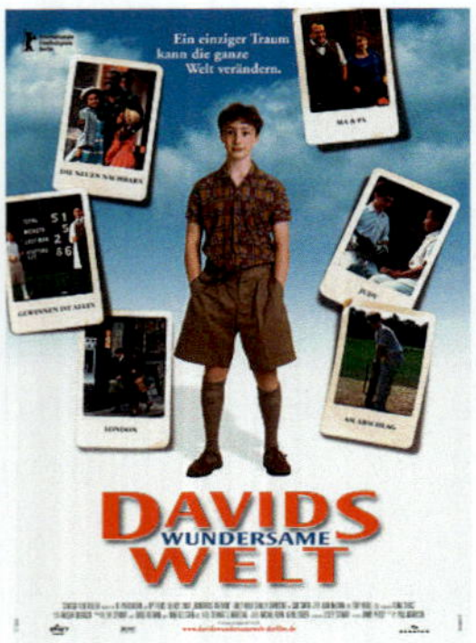

1 Erstellt eine Filmbroschüre, die kurze Kritiken zu Filmen enthält, in denen Sport eine wichtige Rolle spielt. Geht so vor:

a Informiert euch im Internet über die oben abgebildeten Filme.
b Recherchiert weitere Sportfilme. Notiert Titel, Handlung und Hauptdarsteller.

2 a Bildet Gruppen und entscheidet, welchen Film ihr gemeinsam ansehen und in einer Kurzkritik vorstellen wollt.
b Schaut euch den Film an und macht euch Notizen zum Handlungsverlauf und zu wichtigen Besonderheiten des Films wie Schauspielerleistungen, Stimmung, filmsprachliche Mittel.

3 Gestaltet gemeinsam eine Seite zu eurem Film. Diese sollte Folgendes enthalten:
– Filmbilder,
– allgemeine Angaben zum Film: Regisseur, Titel, Erscheinungsland und Jahr,
– Filmkritik: kurze Inhaltsangabe, Besonderheiten des Films, Bewertung des Films und Empfehlung für die Zuschauer.

Tipp: Verwendet beim Schreiben eurer Filmkritik die folgende Wörterliste:

A–Z der nützlichen Wörter für eine Filmkritik

a	amüsant	g	glaubwürdig	m	monoton	s	stimmungsvoll
b	beklemmend	h	humorvoll	n	negativ	t	traurig
c	clever	i	informativ	o	optimistisch	u	unterhaltsam
d	dramatisch	j	jugendfrei	p	pessimistisch	v	verwirrend
e	erfreulich	k	kunstvoll	q	quälerisch	w	witzig
f	freudlos	l	langweilig	r	rührselig	z	zauberhaft

Schreibwörter ► S. 324

die Situation	der Blickwinkel	die Inszenierung	die Kritik	darstellen
der Umstand	die Perspektive	die Parallelmontage	die Empfehlung	inszenieren

11 Grammatiktraining – Rund um Wörter und Sätze

1 a Sucht im Gitterrätsel die neun Grammatikbegriffe.

b Schlagt alle Begriffe, die ihr nicht erklären könnt, im Orientierungswissen (► S. 308–315) nach.

c Erklärt die Bedeutung der neun Begriffe jeweils mit Hilfe eines Beispiels. Bei einigen solltet ihr auch auf die verschiedenen Unterarten eingehen, z. B.:

Artikel begleiten Nomen, zum Beispiel der Planet, ...
Man unterscheidet zwischen bestimmten Artikeln und ...

In diesem Kapitel ...

– wiederholt ihr wichtige Wortarten und Satzglieder,
– lernt ihr, was der Konjunktiv II ist und wozu man ihn braucht,
– verwendet ihr den Konjunktiv I in der indirekten Rede,
– untersucht ihr, wozu man Nebensätze nutzen kann.

11.1 Aufbruch ins All – Wörter untersuchen

Wichtige Wortarten wiederholen

Unbemannte und bemannte Weltraumforschung

Das Weltall: Millionen von Sternen, Galaxien und Planeten, unendliche Weiten, die die Menschen schon immer faszinierten. Aber wie groß ist das Weltall genau? Gibt es Leben da draußen? Werden wir Menschen uns irgendwann auf dem Mond ansiedeln? Mit diesen und anderen Fragen befasst sich die Weltraumforschung. Zur Weltraumforschung gehören die Erkundung und Beobachtung des Alls sowie das Durchführen von Experimenten im All. Solche Experimente sollen helfen, die Erde und das Universum besser zu verstehen.

Der Hauptanteil der Weltraumforschung wird durch unbemannte Sonden ausgeführt. Sonden – eine Art Flugkörper – fliegen beispielsweise zu Planeten oder Monden, um dort Fotos zu machen, Proben zu nehmen und alles genau zu untersuchen. Dank solcher Missionen wissen wir, dass es Wasser auf dem Mars gibt und Leben dort möglich wäre. Sonden können viele Aufgaben genauso gut wie oder sogar besser ausführen als Menschen, gleichzeitig sind sie bedeutend billiger als der Einsatz von Astronauten. Zur unbemannten Weltraumforschung gehört weiterhin die Beobachtung von Sternen oder Schwarzen Löchern durch Weltraumteleskope.

Sonden, Satelliten und Weltraumteleskope werden von Menschen von einem Kontrollzentrum auf der Erde aus gesteuert, denn niemand sitzt an Bord dieser Flugkörper. Bei der bemannten Weltraumforschung kommen dagegen Astronauten im Weltall zum Einsatz. Das wichtigste Projekt der bemannten Weltraumforschung ist heute die ISS – die Internationale Raumstation. In dieser Raumstation können mehrere Astronauten für längere Zeit wohnen und arbeiten.

Dank der Schwerelosigkeit im All haben die Astronauten die Möglichkeit, wissenschaftliche Experimente durchzuführen, die auf der Erde nicht möglich sind. Sie beobachten zum Beispiel, in welche Richtung eine Pflanze im All wächst. Oder sie untersuchen, wie verschiedene Stoffe sich in der Schwerelosigkeit verhalten. Die Ergebnisse dieser Forschung werden auf der Erde ausgewertet und sollen beispielsweise zur Entwicklung neuer Hilfsmittel für Kranke führen.

Aus der Weltraumforschung stammen zahlreiche Spin-offs. Der Begriff Spin-off bezeichnet etwas, das für einen bestimmten Zweck entwickelt wurde und irgendwann einen anderen, zusätzlichen Verwendungszweck erfüllt. So wurden Taschenrechner, Akkubohrer, Fernsehsatelliten oder Klettverschlüsse zunächst für die Weltraumforschung entwickelt. Der Klettverschluss wurde beispielsweise erfunden, damit Astronauten in der Schwerelosigkeit Gegenstände an der Wand befestigen können. Heute ist er Teil von Jacken, Turnschuhen oder Taschen.

Wiederholt mit Hilfe des Textes „Unbemannte und bemannte Weltraumforschung“ euer Wissen über die Wortarten im Deutschen. Ihr könnt mit einer Lernpartnerin oder einem Lernpartner zusammenarbeiten und das Orientierungswissen auf ▶ Seite 308 f. nutzen.

1 Lest den Text und tauscht euch über seinen Inhalt aus:
Was wusstet ihr bereits über die Weltraumforschung? Welche Informationen sind neu für euch?

2 Untersucht die **Nomen** im Text:

a Sucht zehn Nomen mit typischen Nomenbegleitern und schreibt sie ins Heft.

b Formuliert im Heft eine Definition der Wortart Nomen.
Erklärt darin, welche Funktion und welche Merkmale die Nomen haben:
Nomen bezeichnen ... Sie stehen ...

c Bestimmt mit Hilfe der Frageprobe, in welchem Kasus die markierten Nomen jeweils stehen:
Zeile 7: Wer oder was befasst sich mit diesen und anderen Fragen? – die Weltraumforschung (Nominativ)

3 Untersucht die **Adjektive** im Text:

a Adjektive können **A** Nomen begleiten, **B** Verben ergänzen, **C** das Verb *sein* ergänzen.
Sucht im Text für jede Möglichkeit ein Beispiel und notiert es ins Heft.

b Wählt drei Adjektive aus dem Text, die man steigern kann.
Schreibt sie mit den beiden Steigerungsstufen ins Heft, z. B.: *groß – größer – am größten.*
Notiert darunter Adjektive, die man nicht steigern kann, z. B.: *unendlich.*

4 Untersucht die **Pronomen** im Text:

a Sucht fünf Pronomen und schreibt sie ins Heft.

b Notiert drei Pronomenarten und erklärt, welche Aufgabe sie jeweils haben.

c Schreibt den folgenden Lückentext ab und setzt passende Pronomen aus dem Kasten ein.
Um welchen Himmelskörper geht es in dem Text? Ergänzt eine Überschrift.

? halten oft nach ? Ausschau, bewundern ? silbrigen Glanz und wollen sogar ein Gesicht erkennen. Weit ist ? weg, die gelbe Kugel, und ist doch ein ständiger Begleiter ? Erde. In 400 000 Kilometern Entfernung umkreist ? die Weltkugel. Für ? Strecke benötigt ? ziemlich genau einen Monat. Anders als die Erde hat ? Himmelskörper keine Atmosphäre – also nicht ? Hülle aus Luft, die ? Planeten umgibt.

ihm • sie • unserer • seinen • jene • sie • wir • sie • unseren • dieser • diese

5 Untersucht die **Präpositionen** im Text:

a Sucht fünf Wortgruppen mit Präpositionen und schreibt sie ins Heft. Markiert die Präpositionen.

b Bestimmt den Kasus, den die Präpositionen in den Wortgruppen jeweils fordern.

c Schreibt den folgenden Lückentext ab und setzt passende Präpositionen aus dem Kasten ein.

? der fehlenden Atmosphäre wird es tagsüber ? dem Mond sehr heiß (+ 120 Grad) und ? der Nacht sehr kalt (–110 Grad). Ein Lebewesen kann dort nur ? Schutzanzug und Sauerstoffflasche überleben.

in • auf • mit • wegen

Mit Verben verschiedene Zeiten ausdrücken

Besiedlung des Roten Planeten

Der Student Michael N. hat einen ungewöhnlichen Nebenjob: Er fährt einmal pro Woche einen Schulbus. In einigen Jahren wird er jedoch vielleicht auf eine viel spektakulärere Reise gehen: als einer der ersten Menschen zum Mars – ohne Rückflugticket. „Ich habe sofort gedacht, dass das eine Riesenchance ist", erzählt der Student. Die niederländische Stiftung „Mars One" will im Jahr 2024 die ersten Siedler auf den Roten Planeten schicken, auf dem die Temperaturen zwischen etwa minus 125 und plus 35 Grad Celsius schwanken. Sofort nachdem die private Stiftung die ersten Ausschreibungen geschaltet hatte, zeigten weltweit über 200 000 Menschen ihr Interesse. Michael N.: „Ich habe keine Sekunde gezögert, meine Bewerbung abzuschicken." Es gibt allerdings auch viele, die sich kritisch zu diesem Vorhaben äußern.

1 Könnt ihr verstehen, warum Menschen sich für die Marsexpedition bewerben? Tauscht euch aus und besprecht, welche Kritik es vermutlich an diesem Vorhaben gibt.

2 Im Text werden Verben in verschiedenen Zeitformen verwendet.

a Übertragt die Tabelle ins Heft und notiert in jede Spalte mindestens ein Beispiel aus dem Text.

Präsens	Präteritum	Perfekt	Plusquamperfekt	Futur
hat, …	…	…	…	…

b Erklärt, wann im Text das Perfekt und wann das Präteritum verwendet wird.

c Gebt an, warum das markierte Verb im Plusquamperfekt stehen muss.

3 **a** Sucht im Text starke Verben. Notiert sie im Präsens in die Tabelle (▶ Aufgabe 2), z. B.: *ich fahre.*

b Ergänzt die anderen Zeitformen. Unterstreicht jeweils den Stammvokal.

Information **Verben im Präteritum, Perfekt oder Plusquamperfekt**

- **Präteritum** und **Perfekt** sind Zeitformen der **Vergangenheit.**
  Präteritum verwendet man in der Regel **im Schriftlichen, Perfekt** eher **im Mündlichen.**

Bildung des Präteritums	Bildung des Perfekts
– Bei **schwachen Verben** wird im Präteritum nur ***-te*** eingefügt, z. B.: *ich starte – ich startete.* – **Starke Verben** verändern in der Vergangenheitsform ihren Stammvokal, z. B.: *ich fliege – ich flog.*	– Verben im Perfekt bestehen aus **zwei Teilen: Präsensform** von ***haben*** **oder *sein* + Partizip II,** z. B.: *wir haben gesucht, wir sind geflogen.*

- Wenn etwas zeitlich vor dem passierte, wovon im Präteritum oder Perfekt berichtet wird, verwendet man das **Plusquamperfekt,** z. B.: *Bevor die Rakete startete, hatte er gezählt.*
  So wird es gebildet: **Präteritumform** von ***haben*** **oder *sein* + Partizip II,** z. B.: *wir hatten gesucht.*

Verben im Aktiv oder Passiv verwenden

Mann auf dem Mars

2015 wurde der Film „Der Marsianer“ in den Kinos gezeigt. Der Inhalt kann schnell erzählt werden: Bei einer Marsexpedition wird der Astronaut Mark während eines Sturms von umherfliegenden Trümmern getroffen. Ihm wird keine Überlebenschance gegeben. Von den Verantwortlichen wird beschlossen, ohne ihn auf die Erde zurückzukehren. Doch Mark überlebt. Er verschanzt sich in der Missionsstation. Er pflanzt Gemüse an und produziert Wasser. Er baut auch die Systeme wieder auf, die der Sturm stark beschädigt hat. Nach einiger Zeit werden von der Erde aus Veränderungen auf dem Mars registriert. Es wird vermutet, dass Mark doch überlebt hat. Kann er gerettet werden, ehe seine Vorräte verbraucht sind?

Der Marsianer, 2015

1 Der Text wurde vorwiegend im Passiv verfasst. Besprecht, welche Wirkung das hat.

2 a Vergleicht die beiden folgenden Sätze und erklärt, wie ein Passivsatz gebildet wird: Wie unterscheiden sich die Verbformen? Was passiert mit Subjekt und Objekt des Aktivsatzes?
Aktivsatz: *Umherfliegende Trümmer treffen den Astronauten.*
Passivsatz: *Der Astronaut wird von umherfliegenden Trümmern getroffen.*

b Formuliert die im Text markierten Aktivsätze in Passivsätze um.

3 a Vergleicht die beiden folgenden Sätze und erklärt, wie die Passiversatzform gebildet wird:
Passivsatz: *Ihm wird keine Überlebenschance gegeben.*
Passiversatzform: *Man gibt ihm keine Überlebenschance.*

b Wählt Passivsätze aus dem Text oben aus und formuliert sie in die Passiversatzform um.

Information **Aktiv- und Passivformen der Verben**

- Das **Aktiv** und das **Passiv** drücken eine **unterschiedliche Sicht** auf ein Geschehen aus:
  – Das Aktiv betont denjenigen, **der** etwas **tut oder handelt,** z. B.: *Er startet die Rakete.*
  – Das Passiv betont, **was** oder **mit wem** etwas geschieht, z. B.: *Die Rakete wird gestartet.*
- So wird das Passiv gebildet: Personalform des **Hilfsverbs *werden* + Partizip II:**

	Aktiv	**Passiv**
Präsens	*er rettet*	*er wird gerettet*
Präteritum	*er rettete*	*er wurde gerettet*
Perfekt	*er hat gerettet*	*er ist gerettet worden*
Plusquamperfekt	*er hatte gerettet*	*er war gerettet worden*

- Mit folgender **Passiversatzform** kann man die Wiederholung von Passivformen im Text vermeiden: ***man* + Aktivform des Verbs,** z. B.: *Er wurde gerettet. → Man rettete ihn.*

Den Konjunktiv II verstehen und bilden

Ausflug zum Mars

Der Mars unterscheidet sich in vielen Punkten von der Erde. Beispielsweise herrscht auf dem Planeten eine erhöhte kosmische Strahlung. Es gibt nicht genügend Sauerstoff zum Leben, die Schwerkraft ist geringer und die Temperaturen schwanken erheblich.

Wie sähe ein Leben auf diesem Planeten aus? Ginge der Mensch spazieren, trüge er auf dem Rücken eine Sauerstoffmaske. Er verließe sein Haus nicht ohne Schutzanzug. Sein Wohnraum befände sich einige Meter unter der Erde oder in einem Schutzraum. Marsbewohner hätten kaum natürliches Wasser zur Verfügung. Sie müssten es mit einer komplizierten Vorrichtung selbst erzeugen. Daher gäbe es Wasser sicher nicht im Überfluss. Duschen und Baden wären nur begrenzt möglich. Obst und Gemüse könnte man nur unter Glaskuppeln anbauen. Nutztiere müsste man in Glasbehältern halten.

1 Im Text werden einerseits Tatsachen vorgestellt, andererseits aber auch Vermutungen und Fantasien.

a Nennt Beispiele für diese beiden Bereiche – Tatsachen und Vermutungen – aus dem Text.

b Untersucht die Sprache im zweiten Textabschnitt genauer: Woran erkennt man, dass es sich bei den beschriebenen Dingen um Vermutungen oder Fantasien handelt?

2 **a** Übertragt die folgende Tabelle ins Heft und notiert alle Verbformen aus dem zweiten Textabschnitt untereinander in die linke Spalte.

Verbformen im Konjunktiv II	Infinitiv	Indikativ Präteritum
es sähe …	*sehen*	*es sah*

b Notiert zu jedem Verb den Infinitiv und die Präteritumform für ein wirkliches Geschehen.

c Vergleicht die Verbformen im Konjunktiv II mit den Verbformen im Präteritum und ergänzt folgende Aussagen zur Bildung von Konjunktiv-II-Formen:

- *Wenn man den Konjunktiv II bildet, hängt man an die Präteritumform oft ein …*
- *Wenn es sich um ein starkes Verb mit einem a, o oder u im Wortstamm handelt, werden diese Vokale im Konjunktiv II zu …*

d Vergleicht eure Aussagen mit den Angaben im ▶ Infokasten auf Seite 221.

Information **Der Modus der Verben**

- **Indikativ** und **Konjunktiv** sind zwei Aussageweisen in Sätzen. Sie zeigen an, wie wirklich oder wie sicher eine Aussage ist.
- Mit dem **Indikativ** wird gezeigt, dass die Sache, über die etwas gesagt wird, real (wirklich) ist, z. B.: *Wissenschaftler erforschen die Planeten.*
- Den **Konjunktiv II** verwendet man, wenn die Sache nicht real ist, sondern nur ein Wunsch, eine Vermutung, eine Idee oder Fantasie, z. B.: *Stell dir vor, wir flögen zum Mars.*

Sie haben statt Lungen große Kiemen an ihren Köpfen. Ihre riesigen Augen sehen aus wie die Kassettenaugen von Insekten. Sie sind fähig, auch unter der Erde im Dunkeln zu sehen. Hier müssen sie leben, um sich vor der schädlichen Strahlung zu schützen. Ihr Kopf kann sich in alle Richtungen drehen. Sie können mit ihrem Mund im Sand nach Nahrung suchen. Sie verfügen über eine dicke, ledrige Haut. Diese kann die extremen Temperaturen aushalten. Sie wissen von seltsamen Bewohnern auf einem der Nachbarplaneten namens Erde. Aber sie sind friedliche Wesen und kommen nicht auf die Idee, Kontakt aufzunehmen. Sie verschlafen zwei Drittel des Marsjahres.

3 Wie wäre es, wenn man auf dem Mars plötzlich Außerirdischen begegnete? Wie könnten diese aussehen?

a Formuliert die Idee zum Aussehen von Außerirdischen im Konjunktiv II, um deutlich zu machen, dass es sich dabei nur um Fantasie handelt:
- Notiert zuerst alle Verben aus dem Text untereinander. Ergänzt daneben jeweils die Präteritumform und bildet daraus die Konjunktiv-II-Form, z. B.: *sie haben → sie hatten → sie hätten.*
- Schreibt den vollständigen Text im Konjunktiv II auf: *Die Außerirdischen hätten statt Lungen ...*

b Vergleicht euren Text Satz für Satz mit einer Lernpartnerin oder einem Lernpartner.

c Setzt gemeinsam die Beschreibung im Konjunktiv II fort. Denkt euch Angaben zur Fortbewegung, zur Sprache oder zu anderen Merkmalen der Marsbewohner aus: *Um sich fortzubewegen, hätten sie ...*

4 Übt die Konjugationsformen im Konjunktiv II. Ergänzt dazu den folgenden Satzanfang und wiederholt nacheinander die Sätze mit unterschiedlichen Personalformen:
Wenn ich ein Alien wäre, hätte/könnte/dürfte ich ... → Wenn du ein Alien wärest, hättest/könntest/dürftest du ... → Wenn er/sie ein Alien wäre ... hätte/könnte/dürfte er/sie ... → ...

5 Was würdet ihr tun, wenn ihr einen Außerirdischen treffen würdet? Formuliert fünf Sätze im Konjunktiv II: *Wenn ich einen Außerirdischen träfe, ...*

Information **Die Bildung des Konjunktivs II**

- Der **Konjunktiv II** wird in der Regel vom **Präteritum Indikativ abgeleitet.** Man hängt an die **Präteritumform** ein **-e,** z. B.: *er ging – er ginge, sie schlief – sie schliefe.*
- Außerdem werden bei **starken Verben** mit ***a, o, u*** im Wortstamm der Präteritumform die Vokale zu ***ä, ö, ü,*** z. B.: *du warst – du wärest, er konnte – er könnte, sie wussten – sie wüssten.*

Die Konjunktiv-Ersatzform mit *würde* bilden

Besuche von Außerirdischen?

Im Jahr 1947 entdeckte ein Pilot in einer Kleinstadt in Amerika angeblich unbekannte Flugobjekte, so genannte Ufos. Viele Menschen glaubten diese Geschichte sofort. Angeblich wüssten die Verantwortlichen in der US-Regierung davon, würden ihr Wissen jedoch geheim halten. Einige Ufologen unterstellten der US-Regierung sogar, dass sie mehrere Alien-Leichen besäße.
Es werden immer wieder Wesen entdeckt, die für Außerirdische gehalten werden: 2003 fand ein Schatzsucher in Chile ein 13 cm großes Wesen. Ufologen glaubten, dass es sich um die Mumie eines Außerirdischen handeln würde. Ortsansässige waren überzeugt davon, dass in ihrer Gegend mehrere kleinere Aliens leben würden. 2011 dachte ein Bauer in Guatemala, eines seiner Schweine hätte eine Kreuzung aus einem Hausschwein und einem Alien geboren.

1 Kennt ihr Erzählungen über Ufos? Tauscht euch darüber aus.

2 Sucht im Text Verbformen im Konjunktiv II. Erklärt, warum diese Form jeweils verwendet wurde.

3 Untersucht, warum bei den markierten Verbformen im Text die *würde*-Ersatzform anstelle der Konjunktiv-II-Form steht:

a Übertragt die Tabelle ins Heft und notiert die *würde*-Ersatzformen in die linke Spalte.

würde-Ersatzform	Indikativ Präteritum	Konjunktiv II
sie würden halten	*sie hielten*	*sie hielten*
...	...	...

b Notiert zu jeder *würde*-Ersatzform die Verbform im Präteritum und im Konjunktiv II.

c Vergleicht die Verbformen im Präteritum und im Konjunktiv II. Unterscheiden sie sich? Erklärt anhand eurer Beobachtung, warum die *würde*-Ersatzformen im Text verwendet wurden.

4 Verdeutlicht in den Sätzen A–F, dass es sich um Fantasieaussagen handelt.
Entscheidet jeweils, ob ihr den Konjunktiv II oder die *würde*-Ersatzform verwenden müsst:
Stellt euch vor, auf unserer Erde würden Außerirdische ...

A Außerirdische landen auf unserer Erde.
B Sie kommen in friedlicher Absicht.
C Sie bringen medizinischen Fortschritt zu uns.
D Sie überreichen uns eine Medizin.
E Mit dieser Medizin leben alle für immer.
F Das ist eine wunderbare Vorstellung, oder?

Information **Die *würde*-Ersatzform**

Wenn man den **Konjunktiv II** nicht vom **Indikativ Präteritum unterscheiden** kann, verwendet man die ***würde*-Ersatzform.** Sie besteht aus der Personalform von ***würde* + Infinitiv,** z. B.:
wir gingen – wir würden gehen.

Unmögliche Bedingungen formulieren

Beam me up, Scotty!

Wenn das Beamen möglich wäre, würde ich lustig in der Welt umherreisen. Dabei würde ich mich an dem einen Ort in ein Nichts auflösen, um sofort danach an einem anderen Ort wieder aufzutauchen. Wenn das möglich wäre, schliefe ich morgens lange und wachte dann direkt im Klassenzimmer auf. Nach dem Unterricht würde ich mich in die Karibik beamen. Wenn das klappen würde, könnte ich am Nachmittag im Korallenmeer schnorcheln. Wenn ich davon müde wäre, würde ich mich zu meinem Freund beamen, der in England lebt. Wenn meine Eltern ebenfalls beamen könnten, würden sie dort abends kurz vorbeikommen, um mich zum Abendbrot zu rufen.

1 a Erklärt, was man unter dem Begriff *beamen* versteht.
b Was würdet ihr machen, wenn ihr beamen könntet? Erzählt von euren Ideen.

2 In den Satzgefügen mit *wenn* werden Bedingungen genannt, die unwahrscheinlich sind.
a Schreibt die Satzgefüge mit *wenn* aus dem Text heraus.
Unterstreicht jeweils die Nebensätze und prüft, ob die darin genannte Bedingung möglich wäre.
b Rahmt die Verbformen (Prädikate) in den Satzgefügen ein. Untersucht ihre Form und erklärt, wodurch deutlich wird, dass es sich um unwahrscheinliche Bedingungen handelt.
Wenn das Beamen möglich wäre, würde ich lustig in der Welt umherreisen.

3 Was würdet ihr machen, wenn ...? Formuliert irreale Bedingungsgefüge:
a Beantwortet folgende drei Fragen. Verwendet dabei den Konjunktiv II oder *würde*-Ersatzformen, um zu zeigen, dass es sich um unwahrscheinliche Bedingungen handelt.
A Was würdest du machen, wenn alle Menschen außer dir plötzlich versteinert wären?
B Was würdest du machen, wenn du erfahren würdest, dass du unsterblich wärest?
C Was würdest du machen, wenn dir unendlich viel Geld zur Verfügung stehen würde?
b Tauscht eure Hefte und unterstreicht in den Sätzen eures Lernpartners die Konjunktiv-II-Formen und *würde*-Ersatzformen. Prüft, ob sie richtig gebildet wurden.

4 Irreale Bedingungsgefüge kann man auch ohne die Konjunktion *wenn* formulieren, z. B.:
Wenn das Beamen möglich wäre, würde ich ... → Wäre das Beamen möglich, würde ich ...
Formuliert die Satzgefüge mit *wenn* aus dem Text oben entsprechend um.

Information **Reale und irreale Bedingungsgefüge**

- Mit **Satzgefügen** mit der **Konjunktion *wenn*** kann man **Bedingungen** formulieren, z. B.: *Wenn man genug Geld hat* (Nebensatz), *kann man eine lange Reise machen* (Hauptsatz). Diese Bedingung ist **real,** also **möglich,** daher stehen die Verben im **Indikativ.**
- Sind die Bedingungen **irreal,** also **unwahrscheinlich,** dann wird sowohl im **Hauptsatz** als auch im **Nebensatz** mit *wenn* der **Konjunktiv II** oder die ***würde*-Ersatzform** gebraucht, z. B.: *Wenn ich eine Zeitmaschine hätte, würde ich damit in die Zukunft fliegen.*

Bedingungsgefüge im Deutschen und Englischen vergleichen

1 a Übersetzt die englischen Aussagen A und B ins Deutsche.
b Besprecht zu zweit, wie wahrscheinlich es ist, dass die Bedingungen eintreten.

2 Wie wird im Englischen und wie wird im Deutschen ausgedrückt, dass es sich um unwahrscheinliche Bedingungen handelt? Vergleicht die Bildung der Sätze A und B und ergänzt die folgende Aussage im Heft. Verwendet die folgenden Begriffe: *Präteritum, Konjunktiv, Konjunktiv II.*
In Aussagen zu irrealen (unwahrscheinlichen) Bedingungen stehen im Deutschen der mit „wenn" eingeleitete Nebensatz und der Hauptsatz im ? .
Im Englischen steht der mit „if" eingeleitete Nebensatz im ? und der Hauptsatz im ? .

3 Bildet selbst Aussagen zu unwahrscheinlichen Bedingungen auf Englisch.
a Setzt die folgenden Nebensätze und Hauptsätze zu sinnvollen Bedingungsgefügen zusammen. Schreibt sie ins Heft und unterstreicht in jedem Satzgefüge die Verben (Prädikate).

A If I had magical powers *(magische Kräfte)*, ...
B If I were invisible *(unsichtbar)*, ...
C If I could fly, ...

I would travel around the world. •
I would turn myself into a popstar. •
I would listen to other people's conversations *(Gespräche)*.

b Korrigiert den folgenden Satz im Heft: *If I would be a millionaire, I would buy a plane.*

4 Übersetzt die Satzgefüge von Aufgabe 3 a und b ins Deutsche.

Information **Irreale Bedingungsgefüge im Englischen**

- Formuliert man im Englischen Bedingungsgefüge, die unwahrscheinlich sind, dann stehen im **Nebensatz (*if*-Satz)** das englische **Präteritum *(simple past)*** und im **Hauptsatz** der **Konjunktiv.**
- Im Englischen wird der Konjunktiv so gebildet: ***would* + Infinitiv,** z. B.:
If I won the lottery, I would buy a new car.

Modalverben richtig anwenden

Außerirdische – was tun, wenn sie kommen?

1 Du solltest zuerst sicherstellen, dass es sich tatsächlich um Außerirdische handelt. Es kann sein, dass jemand nur einen Scherz mit dir macht.

2 Du musst herausfinden, ob die Außerirdischen in friedlicher Absicht kommen. Du kannst zum Beispiel ein freundliches Gesicht machen und Hände schütteln – falls es welche gibt.

3 Du darfst die Außerirdischen ins Haus bitten. Du solltest jedoch auf keinen Fall versuchen, ihnen aus dem Mantel zu helfen! Über außerirdische Kleidung ist nichts bekannt, und du willst den Gästen doch nicht aus Versehen das Fell über die Ohren – falls vorhanden – ziehen?

4 Du musst deutlich sprechen. Du musst sagen, dass wir friedlich mit ihnen leben wollen.

5 Du solltest tolerant sein. Schon bei uns heißt es: Andere Länder, andere Sitten. Wie wird es da erst in anderen Galaxien zugehen? Du darfst sie aber fotografieren.

1 Welche weiteren Regeln würdet ihr hinzufügen? Formuliert Vorschläge.

2 Wie könnte man die markierten Verben in den Regeln 1–3 ersetzen?

a Wählt jeweils einen passenden Ausdruck aus dem Kasten und formuliert die Sätze um.

es wird empfohlen • es ist möglich • es ist notwendig • es ist erlaubt • du hast den Wunsch

b Vergleicht die neu formulierten Sätze mit den Sätzen oben und erklärt, welche Bedeutung *sollen, können, müssen, dürfen* und *wollen* jeweils haben.

3 Die Verben *können, sollen, müssen, dürfen, wollen, mögen* nennt man Modalverben.

a Sucht in den Regeln 4 und 5 weitere Sätze mit Modalverben und schreibt sie untereinander ins Heft.

b Notiert hinter jedem Satz in Klammern, ob darin *eine Möglichkeit, eine Fähigkeit, eine Empfehlung, ein Gebot, eine Erlaubnis* oder *eine Absicht* angegeben wird.

4 Formuliert die Sätze von Aufgabe 3 a so um, dass sie keine Modalverben enthalten.

Information **Die Modalverben**

Modalverben verändern den Aussagewert eines Verbs:

Modalverb	**verdeutlicht ...**	**Beispiele**
können	*Möglichkeit, Fähigkeit*	*Sie können hier parken. Sie kann reiten.*
sollen	*Empfehlung, Vorschrift*	*Besucher sollen leise sein.*
müssen	*Gebot, Zwang*	*Hunde müssen draußen bleiben.*
dürfen	*Erlaubnis*	*Sie dürfen hier parken.*
wollen	*Absicht, Bereitschaft*	*Ich will bald verreisen.*
mögen	*Wunsch*	*Er möchte gern nach Indien reisen.*

Den Konjunktiv I in der indirekten Rede verwenden

Ehrung des deutschen Astronauten Alexander Gerst

2566-mal hat der deutsche Astronaut Alexander Gerst 2014 die Erde umrundet. Er hat an Bord der Internationalen Raumstation ISS in 400 km Höhe gelebt, geforscht, gearbeitet und regelmäßig über soziale Netzwerke die Menschen an seiner Weltraummission teilnehmen lassen.

Am 10. November 2014 landete Alexander Gerst nach seiner Weltraummission wieder auf der Erde. Körperlich hatte er den langen Weltraumaufenthalt gut überstanden. „Ich bin ganz schön wehmütig“, gab er zu. Er wolle gleich wieder hoch, sagte er in seinem ersten Interview. Alexander Gerst wurde von Bundespräsident Joachim Gauck mit dem Verdienstkreuz geehrt. Der Flug habe gezeigt, welche Faszination ausgelöst werden könne, wenn der Mensch seine Grenzen überschreite und die Bevölkerung daran teilhaben ließe, würdigte ihn der Chef des Deutschen Zentrums für Luft- und Raumfahrt in der Laudatio[1]. Allerdings, sagte Gerst, wünsche er sich keinen Rummel um seine Person. „Darum geht es mir nicht“, versicherte er. Gerst bewegte die Menschen mit seinem oft überraschenden Blick aus dem All auf die Erde. Man sehe die Erdkugel von außen anders, twitterte er aus dem All. „Sie ist nicht von einer robusten Atmosphäre umgeben, sondern nur von einem zarten Schleier, der uns Menschen als Einziges schützt.“

1 die Laudatio: die Lobrede

1 a Gebt mit eigenen Worten wieder, wovon der Text berichtet.
b Erklärt, was der Astronaut Alexander Gerst mit dem letzten Satz deutlich machen möchte.

2 In dem Text wird an mehreren Stellen wiedergegeben, was jemand sagt.
a Sucht die Textstellen, in denen Äußerungen von Personen wiedergegeben werden.
b Vergleicht und beschreibt die zwei verschiedenen Formen der Wiedergabe von Äußerungen.

Alexander Gerst

A „Ich will gleich wieder hoch.“

B „Ich wünsche mir keinen Rummel um meine Person.“

3 Die Äußerungen A und B des Astronauten werden im Text in indirekter Rede (im Konjunktiv I) wiedergegeben.
a Sucht die zwei Textstellen und schreibt die Sätze ab.
b Vergleicht die wörtliche Rede (A und B) mit der indirekten Wiedergabe der Äußerungen im Text. Untersucht die Verben und leitet Aussagen zur Bildung der indirekten Rede (Konjunktiv I) ab.
c Prüft eure Aussagen mit Hilfe des ▸ Infokastens auf Seite 227.

4 a Sucht im Text zwei weitere Äußerungen in indirekter Rede und schreibt sie ins Heft. Unterstreicht die Verbformen in den Äußerungen:
Der Flug habe gezeigt, welche Faszination ausgelöst werden könne, wenn ...
b Was genau haben die Sprecher jeweils gesagt?
Formuliert die Äußerungen in die direkte Rede um. Achtet auf die korrekte Zeichensetzung:
„Der Flug hat gezeigt, welche Faszination ausgelöst werden kann, wenn ...“, sagte der Chef ...

5 Einige Äußerungen werden in dem Text in direkter Rede wiedergegeben.
a Sucht die Textstellen und schreibt die direkte Rede mit Redebegleitsätzen ins Heft. Unterstreicht die Verbformen in den Aussagen:
„Ich bin ganz schön wehmütig“, gab er zu.
b Formuliert die Aussagen in indirekter Rede. Bildet dazu die Konjunktiv-I-Form der Verben:
Er sei ganz schön wehmütig, gab er zu.

A Wir lesen jeden Tag seine Tweets.
Eine 8. Klasse aus Essen

B Wir haben nur ein Ziel: Wir werden Astronautinnen!
Zwei Schwestern aus Köln

C Seine Bilder öffnen uns die Augen. Sie machen deutlich, wie schön unser Planet Erde ist.
Ein Ehepaar aus Berlin

6 a Formuliert die Aussagen der Fans für einen Zeitungsbericht in indirekte Rede um:
A *Eine 8. Klasse aus Essen versichert, sie ...*
B *Zwei Schwestern aus Köln verkünden, sie ...*
C *Ein Ehepaar aus Berlin schwärmt, ...*
b Unterstreicht in der indirekten Rede die Verbformen im Konjunktiv I. Was fällt euch auf?
c Informiert euch im Merkkasten über Ersatzformen des Konjunktivs I. Formuliert eure Sätze A–C noch einmal um und verwendet den Konjunktiv II oder die *würde*-Ersatzform.

Information **Der Konjunktiv I in der indirekten Rede**

- Wenn man ausdrücken möchte, dass **jemand anderes** etwas gesagt hat, dann verwendet man die **indirekte Rede.**
- Die indirekte Rede steht nicht in Anführungszeichen. Stattdessen verwendet man die **Konjunktiv-I-Form des Verbs,** z. B.: *„Es wird toll“, sagte er.* → *Er sagte, es werde toll.*
- So wird der **Konjunktiv I** gebildet: **Stamm des Verbs + Konjunktiv-Endung,** z. B.:

Indikativ Präsens	Konjunktiv I	Indikativ Präsens	Konjunktiv I
*ich komm-**e***	*ich komm-**e***	*wir komm-**en***	*wir komm-**en***
*du komm-**st***	*du komm-**est***	*ihr komm-**t***	*ihr komm-**et***
*er/sie/es komm-**t***	*er/sie/es komm-**e***	*sie komm-**en***	*sie komm-**en***

- Wenn sich der **Konjunktiv I nicht** vom **Indikativ Präsens unterscheidet,** wird der **Konjunktiv II** oder die ***würde*-Ersatzform** verwendet, z. B.:
„Viele kommen morgen“, sagte Eva. Konjunktiv I: → *Viele kommen morgen, sagte Eva.*
Konjunktiv II: → *Viele kämen morgen, sagte Eva.*
würde-Ersatzform: → *Viele würden morgen kommen, sagte Eva.*

Teste dich!

Tandembogen: Den Konjunktiv richtig verwenden

Partner A	Partner B
1 Bilde die Konjunktiv-II-Form des Verbs: *Wenn ich jetzt Ferien hätte, (sein) ich in Australien.*	**Lösung zu 1:** *Wenn ich jetzt Ferien hätte, wäre ich in Australien.*
Lösung zu 2: *Wenn ich schon jetzt erwachsen wäre, befände ich mich in der Ausbildung.*	**2** Bilde die Konjunktiv-II-Form des Verbs: *Wenn ich schon jetzt erwachsen wäre, (befinden) ich mich in der Ausbildung.*
3 Entscheide, ob du die Verben im Konjunktiv II oder in der *würde*-Form einsetzen musst: *Ich (verdienen) schon Geld und (haben) eine eigene Wohnung.*	**Lösung zu 3:** *Ich würde schon Geld verdienen und hätte eine eigene Wohnung.*
Lösung zu 4: *Ich träfe täglich meine Freunde und würde nur mein Lieblingsessen kaufen.*	**4** Entscheide, ob du die Verben im Konjunktiv II oder in der *würde*-Form einsetzen musst: *Ich (treffen) täglich meine Freunde und (kaufen) nur mein Lieblingsessen.*
5 Forme die direkte Rede in die indirekte Rede um. Verwende den Konjunktiv I. *Er erzählt: „Mein Onkel kommt zu Besuch."*	**Lösung zu 5:** *Er erzählt, sein Onkel komme zu Besuch.*
Lösung zu 6: *Sie verkündet, sie fliege morgen in den Urlaub.*	**6** Forme die direkte Rede in die indirekte Rede um. Verwende den Konjunktiv I. *Sie verkündet: „Ich fliege morgen in den Urlaub."*
7 Forme die direkte Rede in die indirekte Rede um: *Die beiden Jugendlichen geben zu: „Wir haben schon manchmal Heimweh."*	**Lösung zu 7:** *Die beiden Jugendlichen geben zu, sie hätten schon manchmal Heimweh.*
Lösung zu 8: *Die beiden Freundinnen erzählen, sie würden sich auf ihren ersten Urlaub ohne Eltern freuen.*	**8** Forme die direkte Rede in die indirekte Rede um: Die beiden Freundinnen erzählen: *„Wir freuen uns auf unseren ersten Urlaub ohne Eltern."*

1 Testet euch gegenseitig in Partnerarbeit. Geht so vor:
- Partner A deckt mit einem Blatt Papier die rechte Hälfte des Tandembogens ab. Partner B deckt die linke Seitenhälfte ab.
- Partner A liest die Aufgabe 1 vor und löst sie, Partner B prüft die Lösung.
- Danach liest Partner B die Aufgabe 2 vor und löst sie, Partner A prüft die Lösung.

Tipp: Übt so lange, bis ihr alle Aufgaben richtig lösen könnt.
Tauscht einmal die Rollen A und B.

Fordern – Konjunktiv II erkennen und bilden

Reisen mit der Zeitmaschine

Der Film „Zurück in die Zukunft" zeigt, was möglich wäre, wenn es eine Zeitmaschine gäbe, mit der man in die Zukunft oder in die Vergangenheit reisen könnte.
Im Film reist der Jugendliche Marty McFly mit Hilfe einer Zeitmaschine in das Jahr 1955. Dort aber kommt es fast zu einer Katastrophe: Denn Marty verhindert unbeabsichtigt, dass seine Eltern sich treffen. Das aber würde ein großes Problem verursachen: Würden Martys Eltern sich nicht ineinander verlieben, dann geriete Martys eigene Geburt in Gefahr. Er erkennt, dass er dringend seine Eltern zusammenbringen muss, was sich aber als schwierig erweist. Sein Vater würde ohne Hilfe niemals das Herz seiner Mutter erobern, da er ein schüchterner Außenseiter ist. Marty entwickelt einen Plan, der zum Glück gelingt. So kann er am Ende beruhigt zurück in die Zukunft reisen.

Zurück in die Zukunft, 1985

1 Untersucht die Konjunktiv-II-Formen im Text:
- a Schreibt alle Verbformen im Konjunktiv II untereinander.
- b Ergänzt zu jeder Konjunktiv-II-Form den Indikativ Präteritum, z. B.: *wäre – war.*
- c Markiert die Unterschiede zwischen den beiden Verbformen.

2 Untersucht die *würde*-Ersatzformen im Text:
- a Schreibt alle *würde*-Ersatzformen aus dem Text untereinander.
- b Notiert zu jeder Ersatzform die Verbform im Konjunktiv II, z. B.: *würde verursachen – verursachte.*
- c Formuliert eine Begründung dafür, warum die *würde*-Ersatzformen im Text verwendet wurden.

Im Film „Zurück in die Zukunft" wird auf lustige Weise gezeigt, was passieren *(können)*, wenn man in der Vergangenheit etwas *(ändern)*. Du *(können)* zum Beispiel in das Jahr deiner Geburt reisen und dir anschauen, wie du als Baby ausgesehen hast. Das allein *(ändern)* noch nicht viel. Aber wie *(sein)* es, du *(malen)* dir selbst als Baby heimlich einen Schnurrbart an. Oder du *(anziehen)* dir als Baby Sachen aus der Zukunft an. Vielleicht *(erzählen)* dir deine Eltern heute von einer Merkwürdigkeit in deinem ersten Lebensjahr.

3 Schreibt die Textfortsetzung ab.
Setzt die Verben in Klammern im Konjunktiv II oder in der *würde*-Ersatzform richtig ein.

4 Formuliert im Heft fünf irreale Bedingungsgefüge zum Thema „Zeitreisen":
Wenn ich eine Zeitmaschine hätte, …

Fordern – Konjunktiv I in indirekter Rede verwenden

Sind Zeitreisen möglich?

Ja, sagen Wissenschaftler, Zeitreisen seien zumindest theoretisch möglich. Die heutige Wissenschaft allerdings verfüge noch lange nicht über die technischen Möglichkeiten, heißt es einstimmig in Fachkreisen. Zudem sei es nur denkbar, in die Zukunft zu reisen. Reisen in die Vergangenheit würden niemals stattfinden können. Das liege am so genannten Großvater-Paradox, erklärt ein Astrophysiker. „Man muss sich nur einen Menschen vorstellen, der in die Vergangenheit reist, seinen Großvater als jungen Mann trifft, ihn bei einem Streit erschlägt und damit seine eigene Geburt unmöglich macht."

1
a Sucht im Text Äußerungen in indirekter Rede und schreibt sie ins Heft ab. Unterstreicht die Verbformen im Konjunktiv I.
b Was genau haben die Wissenschaftler gesagt? Formuliert die Äußerungen in die direkte Rede um. Achtet auf die korrekte Zeichensetzung:
Wissenschaftler sagen: „Ja, Zeitreisen sind ..."

2
a Sucht im Text die Äußerung in direkter Rede und schreibt sie ins Heft ab. Unterstreicht darin alle Verbformen.
b Formuliert die Äußerung in indirekte Rede um. Bildet dazu die Konjunktiv-I-Formen der Verben:
Ein Astrophysiker meint, man müsse sich nur ...

Ein Physiker äußert sich dazu, warum Zeitreisen so faszinierend sind:

Herr Professor, kennen Sie den Film „Zurück in die Zukunft"?
Ja, der Film zeigt sehr schön einige Probleme der Zeitreisen.
Was fasziniert die Menschen so an der Idee, durch die Zeit zu reisen?
Ich glaube, Zeit macht unser Leben kostbar, weil sie immer in eine Richtung verläuft. So können wir keine Fehler korrigieren. Deshalb sind Zeitreisen eine faszinierende Idee. Viele wollen gern in die Vergangenheit reisen, um eben solche Fehler zu korrigieren. Andere wünschen sich, in der Vergangenheit bestimmte Menschen zu treffen. Dabei handelt es sich meistens um inzwischen verstorbene Familienmitglieder oder Freunde. Das übt einen großen Reiz aus.
Würden Sie gern in eine Zeitreisemaschine steigen?
Man muss eine Zeitreisemaschine natürlich erst mal gut testen. Denn häufig geht ja bei neuer Technik am Anfang irgendetwas schief. Aber wenn alles gut funktioniert, bin ich zu einer Reise durchaus bereit.

3 Gebt die Aussagen des Physikers zur Faszination von Zeitreisen in der indirekten Rede wieder. Prüft dabei, welche Verbformen ihr im Konjunktiv I und welche ihr im Konjunktiv II oder in der *würde*-Ersatzform verwenden solltet:
Der Physik-Professor meint, der Film zeige ... / Er glaubt, ... / Er gibt zu bedenken, ...

4 Formuliert die Interviewfragen oben ebenfalls in die indirekte Rede um:
Ein Journalist fragt den Professor, ob er ...

Fördern – Konjunktiv II erkennen und bilden

Was wäre, wenn ein kilometergroßer Meteorit auf der Erde einschlüge?

Fest steht, er würde sehr großen Schaden anrichten, egal ob er ins Meer fiele oder auf dem Land einschlüge. Bei einem Einschlag ins Meer würden große Wassermassen verdampfen. Diese würden Wolken bilden, die für Monate die gesamte Erde einhüllen könnten. Riesige Flutwellen würden weltweit Küstengebiete und Inseln überrollen, und sie würden alles mit sich reißen. Insgesamt wäre das aber noch das kleinere Übel.

1 Untersucht die Konjunktiv-II-Formen im Text:

a Schreibt die markierten Verbformen im Konjunktiv II untereinander.

b Ergänzt zu jeder Konjunktiv-II-Form den Indikativ Präteritum, z. B.: *fiele – fiel.*

c Markiert die Unterschiede zwischen den beiden Verbformen.

2 Sucht im Text oben *würde*-Ersatzformen und schreibt sie heraus, z. B.: *würde anrichten.*

Meteoriteneinschläge auf fester Erde lösten große Brocken und Unmengen an Staub aus dem Boden und sie wirbelten diese kilometerweit nach oben. Teile davon gelangten sogar bis in den Weltraum. Nach und nach fielen viele davon wieder zurück zur Erde. So gingen Minibomben über ein riesiges Gebiet nieder und setzten es in Flammen, denn die niederfallenden Steine heizten sich auf ihrem Weg durch die Atmosphäre auf und stürzten brennend nieder. Einige Brocken verschwänden aber auch für immer im Weltall.

3 In der Textfortsetzung stehen alle Verbformen im Konjunktiv II.
An vielen Stellen wäre jedoch die *würde*-Ersatzform besser geeignet.

a Schreibt die markierten Verbformen im Konjunktiv II untereinander.

b Notiert daneben jeweils die Präteritumform im Indikativ und prüft, ob die Formen übereinstimmen, z. B.: *sie lösten – sie lösten.*

c Bildet bei Übereinstimmung die *würde*-Ersatzform und schreibt sie daneben, z. B.:
sie lösten – sie lösten – sie würden lösen.

Der aufgewirbelte Staub *(bleiben)* lange in der Atmosphäre. Er *(verteilen)* sich nach und nach rund um den Erdball. Er *(lassen)* das Sonnenlicht nicht mehr bis zum Boden vordringen. Das *(verhindern)* eine direkte Sonneneinstrahlung. Auf der Erde *(sein)* es dunkler und kälter. Zuerst *(verkümmern)* die Pflanzen. Dann (verhungern) die Tiere, die diese Pflanzen fressen. Es *(vergehen)* viele Jahre, bis sich alles wieder *(normalisieren).*

4 Schreibt das Textende ab.
Setzt die Verben in Klammern im Konjunktiv II oder in der *würde*-Ersatzform richtig ein.

●○○ Fördern – Konjunktiv I in indirekter Rede verwenden

500-Meter-Koloss schoss nur knapp an der Erde vorbei

Anfang 2015 näherte sich ein riesiger Gesteinsbrocken aus dem All mit irrwitziger Geschwindigkeit der Erde und beunruhigte die Wissenschaftler. „Ein Einschlag eines derart großen Asteroiden kann ein Land wie Deutschland komplett zerstören", erklärt ein Wissenschaftler vom deutschen Zentrum für Luft- und Raumfahrt. Die Zivilisation habe eine Naturkatastrophe solchen Ausmaßes noch nicht erlebt. Die meisten Brocken, die in die Nähe der Erde geraten, seien klein. Sie hätten nur einen Durchmesser von 20 oder 30 Metern. „Beim Einschlag eines Asteroiden mit einem halben Kilometer Durchmesser rechnet man jedoch mit globalen Auswirkungen", meint der Forscher.

Zum Glück habe dieses Mal keine Gefahr für die Erde bestanden. Der Asteroid sei in rund 1,2 Millionen km Entfernung an der Erde vorbeigerast. Doch in kosmischen Maßstäben zähle das als ein Streifschuss, fügt er hinzu. „Erst im Jahr 2027 kommt ein kosmischer Brocken dieser Größenklasse der Erde wieder so nahe."

1 ●○○
a Schreibt die markierten Äußerungen in indirekter Rede ins Heft ab. Unterstreicht die Verbformen im Konjunktiv I.
b Was genau hat der Wissenschaftler gesagt?
Formuliert die Äußerungen in die direkte Rede um. Achtet auf die korrekte Zeichensetzung:
- *Der Wissenschaftler erklärt: „Die Zivilisation hat eine Naturkatastrophe solchen Ausmaßes noch nicht erlebt. Die meisten Brocken, die in die Nähe der Erde geraten, ..."*
- *Er fügt hinzu: „Zum Glück hat dieses Mal keine Gefahr ..."*

2 ●●○
a Sucht im Text die drei Äußerungen in direkter Rede und schreibt sie ins Heft ab. Unterstreicht darin alle Verbformen.
b Formuliert die Äußerungen in indirekte Rede um. Bildet dazu die Konjunktiv-I-Formen der Verben:
- *Ein Wissenschaftler vom deutschen Zentrum für Luft- und Raumfahrt erklärt, ein Einschlag eines derart großen Asteroiden könne ...*
- *Der Forscher meint, beim Einschlag ...*
- *Der Wissenschaftler ergänzt, erst im Jahr 2027 ...*

3 ●●○
Gebt die Aussage des Experten in der indirekten Rede wieder. Prüft dabei, welche Verbformen ihr im Konjunktiv I und welche ihr im Konjunktiv II oder in der *würde*-Ersatzform verwenden solltet:
Der Experte meint beruhigend, die Menschheit sei ...

Auskunft eines Experten von der NASA:
Die Menschheit ist bei einem drohenden Einschlag nicht ganz wehrlos.
Wenn man einen Asteroiden frühzeitig entdeckt, kann man ihm eine Raumsonde entgegenschicken.
Diese Sonde schlägt dann auf dem Asteroiden ein und bringt ihn dadurch von seiner Bahn ab.

11.2 Ungewöhnliche Mitteilungen – Nebensätze

Satzglieder wiederholen

Aus einer Bewerbung

Hallo Herr Max Dounat!
Wegen meiner Mutter bewerbe ich mich in Ihrem Laden. Sie sagt mir immer missmutig: „Du sitzt den ganzen Tag lang auf dem Sofa. Und dann isst du Fast Food. Du solltest dir endlich einen Job suchen!“ Sie bedürfen meiner zweifellos. Ich habe ihre Burger nämlich gründlich getestet. Meine Freunde schätzen die Sachlage in gleicher Weise ein. Sie empfehlen mich Ihrer Firma außerordentlich.

1 a Schreibt die Sätze ohne Anrede ab. Lasst dazwischen immer eine Zeile frei und rahmt die Satzglieder ein.
b Vergleicht die Satzglieder mit einer Lernpartnerin oder einem Lernpartner. Bestimmt, um welches Satzglied es sich jeweils handelt, und notiert die zutreffende Abkürzung darunter: Prädikat: *P*, Subjekt: *S*, Genitivobjekt: *GenO*, Dativobjekt: *DaO*, Akkusativobjekt: *AkkO*, Adverbialbestimmung der Zeit: *AZ*, des Ortes *AO*, des Grundes *AG*, der Art und Weise: *AAW*.

2 Wie würdet ihr als Arbeitgeber auf das Bewerbungsschreiben oben antworten? Formuliert eine kurze Antwort und rahmt in euren Sätzen die einzelnen Satzglieder ein.

Information **Die Satzglieder**

- Das **Prädikat** bildet den **Satzkern.** Es ist immer die **Personalform eines Verbs** und kann aus einem oder mehreren Teilen bestehen, z. B.: *Er sitzt auf dem Sofa. – Er hat dort gesessen.*
- Das Prädikat verlangt **weitere Satzglieder.** Diese können aus einzelnen Wörtern oder Wortgruppen bestehen. Die **Wörter eines Satzglieds** können nur **gemeinsam umgestellt** werden (► Umstellprobe, S. 313). Man kann die Satzglieder mit Hilfe der **Frageproben** bestimmen:

Satzglied	Frageprobe	Beispiel
Subjekt	Wer oder was?	*Er sitzt auf dem Sofa.*
Genitivobjekt	Wessen?	*Er bedarf eines Jobs.*
Dativobjekt	Wem?	*Die Mutter hilft dem Sohn.*
Akkusativobjekt	Wen oder was?	*Der Sohn sucht einen Job.*
adverbiale Bestimmung der Zeit	Wann? Wie lange? Wie oft? Seit wann?	*Er isst häufig Burger.*
adverbiale Bestimmung des Ortes	Wo? Woher? Wohin?	*Er sitzt auf dem Sofa.*
adverbiale Bestimmung des Grundes	Warum? Weshalb?	*Er bewirbt sich wegen seiner Mutter.*
adverbiale Bestimmung der Art und Weise	Wie? Womit? Auf welche Weise?	*Er sucht eifrig einen Job.*

Satzreihe und Satzgefüge unterscheiden

Aus einem Tagebuch

A Heute Morgen habe ich den gestern gekauften Schal umgetauscht, denn er war zu eng.
B Später bin ich von der Bäckerei gefeuert worden, weil ich keine Torten beschriften kann.
C Ich habe alles probiert, aber die Torte passte einfach nicht in den Drucker!
D Trotzdem habe ich heute viel erreicht und auch meine Eltern sind darüber sehr glücklich.
E Ich habe nämlich ein Puzzle in sechs Monaten fertiggestellt, obwohl auf der Schachtel zwei bis vier Jahre stand.
F Es war ein großartiger Tag, aber es gab noch weitere Probleme.

1 a Schreibt die Sätze A–F ab. Unterstreicht in jedem Satz die beiden Prädikate und kreist die Konjunktion (Verknüpfungswort) ein.
b Notiert hinter jeden Satz, ob es sich um eine Satzreihe (Hauptsatz + Hauptsatz) oder um ein Satzgefüge (Hauptsatz + Nebensatz) handelt.
c Erklärt, warum in Satz D zwischen den beiden Sätzen kein Komma stehen muss.

G Diese schokolierten Erdnüsse waren fürchterlich. – Man konnte sie nur schwer schälen.
H Ich konnte die Notfallnummer 112 nicht anrufen. – Es gab keine 11-Taste auf dem Telefon.
I Ich wollte Wasserski fahren. – Ich fand keinen See mit Abhang.

2 Verbindet die Sätze G–I jeweils zu einer Satzreihe und zu einem Satzgefüge.
Wählt passende Konjunktionen aus den Kästen und achtet auf die Kommasetzung.

Hauptsatzkonjunktionen für Satzreihen:
denn • aber • sondern • und • oder

Nebensatzkonjunktionen für Satzgefüge:
obwohl • als • nachdem • während • weil • da

3 Bildet Beispielsätze zu drei Hauptsatz- und drei Nebensatzkonjunktionen von Aufgabe 2.

Information **Die Satzreihe und das Satzgefüge**

- Eine **Satzreihe** ist ein Satz, der aus zwei oder mehr Hauptsätzen besteht. Jeder Hauptsatz könnte auch für sich allein stehen und hat ein eigenes Subjekt und ein eigenes Prädikat. Die Hauptsätze werden häufig verbunden durch Konjunktionen wie *denn, und, oder, aber,* z. B:
Ich habe stundenlang auf der Rolltreppe festgesessen , denn der Strom war ausgefallen.
Hauptsatz Komma Hauptsatz

- Ein **Satzgefüge** ist ein Satz, der aus einem Hauptsatz und einem oder mehreren Nebensätzen besteht. In den Nebensätzen steht das **Prädikat** (die Personalform des Verbs) am **Satzende.** Die Sätze werden oft verbunden durch Konjunktionen wie *nachdem, als, weil,* z. B.:
Ich habe stundenlang auf der Rolltreppe festgesessen , weil der Strom ausgefallen war.
Hauptsatz Komma Nebensatz

Nebensätze als Subjekte: der Subjektsatz

A Nutzer sozialer Netzwerke haben meist viele Freunde.

B Wer soziale Netzwerke nutzt, hat meist viele Freunde.

1 a Stimmt die Aussage in den Sätzen A und B? Berichtet von euren Erfahrungen.
b Bestimmt in den Sätzen die Subjekte mit der Frage *Wer oder was?*. Erläutert die Unterschiede.

Aus dem Brief eines Großvaters an Faxbook

Sehr geehrtes Faxbook!

Mein Enkelsohn ist seit einiger Zeit Mitglied in Ihrem Klub und sagt immer wieder: „Wer Fotos von mir sehen will, muss bei Faxbook sein." Dass ich jetzt auch Mitglied in Ihrem Klub werden will, ist nur logisch. Was mein Enkel so erlebt, interessiert mich nämlich. Ich bin zwar nicht mehr der Jüngste, aber ich habe großes Interesse an neuen Technologien. Gerade für Senioren ist es wichtig, sich für Technik zu interessieren. Ein nicht an Technik interessierter Mensch verliert bekanntermaßen schnell den Anschluss an den Fortschritt. Können Sie mir deshalb bitte einen Techniker vorbeischicken, der alles Erforderliche anschließen kann? Dabei muss erwähnt werden, dass ich bislang über kein Internet verfüge. Kann Ihr Techniker ein kleines und kostengünstiges Modell mitbringen? Fraglich ist nämlich, ob ich den Rest vom Internet überhaupt nutzen werde. Ihr Techniker kann auch gleich einen Mitgliedsantrag mitbringen. Ein in der nächsten Woche gelegener Termin wäre für mich sehr angenehm. Ich könnte damit meinen Enkel zum Geburtstag überraschen. Bitte verraten Sie deshalb nichts. Das Gelingen der Überraschung ist mir wirklich sehr wichtig.

2 a Bestimmt in den Sätzen jeweils das Subjekt mit Hilfe der Frage *Wer oder was?*. In welchen Sätzen besteht das Subjekt aus einem Nebensatz?
b Legt euer Heft quer und übertragt die folgende Tabelle. Ordnet anschließend die sechs Subjektsätze aus dem Text richtig ein.

dass-Satz	*ob*-Satz	W-Frage	Infinitiv
		Wer Fotos von mir sehen will	

3 Ersetzt die drei im Text markierten Ausdrücke jeweils durch einen Subjektsatz.

Information **Nebensatzart: Subjektsätze**

- **Nebensätze** können die Rolle eines **Satzglieds** übernehmen.
- **Subjektsätze** bilden in einem Satzgefüge das **Subjekt.** Man kann sie mit *Wer oder was?* erfragen, z. B.:
  – Satz mit einfachem Subjekt: *Nutzer sozialer Netzwerke wünschen sich viele Likes.*
  – Satzgefüge mit Subjektsatz: *Wer soziale Netzwerke nutzt, wünscht sich viele Likes.*
- Subjektsätze werden durch **Komma** vom Hauptsatz abgetrennt.

Nebensätze als Objekte: der Objektsatz

Aus dem Antwortschreiben von Faxbook

Sehr geehrter Großvater,

Sie haben uns gefragt, ob wir Sie bei der Einrichtung von Faxbook unterstützen können. Zu dieser Anfrage nehmen wir folgendermaßen Stellung: Wir finden wunderbar, dass Sie Ihren Enkel überraschen wollen. Umso mehr bedauern wir, dass wir Ihnen nicht helfen können. Trotz Ihres Auftrags können wir Sie nicht aus der Ferne bei Faxbook anmelden. Für die Anmeldung ist nämlich ein Internetzugang erforderlich. Zuerst muss Ihnen also jemand erklären, wie man ins Internet kommt. Anschließend können Sie in einem Volkshochschulkurs lernen, wie man das Internet benutzt. Auch wenn es damit keine Überraschung mehr ist: Ihr Enkel wird Ihnen dann sicherlich gern zeigen, wie Faxbook funktioniert.

1 **a** Erfragt mit einer W-Frage die markierten Nebensätze.
b Erklärt, warum es sich bei diesen Nebensätzen um Objektsätze handelt.

2 **a** Legt euer Heft quer und übertragt die folgende Tabelle.
Ordnet anschließend die sechs Objektsätze aus dem Text richtig ein.

dass-Satz	*ob*-Satz	W-Frage
...	*ob wir Sie bei der Einrichtung von Faxbook unterstützen können*	...

b Ersetzt die Objektsätze jeweils durch eine der Formulierungen im Kasten unten.
Schreibt die umformulierten Sätze ins Heft und rahmt die Objekte ein, z. B.:
Sie haben uns [nach Unterstützung bei der Einrichtung von Faxbook] gefragt.

nach Unterstützung bei der Einrichtung von Faxbook • die Überraschung für Ihren Enkel • unsere Hilflosigkeit • den Internetzugang • die Benutzung des Internets • die Funktionsweise von Faxbook

3 Formuliert die folgenden Sätze in Satzgefüge mit Objektsatz um:
A Der Enkel erklärt die Einrichtung des Internetanschlusses.
B Der Großvater notiert den Ablauf bei der Einrichtung eines Internetanschlusses.

Information **Nebensatzart: Objektsätze**

- **Nebensätze** können die Rolle eines **Satzglieds** übernehmen.
- **Objektsätze** bilden in einem Satzgefüge das **Objekt.**
  Man kann sie mit *Wen oder was?* erfragen, z. B.:
  – Satz mit einfachem Objekt: *Der Enkel erklärt das Internet.*
  – Satzgefüge mit Objektsatz: *Der Enkel erklärt, wie das Internet funktioniert.*
- Objektsätze werden durch **Komma** vom Hauptsatz abgetrennt.

Nebensätze als genauere Erläuterungen: Relativsätze

Aus der E-Mail eines Teenagers, dessen Mutter gerade zur Kur ist

Hier ist alles in Ordnung, liebe Mama! Ich staune täglich mehr über all die Dinge, die mir mittlerweile mühelos gelingen. Das Essen, welches ich mir selbst koche, kann ich inzwischen sogar genießen. *Gestern habe ich mir Bratkartoffeln gemacht. Diese magst du doch auch so gern.* Während die Kartoffeln in der Pfanne brieten, ging ich noch schnell Eier holen. *Nach meiner Rückkehr war der Griff der Pfanne vollständig geschmolzen. Diesen habe ich für viel widerstandsfähiger gehalten.* Der Rauch, der in der Küche stand, ist schon wieder abgezogen. Nur unsere Katze, die nun schwarz wie ein Rabe ist, hustet noch ein bisschen. Am Donnerstag habe ich vergessen, die Wohnung abzuschließen. *Es muss Besuch da gewesen sein. Dieser hat alle Wertgegenstände mitgenommen.* Also, erhole dich weiterhin gut!

1 a Untersucht die zwei im Text markierten Nebensätze:
- Mit welchen Relativpronomen werden sie eingeleitet?
- Welche Bezugswörter im Hauptsatz erklären sie genauer?
- An welcher Stelle stehen sie im Satzgefüge: Sind sie eingeschoben oder nachgestellt?

b Sucht im Text zwei weitere Relativsätze und schreibt die vollständigen Satzgefüge ins Heft ab. Unterstreicht die Relativsätze, rahmt die Relativpronomen ein und markiert die Bezugswörter, die genauer erklärt werden, z. B.:
Ich staune täglich mehr über all die Dinge, die mir mittlerweile mühelos gelingen.

2 Bildet aus den kursiv gesetzten Sätzen drei Satzgefüge mit Relativsatz. Ersetzt dafür die Demonstrativpronomen (diese, diesen, dieser) durch passende Relativpronomen und verbindet die Sätze, z. B.:
Gestern habe ich mir Bratkartoffeln gemacht, die du ...

3 a Formuliert folgende Sätze in Satzgefüge mit Relativsatz um.
A Ein mit dem Haushalt etwas überforderter Teenager schreibt seiner Mutter.
B Eine sich in einer Kurklinik befindende Mutter erhält von ihrem Sohn eine E-Mail.

b Formuliert folgende Satzgefüge in Sätze ohne Relativsatz um.
C Ein Teenager, der eigentlich selbstständig ist, bringt den ganzen Haushalt in Unordnung.
D Eine Mutter, die sich um ihren Haushalt sorgt, kann sich während der Kur nicht gut erholen.

Information **Nebensatzart: Relativsätze**

- Relativsätze sind **Nebensätze,** die ein Wort oder eine Wortgruppe im vorangestellten Satz **näher erklären.** Sie werden durch **Relativpronomen** (alle Formen von *der, die, das, welcher, welche, welches*) eingeleitet und durch **Kommas** vom Hauptsatz getrennt, z. B.:
  Ein Teenager schreibt seiner Mutter, ***die*** *gerade eine Kur macht.*
  Ein Teenager, ***dessen*** *Mutter zur Kur ist, muss den Haushalt allein bewältigen.*
- Relativpronomen können auch in Verbindung mit einer Präposition vorkommen, z. B.:
  Die Mutter erhält eine E-Mail, ***über welche*** *sie sich sehr freut.*

Nebensätze zu näheren Umständen: Adverbialsätze

Aus einem „Merkblatt“ für Verkehrssünder

Liebe Verkehrsteilnehmerin, lieber Verkehrsteilnehmer,

weil Sie aufmerksam sind, haben Sie sicher Folgendes bemerkt: An Ihrem Fahrzeug befindet sich außer diesem Schreiben auch noch ein Strafzettel. Ein Polizist hat diese Strafe verhängt. Er befindet sich eventuell noch dort, wo auch Sie gerade sind. Sicher möchten Sie diesen Polizeibeamten ansprechen, um ihn dazu zu bewegen, die Anzeige rückgängig zu machen. Bevor Sie ihn aber in endlose Diskussionen verwickeln, sollten Sie dieses Merkblatt aufmerksam lesen:
Wenn Sie beispielsweise nur Ihre kranke Oma nach Hause bringen wollten, ist das sicher löblich. Es berechtigt Sie allerdings nicht zu zweistündigem Parken in der Fußgängerzone. Obwohl wir natürlich Ehrfurcht vor dem Alter haben, können wir das nicht durchgehen lassen.
Auch wir würden lieber große Gangster fangen. Weil es aber nicht so viele Kapitalverbrechen in diesem Ort gibt, müssen wir uns die Zeit mit Strafzetteln vertreiben.
Vermeiden Sie bitte Körperkontakt zum Polizeibeamten, indem Sie ihm auf die Schulter klopfen oder ihn am Ärmel ziehen. Sie entgehen dem Strafzettel damit nicht.
Hinweis an unsere Verkehrsteilnehmerinnen: Der Einsatz von Tränen nützt überhaupt nichts, wohingegen der Anblick eines Menschen würdelos und albern wirkt, wenn er wegen ein paar Euro Bußgeld weinend auf der Straße steht.
Die Frage, ob ein Polizist kein Herz hat, ist überflüssig. Natürlich hat er eins. Das Herz dient dazu, dass Blut durch den Körper gepumpt wird.
Wenn Sie dem Beamten die Anzeige immer noch ausreden wollen, versuchen Sie es ruhig. Aber nützen wird es Ihnen nichts!

1 **a** Welche Gründe könnte es für solch ein Merkblatt geben? Tauscht euch aus.
b Wie laufen laut Merkblatt Gespräche zwischen Strafzettel-Empfänger und Polizist häufig ab? Spielt so ein Gespräch.

2 **a** Ergänzt mit Hilfe des ersten Textabschnitts (Z. 1–6) folgende drei Aussagen im Heft.
A Der Verkehrsteilnehmer bemerkt das „Merkblatt“, weil ...
B Er soll das „Merkblatt“ aufmerksam lesen, bevor ...
C Der Verkehrsteilnehmer möchte den Polizeibeamten in der Nähe ansprechen, damit ...
b Unterstreicht in den drei Satzgefügen A–C die Nebensätze.
Bestimmt mit Hilfe der Übersicht auf ▸ Seite 239 jeweils die Nebensatzart.

3 **a** Sucht in der Textfortsetzung (Z. 7–20) Satzgefüge mit den folgenden Adverbialsätzen. Wendet wenn möglich die Frageprobe an.

1x Adversativsatz
(wohingegen)

1x Finalsatz
Wozu?

3x Konditionalsatz
Unter welcher Bedingung?

1x Kausalsatz
Warum?

1x Konzessivsatz
Trotz welcher Tatsache?

1x Modalsatz
Wie?

b Erklärt, welche Funktion Adverbialsätze in Texten haben.

Information **Nebensatzart: Adverbialsätze**

- Adverbialsätze sind **Nebensätze,** die die **näheren Umstände eines Geschehens** beschreiben. Sie werden durch **Nebensatzkonjunktionen** eingeleitet und durch **Kommas** vom Hauptsatz getrennt.
- Man unterscheidet folgende **Adverbialsatzarten:**

Adverbialsatz ...	**Frageproben**	**Konjunktionen, Einleitewörter**	**Beispiel**
des Gegensatzes: **Adversativsatz**	Adversativsätze kann man nicht erfragen.	wohingegen, (an)statt (dass), (an)statt (zu)	*Verkehrssünder diskutieren oft, anstatt das Bußgeld zu zahlen.*
des Zwecks: **Finalsatz**	Wozu? Zu welchem Zweck?	damit, dass	*Verkehrssünder diskutieren oft, damit sie das Bußgeld nicht zahlen müssen.*
der Ursache / des Grundes: **Kausalsatz**	Warum? Weshalb? Aus welchem Grund?	weil, da	*Verkehrssünder diskutieren oft, weil sie das Bußgeld nicht zahlen wollen.*
der Bedingung: **Konditionalsatz**	Unter welcher Bedingung?	wenn, falls, sofern	*Verkehrssünder diskutieren oft, wenn sie den Strafzettel erhalten.*
der Folge: **Konsekutivsatz**	Mit welcher Folge?	dass, sodass, ohne dass	*Verkehrssünder diskutieren oft so heftig, dass Polizisten sich angegriffen fühlen.*
des Gegengrundes: **Konzessivsatz**	Trotz welcher Tatsache?	obwohl, auch wenn, obgleich, obschon, wenngleich	*Verkehrssünder führen oft Diskussionen, obwohl diese nichts nützen.*
des Ortes: **Lokalsatz**	Wo? Woher? Wohin?	wo, woher, wohin	*Strafzettel gibt es oft dort, wo Leute gern parken.*
der Art und Weise: **Modalsatz**	Wie? Auf welche Art und Weise? Womit?	indem, dadurch, dass, ohne dass	*Verkehrssünderinnen wollen überzeugen, indem sie weinen.*
der Zeit: **Temporalsatz**	Wann? Wie oft? Wie lange? Seit wann? Bis wann?	solange, sobald, als, nachdem, bevor, wenn, seit, während	*Verkehrssünder sollten das Bußgeld zahlen, sobald sie den Strafzettel erhalten.*

Adverbialsätze bestimmen und umformulieren

Eine E-Mail an den Chef

Lieber Chef! Mein Assistent Herr Meyer ist immer dabei, eifrig seine Arbeit zu tun. Er tut das mit großer Umsicht, anstatt seine Zeit mit Schwätzchen zu verplempern. Nie lehnt er es ab, anderen zu helfen, und trotzdem schafft er sein Arbeitspensum. Oft bleibt er länger im Büro, damit seine Arbeit fertig wird. Manchmal arbeitet er sogar in der Mittagspause. Herr Meyer ist jemand ohne Überheblichkeit bezüglich seiner Fähigkeiten. Er verfügt über hervorragende Computerkenntnisse. Er ist einer der Mitarbeiter, auf die man stolz sein kann und auf deren Arbeitskraft man nicht gern verzichtet. Ich denke, es ist an der Zeit für ihn, endlich befördert zu werden, damit er nicht auf den Gedanken kommt, zu gehen. Die Firma kann davon nur profitieren.

1 Fasst den Inhalt der E-Mail zusammen.
Welches Ziel verfolgt der Verfasser mit seiner Nachricht?

2 a Schreibt die markierten Satzgefüge ins Heft ab und unterstreicht die Adverbialsätze. Markiert jeweils das Prädikat am Nebensatzende und rahmt die Konjunktion ein.
b Bestimmt mit Hilfe der Übersicht auf ▶ Seite 239, um welche Adverbialsatzart es sich bei den einzelnen Nebensätzen handelt.

Die zweite E-Mail an den Chef

Lieber Chef! Als ich vorhin meine erste E-Mail an Sie formuliert habe, hat mein Assistent dummerweise neben mir gestanden. Deshalb konnte ich mich nicht offen äußern. Wenn Sie bitte noch einmal nur jede zweite Zeile meiner Nachricht lesen, erfahren Sie mein eigentliches Anliegen. Vielen Dank für Ihr Verständnis.

3 a Gebt die Bitte wieder, die der Mitarbeiter in seiner zweiten E-Mail an den Chef äußert.
b Lest die erste E-Mail noch einmal. Was wollte der Mitarbeiter dem Chef eigentlich mitteilen?

4 a Sucht in der zweiten E-Mail zwei Satzgefüge und schreibt sie ins Heft. Unterstreicht die Adverbialsätze. Um welche zwei Arten handelt es sich?
b Ersetzt die zwei Adverbialsätze jeweils durch eine adverbiale Bestimmung:
Während des ... / Beim wiederholten Lesen ...

5 Formuliert eine mögliche Antwort des Chefs an den Mitarbeiter.
Verwendet darin mindestens drei verschiedene Adverbialsätze.

Aus dem Brief an eine Versicherung

A Schließlich fiel ich derart unglücklich auf den Boden, dass ich mir das rechte Bein brach. Ich war sofort ohnmächtig und ließ das Seil los. Dadurch fielen die am Seil hängenden Kistenbretter auf mich, sodass ich nun auch ein neues Gebiss benötige.
Obwohl man mich hier im Krankenhaus gut pflegt, möchte ich bald nach Hause. Wenn Sie für alle Kosten aufgekommen sind, werde ich Sie gern weiterempfehlen.

B Als ich mit dem Beladen der Kiste auf dem Dachboden fertig war, ging ich wieder nach unten. Von dort aus wollte ich die Kiste herunterlassen. Damit die Kiste nicht herunterfiel, hielt ich das Seil ganz fest. Aber nun war die mit Steinen gefüllte Kiste schwerer als ich. Völlig überraschend zog sie mich immer schneller nach oben. Als die Kiste und ich auf halbem Wege aufeinandertrafen, riss sie mir die linke Schulter auf.

C Sehr verehrte Versicherung,
leider muss ich Ihnen einen folgenschweren Unfall melden. Während ich diese Zeilen schreibe, zittern mir immer noch die Hände! Auf dem Dachboden meines Hauses hatte ich Backsteine gelagert, weil ich ein neues Gartenhaus bauen wollte. Zur Beförderung der Steine nach unten überlegte ich mir folgende Konstruktion: Ich verankerte an einem Fenster des Dachbodens einen Balken mit einer Rolle. Über die Rolle ließ ich ein Seil laufen. An diesem befestigte ich eine Kiste. Bevor ich die Kiste oben voll mit Steinen belud, hatte ich das Seil unten fest an einen Pfosten angebunden.

D Aber es kam noch viel schlimmer, weil ich oben mit meinem Kopf gegen den Balken stieß. In meiner Not hielt ich das Seil ganz fest. Aber die Kiste mit den Steinen prallte unten so hart auf die Erde, dass der Kistenboden brach und die Steine herausfielen. Nun war ich der schwerere Teil, sodass ich sofort nach unten sauste. Als die am Seil verbliebenen Kistenbretter und ich wieder auf halbem Wege aufeinandertrafen, verletzten die Bretter mich an der rechten Schulter.

6
a Bildet zu jedem Textabschnitt A, B, C oder D eine Vierergruppe.
b Schreibt den Textabschnitt ab (jeder für sich). Bestimmt dann gemeinsam die Satzgefüge.
c Unterstreicht in den Satzgefügen die Adverbialsätze und klärt in der Gruppe, um welche Adverbialsatzart es sich jeweils handelt.
d Wählt gemeinsam einen Adverbialsatz, den man in eine adverbiale Bestimmung umformulieren kann, z. B.: *Obwohl man mich hier im Krankenhaus gut pflegt, ...* → *Trotz der guten Pflege im Krankenhaus ...*
Markiert den Satz und notiert die adverbiale Bestimmung.

7
a Bildet neue Gruppen mit je einem Mitglied aus den Gruppen A, B, C und D.
b Bringt die Textabschnitte A–D in eine sinnvolle Reihenfolge.
Um den beschriebenen Vorgang besser zu verstehen, könnt ihr auch eine Skizze anfertigen.
c Stellt euch gegenseitig die Adverbialsätze in euren Textabschnitten vor und prüft die Ergebnisse.
Tipp: Ihr müsst in der Gruppe insgesamt auf fünf Temporalsätze, vier Konsekutivsätze, zwei Kausalsätze und jeweils einen Finalsatz, Konditionalsatz und Konzessivsatz kommen.
Stellt euch die Adverbialsätze vor, die ihr durch adverbiale Bestimmungen ersetzt habt.

Teste dich!

Tandembogen: Aus dem Handy-Knigge – Adverbialsätze bilden

Partner A	Partner B
1 Bestimme den Adverbialsatz im Satzgefüge und gib die Adverbialsatzart an: *Beim Telefonieren solltest du immer laut und deutlich sprechen, weil auch deine Mitmenschen ein Recht auf den Inhalt deines Gesprächs haben.*	**Lösung zu 1:** *weil auch deine Mitmenschen ein Recht auf den Inhalt deines Gesprächs haben* (Kausalsatz)
Lösung zu 2: *Bevor du einen Anruf annimmst* (Temporalsatz)	**2** Bestimme den Adverbialsatz im Satzgefüge und gib die Adverbialsatzart an: *Bevor du einen Anruf annimmst, solltest du immer laut jammern: „Hat man denn nirgends seine Ruhe?“*
3 Bestimme den Temporalsatz im folgenden Satzgefüge: *Wann immer irgendwo ein Handy klingelt, greife auch in deine Tasche.*	**Lösung zu 3:** *Wann immer irgendwo ein Handy klingelt*
Lösung zu 4: *wenn du allein bist*	**4** Bestimme den Konditionalsatz im folgenden Satzgefüge: *Ignoriere ruhig dein klingelndes Handy, wenn du allein bist.*
5 Bilde ein Satzgefüge mit einem Finalsatz: *Benutze dein Handy ruhig auch im Theater und in der Oper. + Die Künstler werden durch die Klingelgeräusche zu Höchstleistungen angespornt.*	**Lösung zu 5:** *Benutze dein Handy ruhig auch im Theater und in der Oper, damit die Künstler durch die Klingelgeräusche zu Höchstleistungen angespornt werden.*
Lösung zu 6: *Du solltest laut in öffentlichen Verkehrsmitteln telefonieren, weil/da auch andere Menschen private Details über dich erfahren wollen.*	**6** Bilde ein Satzgefüge mit einem Kausalsatz: *Du solltest laut in öffentlichen Verkehrsmitteln telefonieren. + Auch andere Menschen wollen private Details über dich erfahren.*

1 Testet euch gegenseitig in Partnerarbeit. Geht so vor:
- Partner A deckt mit einem Blatt Papier die rechte Hälfte des Tandembogens ab. Partner B deckt die linke Seitenhälfte ab.
- Partner A liest die Aufgabe 1 vor und löst sie, Partner B prüft die Lösung.
- Danach liest Partner B die Aufgabe 2 vor und löst sie, Partner A prüft die Lösung.

Tipp: Übt so lange, bis ihr alle Aufgaben richtig lösen könnt. Tauscht einmal die Rollen A und B.

●●● Fordern – Adverbialsätze bestimmen und bilden

Aus einem Brief an den inneren Schweinehund

Mein lieber innerer Schweinehund,

du zeigst deine Beharrlichkeit deutlich, indem du mich den ganzen Tag verfolgst. Es geht schon morgens los: Sicherlich könnte ich am Wochenende mal früher aufstehen, damit ich Zeit zum Lernen habe. Sobald jedoch mein Wecker klingelt, flüsterst du mir ins Ohr: „Schlaf ist sehr gesund!" Weil du mich zuvor dazu verleitet hattest, mir die Nacht mit Fernsehen um die Ohren zu schlagen, sehe ich diesen Aspekt auch ein und drücke den Snooze-Button. Obwohl du morgens besonders stark bist, gebe ich dir auch im restlichen Tagesverlauf nur allzu gern nach: Ich sollte mehr Sport treiben? – Heute ist es aber so kalt, dass einem der Atem gefriert. Ich sollte gesünder essen? – Es wäre doch die reinste Verschwendung, wenn ich alle Süßigkeiten wegwerfen würde. Ich sollte Zeitung lesen, anstatt nur im Internet rumzuscrollen? – Das dauert mir einfach zu lange.

1 ●●●
a Sucht im Text acht Adverbialsätze und schreibt sie untereinander ins Heft.
b Markiert das Prädikat am Nebensatzende und rahmt die Konjunktion ein.
c Notiert, um welche Adverbialsatzart es sich jeweils handelt:

> Adversativsatz • Finalsatz • Kausalsatz • Konditionalsatz • Konsekutivsatz • Konzessivsatz • Modalsatz • Temporalsatz

A Wenn ich dich besiege, erlebe ich aber auch wunderbare Momente.
B Während ich am Morgen jogge, kommen mir oft gute Ideen.
C Nachdem ich Sport gemacht habe, fühle ich mich ganz munter.
D Ohne den ständigen Kampf gegen dich könnte ich meine Ziele nicht erreichen.
E Trotz deiner Hartnäckigkeit siegt meine Willensstärke.

In diesem Sinne, lieber Schweinehund, danke für deine Ausdauer. Der Wettstreit geht weiter!

2 ●●●
a Schreibt die Satzgefüge A–C ins Heft ab und unterstreicht jeweils den Adverbialsatz.
b Formuliert die drei Adverbialsätze in adverbiale Bestimmungen um und schreibt die Sätze neu auf, z. B.: *A Bei einem Sieg über dich erlebe ich aber auch …*

3 ●●●
a Schreibt die Sätze D und E ins Heft ab und unterstreicht die adverbialen Bestimmungen.
b Formuliert die zwei adverbialen Bestimmungen in Adverbialsätze um und schreibt die Satzgefüge auf, z. B.: *D Wenn wir nicht ständig …*

Wie überlistet man den inneren Schweinehund? – Tipps zur Selbstmotivation

A ? du dich für eine Aufgabe motivieren willst stelle sie dir vor deinem inneren Auge vor.
B Stelle dir das schöne Gefühl vor ? du die Aufgabe endlich geschafft hast.
C ? du denkst „Das schaffe ich nicht!" wirst du die Aufgabe nicht bewältigen.
D ? du dir immer wieder sagst „Ich kann das!" programmierst du dein Unbewusstes auf nützliche Gedanken.
E Motiviere dich ? du dir kleine Belohnungen wie einen Kinobesuch in Aussicht stellst.
F Man macht sich schneller an die Arbeit ? der Termindruck größer wird.
G Nutze dieses Wissen ? du dir selbst Termine für deine Aufgaben setzt.
H Schreibe deine Aufgaben auf Zettel und streiche erledigte Aufgaben durch ? du dein Vorankommen siehst.
I ? du viel zu tun hast solltest du dir Auszeiten erlauben.

4 ●●●
a Übertragt die Satzgefüge A–I ins Heft. Setzt passende Konjunktionen ein und ergänzt die fehlenden Kommas.
b Unterstreicht die Adverbialsätze. Gebt an, um welche Adverbialsatzart es sich jeweils handelt.

J Du hast dir etwas Neues vorgenommen. + Du solltest zügig mit der Umsetzung anfangen.
K Vermeide Gedanken wie „Morgen werde ich ..." oder „Irgendwann einmal ...". + Diese führen nicht zum Ziel.
L Ändere zunächst nur eine Kleinigkeit. + Der erste Erfolg ermutigt dich zum Weitermachen.
M Denke statt „ich muss" einfach „ich möchte". + Veränderungen fallen dir leichter.
N Zerlege große Aufgaben in kleinere Teilaufgaben. + Du kannst sie besser überschauen.
O Lenke dich nicht selbst ab. + Du suchst andere Dinge, die zu erledigen sind.
P Halte durch. + Es wird anstrengend.
Q Man muss Rückschläge aushalten. + Träume und Ziele lassen sich verwirklichen.

5 ●●● Bildet aus den Sätzen in J–Q Satzgefüge mit Adverbialsätzen. Verwendet dazu Konjunktionen aus dem Kasten und beachtet die Kommasetzung, z. B.:
J Wenn du dir etwas Neues vorgenommen hast, solltest du zügig mit der Umsetzung anfangen.

damit • indem • wenn • weil • sodass • obwohl

6 ●●● Bildet Satzgefüge mit Adverbialsätzen. Setzt dafür die folgenden Satzanfänge fort:
A *Ich kann gut lernen, ...*
B *Ich kann Aufgaben am besten erledigen, ...*
C *Bei Misserfolgen gebe ich nicht auf, ...*

7 Formuliert den folgenden Schachtelsatz verständlicher, indem ihr zwei Adverbialsätze in adverbiale Bestimmungen umwandelt.
Wenn eine Klassenarbeit angekündigt wird, teile ich den Lernstoff, nachdem ich meinen Hefter durchgesehen habe, in kleine Einheiten auf, damit ich mir einen Lernplan machen kann.

Fördern – Adverbialsätze bestimmen und bilden

Aus einem Brief an den Sandmann

Lieber Sandmann!

A Obwohl ich schon lange im Bett liege, ist von dir nichts zu sehen.
B Nachdem ich die Schäfchen in Gedanken gezählt habe, habe ich sie auch noch bunt angemalt und nach Farben geordnet.
C Ich habe versucht dich anzulocken, indem ich leise Musik gehört habe.
D Mir bleiben nur wenige Stunden, bevor mein Wecker klingelt.
E Weil morgen die Schule wieder anfängt und ich früh aufstehen muss, solltest du mir endlich den Schlaf bringen.

1 a Schreibt die Satzgefüge A–E ab. Lasst nach jedem Satzgefüge eine Zeile frei.
b Unterstreicht in jedem Satzgefüge den Adverbialsatz.
Markiert das Prädikat am Nebensatzende und rahmt die Konjunktion ein, z. B.:
A Obwohl ich schon lange im Bett liege, ist von dir nichts zu sehen.
c Notiert, um welche Adverbialsatzart es sich jeweils handelt:

Temporalsatz • Kausalsatz • Konzessivsatz • Modalsatz

Oder bist du etwa sauer, lieber Sandmann? Ich gebe zu: Indem ich fröhlich koffeinhaltige Erfrischungen getrunken habe, bin ich in den Ferien schon ein bisschen abweisend dir gegenüber gewesen.
Vielleicht habe ich dich auch verärgert, weil ich in der Nacht oft am Computer gespielt habe.
In manchen Nächten konnte ich dich auch durch wilde Bewegungen und laute Musik vertreiben. Die gesamten Ferien über war mir eben mehr nach Party als nach Sand in den Augen.
Warum tauchst du eigentlich immer dann auf, wenn ich dich nicht sehen will – und treibst dich wer weiß wo rum, wenn ich dich brauche?

2 Formuliert die zwei grün markierten Adverbialsätze in adverbiale Bestimmungen um und schreibt die Sätze neu auf:
– *Durch das Trinken ...*
– *Vielleicht habe ich dich auch verärgert wegen ...*

3 Formuliert die zwei blau markierten adverbialen Bestimmungen in Adverbialsätze um und schreibt die Satzgefüge auf. Achtet auf die Kommasetzung.
– *In manchen Nächten konnte ich dich auch vertreiben, indem ...*
– *Solange die Ferien ...*

Tipps des Sandmanns

A Du solltest nicht bis spätabends arbeiten oder Sport treiben
B Vermeide abends koffeinhaltige Getränke
C Elektrische Geräte mit kleinen Lämpchen oder leuchtenden Displays können unsere innere Uhr so verstellen
D Stimme dich am späteren Abend auf den Schlaf ein
E Du wirst schneller schlummern
F Stehe lieber noch einmal kurz auf, blättere in einer Zeitschrift oder lies etwas

– dass Schlafstörungen entstehen.
– damit dich das Koffein nicht wach hält.
– bevor du dich die ganze Nacht im Bett herumwälzt und gar nicht zur Ruhe kommst.
– wenn du vor dem Einschlafen an etwas Angenehmes denkst.
– indem du nur noch ruhigen Beschäftigungen nachgehst.
– weil diese Aktivitäten das Einschlafen erschweren.

4 ●○○
a Verbindet die Hauptsätze A–F jeweils mit einem passenden Adverbialsatz. Schreibt die Satzgefüge ins Heft und setzt die fehlenden Kommas.
b Unterstreicht die Adverbialsätze. Gebt an, um welche Adverbialsatzart es sich jeweils handelt.

Gehe nicht ins Bett ? du müde bist. ? man den Schlaf nicht einfach nach hinten verschieben kann solltest du nach Möglichkeit immer um dieselbe Zeit ins Bett gehen. Es kann zu Schlafstörungen kommen ? es im Schlafzimmer zu hell ist. Du solltest daher alle Lichtquellen so dimmen ? es dunkel ist. ? der Mensch eingeschlafen ist sinkt seine Körpertemperatur leicht ab. ? es dann im Schlafraum zu warm ist passiert Folgendes: Der Mensch wühlt sich ständig durch sein Bett ? er nach kühlen Stellen sucht. Achte deshalb auf die Temperatur in deinem Zimmer ? du am nächsten Tag gut ausgeruht bist.

damit • wenn • bevor • weil • da • sobald • dass

5 ●●○
a Schreibt den Text ins Heft ab und setzt passende Konjunktionen aus dem Kasten ein.
b Unterstreicht die Adverbialsätze und setzt die Kommas, die sie von den Hauptsätzen trennen.

6 ●●○
Bildet Satzgefüge mit Adverbialsätzen. Setzt dafür die folgenden Satzanfänge fort:
A *Ich kann gut schlafen, weil/wenn/obwohl/sobald …*
B *Ich kann manchmal schlecht einschlafen, weil/wenn/obwohl …*
C *Wochentags gehe ich zeitig/spät ins Bett, weil/obwohl/damit …*
D *Am Wochenende stehe ich zeitig/spät auf, weil/obwohl/damit …*

11.3 Fit in …! – Einen Text überarbeiten

Stellt euch vor, ihr bekommt in der nächsten Klassenarbeit die folgende Aufgabe gestellt:

Aufgabe
Formuliere den folgenden Artikel zu einem Bericht ohne wörtliche Rede um.
– Ersetze im ersten Abschnitt (▶ Z. 1–19) die direkte Rede durch den Konjunktiv I.
– Ersetze im zweiten Abschnitt (▶ Z. 20–36) die direkte Rede durch die indirekte Rede. Entscheide, ob du den Konjunktiv I, den Konjunktiv II oder die *würde*-Ersatzform verwenden solltest.

Gibt es Aliens im sagenumwobenen Sperrgebiet Area 51?

Eine brennende Frage während einer Fragestunde mit dem Chef der amerikanischen Raumfahrtbehörde NASA war: Gibt es Aliens im sagenumwobenen Sperrgebiet Area 51, einer amerikanischen Forschungseinrichtung? Um die Area 51 ranken sich zahlreiche Verschwörungstheorien: Angeblich hält man dort Aliens und deren Raumfahrzeuge versteckt, um heimlich außerirdisches Leben zu erforschen.

„Nein", meint Charles Bolden, der Chef der amerikanischen Raumfahrtbehörde NASA. „In der Area 51 gibt es keine Aliens." Er gibt zu: „Zwar existiert Area 51 tatsächlich. Es handelt sich aber um eine normale Forschungs- und Entwicklungseinrichtung. Ich habe dort weder Aliens noch deren Raumfahrzeuge gesehen." Dennoch ist er sich sicher: „Ja, es gibt außerirdisches Leben. Irgendwann einmal wird ein Raumschiff der Erde anderen Lebensformen begegnen. Wenn nicht in unserem Sonnensystem, dann passiert es in einem der anderen Milliarden Sonnensysteme in unserer Galaxie." Jahrzehntelang bemühten sich amerikanische Behörden um eine Geheimhaltung von Area 51. 2013 bestätigte die CIA jedoch die Existenz dieser Einrichtung. Sie liegt in Nevada, nahe des Groom Lake.

Bolden äußerte sich auch zu den Marsmissionen. „Die Pläne sehen vor, in den frühen 30er Jahren des 21. Jahrhunderts auf dem Mars landen zu können. Die Forscher planen, Roboter für den Bau von Lebensräumen und Häusern zu benutzen." Schmunzelnd fügt er hinzu: „Einer der Hauptgründe, weswegen es bisher noch nicht mit einer Marslandung geklappt hat, ist das Fehlen von funktionierenden Toiletten." „Die Astronauten benötigen bessere Lebenserhaltungssysteme", erklärte Bolden den Kindern. „Sie brauchen eine Toilette, die nicht auf dem Weg dorthin kaputt geht. Und wenn sie auf dem Mars sind, ist eine Toilette notwendig, die über lange Zeit funktioniert. Toiletten sind eine wichtige Sache!"

Die Aufgabe richtig verstehen

1 In welchem Textabschnitt müsst ihr was erledigen? Ordnet die Aussagen A und B den Abschnitten zu:

A In diesem Abschnitt soll ich die direkte, also wörtliche Rede ersetzen und entscheiden, ob man eher den Konjunktiv I, den Konjunktiv II oder die *würde*-Ersatzform verwenden sollte.

B In diesem Abschnitt soll ich die wörtliche Rede durch die indirekte Rede ersetzen und dabei nur den Konjunktiv I verwenden.

Den Text Absatz für Absatz überarbeiten

2 In den Redebegleitsätzen solltet ihr abwechslungsreiche Verben verwenden. Notiert Verben zur Redewiedergabe, die für den Artikel geeignet sind, z. B.: *erklären, erläutern.*

3 Überarbeitet den **ersten Abschnitt** des Artikels (► Z. 1–19):

a Schreibt alle Verben aus der wörtlichen Rede untereinander und ergänzt daneben jeweils die Konjunktiv-I-Form, z. B.: *gibt → gebe.*

b Überarbeitet den Abschnitt mit Hilfe der Verben von Aufgabe 2 und der Liste von Aufgabe 3 a: *Charles Bolden, der Chef der amerikanischen Raumfahrtbehörde NASA, meint, in der Area 51 gebe es keine Aliens ...*

4 Überarbeitet den **zweiten Abschnitt** des Artikels (► Z. 20–36):

a Überlegt zu zweit, wann man bei der indirekten Rede den Konjunktiv I, wann den Konjunktiv II und wann die *würde*-Ersatzform einsetzen sollte.

b Bildet zu allen Verben in der wörtlichen Rede jeweils die drei Formen:

Direkte Rede	Konjunktiv I	Konjunktiv II	*würde*-Ersatzform
„Die Pläne sehen vor" (Z. ...)	*sie sehen vor*	*sie sähen vor*	*sie würden vorsehen*

c Prüft, welche Form ihr für die Textüberarbeitung verwenden solltet. Markiert sie jeweils.

d Überarbeitet mit Hilfe eurer Vorbereitung den Rest des Textes: *Zu den Marsmissionen äußerte Bolden, die Pläne sähen vor, in den frühen 30er Jahren ...*

Die Überarbeitung prüfen

5 **a** Tauscht eure Texte und prüft jeweils die Überarbeitung eures Lernpartners:
- Wurde der Text gemäß der Aufgabenstellung überarbeitet?
- Wurden für die Redebegleitsätze abwechslungsreiche Verben verwendet?
- Wurden die Konjunktiv-I-Formen im ersten Textabschnitt richtig gebildet?
- Wurden im Rest des Textes die Überlegungen zur Verwendung des Konjunktivs beachtet?
- Enthält die Textüberarbeitung Rechtschreib- oder Zeichensetzungsfehler?

b Korrigiert eure eigenen Texte mit Hilfe der Hinweise eures Lernpartners.

12 Rechtschreiben trainieren – Rechtschreibung erforschen

1 Die „Bionik" ist ein moderner Zweig der Wissenschaft. Sie enthält die beiden Bereiche, mit denen sie sich beschäftigt, in ihrem Namen.

a Welche Wissenschaftsbereiche werden in der Bionik zusammengebracht? Formuliert eure Vermutung.

b Beschreibt das Bild und erläutert, mit welchen Zielen sich Bioniker in der Natur umsehen.

die Technologie • der Antrieb • die Flosse • die Triebkraft • die Baupläne

2 Mit welchen Strategien kann man die Schreibweise der Wörter im Kasten begründen? Ordnet zu.

A Schwingen
B Verlängern
C Zerlegen
D Ableiten
E Merken

In diesem Kapitel ...

– erfahrt ihr, welche Anregungen sich Techniker in der Natur holen,
– trainiert ihr die Anwendung der Rechtschreibstrategien,
– übt ihr die Kommasetzung,
– bestimmt ihr Fehlerschwerpunkte.

12.1 Forschungsfeld Bionik – Schwierige Wörter richtig schreiben

Strategie Schwingen: Wörter in Silben sprechen

der Pinguinkörper • der Hummelflügel • die Fledermausortung • die Libellenleichtbauweise • die Schlangenfortbewegung • die Garnelententakel • die Autogeneration • die Bauprinzipien • die Elektrosensoren • die Materialbeschaffenheit • die Reptilienhaut • die Sensationserfolge

1 Viele lange Wörter kann man richtig schreiben, wenn man sie deutlich in Silben spricht.

a Setzt euch zu zweit zusammen. Lest die Wörter abwechselnd in Silben und bestimmt zu jedem Wort die Silbenzahl.

b Erklärt abwechselnd die Bedeutung der einzelnen Wörter. Erschließt sie von hinten nach vorn, z. B.: *Der Pinguinkörper bezeichnet den Körper eines Pinguins.*

Die Bionik – Nachmachen erwünscht

Bionik ist die Bezeichnung für einen Wissenschaftsbereich, in dem Forscher versuchen, Ideen der Natur für technische Neuerungen zu nutzen. Die Bereiche, für die die Natur Problemlösungen anbietet, sind vielfältig. So suchen Wissenschaftler bei den Delfinen nach Ideen für eine kabellose Unterwasserkommunikation. Besondere Fruchtschalenkonstruktionen bieten Anregungen zur Stoßdämpfung, hier ist die Pampelmusenschale ein wichtiges Forschungsobjekt. Die Oberflächen verschiedener Tiere und Pflanzen vermitteln Ideen für die Entwicklung von hochwirksamen Nanooberflächen, die die Haftungseigenschaften von künstlichen Oberflächen verbessern. Beispielsweise entwickelten Forscher auf der Grundlage von Vorbildern in der Natur Badezimmermaterialien, die das lästige Putzen erleichtern, weil sie Wasser abperlen lassen. Abgucken von der Natur ist also erlaubt. Aber das, was man sieht, kann man leider oft nicht einfach übernehmen. Die Herausforderung für Bioniker besteht darin, Vorbilder aus der Natur in technische Prozesse umzusetzen.

2 **a** Womit beschäftigen sich Bioniker? Lest den Text und beantwortet die Frage mit eigenen Worten.

b Klärt die Bedeutung der markierten Wörter: Erschließt die Wörter von hinten nach vorn oder schlagt ihre Bestandteile nach.

c Sprecht die markierten Wörter in Silben und prüft, ob man sie schreibt, wie man sie spricht.

3 Diktiert euch gegenseitig jeweils sieben lange Wörter aus den Aufgaben 1 oder 2 und korrigiert anschließend gemeinsam die Schreibung.

Fremdwörter richtig schreiben

M

der Thron • der Theologe • der Therapeut • der Phosphor • der Pharao • der Physiotherapeut • der Theoretiker • die Alternative • die Hyazinthe • die Systematik • die Methode • die Physik • die Revolution • die Strophe • das Phänomen • das Symbol • das Volumen • das Universum

1 a Lest die Fremdwörter und schlagt ihre Bedeutung nach, wenn ihr sie nicht kennt.
b Legt im Heft eine Tabelle mit folgendem Tabellenkopf an und ordnet die Wörter ein.
Tipp: Einige Wörter müssen in mehreren Spalten stehen.

th **statt ...**	***ph*** **statt ...**	***y*** **statt ...**	***v*** **statt ...**

c Markiert in den Fremdwörtern die Stellen, die man anders schreibt, als man sie spricht. Ergänzt anschließend die Überschriften im Tabellenkopf.

die Spaghetti • der Delphin • die These • der Joghurt • der Thunfisch • der Panther • das Rheuma • das Mikrophon • die Atmosphäre • der Geograph

2 a Schlagt nach, für welche dieser Fremdwörter es inzwischen eine eingedeutschte Form gibt.
b Schreibt, wenn vorhanden, beide Formen ins Heft und kreist die Unterschiede ein.

Die Natur als Motor für technologische Entwicklungen

Die Bionik arbeitet interdisziplinär. Das heißt, dass Biologen, Chemiker, Physiker, Architekten, Ingenieure und andere zusammenarbeiten. Gemeinsam sind sie auf der Suche nach Innovationen für die Zukunft. Die Natur hat im Laufe von Millionen Jahren höchst effektive Konstruktionen entwickelt. Damit bietet sie zahlreiche Entwicklungsideen. 98 % unserer Autos haben inzwischen Teile in sich, die bionisch verbessert sind. Damit sind sie leichter und trotzdem stabiler als früher. Dank der Leichtbauweise fahren sie spritsparender und stoßen weniger Kohlendioxid aus.

3 a Ordnet den im Text markierten Fremdwörtern im Heft die folgenden Bedeutungen zu: *Naturwissenschaftler, fachübergreifend, Neuerungen, Fachleute für Technik, giftiges Gas, Entwürfe, widerstandsfähig, wirkungsvoll.* Markiert die Merkstellen in den Fremdwörtern.
b Diktiert euch die Wörter gegenseitig, tauscht eure Hefte und korrigiert die Schreibung.

Information **Schreibung von Fremdwörtern**

- Fremdwörter sind **aus anderen Sprachen** in die deutsche Sprache gekommen. Dabei wurde auch die **Schreibweise aus der Herkunftssprache** übernommen.
- **Typische Buchstaben** in Fremdwörtern sind *th* statt *t*, *ph* statt *f*, *y* statt *ü* und *v* statt *w*.
- Bei häufig verwendeten Fremdwörtern wurde die Schreibweise dem Deutschen angepasst.

Die Strategien Verlängern und Zerlegen

wissen • rennt • tobt • schwimmt • rufen • denken • webt • kommt • will • muss • soll • können

1 a Ordnet den folgenden zwei Aussagen Beispielwörter aus dem Kasten zu:
A Bei zweisilbigen Wörtern hilft das Sprechen in Silben, um die Schreibweise herauszufinden.
B Bei einsilbigen Wörtern sind nicht immer alle Buchstaben richtig hörbar.
b Schreibt die einsilbigen Wörter ins Heft ab, markiert die unklaren Stellen und notiert jeweils ein Verlängerungswort daneben, z. B.: *rennt – rennen.*

die Flugdauer • die Schwimmflossen • die Erbanlagen • die Flugsamen • die Sandfische

2 a Schreibt die Wörter ab und markiert Stellen, an denen man anders schreibt, als man spricht.
b Zerlegt die Wörter und notiert jeweils ein Verlängerungswort als Beweis für die Schreibung, z. B.: *die Flug|dauer – die Flüge.*

Libellen als Vorbild für Fluggeräte

Viele Leistungen der Natur können bis heute nicht nachgeahmt werden. Libellen sind beispielsweise wahre Flugkünstler und erkennbar Vorbild für den Hubschrauber. Dennoch kann man sie nicht nachbauen. Ihre Flügel machen nur knapp 2 % ihres Gewichts aus. Das schafft im Flugzeugbau kein Konstrukteur, denn dafür fehlt bisher das entsprechende Material.
Die Libelle verfügt außerdem über eine besondere Flugtechnik, mit der sie in der Luft fast stehen kann. Dabei stellt sie ihre Flügel so, dass sie Auftrieb bekommen. Dann dreht sie sie so weit, wie es geht, klappt sie ein und dreht sie zurück. Diese Drehbewegung führt sie bis zu 33 000-mal pro Sekunde aus. Solch einen Flatterflug kann man bei großen Flugapparaten noch nicht umsetzen.

3 Wendet die Strategien Verlängern und Zerlegen an, um Schreibweisen zu begründen.
a Legt im Heft folgende Tabelle an und ordnet die im Text markierten Wörter mit ihren Verlängerungswörtern ein.

Verlängern	Zerlegen
…	*Flug|künstler – die Flüge*

b Sucht im zweiten Textabschnitt vier weitere Beispiele für jede Tabellenspalte.

Methode **Wörter verlängern und zerlegen**

- Bei **Einsilbern** kann man den Lauten am Wortende die Buchstaben nicht immer eindeutig zuordnen. In solchen Fällen **verlängert** man die Wörter um eine Silbe, z. B.: *das Band – Bänder.*
- **Zusammengesetzte Wörter zerlegt** man und **verlängert** dann die unklaren Bestandteile.

Strategie Ableiten: Wörter mit *ä* und *äu* schreiben

die Oberflächen • die Spinnenfäden • die Verständigung • die Kläranlagen • die Schläuche • die Säugetiere • die Verhältnisse • die Gegenstände • die Säbel • die Bärenfelle • die Fadenknäuel

1 Viele Wörter, die man mit *ä* oder *äu* schreibt, kann man von verwandten Wörtern ableiten.
a Prüft, welche der Wörter im Kasten man ableiten kann. Schreibt sie ins Heft und notiert daneben jeweils ein verwandtes Wort mit *a* oder *au*.
b Notiert darunter die Wörter, die man nicht ableiten kann, und markiert sie als Merkwörter.

MILITÄRPUBERTÄTSOLIDARITÄTSANITÄRHUMANITÄRBRUTALITÄTKURIOSITÄTSTABILITÄTSENSIBILITÄT

2 Fremdwörter mit den Suffixen *-tär* und *-tät* kann man nicht ableiten, man muss sie sich merken.
a Legt euer Heft quer und erstellt die folgende Tabelle. Bestimmt die Wörter im Kasten und ordnet sie richtig ein. Achtet dabei auch auf die Groß- und Kleinschreibung (► S. 258).

Wörter mit *-tär*	Bedeutung	Wörter mit *-tät*	Bedeutung
das Militär	*Streitkräfte*	…	…

b Ordnet den Wörtern in der Tabelle die folgenden Bedeutungen zu:
Widerstandsfähigkeit, menschenfreundlich, Lebensabschnitt, Streitkräfte, Merkwürdigkeit, Zusammengehörigkeit, Rücksichtslosigkeit, Empfindlichkeit, das Badezimmer betreffend.

Leonardo da Vinci – der erste Bioniker

Der italienische Universalgelehrte Leonardo da Vinci (1452–1519) gilt als der erste Bioniker. Er beobachtete Vögel, Käfer und Libellen und zeichnete nach ihrem Vorbild Konstruktionspläne für Fluggeräte, beispielsweise für eine Rotorflugmaschine – einem Vorläufer der heutigen Helikopter.
Er träumte vom Fliegen und entwarf eine Vielzahl von Flugapparaten, die sich aber als nicht flugfähig erwiesen. Damit keiner sein Werk kopieren konnte, baute er Fehler in die Konstruktionszeichnungen ein.

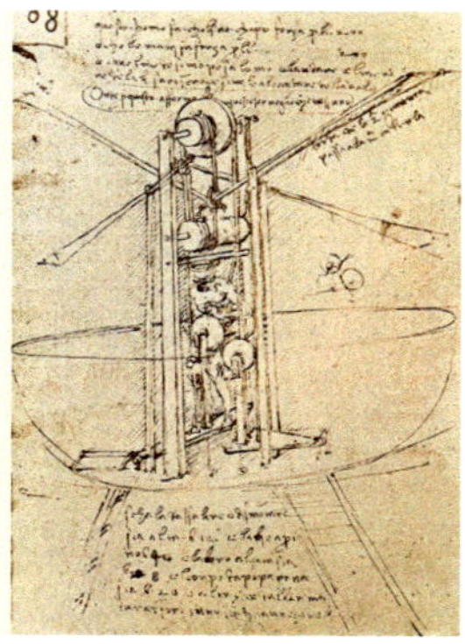

3 a Sucht im Text Wörter mit *ä* oder *äu* und schreibt sie untereinander ins Heft.
b Notiert die Ableitungswörter und markiert die Merkwörter.

Methode **Wörter mit *ä* oder *äu* ableiten**

Viele Wörter, die man mit *ä* oder *äu* schreibt, kann man von **verwandten Wörtern mit *a* oder *au*** ableiten, z. B.: *die Gegenstände – der Gegenstand, die Abläufe – der Ablauf.*

Doppelkonsonanten – Mit Strategien Regeln erklären

die Zelte • die Zelle • die Zeder	die Woge • die Welle • die Welten	flüstern • fluten • füttern	denken • dämmen • dauern

1 a Übertragt die folgende Tabelle ins Heft und ordnet die Wörter oben richtig ein.

Erste Silbe offen	Erste Silbe geschlossen Zwei verschiedene Konsonanten an der Silbengrenze	Doppelkonsonant an der Silbengrenze
die Zeder	*die Zelte*	*die Zelle*

b Untersucht den Aufbau der Wörter und schreibt die richtige Aussage ins Heft:

A Man verdoppelt Konsonanten, wenn die erste Silbe geschlossen ist.

B Man verdoppelt Konsonanten, wenn die erste Silbe geschlossen ist, aber keine zwei verschiedenen Konsonanten an der Silbengrenze stehen.

der Wind • der Sturm • das Blatt • der Luftzug • das Flussbett • der Treibstoff • das Kraftfeld

2 a Verlängert die Einsilber und zerlegt und verlängert die zusammengesetzten Wörter, z. B.: *der Wind – die Winde; der Luft|zug – die Lüfte, die Züge.*

b Ordnet die zweisilbigen Verlängerungswörter in die Tabelle von Aufgabe 1a ein.

Materialverladung nach dem Vorbild der Greifvögel

Was Greifvögel einmal in ihren Krallen halten, verlieren sie nicht mehr, denn die Krallen sind extrem scharf und leicht gebogen. Mit einem schnellen Griff können Adler oder Habichte ihr Beutetier zum Fressplatz transportieren. Die Klauen der Greifvögel waren das Vorbild für die Entwicklung von Polypgreifern: Überall da, wo man lose Materialien verladen will, braucht man Greifer, die das Material aufnehmen und erst auf Knopfdruck wieder loslassen. Solche Greifer beladen beispielsweise Schiffe, transportieren alte Autos in die Schrottpresse oder bewegen Bauschutt.

3 a Schwingt, verlängert oder zerlegt die markierten Wörter und ordnet sie in die Tabelle oben ein.

b Sucht für jede Tabellenspalte drei weitere Beispiele im Text.

Information **Schreibung von Doppelkonsonanten**

- In **zweisilbigen Wörtern** endet die **erste Silbe** entweder mit einem **Vokal (offene Silbe)** oder mit einem **Konsonanten (geschlossene Silbe).**
- Ist die **erste Silbe geschlossen,** treffen an der **Silbengrenze** immer mindestens **zwei Konsonanten** aufeinander. Sie sind entweder **verschieden** oder **gleich (Verdopplung).**

i oder *ie?* – Mit Strategien Regeln erklären

Bienen • Milben • Ziegen • Grillen • Finken • Spinnen • Widder • Wiesel • gierig • listig

1 a Legt im Heft zwei Spalten an und sortiert die Wörter nach Schreibung mit *i* oder mit *ie*.
b Untersucht in allen Wörtern die erste Silbe und notiert unter jede Spalte, wann man *i* oder *ie* schreibt:
Wenn die erste Silbe in einem zweisilbigen Wort offen/geschlossen ist, ...

das Z ? l • das Z ? lfernrohr • der W ? nd • das W ? ndrad • der D ? b • der D ? stahl • es tr ? b • das Tr ? bwerk • das Sch ? ld • die Sch ? dkröte • das R ? nd • das R ? ndfleisch • das S ? b • das Küchens ? b

2 Schreibt man *i* oder *ie?* Verlängert und zerlegt die Wörter und schreibt sie richtig ins Heft. Begründet die Schreibweise jeweils mit einem Verlängerungswort.

der Bioniker • die Turbine • das Material • die Funktion • das Reptil • spezial

3 a Lest den Infokasten unten und begründet, warum man die Wörter nicht mit *ie* schreibt.
b Sucht weitere Wörter mit *-iker, -ine, -ial, -ion* oder *-il* am Ende und notiert sie als Merkwörter.

Öltransport nach dem Vorbild der Ölb ? nen

Ein ? ge B ? nenarten haben eine besondere Fäh ? gkeit, mit Öl umzugehen. Sie sind in der Lage, außer Pollen auch Öl aus Blüten zu gew ? nnen und d ? ses in ihre B ? nenstöcke zu br ? ngen. Die Mischung aus Pollen und Öl verfüttern sie dann an ihre Brut. Bioniker wollen nun w ? ssen, wie die B ? nen beim Transport des Öls vorgehen. Sie halten es mit den Haaren an ihren H ? nterbeinen fest, wobei das Gew ? cht des Öls oft um ein V ? lfaches größer ist als das der Haare. Dass das klappt, l ? gt an der Stellung der Härchen. Hier s ? ht man, welche intell ? genten Lösungen die Natur entw ? ckelt. Ölb ? nen sollen nun als Vorb ? ld für F ? lter d ? nen. Z ? l ist es, Tücher zu entwickeln, die Öl aus Wasser aufnehmen und w ? der abgeben können.

4 a Wofür könnten Tücher eingesetzt werden, die Öl aus Wasser aufnehmen können? Lest den Text und formuliert Vermutungen.
b Schreibt den Text ins Heft ab und setzt *i* oder *ie* richtig ein.

Information **Wörter mit *i* oder *ie***

- Die meisten ***i*-Laute** schreibt man mit ***i***.
- In **zweisilbigen deutschen Wörtern** schreibt man in der **ersten Silbe *ie*,** wenn die Silbe **offen** ist und man das *i* lang spricht.

s, *ß* oder *ss*? – *s*-Laute unterscheiden

rasen • gießen • passen • essen • heißen • grasen • reißen • hassen • wissen • weisen • grüßen

1 a Legt im Heft drei Spalten an und sortiert die Wörter nach Schreibung mit *s*, *ß* oder *ss*.
b Untersucht in allen Wörtern die erste Silbe und die Aussprache des *s*-Lauts.
Formuliert anschließend für jede Spalte eine Regel:
Man schreibt s/ß/ss, wenn die erste Silbe offen/geschlossen ist und man den s-Laut summend/zischend spricht.

weiß • das Fass • er liest • er rast • das Flussufer • der Heißluftballon • die Maßarbeit

2 Begründet die Schreibweise der Wörter, indem ihr sie verlängert oder zerlegt.
Ordnet die zweisilbigen Verlängerungswörter in die Spalten von Aufgabe 1 ein.

er schie ? t – er scho ? • er bei ? t – er bi ? • er schlie ? t – er schlo ?

3 Wörter einer Wortfamilie werden in einigen Fällen unterschiedlich geschrieben.
Setzt *ß* oder *ss* ein und schreibt die Wörter ins Heft. Begründet die Schreibweise jeweils mit einem Verlängerungswort, z. B.: *er schießt, denn: wir schießen – er schoss, denn: wir schossen.*

Materialentwicklung nach Spinnenart

Nicht jeder mag Spinnen anfa ? en, viele finden sie äu ? erst lästig. Doch Spinnennetze sind kleine Wunderwerke, denn die Spinnenseide ist superleicht und dünn. Dennoch ist die ? er Naturstoff rei ? fest wie Stahl. Forscher mü ? en Garne entwickeln, die nicht so schnell rei ? en. Das, was man bei der Wa ? erspinne studieren kann, flie ? t in die Materialentwicklung ein. Diese Spinne verbringt ihr ganzes Leben unter Wa ? er und mu ? doch au ? erhalb atmen. Dazu spinnt sie ein dichtes Netz, das kaum Sauerstoff durchlä ? t. Ihr Fell ist daran angepa ? t, Sauerstoff zu binden. Den holt sich die Spinne aus der Luft und gibt ihn unter Wa ? er frei. Durch das Netz entsteht eine Luftbla ? e, die Spinne erzeugt also ihre eigene Taucherglocke. In ihr fri ? t sie ihre Beute und zieht ihre Jungen gro ? . Forscher nehmen das Spinnenfell als Vorbild, um Stoffe zu fertigen, die kein Wa ? er durchla ? en und nicht na ? werden.

4 a Nennt Eigenschaften von Spinnenseide, für die sich Bioniker interessieren.
b Schreibt den Text ins Heft ab und setzt *s*, *ß* oder *ss* richtig ein.

Information **Wörter mit *s*-Laut**

- Man schreibt ***s***, wenn die **erste Silbe offen** ist und man den ***s*-Laut summend** spricht.
- Man schreibt ***ß***, wenn die **erste Silbe offen** ist und man den ***s*-Laut zischend** spricht.
- Man schreibt ***ss***, wenn die **erste Silbe geschlossen** ist.

Wörter mit *h* – Hören oder merken

Höhle • Hähne • Hühner • Zehen • Bahnen • Höhe • Uhren • Zahlen • Rohre • Stühle • gehen • ahnen • dehnen • wehen • rühren • spähen • nehmen • höher • kühler • wohler

1 a Schwingt die Wörter und prüft, in welchen man das *h* nicht hörbar machen kann.
b Legt im Heft zwei Spalten an: *Wörter mit hörbarem h / Merkwörter*. Sortiert die Wörter ein.

er näht • ihr seht • sie zieht • es blüht • sie sprüht • er ruht • sie droht • der Gehstock • die Drehbewegung • der Mähdrescher • die Frühschicht

2 Begründet die Schreibweise der Wörter, indem ihr sie verlängert und zerlegt. Schreibt sie mit Verlängerungswort ins Heft.

wühlen • lähmen • ahnen • zahlen • lohnen • strahlen • ähneln • die Lähmung • gelähmt • die Ahnung • die Ähnlichkeit • die Zahlung • belohnen • die Wühlmaus • zerwühlen • ähnlich • der Ahne • die Strahlung • die Belohnung • erstrahlen • die Zahlweise • der Stundenlohn

3 Ordnet die Merkwörter mit *h* nach Wortfamilien und schreibt sie geordnet ins Heft.

Tarnung nach Vorbildern aus der Tierwelt

Wenn Tieren Gefahr droht, reagieren viele von ihnen ungewöhnlich, nämlich passiv. Sie bluffen und täuschen ihre Feinde beispielsweise, indem sie den Untergrund nachahmen, auf dem sie sich bewegen. Wenn sie dem Untergrund ähnlich sind, können die Feinde sie nicht mehr erkennen. Chamäleons sind sogar so geschickt, dass sie ihre Farbe während der Bewegung an die Farben der Umgebung anpassen. Das Prinzip der Tarnfarben hat der Mensch in Stoffen und Farben schon lange nachgeahmt. Jetzt wurde allerdings auch ein Roboter entwickelt, der seine Farbe der Umgebung anpassen kann. Roboter mit dieser Fähigkeit könnte man zur Beobachtung von Tieren in freier Wildbahn nutzen.

4 a Sucht im Text Merkwörter mit *h* und notiert sie untereinander.
b Notiert neben jedes Merkwort mit *h* ein weiteres verwandtes Wort.

Information **Wörter mit *h***

- Wenn das ***h* am Anfang der zweiten Silbe** steht, kann man es beim Schwingen hören. Es trennt zwei Vokale in der Wortmitte und öffnet die zweite Silbe, z. B.: *dre hen.* Durch Verlängern kann man das silbenöffnende *h* in einsilbigen Wortformen hörbar machen.
- Wenn das ***h* am Ende der ersten Silbe** steht, ist es nicht hörbar. Diese Wörter sind Merkwörter.

Nomen und Nominalisierungen großschreiben

Entwicklung von Unterwasserrobotern nach dem Vorbild der Fische

VORSICHT FEHLER!

A Fische liefern wichtige ideen zum bau von unterwasserrobotern. An ihnen kann man die perfekte anpassung an die fortbewegung im wasser untersuchen. Wenn man roboter mit kameras ausstattet, kann man die unterwasserwelt gefahrlos erforschen. Baut man außerdem einen greifarm an, lassen sich gesunkene objekte bergen, ohne taucher in gefahr zu bringen. Wenn man an einen roboter außerdem eine flosse zur stabilisierung anbringt, kippt er nicht um und kann auch in fließenden gewässern eingesetzt werden. Die verwendung eines gitterförmigen greifkorbs ermöglicht es, einen unterwasserroboter für den krabbenfang einzusetzen.

B Ein wichtiger Einsatzbereich von Unterwasserrobotern ist das ERFORSCHEN der Meere, ohne die Tierwelt zu STÖREN. Das langsame GLEITEN der Roboter verhindert nämlich ein unnötiges AUFWIRBELN des Wassers. Eine technische Herausforderung bei der Roboterentwicklung ist das EINSPAREN von Energie. Das einfache DAHINGLEITEN kostet nicht viel Kraft, aber das ÄNDERN der Richtung erweist sich als energieraubend. Fische sind Meister im sparsamen EINSETZEN ihrer Kräfte. Bei Robotern dagegen VERBRAUCHEN das ABBREMSEN, DREHEN der Richtung und das erneute AUFNEHMEN an Fahrt viel Energie. Das macht ein häufiges AUFLADEN der Akkus notwendig.

1 Wozu werden Unterwasserroboter verwendet?
Lest die Textabschnitte A und B und nennt Einsatzbereiche.

2 In Textabschnitt A sind alle Nomen kleingeschrieben.
- **a** Bestimmt die Nomen mit Hilfe der Nomenproben (Artikelprobe, Zählprobe oder Adjektivprobe) und schreibt den Text in der richtigen Groß- und Kleinschreibung ins Heft.
- **b** Unterstreicht alle Nomen mit dem Suffix *-ung*. Von welchen Verben wurden sie abgeleitet?

3 Prüft in Textabschnitt B, bei welchen der in Großbuchstaben geschriebenen Verben es sich um Nominalisierungen handelt. Schreibt die elf Nominalisierungen mit Begleiter ins Heft.

Methode **Nomen und Nominalisierungen erkennen**

- **Nomen** schreibt man **groß.** Wenn Verben oder Adjektive **wie Nomen gebraucht** werden, schreibt man sie ebenfalls groß.
- Man erkennt **Nomen und Nominalisierungen** mit Hilfe der **Nomenproben:**
  Vor Nomen oder Nominalisierungen stehen oder können ergänzt werden:
  – **Artikel,** z. B.: *eine Möglichkeit, der Einsatz, beim (= bei dem) Erforschen* (Artikelprobe),
  – **Zahlwörter,** z. B.: *zwei Roboter, mehrere Kameras, viel Neues* (Zählprobe),
  – **Adjektive,** z. B.: *schnelle Bewegungen, lautloses Gleiten* (Adjektivprobe).

Herkunftsbezeichnungen richtig schreiben

Tintenfische als Forschungsobjekte für Bioniker

Pazifischer Riesenkrake

A Zu den Tintenfischen gehören Sepien, Kraken und Oktopusse, deren Fangarme direkt am Kopf ansetzen. Sie schwimmen seit 550 Millionen Jahren durch die Meere der Welt. Da sie Salzwasser zum Leben brauchen, kommen sie im Atlantischen Ozean, im Indischen Ozean, im Pazifischen Ozean und sogar in den antarktischen Ozeanteilen vor. Auch in einigen europäischen Meeren wie dem Mittelmeer kann man sie entdecken.

B Den Gemeinen Tintenfisch findet man beispielsweise in weiten Teilen des ö/Östlichen Atlantiks sowie an der w/Westafrikanischen Küste bis nach Südafrika. Die giftigen Blauringkraken sind im i/Indischen und p/Pazifischen Ozean zu Hause, man kann sie in den a/Australischen und s/Südostasiatischen Küstengewässern beobachten. Der k/Karibische Riffkrake trägt seinen Lebensraum im Namen.

Der p/Pazifische Riesenkrake ist etwa so schwer wie ein d/Deutscher Schäferhund und hat eine Spannweite von vier Metern. Während solche Kraken früher als Meeresungeheuer gefürchtet waren, sind sie heute wichtige Forschungsobjekte für Bioniker. Die Wissenschaftler interessieren sich für ihre Tarnungsfähigkeit, für die Funktion ihrer Saugnäpfe sowie für ihre Fortbewegungsart nach dem Rückstoßprinzip.

1 Welche Eigenschaften von Tintenfischen sind für Bioniker interessant?
Überlegt, für welche Produkte man diese Eigenschaften nutzen könnte.

2 Untersucht die Schreibweise der markierten Herkunftsbezeichnungen in Abschnitt A.

a Legt im Heft die folgenden zwei Spalten an und ordnet die markierten Bezeichnungen richtig zu: *Eigennamen von Orten oder Tieren / von Orten abgeleitete Adjektive auf -isch.*

b Erklärt, wann man Herkunftsbezeichnungen großschreibt.

3 Bestimmt die richtige Schreibweise der Herkunftsbezeichnungen in Abschnitt B.
Ordnet die Herkunftsbezeichnungen den Spalten von Aufgabe 2 zu.

4 Sucht oder formuliert Herkunftsbezeichnungen zu den folgenden Orten und schreibt sie richtig auf: *Bayern, England, Schweiz, China, Asien.*

Information **Groß- und Kleinschreibung von Herkunftsbezeichnungen**

- **Eigennamen** bezeichnen ganz bestimmte, einmalige Personen, Orte, Tier- und Pflanzenarten. Man schreibt sie groß, z. B.: *Friedrich der Große, Afrika, die Karibik, der Rote Panda.*
- Von Orten **abgeleitete Adjektive auf *-isch*** schreibt man klein, z. B.: *afrikanisch, karibisch.* Sind sie jedoch **Bestandteile von Eigennamen,** schreibt man sie groß, z. B.: *der Afrikanische Elefant, der Karibische Riffkrake.*
- Von Orten **abgeleitete Wörter auf *-er*** schreibt man immer groß, z. B.: *der Kölner Dom.*

Verbindungen mit Verben: zusammen oder getrennt?

Entwicklung von Autos nach dem Vorbild des Kofferfischs

A Der Kofferfisch lebt in Korallenriffs und hinterlässt eher wegen seiner Farbe Eindruck als wegen seiner Körperform. Diese ist kastenförmig, und dem Autoliebhaber wird es schwerfallen, sie sich als Vorbild für Automodelle vorzustellen. Dennoch wurde ein *Bionic-car* entwickelt, das Eigenschaften des Kofferfischs in Technik umsetzt. In ein Auto muss ja auch etwas hineinpassen, weil man mit ihm Dinge transportieren will. Der Kofferfisch dient als Vorbild, weil seine kompakte Form Platz bietet, er aber dennoch schnell schwimmen kann.

B Obwohl der Kofferfisch so plump aussieht, können Ingenieure nach seinem Vorbild Autos weiterentwickeln. Wissenschaftler verschiedener Fachrichtungen haben zusammengearbeitet und konnten nachweisen, dass der Kofferfisch stromlinienförmig gebaut ist. Deshalb kann man ihn von hohem Energiebedarf freisprechen. Er ist äußerst stabil und wiegt trotzdem wenig. Ingenieure haben versucht, diese Eigenschaften in einem *Bionic-car* umzusetzen. Man hat leichtes Material gewählt, die Türgriffe versenkt, damit sie nicht hervorstehen und die Außenspiegel durch Kameras ersetzt. Dadurch bietet das Modell dem Wind wenig Widerstand. Für den Bau hat die Industrie bereits Geld lockergemacht, aber kaufen kann man das Auto noch nicht.

1 Erklärt, warum der Kofferfisch trotz seiner plumpen Form interessant für Autoentwickler ist.

2 **a** Bestimmt die Wortarten der markierten Wörter in Textabschnitt A und formuliert Aussagen zur Getrennt- und Zusammenschreibung von Verbindungen mit Verben:
Verbindungen von … schreibt man getrennt. / Verbindungen von … schreibt man zusammen.
b Erklärt die Bedeutung von *schwerfallen* (Zeile 2). Warum schreibt man hier zusammen?
c Vergleicht eure Aussagen mit den Angaben im Infokasten.

3 **a** Sucht in B Beispiele für die Zusammenschreibung von unveränderlichen Wörtern und Verben.
b Sucht in Abschnitt B zwei Adjektiv-Verb-Verbindungen mit neuer Bedeutung und ordnet ihnen die folgenden Umschreibungen zu: *zur Verfügung stellen, für unschuldig erklären.*

Information **Getrenntschreibung und Zusammenschreibung**

- Folgende **Verbindungen mit Verben** schreibt man in der Regel **getrennt:**
  - **Nomen und Verben,** z. B.: *Rad fahren, Eis laufen,*
  - **Verben und Verben,** z. B.: *lesen lernen, rechnen üben,*
  - **Adjektive und Verben,** z. B.: *lange laufen, gut schlafen,*
  - **Verbindungen mit *sein*,** z. B.: *da sein, verletzt sein, neu sein.*
- **Zusammen** schreibt man …
  - Verbindungen von **unveränderlichen Wörtern und Verben,** z. B.: *abbrechen, ankommen,*
  - **Nominalisierungen** von Verbindungen mit Verben, z. B.: *das Radfahren, das Hochsteigen,*
  - Verbindungen von Adjektiven und Verben, wenn eine **neue Bedeutung** entsteht, z. B.: *Er ist auf der Treppe schwer gefallen. – Die Arbeit ist ihm schwergefallen.*

Teste dich!

VORSICHT FEHLER!

Motten als Forschungsobjekte für Bioniker

A Motten kann man im Alltag sicher nicht zu den T ? ren zählen, die bel ? bt sind. Sie gelten als Text ? l ? enfresser, keiner w ? ll s ? haben. Für B ? on ? ker sind sie jedoch interessant. Sie gehören zu den nachtakt ? ven Insekten, d ? das wenige L ? cht, das s ? zur Verfügung haben, opt ? mal nutzen. S ? selbst werden aber so gut wie n ? gesehen, denn ihre Augen reflekt ? ren kein L ? cht.

B Kleine lebewesen haben nur dann eine chance zu überleben, wenn sie möglichst schlecht gesehen werden. Bei den motten spielt die anpassung ihrer körperfarbe an die dunkle umgebung eine wichtige rolle. Das viel interessantere für bioniker ist aber, dass sie auch dann schlecht zu sehen sind, wenn licht auf sie trifft. Woher kommt das?
Die oberfläche der mottenaugen ist von linien durchzogen, die ungefähr 300 nanometer dünn sind. Ihre anordnung ergibt kleine zusammengesetzte sechsecke. Durch die gitterrillen entstehen noppen, die kleiner sind als die wellenlänge des lichts. Die gitterstruktur erzeugt so eine sehr geringe lichtbrechung, sodass das licht vom mottenauge kaum reflektiert wird.

C Forscher arbeiten an verschiedenen Verfahren, die Lichtbrechung von Stoffen wie Glas, Kunststoff oder Metall nach Vorbild der Mottenaugen herunterzusetzen. Bei Glas werden winzige Gasblasen eingebracht, auf den Kunststoffen kann man mit verschiedenen Verfahren eine Noppenstruktur erzeugen, und man kann auch bereits Lacke nutzen, mit denen man eine Noppenstruktur auf verschiedene Oberflächen auftragen kann. Diese Oberflächentechnik gilt heute als Schlüsseltechnologie der Industrie, denn hier geht es um die Entspiegelung von Oberflächen. Der Bedarf an entspiegelten Oberflächen ist bei Displays, Projektoren und Sonnenkollektoren riesig groß.

1 a *i* oder *ie?* Prüfe dein Regelwissen. Schreibe Textabschnitt A richtig ins Heft.
b Welche Merkwörter mit *ie* findest du? Markiere sie.

2 a Teste dein Wissen über die Großschreibung. Schreibe aus Abschnitt B die Nomen mit Artikel ins Heft.
b Markiere im Heft vier Nomen mit einer typischen Nomenendung und eine Nominalisierung.

3 Prüfe dein Strategiewissen. Übertrage die nachfolgende Tabelle ins Heft und ordne die markierten Wörter aus Textabschnitt C richtig zu.

sprie ? en • spro ? • die Spro ? e • flie ? en • der Flu ? • die Flü ? e • das Flu ? gebiet • die Flie ? richtung • der Fu ? • die Fü ? e • das Fu ? gelenk

4 *ss* oder *ß?* Prüfe dein Regelwissen. Schreibe die Wörter richtig ins Heft.

5 Vergleiche deine Ergebnisse mit einer Lernpartnerin oder einem Lernpartner.

●●● Fordern – Strategie- und Regelwissen anwenden

VORSICHT FEHLER!

Entwicklung von Elektrosensoren nach dem Vorbild des Elefantenrüsselfischs

Der in zentralafrikanischen Gewessern lebende Elefantenrüselfisch ist für Bioniker überaus interessant. Der zigarenlange Fisch ist nachtaktiv und kan sich auch im Dunkeln hervorragent orientieren. Dabei merkt er trotz der Dunkelheit nicht nur, dass sich ein Objekt in seiner Nehe befindet, sondern er kann auch unterscheiden, ob es sich um ein Lebewesen oder um einen Gegenstant, beispielsweise einen Stein, handelt. Wie macht er das?
Der Fisch sendet zur Orientierung elektrische Impulse aus, mit denen er ein elektrisches Felt um sich herum aufbaut. Dazu verfügt er über ein spezieles Organ in der Schwanzspitze, das er wie eine Taschenlampe 80-mal pro Sekunde anknipst. In dem verlengerten Kinn sizen Sensoren, mit denen er Änderungen in seinem Elektrofelt durch nahe Objekte wahrnimmt und auswertet. Beim Schwimen pendelt er damit ständig über den Boden – wie ein Schatzsucher, der mit einem Metaldetektor nach Gold sucht.

1 ●●● Eine Schülerin hat über den Elefantenrüsselfisch als Forschungsobjekt der Bioniker einen Text verfasst. Dabei hat sie Wörter unterstrichen, bei deren Schreibweise sie unsicher war.
Übertragt die folgende Tabelle ins Heft.
Korrigiert die unterstrichenen Wörter und ordnet sie der Strategie zu, die der Schülerin helfen kann.

Schwingen	Verlängern	Zerlegen	Ableiten

Für elektrosensoren nach dem vorbild des elefantenrüsselfischs gibt es zahlreiche einsatzmöglichkeiten: Sie könnten überall dort nutzen bringen, wo schlechte sichtverhältnisse herrschen, das vermessen und das untersuchen der umgebung aber trotzdem wichtig sind. Wenn man zum beispiel hochöfen oder kläranlagen untersuchen könnte, ohne dass der mensch sie selbst betreten muss, wäre das sehr hilfreich.
Auch für die medizin könnte diese technik nützlich sein. Wenn man einen winzig kleinen sensor für blutbahnen entwickeln würde, könnte dieser erkennen, ob sich einige ablagerungen in den adern gebildet haben. So könnten herzinfarkte verhindert werden.

2 ●●● Im zweiten Teil des Textes war die Schülerin unsicher bei der Groß- und Kleinschreibung.

a Schreibt den Text richtig ab.
Unterstreicht die Nomen mit ihren Begleitern, wenn vorhanden.

b Kreist die drei nominalisierten Verben ein.

Fördern – Strategie- und Regelwissen anwenden

VORSICHT FEHLER!

Sensoren in der Tierwelt

In der Natur finden Bioniker viele Beispiele für Sensoren. Mit Hilfe dieser Sensoren könen/können Lebewesen in unterschiedlichen Lebensreumen/Lebensräumen Informationen aufnehmen. Menschen erfaßen/erfassen ihre Umgebung, indem sie sehen, hören, riechen, schmeken/schmecken und tasten. Bei Tieren entdeken/entdecken Forscher immer wieder ganz neue Möglichkeiten der Informationsaufnahme. Raten/Ratten und Meuse/Mäuse zum Beispiel ertasten ihre Umgebung mit Barthaaren. So auch der Seehunt/Seehund. Er erkennt mit Hilfe seiner Schnurbartspitzen/Schnurrbartspitzen vor ihm schwimende/schwimmende Beute.

1 Eine Schülerin hat einen Text über Sensoren in der Natur verfasst. Dabei war sie bei der Schreibung der markierten Wörter unsicher.
Übertragt die folgende Tabelle ins Heft. Wählt die jeweils richtige Schreibweise aus und ordnet die Wörter der Strategie zu, die bei der Entscheidung helfen kann.

Schwingen	Verlängern	Zerlegen	Ableiten

Entwicklung von Hörgeräten nach dem Vorbild der Grillen

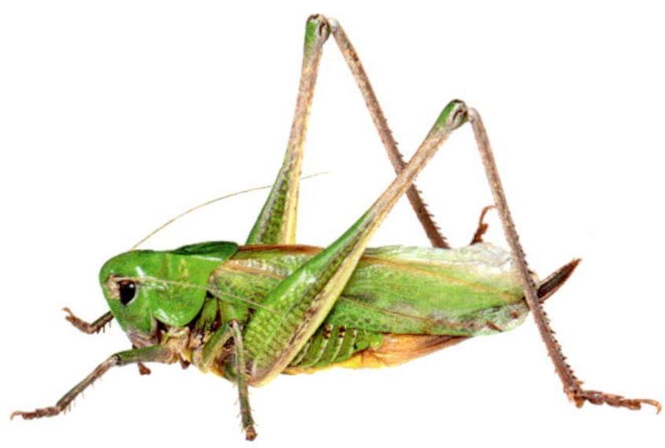

Grillen haben hochempfindliche s/Sensoren am Hinterleib. Damit erkennen sie an der Art der Luftbewegung, ob ihnen beispielsweise eine gefährliche s/Spinne folgt. Die a/Antennen der Grille sind ein wichtiges f/Forschungsobjekt für Bioniker, die sich mit der v/Verbesserung von Hörgeräten b/Beschäftigen. Grillen filtern aus allen s/Signalen die heraus, die für sie wichtig sind. Auch ein Mensch muss aus vielen h/Hintergrundgeräuschen h/Herausfiltern, was er wichtig findet. Bei Menschen, die nicht gut h/Hören können, kommen aber alle g/Geräusche gleich laut an. Beim t/Tragen von Hörgeräten erschweren die Nebengeräusche die Konzentration auf das w/Wichtige. Ziel ist es, die Informationen wie bei den Grillen zu f/Filtern, damit das g/Gehirn nicht so viele i/Informationen gleichzeitig verarbeiten muss.

2 Im zweiten Teil des Textes war die Schülerin unsicher bei der Groß- und Kleinschreibung.
a Prüft die markierten Stellen und schreibt den Text richtig ab.
b Unterstreicht bei den Nomen und Nominalisierungen die Begleiter (Artikel, Adjektive, Zahlwörter).

12.2 Funktionsweisen untersuchen und beschreiben – Zeichensetzung

Kommasetzung bei Aufzählungen und in Satzreihen

A Ich würde gern fliegen wie ein Vogel, schwimmen wie ein Fisch und klettern wie ein Gecko.
B Techniker möchten Fähigkeiten von Tieren nutzen, aber dazu müssen sie sie erst verstehen.
C Bioniker entdecken immer wieder erstaunliche Anpassungen, sie erforschen diese(,) und sie übertragen die Ergebnisse auf technische Entwicklungen.

1 a Erklärt euch gegenseitig die Kommasetzung in den Sätzen A, B und C.
b Vergleicht eure Erklärungen mit den Informationen im Infokasten unten.

VORSICHT FEHLER!

Versuchsprotokolle für Forschungszwecke anfertigen

A In der Wissenschaft ist die Dokumentation von Versuchen sehr wichtig denn man muss Aufbau Vorgehen und Ergebnisse für weitere Experimente festhalten. Dazu kann man die Versuche beschreiben skizzieren oder auch fotografieren. Mit der Dokumentation kann man anderen Menschen das eigene Vorgehen erklären man kann mit ihnen darüber diskutieren und man hat eine Grundlage für weitere Experimente.

B Bei der Dokumentation muss man sehr genau arbeiten das wird an einem einfachen Beispiel einsichtig: Du backst einen leckeren Kuchen du isst ihn mit Freunden und genau diesen Kuchen wünscht sich dann einer deiner Freunde zum Geburtstag. Beim nächsten Backen musst du die Mengen der Zutaten und die Reihenfolge der Zubereitung genau einhalten. Vielleicht glaubt aber einer deiner Freunde er könnte deinen Kuchen noch verbessern. Dazu muss er wissen, wie viel Mehl Zucker Butter und Eier du verwendet hast nur so kann er dein Rezept abwandeln. Genau so läuft es in der Wissenschaft. Deshalb hält man die Fragestellung den Versuchsaufbau und die Ergebnisse in Versuchsprotokollen fest.

2 a Wählt einen Textabschnitt A oder B, schreibt ihn ab und ergänzt die Kommas wie in Aufgabe 1.
b Tauscht euer Heft mit einem Lernpartner, der den anderen Abschnitt bearbeitet hat. Prüft gegenseitig die Kommasetzung in euren Texten und begründet eure Korrekturen.

Information **Kommasetzung bei Aufzählungen und in Satzreihen**

- Bei **Aufzählungen** von **gleichberechtigten Aussagen** setzt man **Kommas.** Das gilt für Aufzählungen von Wörtern, Wortgruppen oder Hauptsätzen (Satzreihen).
- Das **Komma entfällt,** wenn sie durch *und, oder, sowohl ... als auch, entweder ... oder, weder ... noch* verbunden sind. Nur wenn *und* einen Hauptsatz einleitet, darf ein Komma stehen.
- Das **Komma muss stehen** vor *aber, jedoch, sondern* und *doch,* denn sie bauen einen Gegensatz auf, z. B.: *Ich mag Fisch, aber Fleisch mag ich auch.*

Kommasetzung in Satzgefügen

A Wenn Wissenschaftler Pflanzen untersuchen wollen, müssen sie sie zuerst gründlich reinigen.
B Forscher wunderten sich, dass die Blätter der Lotosblume immer sauber waren.
C Bei ihnen nimmt das Wasser, wenn es auf die Blätter trifft und abperlt, den Staub mit.

1 a Erklärt euch gegenseitig die Kommasetzung in den Sätzen A, B und C.
b Vergleicht eure Erklärungen mit den Informationen im Infokasten unten.

VORSICHT FEHLER!

Kann der Lotoseffekt das Putzen des Badezimmers überflüssig machen?

Wer fände es nicht gut wenn er das Badezimmer nach dem Duschen nicht mehr putzen müsste? Ihr könnt selbst herausfinden ob das wirklich funktioniert indem ihr einige Experimente durchführt. Wenn ihr die Ergebnisse sorgfältig dokumentiert und vergleicht könnt ihr eine Vermutung darüber anstellen wie wahrscheinlich ein putzfreies Badezimmer ist.

Durchführung:

– Verwendet eine Pipette damit ihr gezielt einige Wassertropfen auf verschiedene Pflanzenblätter geben könnt. Als Pipette könnt ihr einen Strohhalm verwenden. Haltet das obere Ende schnell mit dem Daumen zu nachdem ihr das Wasser angesaugt habt.
– Beobachtet genau wie groß die Wassertropfen sind wenn ihr das Wasser auf ein Blatt tropft. Ihr solltet auch darauf achten wie schnell die Wasserperlen abfließen.
– Verändert das Experiment indem ihr etwas Spülmittel ins Wasser gebt.
– Notiert jedes Mal in einem Protokoll wie sich das Wasser auf den Blattoberflächen verhält.

Schlussfolgerung:

Formuliert eine Vermutung dazu ob der Lotuseffekt im Badezimmer funktioniert.

2 a Schreibt die Versuchsbeschreibung ab und setzt die fehlenden Kommas.
b Tauscht euer Heft mit einem Lernpartner. Prüft gegenseitig die Kommasetzung in euren Texten und begründet eure Korrekturen.

3 Führt den oben beschriebenen Versuch durch und formuliert eine Schlussfolgerung. Begründet eure Aussagen mit *weil, da, weshalb* und setzt die notwendigen Kommas.

Information **Kommasetzung in Satzgefügen**

- **Satzgefüge** bestehen aus einem **Hauptsatz** und einem oder mehreren **Nebensätzen.** Nebensätze sind untergeordnet und werden durch Komma vom Hauptsatz getrennt.
- Man erkennt **Nebensätze** daran, dass die **Personalform des Verbs am Ende steht.**
- Nebensätze können vor oder nach dem Hauptsatz stehen oder in ihn eingefügt sein, z. B.:
  – *Weil manche Pflanzen immer sauber **sind,** erregten sie das Interesse der Forscher.*
  – *Du brauchst Forschergeist, wenn du die Selbstreinigung verstehen **willst.***
  – *Du kannst, indem du Versuche **durchführst,** selbst zum Forscher werden.*

Kommasetzung bei Relativsätzen und Appositionen

A Ein Hausbesitzer, der um seine Sicherheit bemüht ist, stattet Räume mit Rauchmeldern aus.
B Er sollte dabei die Installationsanleitung beachten, die die richtige Montage vorgibt.
C Für Räume, in denen es schräge Wände gibt, gibt es besondere Vorschriften.
D Ein Rauchmelder, falsch angebracht, nutzt nämlich nichts.

1 a Bestimmt zu zweit die Relativsätze in den Satzgefügen A–C.
b Untersucht in Satz D die Apposition (Beifügung), die durch Kommas abgetrennt wird. Besprecht, wodurch sie sich von einem Relativsatz unterscheidet.
c Formuliert die Apposition in Satz D in einen Relativsatz um.

VORSICHT FEHLER!

Wie funktioniert ein Rauchmelder?

Rauchmelder die Alarm auslösen reagieren auf Licht und auf Rauch. Man kann probeweise einen Alarm auslösen mit Rauch den man mit Hilfe einer Kerze oder Räucherstäbchen erzeugt. Rauch in einen funktionierenden Rauchmelder gepustet wird umgehend einen Alarm auslösen. Anschließend kann man vorsichtig den Deckel der das Gerät vor Staub schützt abnehmen und sich den Aufbau ansehen. Im Inneren findet man eine kleine Leuchte die ständig Licht ausstrahlt und einen Sensor der das Licht aufnimmt. Der Rauch tritt durch kleine Öffnungen so genannte Raucheinlässe ein und streut das Licht. Daraufhin löst der Sensor der diese Veränderung bemerkt den Alarm aus.

2 a Schreibt den Text ab und markiert die sechs Relativsätze und die zwei Appositionen in unterschiedlichen Farben.
b Trennt die Relativsätze und die Appositionen durch Kommas von den Hauptsätzen ab.
c Formuliert die zwei Appositionen in Relativsätze um.
d Lest euch den Text gegenseitig einmal mit und einmal ohne die markierten Teile vor. Besprecht, welche Funktion Relativsätze und Appositionen haben.

3 Verbindet die folgenden Satzpaare zu Satzgefügen mit Relativsätzen.
A Rauchmelder arbeiten nach dem Streulichtverfahren. Sie enthalten eine Lichtquelle und einen lichtempfindlichen Sensor.
B Der Rauch dringt in das Innere ein. Er streut das Licht in den Sensor.

Information **Kommasetzung bei Relativsätzen und Appositionen**

- **Relativsätze** sind **Nebensätze.** Sie werden durch ein **Relativpronomen** wie *der, die, das* eingeleitet, das sich auf ein Nomen im Hauptsatz bezieht. Relativsätze werden durch Komma vom Hauptsatz abgetrennt: *Der Forscher, der sich mit Bionik beschäftigt, sucht nach Ideen.*
- Ein Nomen kann auch durch eine **Apposition (Beifügung)** erklärt werden. Bei dieser handelt es sich um einen **verkürzten Relativsatz.** Auch sie wird durch Kommas vom Satz abgetrennt, z. B.: *Der Forscher, ein bekannter Bioniker, entwickelte viele technische Neuerungen.*

Die Funktion von Gedankenstrichen

Highlights in Bedienungsanleitungen

Gebrauchsanweisungen sollten sich auf das Wesentliche konzentrieren, dennoch findet man immer wieder Informationen, über die man sich amüsieren kann. Dass man zum Beispiel seinen Föhn nicht im eingeschalteten Zustand in die Badewanne tunken soll – das zu wissen ist überlebenswichtig. Vor dem Öffnen der Rückwand des Geräts – sowieso nur selten eine gute Idee – sollte man den Netzstecker ziehen. Und was könnte ohne die folgenden Hinweise nicht alles passieren? Die Kettensäge sollte man – bei Betrieb – nicht mit der Hand anhalten. Kleidung darf man nicht am Körper bügeln. Auch auf den Rat eines Haarfärbemittelproduzenten – Bitte nicht zum Färben von Speiseeis benutzen – wäre man allein sicherlich nicht gekommen. Kindern kann man durch den Hinweis zur richtigen Nutzung eines klappbaren Kinderwagens – Kind bitte vor dem Zusammenklappen entfernen – unangenehme Erfahrungen ersparen. Besonders hilfreich ist auch die folgende Anleitung auf einer Erdnusstüte: 1. Tüte aufreißen. 2. Nüsse verzehren! – Wie hätte man darauf allein kommen können? Befolgt man alle diese Empfehlungen, vermeidet man eine unsachgemäße Behandlung der Produkte, hat man – in jeder Hinsicht – länger Freude daran.

1 a Lest euch den Text gegenseitig vor, einmal ohne Pausen bei den Gedankenstrichen und einmal mit deutlichen Pausen.
Besprecht, welche Funktion die Gedankenstriche im Text haben.
b Wählt zwei Sätze mit Gedankenstrich und überlegt, durch welche Satzzeichen man die Gedankenstriche ersetzen könnte – durch Kommas, Doppelpunkte oder Klammern?

Eine Packung und ihre Beilage
Aufgeregt, mit dem Beipackzettel in der Hand, sagt der Patient zum Arzt: „Herr Doktor, Sie haben mir diese Medizin verschrieben, aber ich verstehe die Gebrauchsinformation nicht!"
„Herr Quengel, lassen Sie es sich gesagt sein, das geht nicht nur Ihnen so. Die Beipackzettel, auch Waschzettel genannt, weil die Hersteller damit ihre Hände in Unschuld waschen wollen, sind meist nicht zu gebrauchen ..."

2 a Welche Kommas könnte man durch Gedankenstriche ersetzen?
Schreibt den Text ab und tauscht einige Satzzeichen aus.
b Setzt das Gespräch schriftlich fort und baut zwei Stellen mit Gedankenstrichen ein.

Information **Der Gedankenstrich**

- Der **Gedankenstrich** zeigt deutlich eine **Grenze innerhalb eines Satzes** oder zwischen zwei Sätzen. Häufig folgt an dieser Stelle etwas Unerwartetes oder das Thema wird plötzlich gewechselt. Beim Sprechen soll hier eine **deutliche Pause** gemacht werden.
- Wenn ein Zusatz in einen Satz eingeschoben wird, setzt man zwei Gedankenstriche, z. B.: *Auch Kochrezepte sind – so könnte man sagen – eine Form der Gebrauchsanweisung.*

Teste dich!

VORSICHT FEHLER!

Papierherstellung nach dem Vorbild der Wespen

Wespen die von vielen als Bedrohung wahrgenommen werden bauen kunstvolle Nester. Diese Nester waren Vorbild für eine Erfindung die aus unserem Leben nicht mehr wegzudenken ist: das Papier. Wespen raspeln feine Holzspäne von Oberflächen ab und zersetzen diese anschließend mit einem Sekret. Aus dem Brei der dabei entsteht schichten sie papierdünne Wände auf die nach dem Trocknen erstaunlich stabil sind. Die stockwerkhohen Nester erhalten ihre Festigkeit durch die parallele Ausrichtung der Holzfasern. In der Technik nennt man Materialien die aus dünnen Fasern und einem weiteren Stoff gefertigt werden Faserverbundstoffe.

1 a Schreibe den Text ab und markiere alle Relativsätze. Kreise die Wörter ein, auf die sich die Relativpronomen jeweils beziehen.
b Setze die acht fehlenden Kommas.

VORSICHT FEHLER!

- **A** Papier wurde früher nicht aus Holz hergestellt sondern man benutzte dafür Lumpen.
- **B** Die Lumpen mussten aus Pflanzenfasern wie Leinen Flachs Baumwolle oder Hanf sein.
- **C** Sie wurden sortiert gereinigt zerkleinert und in Wasser gelegt.
- **D** Nach einiger Zeit entstand ein Brei dieser konnte mit kleinen Sieben abgeschöpft werden.
- **E** Den Brei verarbeitete man weiter um schließlich Papier zu erhalten.
- **F** Der französische Naturforscher de Réaumur entwickelte Anfang des 18. Jahrhunderts ein neues Verfahren zur Papierherstellung nachdem er Wespen beobachtet hatte.
- **G** Er hatte herausgefunden dass Wespen Holzspäne nutzen um ihre Nester zu bauen.
- **H** Da Holz ausreichend vorhanden war konnte Papier in großen Mengen produziert werden.
- **I** Bis heute ist es das Ziel der Forscher dünnes stabiles Material zu entwickeln.
- **J** Besondere Rillen und Falten im Papier die so genannte Sandwichstruktur machen es möglich Möbel aus Pappkarton zu bauen.

2 a Schreibe die Sätze A–J ab und setze die fehlenden Kommas.
b Notiere hinter jeden Satz den Grund für die Kommasetzung. Handelt es sich um …
1 eine Aufzählung (AZ), **3** ein Satzgefüge (SG), **5** eine Apposition (AP)?
2 eine Satzreihe (SR), **4** eine Infinitivgruppe mit *zu* (IZ),
Tipp: In drei Sätzen gibt es jeweils zwei Gründe für die Kommasetzung.

3 a Vergleiche deine Ergebnisse mit einer Lernpartnerin oder einem Lernpartner.
b Bei welcher Regel bist du noch unsicher? Bestimme deinen Übungsschwerpunkt.

Fordern – Kommas richtig setzen

VORSICHT FEHLER!

Oberflächenschutz nach dem Vorbild der Haie

Sobald Schiffe einige Zeit im Wasser sind setzen sich Seepocken Muscheln und Al- Z Z
gen an ihnen fest. Wenn ein Schiff dann unterwegs ist bremsen diese Meeresbe- Z
wohner das Schiff ab der Treibstoffverbrauch steigt an. Es ist ein großes Problem Z
für die Schifffahrt diesen Bewuchs unter Kontrolle zu bekommen. Z
Viele Fische schützen sich vor Muscheln Algen und anderem Meeresbewuchs mit Z
einem glitschigen Schleimfilm aber Haie lösen das Problem auf andere Weise. Z
Obwohl ihre Haut rau ist bleibt nichts daran haften. Bei genauem Hinsehen erkennt Z
man dass Haihaut dicht mit kleinen Zähnchen den so genannten Dentrikeln bedeckt Z Z Z
ist. Diese schieben sich bei Bewegung übereinander es bleibt nur schwer etwas Z
daran haften. Zusätzlich ist die Haihaut noch mit feinen Rillen übersät. Wenn
Seepocken es doch schaffen sich an der Haihaut festzusetzen kann ihr Kleber die Z Z
schmalen Rillen nicht ausfüllen und sie können sich nicht richtig verankern. Dann (Z)
fallen sie ab weil sie zu schwer werden oder die Strömung reißt sie wieder ab. Z Z

1 Ein Schüler hat seinen Text mit Korrekturhinweisen zurückbekommen.

a Schreibt den Text ins Heft und setzt die fehlenden Zeichen. Lasst dabei immer eine Zeile frei.

b Notiert unter die Kommas, die ihr gesetzt habt, jeweils den Grund für die Kommasetzung. Gebt an: AZ (Aufzählung), SR (Satzreihe), SG (Satzgefüge), IZ (Infinitivgruppe mit *zu*) oder AP (Apposition).

c Formuliert mit eigenen Worten einen Merksatz zum Fehlerschwerpunkt.

VORSICHT FEHLER!

Jahrzehntelang bekämpften die Schiffsreedereien den Bewuchs an ihren Schiffen auch Fouling genannt mit speziellen Farben die giftige Verbindungen enthalten. Nun haben Forscher jedoch den Bauplan der Haihaut-Zähnchen übernommen und daraus eine künstliche Silikonhaut entwickelt die den Unterwasserbewuchs um fast 70 Prozent verringert. Diese Silikonhaut die nach dem Vorbild der Haie entwickelt wurde sieht jedoch komplett anders aus als die Haut der Haie. Eine Forscherin erklärt: „In der Bionik übernehmen wir nur das Prinzip im Fall der Haihaut die Beweglichkeit und die Mikrostrukturen."

2 a Schreibt die Textfortsetzung ab und setzt die fehlenden Kommas.

b Markiert die Relativsätze und Appositionen in unterschiedlichen Farben.

Fördern – Kommas richtig setzen

VORSICHT FEHLER!

Entwicklung eines Löschroboters nach dem Vorbild eines Käfers

A Der Saftkugler ein unscheinbarer Käfer ist ein Verwandter des Tausendfüßlers. (RS/AP)

B Bioniker interessieren sich für ihn weil er sich bei Gefahr einrollen kann. (SR/SG)

C Durch das Einrollen werden seine empfindlichen Teile geschützt so kann er gefährliche Situationen überleben. (SR/SG)

D Aber Saftkugler können sich auch aktiv wehren indem sie bei Gefahr eine Flüssigkeit absondern. (SR/SG)

E Daraus ist an der Hochschule Magdeburg-Stendal die Idee entstanden den Löschroboter „OLE“ zu entwickeln. (SG/IZ)

F Dieser Roboter soll in der Lage sein Feuer rechtzeitig zu erkennen und frühzeitig kleine Brandherde zu löschen. (SG/IZ)

1 Ein Schüler hat seine Sätze mit Korrekturhinweisen zurückbekommen.

a Schreibt die Sätze A–F ins Heft ab und ergänzt die fehlenden Kommas.

b Wählt jeweils den zutreffenden Grund aus, warum man die Kommas setzen muss: RS (Relativsatz), AP (Apposition), SR (Satzreihe), SG (Satzgefüge), IZ (Infinitivgruppe mit *zu*).

VORSICHT FEHLER!

Waldbrände ? die in vielen Teilen der Erde immer wieder auftreten ? können nicht immer schnell genug gelöscht werden. OLE ? ist ein Sechsbein-Laufroboter ? der zur Früherkennung von Waldbränden entwickelt wurde. Wie sein Vorbild ? der Saftkugler ? kann er sich bei Gefahr zusammenrollen ? und seine sechs Beine einziehen. Sein hitzebeständiger Panzer ? hält Temperaturen bis zu 1300 Grad Celsius aus ? er schützt die empfindliche Technik im Inneren. Zwei mechanische Fühler ? helfen dem Roboter ? sich auf unebenem Gelände sicher fortzubewegen. Seine Sensoren befähigen ihn dazu ? kleinste Brandherde aufzuspüren. Wie der Saftkugler ? verspritzt er bei Gefahr eine Flüssigkeit ? mit der kleine Brandherde im Keim erstickt werden.

2 Komma oder nicht? In seinem Text hat der Schüler Stellen markiert, an denen er bezüglich der Kommasetzung unsicher war.

a Schreibt den Text ab und entscheidet, an welchen Stellen man Kommas setzen muss.

b Notiert nach den Sätzen jeweils den Grund für die Kommasetzung in Klammern: RS (Relativsatz), AP (Apposition), SR (Satzreihe), IZ (Infinitivgruppe mit *zu*).

12.3 Fit in ...! – Rechtschreibung

Schreibung von Namen und Herkunftsbezeichnungen

Die Robben – zu Hause in allen Teilen der Meere

Robben bevölkern nahezu alle großen Weltmeere. Man findet sie sowohl in den a/Arktischen Gewässern als auch in den a/Antarktischen Küstengebieten. Entsprechend gibt es a/Arktische und a/Antarktische Robbenarten. Die Ringelrobbe ist die Art, die am häufigsten auf dem Eis vor den n/Nördlichen Küsten des a/Atlantischen und des p/Pazifischen Ozeans vorkommt. Der a/Antarktische Seeelefant verdankt seinen Namen seinem Lebensraum. Die Weddellrobbe ist nach dem Weddellmeer benannt, das zum a/Antarktischen Südpolarmeer gehört.

Es gibt es sowohl den n/Nördlichen Seebären als auch den a/Antarktischen Seebären. Und es gibt den k/Kalifornischen Seelöwen und den a/Australischen Seelöwen. Während die meisten Robben in eiskalten Gewässern zu Hause sind, kommt die Mönchsrobbe auch im e/Europäischen und n/Nordafrikanischen Teil des Mittelmeers vor. Es gibt sogar eine k/Karibische Mönchsrobbe, deren Verbreitungsgebiet im Namen angegeben wird. Einen interessanten Namen haben auch die Klappmützen, die in den g/Grönländischen Gewässern heimisch sind.

Bioniker interessiert, wie sich die Robben gegen die Kälte im Wasser schützen. Auch ihre Barthaare sind von Interesse, denn damit spüren Robben ihre Beute auf.

Ringelrobbe

Seeelefant

Weddellrobbe

Seebär

Mönchsrobbe

Klappmütze

1 a Übertragt den Text in der richtigen Groß- und Kleinschreibung ins Heft.
b Markiert alle Eigennamen farbig.

THÜRINGER WALD • OSTFRIESISCHE INSELN • DEUTSCHE MITTELGEBIRGE • BAYERISCHE ALPEN • MECKLENBURGISCHE SEENPLATTE • LÜNEBURGER HEIDE • SCHWÄBISCHE ALB

2 a Notiert die Landschaftsbezeichnungen in der richtigen Groß- und Kleinschreibung.
b Sucht die Landschaften auf einer Deutschlandkarte und überprüft eure Entscheidung.

Getrennt- oder Zusammenschreibung

VORSICHT FEHLER!

Zukünftige Ziele der Bioniker

A Die Bionik hat schon viele Erfindungen hervor ? gebracht. Ein einfaches Beispiel sind Gummiflossen, die wir ein ? packen, wenn wir schwimmen ? gehen. Es ist kein Zufall, dass sie an Entenfüße erinnern, sondern eine bionische Erfindung. Ein weiteres Beispiel ist der Klettverschluss, der das Schuh ? anziehen einfach ? macht. Vorbild ist die Frucht der Klette, die sich nahezu beliebig oft irgendwo an ? kletten kann. Betrachtet man die Pflanze unter dem Mikroskop, dann wird man fest ? stellen, dass sie viele kleine Haken hat, die sehr stabil sind. Diese nutzt die Klette zum Samen ? verteilen, denn damit kann sie sich überall an ? heften.
Produkte, die Bioniker in jüngster Zeit nach dem Vorbild der Natur voran ? gebracht haben, sind zum Beispiel umweltverträgliche Ölabsorber, Wärmedämmungen, durch die man hindurch ? sehen kann, oder leichte Autokonstruktionen.

B Die Forschungsergebnisse aus der Bionik waren schon immer so vielfältig wie die Interessen neugieriger Wissenschaftler und einfallsreicher Ingenieure. Frühe Erfinder versuchten vergeblich, die Natur nach ? zu ? bilden. Die heutigen Erfindungen nach natürlichen Vorbildern funktionieren nur, weil die Bioniker heraus ? finden, welche Details und Prinzipien in die Technik über ? tragen werden müssen. Ein neues Tätigkeitsfeld für Bioniker ist die Entwicklung von Robotern, die nach dem Vorbild von Menschen oder Tieren agieren. Diese bieten die Chance, notwendige Arbeiten zwischen Menschen und Robotern auf ? zu ? teilen. So muss sich der Mensch nicht in Gefahr ? begeben. Allerdings wird es schwierig ? bleiben, die vielfältigen Bewegungen nach ? zu ? ahmen. Trotzdem kann man für die Zukunft voraus ? sagen, dass immer mehr Roboter den Menschen ersetzen werden bei Tätigkeiten, die ihm schwer ? fallen oder die er nur unter Gefahren ausführen kann.

1 Entscheidet, wie die markierten Verbindungen mit Verben geschrieben werden.
Legt im Heft die folgende Tabelle an und sortiert die Verbindungen richtig ein.

Getrenntschreibung	Zusammenschreibung
…	*hervorgebracht*

2
a Diktiert euch gegenseitig jeweils einen Textabschnitt A oder B.
b Tauscht eure Hefte und prüft die Rechtschreibung und Zeichensetzung in euren Texten. Begründet eure Korrekturen.
c Bestimmt eure Fehlerschwerpunkte:

A Fremdwörter
B Wörter mit Doppelkonsonanten
C Wörter mit *i*-Laut
D Wörter mit *s*-Laut
E Wörter mit *h*
F Groß- und Kleinschreibung
G Getrennt- und Zusammenschreibung
H Zeichensetzung

d Besprecht mit eurem Lernpartner, wie ihr weiter zu euren Fehlerschwerpunkten üben könnt.

13 Glücklich sein – Lesetechniken anwenden, Texte und Aufgaben verstehen

A Mich macht es glücklich, wenn ich das machen kann, was mir am meisten Spaß macht: mit Freunden abhängen, YouTuber ansehen und Musik hören.
Eliana, Schülerin

B Glück ist für mich, wenn mir beim Skaten ein Trick gelingt, den ich wochenlang geübt habe. *Ben, Schüler*

C Für mich bedeutet Glück, dass man immer genug Geld hat und sich deswegen um nichts Sorgen machen muss.
Sarah, Schülerin

1 Jeder möchte ein glückliches Leben führen. Was bedeutet Glück für euch? Tauscht euch darüber aus.

2 Lest die Äußerungen A–C zum Thema „Glück“. Welcher Aussage würdet ihr euch anschließen? Begründet eure Entscheidung.

In diesem Kapitel ...

- erschließt ihr Sachtexte, Grafiken und literarische Texte,
- wendet ihr unterschiedliche Lesetechniken an,
- übt ihr den Umgang mit verschiedenen Aufgabenformaten,
- trainiert ihr das Zuhören.

13.1 Lesetechniken anwenden – Informationen entnehmen und bewerten

Texte überfliegen und gezielt Informationen entnehmen

Constanze Löffler

Menschen auf der Suche nach dem Geheimnis des Glücks

Glück ist heute nicht mehr nur ein Thema für Schriftsteller und Dramaturgen[1], sondern auch für Mediziner. Denn die Forschung zeigt: Glück löst eine ganze Kaskade[2] von Botenstoffen aus, die direkte Auswirkungen auf die Gesundheit haben.

Glück, das ist ein Gefühl, als ob man fliegen könnte. Ein spontanes Bedürfnis, einfach zu jubeln. Überall wartet das Glück auf uns, jedes Kind kennt es, und jeder Erwachsene sehnt sich nach einem glücklichen Leben. Doch wir Deutschen tun uns schwer mit dem Glücklichsein: Die Mehrheit von uns hat genug zum Leben, doch für ein glückliches Leben reicht es oft nicht. Die persönlichen Freiräume fehlen, um das Glück zu genießen. Durch unsere ständige Betriebsamkeit schwirrt uns immer etwas im Kopf herum, was noch geschafft sein will, erledigt werden muss. Über all der Hektik vergessen wir, was uns wirklich wichtig ist: nahestehende Menschen – und Gesundheit.

In der Theodor-Frey-Schule im baden-württembergischen Eberbach wird Glück gelehrt – Neuland für Schüler und Lehrer. Erfunden hat den Glücksunterricht ein Mann aus Heidelberg, der über 30 Jahre lang Lehrer und Direktor war: Ernst Fritz-Schubert. Die Botschaft des Unterrichts lautet: Finde dein Glück. Hier lernen die Schüler Lebenskompetenz, bekommen das Rüstzeug für eine starke Persönlichkeit und finden eigene Wege, wie sie sich motivieren können. Rollenspiele, Konzentrations- und Wahrnehmungsübungen, aber auch Sport oder Musik stärken in den Schülern wichtige Charaktereigenschaften wie Selbstvertrauen, Verantwortungsgefühl und Empathie[3]. Gemeinsam mit ihren Tutoren sprechen sie im Unterricht über Lebensziele und finden ihre Stärken und Schwächen heraus. So entdecken sie ihre Talente und erfahren, in welcher Rolle sie sich wohlfühlen. Gerade für Jugendliche ist es wichtig, einen Beruf zu finden, bei dem ihre Stärken zur Geltung kommen. Mit einem Beruf, der nicht nur dem Geldverdienen dient, sondern vielleicht sogar Berufung ist, haben sie größere Chancen, ein zufriedenes Leben zu führen. Denn Glück, sagt Lehrer Fritz-Schubert, sei ein Idealzustand, der durch sinnvolles Erleben und Leben des Alltags erreicht werde.

Die Beständigkeit des Glücksgefühls fehlt jedoch vielen Deutschen. Im Welt-Glücksreport der Vereinten Nationen von 2012 erreicht Deutschland nur Platz 30. Ganz oben steht Dänemark. Doch auch die Niederlande und die Schweiz liegen vor uns. Und das liegt nicht unbedingt daran, dass es den Menschen dort materiell besser geht. Denn auch weitaus ärmere

1 der Dramaturg: Berater beim Theater oder beim Fernsehen
2 die Kaskade: *hier:* eine Folge
3 die Empathie: das Einfühlungsvermögen

Länder wie Costa Rica oder Venezuela liegen im Glücksranking vor Deutschland.
Wie lassen sich diese Ergebnisse erklären? Darüber rätseln Studenten der Jacobs University Bremen. Liegt es daran, dass Familie und Gemeinschaft in der lateinamerikanischen Kultur mehr zählen als materielle Werte? Dass in Lateinamerika kulturelle Aktivitäten wie tanzen, singen und der Karneval wichtig sind? Sicher ist, dass eine ganze Reihe von Gründen eine Rolle spielen: die Religiosität der Menschen, eine Lebenskultur, in der das Miteinander einen größeren Wert hat als das Nebeneinander, das Leben in der Gemeinschaft, vielleicht sogar der Karneval. An der Sonne kann es jedenfalls nicht allein liegen: Sonst wären die Menschen in Afrika deutlich glücklicher.
Und warum liegt Deutschland innerhalb Europas so weit hinten? Eines der wichtigsten Elemente für das Glück, die wir heute kennen, ist sozialer Zusammenhalt, das Gefühl, sich auf den Mitmenschen verlassen und in der Gesellschaft entwickeln zu können. Alles, was uns dieses Gefühl gibt, macht uns glücklich. Jeder will sich aufgehoben fühlen und Geborgenheit spüren.
Doch in Deutschland galten „Ellenbogen zeigen" und „Einzelkämpfertum" lange als Tugenden. Eine neue Kultur des Miteinanders müssen wir erst mühsam lernen. Das wäre jedenfalls ein erster Schritt zu einem glücklicheren Leben.

1 Ihr habt gehört, dass es an einer Schule „Glück" als Unterrichtsfach gibt, und wollt mehr darüber erfahren.

a Überfliegt den Text und bestimmt den Abschnitt, der Informationen zu diesem Fach enthält. Lasst die Augen schnell über den Text gleiten und lest nur die ersten Zeilen der einzelnen Absätze. Achtet auf Signalwörter zum Thema, z. B.: *Glück, Schule, Unterricht.*

b Lest den Textabschnitt, der Informationen zum Unterrichtsfach „Glück" bietet, langsam und gründlich. Notiert die wichtigen Informationen stichwortartig.

2 Tragt euch mit Hilfe eurer Notizen von Aufgabe 1 gegenseitig vor, was ihr über das Unterrichtsfach „Glück" herausgefunden habt. Vergleicht eure Informationen.

3 Sucht im Text nach den Gründen, warum die Deutschen im Welt-Glücksreport nur Platz 30 erreichten. Notiert sie stichwortartig und tragt sie anschließend mit eigenen Worten vor.

Methode **Überfliegendes und gezieltes Lesen**

- Das **überfliegende Lesen** hilft euch, in einem Text die Stelle zu finden, an der die für eure Fragestellung wichtigen Informationen stehen.
- Wenn man beim Überfliegen des Textes die Stelle mit den wichtigen Informationen gefunden hat, erarbeitet man diese durch **gezieltes Lesen.**
- Geht so vor, wenn ihr in einem Text nach bestimmten Informationen sucht:
  1. Klärt, zu welcher Frage oder zu welchem Thema ihr euch informieren wollt.
  2. Überfliegt den gesamten Text, indem ihr mit den Augen zügig über den Text gleitet.
     - Lest immer nur die ersten Sätze der einzelnen Abschnitte.
     - Sucht im Text nach Signalwörtern zum Thema.
  3. Lest anschließend die Textstelle mit den wichtigen Informationen zum Thema genau. Klärt unbekannte Wörter durch Nachdenken, Nachfragen oder Nachschlagen.
  4. Notiert in Stichworten Informationen zur Ausgangsfrage.

Sachtexte erschließen und zusammenfassen

Glücksquelle Mitmensch – Die Neurobiologie des Glücks

Das Glück hatte lange Zeit den Ruf, wissenschaftlich nicht untersuchbar zu sein, da es von Person zu Person unterschiedlich wahrgenommen und definiert wird. Mittlerweile gibt es aber viele Studien und daraus gewonnene Erkenntnisse darüber, wie Glück entsteht. Dabei untersuchen Forscher verschiedener Wissenschaftszweige, welche Faktoren unser Glück am meisten begünstigen. Ein Aspekt rückt immer mehr in den Vordergrund: Es scheinen die zwischenmenschlichen Beziehungen zu sein, die am meisten zu unserem Glück beitragen. Dieses Ergebnis haben 100 Glücksforscher aus 50 Ländern im *World Book of Happiness* festgehalten.

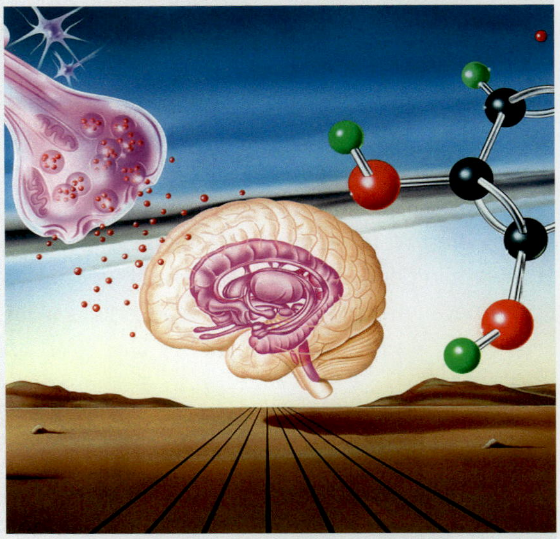

Aufbau des Dopamin-Moleküls

Neurobiologen nahmen diese Erkenntnis im wahrsten Sinne des Wortes „unter die Lupe". Unter Neurobiologie versteht man eine Disziplin der Neurowissenschaften, die sich mit dem Aufbau und der Struktur unseres Nervensystems befasst. Die Neurobiologen fanden heraus, dass es bestimmte Botenstoffe in unserem Gehirn gibt, die angenehme Gefühle auslösen können – im Volksmund bezeichnet man sie als „Glücksbotenstoffe".

Der wichtigste dieser Botenstoffe ist das *Dopamin*. Dopamin zählt zu den so genannten Neurotransmittern. Neurotransmitter übertragen Informationen von einer Nervenzelle zur anderen. Wenn wir uns glücklich fühlen, schüttet unser Körper mehr Dopamin aus. Neurobiologen konnten durch unterschiedliche Experimente die Theorien anderer Glücksforscher bestätigen: Auch sie stellten fest, dass vor allem positive Beziehungen zu unseren Mitmenschen den Dopamin-Spiegel in unserem Körper ansteigen lassen. Diese positiven Beziehungen können ganz unterschiedlich sein. Zum Beispiel kommt es in unserem Körper zu einer Aktivierung der Dopamin-Systeme, wenn wir uns akzeptiert fühlen – von einem guten Freund, von der Clique oder vom Lehrer. Ebenso kommt es zu einer Dopamin-Ausschüttung, wenn wir merken, dass wir für andere wichtig sind und von ihnen wertgeschätzt werden. Zentrale Glücksquellen des Menschen sind demnach soziale Anerkennung und Wertschätzung. Dieses Glück hinterlässt Spuren in unserem Gehirn: Die Hirnregion, in der Dopamin ausgeschüttet wird, ist dann aktiver. Mit Hilfe moderner Untersuchungsverfahren wie zum Beispiel der PET (Positronen-Emissions-Tomografie) kann man die erhöhte Aktivität bestimmter Hirnregionen bei Glücksgefühlen sichtbar machen.

In seinem Buch „Die Glücksformel" unterstreicht der Autor Stefan Klein die Bedeutung dieser Erkenntnis. Er beschreibt, wie man Glück und Zufriedenheit bewusst suchen, sich um sie bemühen und „Glück trainieren" kann, denn gute Gefühle sind kein Schicksal.

1 Lest die Überschrift sowie den Anfang des Textes und betrachtet die Abbildung. Besprecht anschließend zu zweit die folgenden Fragen:

A Welche Textsorte liegt vor?

B Worum geht es vermutlich in diesem Text?

C Was wisst ihr bereits über dieses Thema?

2 Fertigt eine Kopie des Textes an und lest ihn genau:
- Gliedert den Text in Sinnabschnitte und markiert in jedem Abschnitt die Schlüsselwörter.
- Notiert an den Rand Zwischenüberschriften oder die Fragen, die im jeweiligen Textabschnitt beantwortet werden.
- Kreist Wörter und Textstellen ein, die ihr nicht versteht.

3 Klärt schwierige oder unbekannte Wörter aus dem Text in der Gruppe:

a Teilt die folgenden Begriffe unter euch auf: *Neurobiologie, Glücksbotenstoff, Dopamin, PET.*

b Sucht euren Begriff im Text. Lest die Textstelle genau und versucht, die Bedeutung des Begriffs aus dem Textzusammenhang zu erschließen. Macht euch Notizen zur Bedeutung.

c Erklärt euch gegenseitig die Bedeutung der vier Begriffe. Fragt nach, wenn ihr sie noch nicht verstanden habt.

d Klärt gemeinsam weitere Wörter oder Textstellen, die ihr nicht verstanden habt (▶ Aufgabe 2).

4 Fasst die wichtigen Informationen des Textes zusammen. Geht so vor:

a Formuliert eine **Einleitung.** Nennt darin den Titel, die Textsorte und das Thema des Textes:
In dem Sachtext mit dem Titel „...“ geht es darum / wird beschrieben, ...

b Fasst im **Hauptteil** die wichtigen Informationen mit eigenen Worten zusammen. Nutzt dafür eure Vorarbeiten von Aufgabe 2 (Zwischenüberschriften und markierte Schlüsselbegriffe).

c Formuliert zum **Schluss,** welche Informationen besonders interessant waren oder welche weiteren Fragen sich für euch beim Lesen ergeben haben:
Es war für mich neu/interessant zu lesen, dass ... / Es stellt sich die Frage ...

5 Veranschaulicht die Informationen aus dem Text in einer Mindmap oder in einem Schaubild. Stellt eure Grafik anschließend der Klasse vor.

Methode **Einen Sachtext erschließen und zusammenfassen**

- **1. Schritt:** Lest die Überschrift, den Textanfang sowie hervorgehobene Wörter und betrachtet die Abbildungen zum Text.
  Überlegt: Welche Textsorte liegt vor? Worum könnte es in diesem Text gehen?
  Was weiß ich bereits über das Thema?
- **2. Schritt:** Lest den gesamten Text gründlich durch.
  - Gliedert den Text in Sinnabschnitte und markiert in jedem Abschnitt die Schlüsselwörter.
  - Notiert Zwischenüberschriften oder die Fragen, die im jeweiligen Textabschnitt beantwortet werden, an den Rand.
  - Kreist Wörter und Textstellen ein, die ihr nicht versteht. Klärt sie anschließend durch Nachdenken, Nachschlagen oder Nachfragen.
- **3. Schritt:** Fasst die Informationen des Textes zusammen oder veranschaulicht sie in einer Grafik (Mindmap, Flussdiagramm, Schaubild).

Grafiken verstehen und auswerten

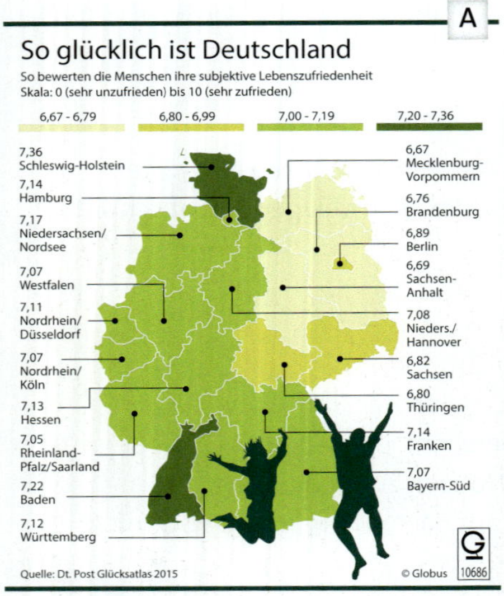

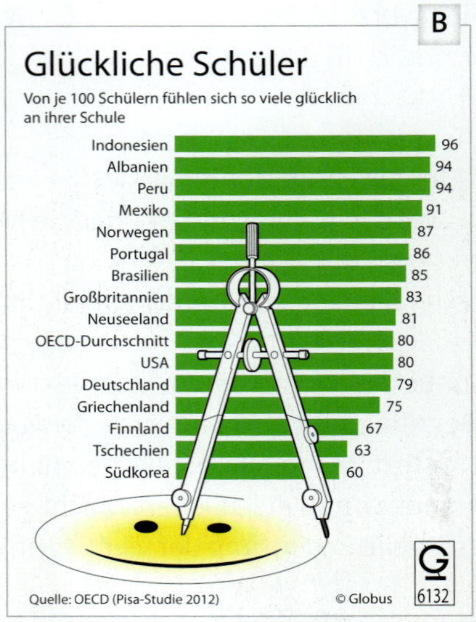

1 Betrachtet die Grafik A und wertet sie zu zweit aus:

a Untersucht die **Inhaltsebene:** Lest die Überschriften und alle Textbestandteile. Welche Frage wird mit dieser Grafik beantwortet?

b Untersucht die **Gestaltungsebene:**
- Beschreibt, was in der Grafik abgebildet ist.
- Erklärt, was die Zahlen angeben und was die farblichen Abstufungen bedeuten.

c Vergleicht die Angaben in der Grafik miteinander. Formuliert abschließend drei Aussagen zur Grafik: *Die Grafik mit dem Titel „…" zeigt …*

2 Betrachtet die Grafik B und wertet sie aus:

a Bestimmt die Diagrammart. Handelt es sich um …
A ein Kreisdiagramm, **B** ein Kurvendiagramm, **C** ein Balkendiagramm, **D** ein Säulendiagramm?

b Untersucht die Inhaltsebene und die Gestaltungsebene der Grafik.

c Formuliert eine Aussage zum höchsten und zum niedrigsten Wert im Diagramm.

3 Fasst zusammen, was die beiden Grafiken A und B über die Zufriedenheit der Deutschen und das Glück der Schülerinnen und Schüler an deutschen Schulen aussagen.

Methode — **Grafiken entschlüsseln und auswerten**

Grafiken vermitteln Informationen auf zwei Ebenen: der **Inhaltsebene** und der **Gestaltungsebene.** So geht man beim „Lesen" einer Grafik vor:

1. Schaut euch die Grafik genau an. Untersucht zuerst die Inhaltsebene (Überschriften, Texte) und anschließend die Gestaltungsebene (Abbildungen, Zahlen, Farben).
2. Vergleicht die Angaben. Achtet dabei auf besonders hohe oder niedrige, ähnliche oder abweichende Zahlenwerte.
3. Fasst zum Schluss zusammen, was die Grafik aussagt.

Literarische Texte genau lesen und interpretieren

Ajahn Brahm

Gut? Schlecht? Wer weiß das schon? (2015)

Vor langer, langer Zeit hatte sich auf der Jagd einmal ein König in den Finger geschnitten. Er rief seinen Leibarzt, der ihn auf der Jagd immer begleitete, und ließ sich einen Verband anlegen. „Aber das wird doch wieder gut, oder?", fragte der König. „Gut? Schlecht? Wer weiß das schon?", entgegnete der Arzt, die Jagd wurde fortgesetzt.

Als sie in den Palast zurückkehrten, hatte sich die Wunde infiziert, also verlangte der König ein weiteres Mal nach seinem Leibarzt. Dieser reinigte die entzündete Stelle, trug behutsam eine Wundsalbe auf und erneuerte den Verband. „Aber wird das auch wirklich wieder gut?", fragte der König, der allmählich etwas ängstlich wurde. „Gut? Schlecht? Wer weiß das schon?", antwortete der Arzt auch diesmal.

Der König machte sich nicht grundlos Sorgen, denn innerhalb der nächsten Tage wurde die Entzündung so schlimm, dass der Finger amputiert werden musste. Aus Zorn auf seinen inkompetenten[1] Leibarzt brachte ihn der König höchstpersönlich in den Kerker und sperrte ihn in eine Zelle. „Und? Wie ist es so im Gefängnis, Doktor?" „Im Gefängnis, Majestät? ... Gut? Schlecht? Wer weiß das schon?", entgegnete der Arzt mit einem Achselzucken. „Der ist ja nicht nur unfähig, sondern auch nicht ganz bei Trost!", erklärte der König und ging.

Als die Amputationswunde nach einigen Wochen ausgeheilt war, begab sich der König erneut auf die Jagd. Während er der Fährte eines Tieres folgte, wurde er von der übrigen Jagdgesellschaft getrennt und verirrte sich im Wald. Dabei fiel er den Angehörigen eines Eingeborenenstammes in die Hände. Es war ihr Feiertag und nun hatten sie ein Opfer gefunden, das sie ihrem Dschungelgott darbringen konnten. Sie banden den König an einen großen Baum, und während die Waldbewohner schon das Messer wetzten, begann ihr geistliches Oberhaupt zu singen und zu tanzen. Schließlich

1 inkompetent: unfähig

griff der Priester zum Messer, um dem König die Kehle durchzuschneiden, als er plötzlich innehielt und rief: „Nicht! Dieser Mann hat nur neun Finger! Der ist nicht gut genug, um ihn unserem Gott zu opfern. Lasst ihn frei."
In den nächsten Tagen gelang es dem König, sich zum Palast durchzuschlagen. Dort angekommen, suchte er sofort den Kerker auf, um sich bei seinem weisen Arzt zu bedanken. „Wegen dieses ganzen ‚Gut? Schlecht? Wer weiß das schon?' war ich geneigt, Euch für dumm zu halten. Jetzt aber weiß ich, dass Ihr Recht hattet. Dass ich meinen Finger eingebüßt habe, war gut. Es hat mir das Leben gerettet. Schlecht aber war es von mir, Euch ins Gefängnis zu sperren. Es tut mir leid."
„Was meint Ihr, Majestät? Wäre ich nicht im Kerker gewesen, hätte ich Euch auf die Jagd begleitet und wäre ebenfalls gefangen genommen worden. Und im Gegensatz zu Euch habe ich noch alle meine Finger!"

1 a Lest den Titel der Geschichte und äußert Vermutungen: Was könnte der Titel mit dem Thema „Glück" zu tun haben?
b Lest die Geschichte und tauscht euch über eure ersten Leseeindrücke aus.

2 Untersucht die Handlung der Geschichte:
a Stellt die einzelnen Handlungsschritte in einem Flussdiagramm dar:

Z. 1–8 *Der König verletzt sich auf der Jagd am Finger.*
↓
Z. 9–17 …

b Markiert im Flussdiagramm den Wendepunkt der Geschichte.

3 Untersucht die Figuren in der Geschichte:
a Wie ändert der König im Verlauf der Geschichte seine Einstellung?
Stellt die Veränderung mit Hilfe eines Zeitstrahls dar.

König reagiert nicht auf unbestimmte Antwort des Arztes beim Verbinden der Wunde → *König sorgt sich nach Antwort des Arztes beim Reinigen der entzündeten Wunde* → …

b Formuliert Aussagen zu den Eigenschaften der beiden Hauptfiguren.
Begründet eure Aussagen mit Textstellen:
Der König / Der Leibarzt wirkt im Text ängstlich/zuversichtlich/geduldig/ungeduldig/aufbrausend/gelassen/klug/weise/…, denn … (vgl. Zeile …).
c Beantwortet folgende Fragen zum Verhalten der beiden Figuren:
A Warum nimmt es der Arzt dem König nicht übel, dass er in den Kerker geworfen wurde?
B Warum bedankt sich der König am Ende beim Arzt, obwohl er seinen Finger verloren hat?

4 Untersucht die sprachlichen Besonderheiten des Textes:
a Erklärt, warum der Arzt dreimal mit „Gut? Schlecht? Wer weiß das schon?" antwortet.
b Begründet, welche Wirkung die Verwendung der wörtlichen Rede im Text hat.

5 a Bestimmt die Erzählform im Text. Ist ein Ich-Erzähler oder ein Er-/Sie-Erzähler erkennbar?

b Bestimmt, welche der folgenden Aussagen zum Erzähler zutreffen, und begründet eure Entscheidung.

A Der Erzähler erzählt aus der Sicht einer bestimmten Figur.
B Der Erzähler vermittelt nur, was die Hauptfigur sieht, fühlt und erfährt.
C Der Erzähler weiß genau, was die Figuren jeweils denken und fühlen.
D Der Erzähler vermittelt nicht, was die einzelnen Figuren jeweils denken und fühlen.
E Der Erzähler nimmt selbst an der Handlung teil.
F Der Erzähler ist nicht Teil der Erzählung, sondern er betrachtet das Geschehen von außen.

6 a Formuliert die Lehre der Geschichte mit eigenen Worten:
Diese Geschichte soll zeigen/darstellen/vermitteln, ...

b Erklärt, was der Text mit dem Thema „Glück" zu tun hat.

7 a Notiert Ideen für eine ähnliche Geschichte, in der aus einem Problem etwas Gutes wird:

(1) Welche Hauptfigur spielt in der Geschichte?
...

(2) Welches Problem hat die Hauptfigur?
...

(3) Wie wird aus dem Problem der Hauptfigur etwas Gutes?
...

b Erzählt die Geschichte mit Hilfe eurer Notizen vor der Klasse.

Methode **Einen literarischen Text verstehen**

Folgende **Leitfragen** helfen euch, einen literarischen Text zu verstehen. Dabei ist wichtig, dass ihr die **Merkmale** des Textes nicht nur nennt, sondern auch deren **Wirkung** erklärt.

- **Thema/Inhalt:**
  Was ist das Thema des Textes? Gibt es zentrale Motive? Wird eine Lehre vermittelt?
- **Aufbau der Handlung:**
  – Wie sind Anfang und Schluss gestaltet (offen/geschlossen)?
  – Gibt es einen Höhe- oder Wendepunkt (eine Pointe)? Wird Spannung erzeugt?
  – Wird fortlaufend erzählt oder gibt es Rückblenden und/oder Vorausdeutungen?
- **Figuren:**
  – Welche Figuren kommen vor? In welchen Beziehungen stehen sie zueinander?
  – Wie verhalten sich die Figuren (äußere Handlung)?
  – Was erfährt man über ihre Gedanken und Gefühle (innere Handlung)?
- **Erzähler/-in:**
  – In welcher Erzählform (Ich-Erzähler oder Er-/Sie-Erzähler/-in) ist der Text geschrieben?
  – Welches Erzählverhalten (auktorial oder personal) liegt vor?
- **Sprache:**
  – Gibt es Besonderheiten in der Wortwahl oder im Satzbau?
  – Enthält der Text sprachliche Bilder (z. B. Metaphern), Wiederholungen, wörtliche Rede?

13.2 Wie bereite ich mich vor? – Aufgabenformate kennen lernen und anwenden

Erich Kästner

Das Märchen vom Glück (1948)

Siebzig war er gut und gern, der alte Mann, der mir in der verräucherten Kneipe gegenübersaß. Sein Schopf sah aus, als habe es darauf geschneit, und die Augen blitzten wie eine blank gefegte Eisbahn. „Oh, sind die Menschen dumm", sagte er und schüttelte den Kopf, dass ich dachte, gleich müssten Schneeflocken aus seinem Haar aufwirbeln. „Das Glück ist ja schließlich keine Dauerwurst, von der man sich täglich seine Scheibe herunterschneiden kann!" „Stimmt", meinte ich, „das Glück hat ganz und gar nichts Geräuchertes an sich. Obwohl ..." „Obwohl!?" „Obwohl gerade Sie aussehen, als hinge bei Ihnen zu Hause der Schinken des Glücks im Rauchfang." „Ich bin eine Ausnahme", sagte er und trank einen Schluck. „Ich bin die Ausnahme. Ich bin nämlich der Mann, der einen Wunsch frei hat."

Er blickte mir prüfend ins Gesicht, und dann erzählte er seine Geschichte. „Das ist lange her", begann er und stützte den Kopf in beide Hände, „sehr lange. Vierzig Jahre. Ich war noch jung und litt am Leben wie an einer geschwollenen Backe. Da setzte sich, als ich eines Mittags verbittert auf einer grünen Parkbank hockte, ein alter Mann neben mich und sagte beiläufig: ‚Also gut. Wir haben es uns überlegt. Du hast drei Wünsche frei.' Ich starrte in meine Zeitung und tat, als hätte ich nichts gehört. ‚Wünsch dir, was du willst', fuhr er fort, ‚die schönste Frau oder das meiste Geld oder den größten Schnurrbart, das ist deine Sache. Aber werde endlich glücklich! Deine Unzufriedenheit geht uns auf die Nerven.' Er sah aus wie der Weihnachtsmann in Zivil. Weißer Vollbart, rote Apfelbäckchen, Augenbrauen wie aus Christbaumwatte. Gar nichts Verrücktes. Vielleicht ein bisschen zu gutmütig. Nachdem ich ihn eingehend betrachtet hatte, starrte ich wieder in meine Zeitung. ‚Obwohl es uns nichts angeht, was du mit deinen drei Wünschen machst', sagte er, ‚wäre es natürlich kein Fehler, wenn du dir die Angelegenheit vorher genau überlegtest. Denn drei Wünsche sind nicht vier Wünsche oder fünf, sondern drei. Und wenn du hinterher noch immer neidisch und unglücklich wärst, könnten wir dir und uns nicht mehr helfen.' Ich weiß nicht, ob Sie sich in meine Lage versetzen können. Ich saß auf einer Bank und haderte mit Gott und der Welt. Und neben mir saß nun dieser alte Quatschkopf!"

„Sie wurden wütend?" „Ich wurde wütend. Mir war zumute wie einem Kessel kurz vorm Zerplatzen. Und als er sein weiß wattiertes Großvatermündchen von Neuem aufmachen wollte, stieß ich zornzitternd hervor: ‚Damit Sie alter Esel mich nicht länger duzen, nehme ich mir die Freiheit, meinen ersten und innigsten Wunsch auszusprechen: Scheren Sie sich zum Teufel!' Das war nicht fein und höflich, aber ich konnte einfach nicht anders. Es hätte mich sonst zerrissen."

„Und?" „Was, und?" „War er weg?"

„Ach so! Natürlich war er weg! Wie fortgeweht. In der gleichen Sekunde. In nichts aufgelöst. Mir wurde ganz übel vor lauter Schreck. Die Sache mit den Wünschen schien zu stimmen!

Und der erste Wunsch hatte sich bereits erfüllt! Du meine Güte! Dann war er in der Hölle. ‚Sei nicht albern', sagte ich zu mir selber. ‚Die Hölle gibt es ja gar nicht und den Teufel auch nicht.' Aber die drei Wünsche, gab's denn die? Und trotzdem war der alte Mann, kaum hatte ich's gewünscht, verschwunden ... Mir wurde heiß und kalt. Mir schlotterten die Knie. Was sollte ich machen? Der alte Mann musste wieder her, ob's nun eine Hölle gab oder nicht. Das war ich ihm schuldig. Ich musste meinen zweiten Wunsch dransetzen, den zweiten von dreien, o ich Ochse! Oder sollte ich ihn lassen, wo er war? Mir blieb keine Wahl. Ich schloss die Augen und flüsterte ängstlich: ‚Ich wünsche mir, dass der alte Mann wieder neben mir sitzt!' Wissen Sie, ich habe mir jahrelang, bis in den Traum hinein, die bittersten Vorwürfe gemacht, dass ich den zweiten Wunsch auf diese Weise verschleudert habe, doch ich sah damals keinen Ausweg. Es gab ja keinen."

„Und?" „Was, und?" „War er wieder da?"

„Ach so! Natürlich war er wieder da! In der nämlichen Sekunde. Er saß wieder neben mir, als wäre er nie fortgewünscht gewesen. Er blickte mich vorwurfsvoll an. Ich stotterte eine Entschuldigung. Wie leid es mir täte. Ich hätte doch nicht an die drei Wünsche geglaubt. Und außerdem hätte ich immerhin versucht, den Schaden wiedergutzumachen. ‚Das ist richtig', meinte er. ‚Es wurde aber auch die höchste Zeit.' Dann lächelte er. Er lächelte so freundlich, dass mir fast die Tränen kamen. ‚Nun haben Sie nur noch einen Wunsch frei', sagte er. ‚Den dritten. Mit ihm gehen Sie hoffentlich ein bisschen vorsichtiger um. Versprechen Sie mir das?' Ich nickte und schluckte. ‚Ja', antwortete ich dann, ‚aber nur, wenn Sie mich wieder duzen.' Da musste er lachen. ‚Gut, mein Junge', sagte er und gab mir die Hand. ‚Leb wohl. Sei nicht allzu unglücklich. Und gib auf deinen letzten Wunsch acht.' ‚Ich verspreche es Ihnen', erwiderte ich feierlich. Doch er war schon weg. Wie fortgeblasen."

„Und?" „Was, und?" „Seitdem sind Sie glücklich?"

„Ach so. Glücklich?" Mein Nachbar stand auf, nahm Hut und Mantel vom Garderobenhaken, sah mich mit seinen blitzblanken Augen an und sagte: „Den letzten Wunsch hab' ich vierzig Jahre lang nicht angerührt. Manchmal war ich nahe daran. Aber nein. Wünsche sind nur gut, solange man sie noch vor sich hat. Leben Sie wohl."

Ich sah vom Fenster aus, wie er über die Straße ging. Die Schneeflocken umtanzten ihn. Und er hatte ganz vergessen, mir zu sagen, ob wenigstens er glücklich sei. Oder hatte er mir absichtlich nicht geantwortet? Das ist natürlich auch möglich.

1 **Auswahlaufgabe** (Multiple-Choice-Aufgabe)

Schreibt die richtige Aussage ins Heft: In der Erzählung geht es darum, ...

A wie man mit den eigenen Wünschen umgehen sollte.
B welche Fehler man in der Jugend vermeiden sollte.
C wie man zu einer glücklichen Lebenseinstellung findet.
D dass man auch im Erwachsenenalter noch an Wunder glauben sollte.

2 **Richtig-/Falsch-Aufgabe** (True-/False-Aufgabe)

Prüft die folgenden Aussagen. Schreibt die Buchstaben ins Heft und notiert dahinter *r* für richtig oder *f* für falsch. Der Erzähler ...

A kommt in einer Kneipe zufällig mit einem älteren Mann ins Gespräch.
B ist mit einem älteren Mann in einer Kneipe verabredet.
C vergleicht den älteren Mann mit einem Weihnachtsmann.
D berichtet von seinen drei Wünschen.
E wird durch die Erzählung des Alten zum Nachdenken über das Glück angeregt.

3 **Lückentextaufgabe**

Schreibt den folgenden Text ab. Füllt die Lücken mit inhaltlich passenden Wörtern aus dem Kasten.

die Rahmenhandlung • rückblickend • Handlungen • Binnenhandlung • das Geschehen

In der Erzählung wird ? dem Leser ? wiedergegeben. Das Besondere an der Erzählung ist, dass sie zwei ? enthält, die auf eine bestimmte Weise miteinander verbunden sind.
Zum einen geht es zu Beginn und am Ende der Erzählung um ein Gespräch zwischen zwei Männern in einer Kneipe. Dieses Gespräch bildet ? . Zum anderen erzählt in diesem Kneipengespräch der ältere der beiden Männer von seinem weit in der Vergangenheit zurückliegenden Erlebnis mit den drei Wünschen. Dieser Teil wird als ? bezeichnet.

4 **Zuordnungsaufgabe** (Matching-Aufgabe)

Verbindet folgende Satzbausteine zu Aussagen, die zum Text passen. Schreibt sie ins Heft.

A Der Mann auf der Parkbank darf drei Wünsche äußern,
B Der siebzigjährige Mann erzählt seine Geschichte,
C Der alte Mann hat den letzten Wunsch nie eingelöst,

... weil er seine Erfahrung mit dem Glück mitteilen möchte.
... weil er glücklich ist.
... weil er unglücklich ist.

5 **Kurzantwort**

Eine Schülerin sagt über den Text „Das Märchen vom Glück“: „Diese Erzählung hat nichts mit uns zu tun. Deswegen finde ich es überflüssig, dass wir uns im Deutschunterricht damit befassen sollen.“ Stimmt ihr der Schülerin zu? Entscheidet euch und begründet eure Meinung in mehreren Sätzen.

6 a Vergleicht eure Lösungen der Aufgaben 1–5 mit einem Lernpartner.
b Beschreibt euch gegenseitig, wie ihr beim Lösen der einzelnen Aufgaben vorgegangen seid.

7 Entwickelt zu der Erzählung „Gut? Schlecht? Wer weiß das schon?“ (► S. 281 f.) selbst Aufgaben in den verschiedenen Formaten und stellt sie der Klasse vor.

Methode **Aufgabenformate unterscheiden**

Euer **Textverständnis** kann in Tests auf verschiedene Weise geprüft werden.
In zentralen Vergleichsarbeiten und in Abschlussprüfungen kommen folgende Aufgabenformate immer wieder vor:

- **Auswahlaufgaben** (Multiple-Choice-Aufgaben): Bei diesem Aufgabentyp werden euch vier verschiedene Antwortmöglichkeiten angeboten. Es ist immer nur eine Antwort richtig.
- **Richtig-/Falsch-Aufgaben** (True-/False-Aufgaben): Hier müsst ihr für einzelne Aussagen entscheiden, ob sie laut Text richtig oder falsch sind.
- **Lückentextaufgaben:** In einem vorgegebenen Text sollt ihr Lücken sinnvoll füllen.
- **Zuordnungsaufgaben** (Matching-Aufgaben): Bei diesem Aufgabentyp sollt ihr Informationen, Aussagen oder Satzteile sinnvoll ordnen.
- **Kurzantworten:** Bei diesem Aufgabentyp wird von euch eine kurze Antwort oder Stellungnahme in vollständigen Sätzen verlangt.

13.3 Zuhören trainieren – Hörtexte verstehen

„Den glücklichsten Tag meines Lebens hätte es ohne den unglücklichsten nicht gegeben"

Kirsten Bruhn war Leistungsschwimmerin, als sie im Alter von 20 Jahren mit dem Motorrad schwer verunglückte. Seit diesem Unfall ist sie querschnittsgelähmt. Ihre sportliche Karriere schien damals beendet. Doch dann startete sie mehr als zehn Jahre später eine zweite, extrem erfolgreiche Laufbahn als Schwimmerin. Sie gewann drei paralympische Goldmedaillen, wurde sechsmal Weltmeisterin, 92-mal Deutsche Meisterin und stellte 65 Weltrekorde auf. Mit ARD.de hat sie über ungewöhnliche Zusammenhänge zwischen extremen Glücks- und Unglücksmomenten in ihrem Leben gesprochen.

Kirsten Bruhn, paralympische Goldmedaillengewinnerin

Was bedeutet für Sie „Glück"?

Täglich herzhaft lachen zu können. Am Ende eines Tages alles auf meiner To-do-Liste abgearbeitet zu haben. Ein Tag ohne Schmerzen. Meine Eltern, meinen Partner und meine Geschwister gesund zu wissen. Meinen persönlichen Zielen näher zu kommen und immer mal eines nach und nach zu erreichen.

Bei welcher Gelegenheit waren Sie das letzte Mal glücklich?

Als ich heute mein Training mit guten Zeiten absolviert habe. Jetzt kann ich relativ entspannt den Rest vom Samstag genießen.

Wann ist Ihnen ein „großes Glück" begegnet, und wie hat dieses Ereignis Ihr weiteres Leben geprägt?

Sportlich war das mein erster Weltrekord, 2002 im November, bei den Deutschen Kurzbahnmeisterschaften, die 100 Meter Brust. Ich habe gedacht, es kann ja eigentlich nicht sein, dass der schlimmste Tag meines Lebens eigentlich die Ursache oder Basis für die schönsten Tage meines Lebens sein wird. Aber so ist es.

Haben Sie einen Trick, um sich einen Glücksmoment zu verschaffen?

Es ist wichtig, die Ziele oder Glücksmomente nicht zu hoch anzusetzen. Für viele ist der Lottogewinn oder reich zu sein das Glücksgefühl schlechthin. Aber wie groß ist die Wahrscheinlichkeit, diesen Gewinn zu erzielen? Oder den Reichtum von jetzt auf gleich – und somit auch das Glück? Sehr gering! Ich halte meine Glücksmomente eher kleiner. Es ist für mich schon Glück, wenn ich einfach den Tag so abarbeiten konnte, wie ich es geplant hatte. Wenn ich relativ schmerzfrei durch den Tag komme. Wenn ich mich wohlfühle. Das sind wichtige Glücksmomente für mich.

Wann haben Sie nach Ihrem schweren Unglück 1991 erstmals wieder gemerkt, dass Sie Ihr Glück noch immer finden oder es wiederfinden können?

Das war 2002 bei einer Kur in Plau am See. Da habe ich realisiert, dass ich meine Leidenschaft, mein Hobby Schwimmen, wieder auf einem ähnlichen Niveau wie vor dem Unfall betreiben kann: als Leistungssport. Diese Erkenntnis hat mir wieder mein Licht und meine Energie und auch mein Glück gebracht.

1 Lest die Überschrift des Textes. Worum könnte es in dem Text gehen? Tauscht euch über eure Vermutungen aus.

2 Setzt euch zu viert zusammen und übt mit Hilfe des Textes das Zuhören:

1 Zwei Schüler lesen das Interview mit verteilten Rollen langsam und deutlich vor. Die anderen beiden Schüler notieren beim Hören Stichworte zu den wichtigen Aussagen.	**2** Die beiden Schüler lesen den Text ein zweites Mal vor. Die anderen beiden Schüler ergänzen ihre Notizen.	**3** Die beiden Zuhörer tragen mit Hilfe ihrer Notizen die wichtigen Aussagen des Textes vor und fragen nach, was sie nicht verstanden haben. Die beiden Vorleser hören zu und ergänzen anschließend fehlende Informationen.

3 Prüft mit Hilfe der folgenden Aufgaben euer Hörverständnis.

a Richtig oder falsch? Bestimmt die zutreffenden Aussagen:
- **A** Ein Motorradunfall beendete Kirsten Bruhns Sportkarriere endgültig.
- **B** Kirsten Bruhn stellte trotz ihrer Lähmung noch Weltrekorde im Schwimmen auf.
- **C** Die Sportlerin ist glücklich, wenn sie ihre Tagesziele erreicht hat.
- **D** Durch ihren Unfall kann die Sportlerin kein großes Glück mehr empfinden.

b Im Interview erklärt Kirsten Bruhn, warum es ihrer Meinung nach sinnvoll ist, Glücksmomente nicht zu hoch anzusetzen. Gebt ihre Ansicht sinngemäß wieder.

4 Wählt einen weiteren Text aus dem Schülerbuch. Lest ihn euch gegenseitig vor und übt das Zuhören wie in Aufgabe 2 beschrieben.

Methode | **Hörtexten Informationen entnehmen**

- Klärt eure **Erwartungen** an den Text, z. B. anhand des Titels.
- Hört euch den Text einmal ganz an und macht euch beim Hören **Notizen zu den wichtigen Aussagen des Textes.**
  Es geht darum, dass ihr die Grundgedanken versteht. Es wird nicht verlangt, dass ihr euch an Einzelheiten erinnert. Deshalb solltet ihr auch nicht versuchen, alles mitzuschreiben.
- Hört den Text noch einmal und korrigiert und ergänzt gegebenenfalls eure Notizen.

Orientierungswissen

Sprechen und Zuhören

Argumentieren: Meinung, Argument, Beispiel

▶ S. 34–40

Beim **Argumentieren** versucht man, seine Meinung überzeugend zu begründen. Man formuliert einen Standpunkt (eine Meinung, eine Forderung, einen Wunsch), den man durch Argumente und Beispiele stützt, z. B.:

- **Standpunkt:** *Ein Leben ohne digitale Medien ist heute nicht mehr denkbar, ...*
- **Argument:** *weil die moderne Welt den schnellen Zugang zu Informationen verlangt.*
- **Beispiel:** *So gehört beispielsweise bei der Vorbereitung eines Referats die Internetrecherche selbstverständlich dazu.*

Argumente entfalten

▶ S. 39

Wenn man jemanden überzeugen möchte, sollten die eigenen **Argumente** immer gut **nachvollziehbar** sein. So kann man Argumente entfalten:

- Veranschaulicht das Argument durch ein **Beispiel:**
  Mit Computern wird der Unterricht interessanter. Im Kunstunterricht könnten wir zum Beispiel Filme drehen und bearbeiten.
- Erklärt die **Folgen** einer Maßnahme:
  Wenn man im Unterricht häufiger am Computer arbeiten würde, wären die Schüler motivierter.
- Gebt **Fakten** an:
  Die Ausstattung mit Notebooks ist teuer. Ein Modell kostet etwa 1.200 €.
- Stellt **Vergleiche** her:
  Das Internet bietet aktuellere Informationen als ein Lexikon.
- Gebt eine **Expertenaussage** wieder:
  Computer können Lernen behindern. Laut Professor Lembke verliert man seine Merkfähigkeit, wenn man nur auf Suchmaschinen vertraut.

Gegenargumente entkräften

▶ S. 37

Beim **Argumentieren** überzeugt ihr noch mehr, wenn ihr auf **ein Argument eingeht, das gegen euren Standpunkt spricht** (Gegenargument), und dieses entkräftet:

- **Wiederholt** das Gegenargument.
- **Schwächt** es ab, indem ihr erklärt, warum es euch nicht überzeugt.
- **Stärkt** das Argument für den eigenen Standpunkt durch Beispiele, Erfahrungen, Fakten oder Vorschläge.

Eine Pro-und-Kontra-Diskussion durchführen

► S. 38–40

1 Der **Diskussionsleiter** eröffnet die Diskussion und nennt die Diskussionsfrage.
2 Ein **Teilnehmer der Pro-Gruppe** nennt seinen Standpunkt und erläutert ihn mit einem Argument.
3 Ein **Teilnehmer der Kontra-Gruppe** nennt seinen Standpunkt und erläutert ihn ebenfalls mit einem Argument.
4 Danach nimmt der **Diskussionsleiter** abwechselnd **Teilnehmer beider Seiten** dran. Alle Teilnehmer beteiligen sich an der Diskussion. Sie versuchen auch auf das einzugehen, was die Teilnehmer der anderen Gruppe gesagt haben, und entkräften deren Argumente.
5 Der **Diskussionsleiter** beendet nach einer zuvor vereinbarten Zeit die Diskussion und fasst die wichtigen Ergebnisse zusammen.
6 Die **Beobachter** notieren, was ihnen auffällt, und geben anschließend ein Feedback:
   – Haben die Diskutierenden ihre Meinung überzeugend begründet?
   – Sind sie auf die anderen Diskussionsteilnehmer eingegangen?
   – Haben sie die Gegenargumente der anderen Gruppe entkräftet?
   – Haben alle sachlich und fair diskutiert?

Ein Referat halten

► S. 20–21

In einem Referat **informiert** man sachlich über ein Thema.

- **Einleitung:** Weckt das Interesse eurer Zuhörerinnen und Zuhörer und führt in das Thema ein, z. B. durch Bilder, treffende Zitate oder persönliche Bemerkungen zum Thema. Gebt einen Überblick über die Gliederung eures Referats.
- **Hauptteil:** Tragt die Informationen zu den einzelnen Unterpunkten eures Themas in einer sinnvollen Reihenfolge vor. Erklärt Fachbegriffe, die ihr verwendet. Verzichtet auf überflüssige Informationen, die vom Thema wegführen.
- **Schluss:** Fasst wichtige Informationen zusammen, formuliert eure persönliche Meinung zum Thema oder gebt einen Ausblick auf die Zukunft.
- Sprecht bei eurem **Vortrag** möglichst **frei** und **mit lebendiger Stimme.** Setzt **Mimik** (Gesichtsausdruck) und **Gestik** (Bewegungen) bewusst ein. **Steht aufrecht** und **schaut** die Zuhörerinnen und Zuhörer an.

Richtig zuhören

► S. 75, 287–288

Ein Gespräch gelingt in der Regel, wenn das, was jemand sagt, und das, was jemand versteht, **übereinstimmen.** Deshalb sollten Zuhörer/-innen:

- durch **Mimik und Gestik** (Blickkontakt, Nicken) zeigen, dass sie aufmerksam zuhören,
- den anderen **aussprechen lassen,**
- das Gehörte **zusammenfassen, wiederholen oder nachfragen,** um sicher zu sein, dass alles richtig verstanden wurde.

Schreiben

Adressatengerecht schreiben

▶ S. 76–77

Adressatengerechtes Schreiben bedeutet, dass man das **Textformat** und die **Sprache** an den **Adressaten** (die Leserin oder den Leser des Textes) anpasst.

- In einem **offiziellen Brief** verwendet man die **Standardsprache.** Man sollte seine Fragen, Wünsche, Gefühle oder Beschwerden **sachlich und höflich** formulieren und auf umgangssprachliche Ausdrücke, Übertreibungen, Abkürzungen und Emoticons verzichten.
- In einer **schriftlichen Entschuldigung** sollte man in sachlicher und höflicher Sprache zugeben, was man falsch gemacht hat, um Entschuldigung bitten und versprechen, sich zukünftig anders zu verhalten oder den Schaden wiedergutzumachen.

Berichten

Einen Bericht verfassen

In einem Bericht wird **sachlich, knapp und genau** über ein vergangenes Ereignis informiert.

- Stellt den **Ablauf des Ereignisses vollständig** in der richtigen **zeitlichen Abfolge** dar.
- Berichtet nur die **wichtigen Fakten.** Beantwortet dazu die **W-Fragen:**
  Was geschah? **Wann** geschah es? **Wo** geschah es? **Wer** war beteiligt?
  Wie lief es ab? **Warum? Welche Folgen** hatte das Ereignis?
- Formuliert **sachlich** und verwendet das **Präteritum.**

Einen Tagesbericht schreiben

▶ S. 68

Ein Tagesbericht ist Bestandteil einer **Praktikumsmappe.** Er informiert **sachlich** und in **chronologischer Reihenfolge** über die Tätigkeiten an einem Praktikumstag.

- Gebt im Einleitungssatz den **Arbeitsschwerpunkt des Tages** an.
- Beantwortet wichtige **W-Fragen** (Was? Wann? Wo? Wer? Wie? Warum?).
- Verwendet die passenden **Fachbegriffe** und verdeutlicht die **Reihenfolge der Tätigkeiten** durch **Zeitangaben** oder **Verknüpfungswörter** wie *zuerst, anschließend, gleichzeitig, später.*

Ein Ergebnisprotokoll verfassen

▶ S. 41

Protokolle sind **knappe Berichte** über Versammlungen oder Diskussionen.
In **Ergebnisprotokollen** wird nicht der ganze Verlauf des Gesprächs oder der Diskussion dargestellt, es werden nur die **wichtigen Ergebnisse und Vereinbarungen** festgehalten.

- **Protokollkopf:** Gebt den Anlass / das Thema, das Datum, die Teilnehmer, den Leiter oder Moderator, die Zeit und den Namen des Protokollanten an.
- **Hauptteil:** Listet die **Tagesordnungspunkte** (TOPs) auf und formuliert jeweils das Ergebnis.
- **Schluss:** Ergänzt am Ende **Ort und Datum der Abfassung** sowie eure **Unterschrift.**
- Formuliert das Protokoll **sachlich** ohne persönliche Wertungen. Verwendet das **Präsens.**

Informieren

Einen Informationstext verfassen

▶ S. 18–19

Ein informierender Text fasst in **knapper** und **für die Leser gut verständlicher Weise** wichtige Informationen über Personen, Sachverhalte oder Gegenstände zusammen.

- **Überschrift und Einleitung:**
  - Gebt dem Text eine Überschrift, die das Thema benennt.
  - Führt in das Thema ein, z. B. durch ein Zitat oder eine Frage.
- **Hauptteil:**
  - Formuliert wichtige Informationen zu den einzelnen Fragestellungen des Themas.
  - Gliedert den Hauptteil in einzelne Absätze (pro Fragestellung ein Absatz).
- **Schluss:**
  - Fasst den Inhalt des Hauptteils zusammen. Formuliert ein Fazit oder einen Ausblick in die Zukunft.
- Schreibt nicht aus anderen Texten ab, sondern verwendet **eigene Worte.**
- Formuliert **sachlich** ohne persönliche Wertungen.
- Macht **Zusammenhänge** zwischen den Informationen deutlich durch Verknüpfungswörter wie *weil, obwohl, indem, nachdem, bevor, deshalb, trotzdem, außerdem, weiterhin.*

Eine Inhaltsangabe zu einem literarischen Text schreiben

▶ S. 121–126

In einer Inhaltsangabe fasst man den Inhalt eines Textes **knapp und sachlich** zusammen.

- **Einleitung:** Gebt die Textsorte (z. B. Kurzgeschichte, Novelle), den Titel, das Erscheinungsjahr des Textes, den Namen der Autorin / des Autors und das Thema an.
- **Hauptteil:** Stellt die wichtigsten Ereignisse der Handlung (Handlungsschritte) in der zeitlich richtigen Reihenfolge dar.
  Verzichtet auf die Darstellung von Einzelheiten.
- **Schluss:** Formuliert eine Einschätzung zur Textaussage oder Autorenabsicht:
  - Wie versteht ihr den Text?
  - Was soll eurer Meinung nach durch den Text ausgedrückt werden?
- Nutzt in der Inhaltsangabe **eigene Worte,** schreibt nicht vom Ausgangstext ab.
- Schreibt im **Präsens** (bei Vorzeitigkeit im Perfekt) und achtet auf eine **sachliche Sprache.**
- Verdeutlicht die Zusammenhänge der Handlung durch passende **Satzverknüpfungen.**

Wörtliche Rede in die indirekte Rede umwandeln

▶ S. 125

Verwendet in Inhaltsangaben keine wörtliche Rede. Gebt besonders wichtige Äußerungen der Figuren in der **indirekten Rede** wieder oder umschreibt sie.

- In der **indirekten Rede** stehen die Verben im **Konjunktiv I** (▶ S. 311 f.), z. B.:
  „Trag jetzt den Rolli hoch", sage ich. → Ben sagt, er solle jetzt den Rolli hochtragen.
- Formuliert man die Aussage in einem ***dass*-Satz,** kann der **Indikativ** (▶ S. 311) bleiben, z. B.:
  Ben sagt, dass er jetzt den Rolli hochtragen soll.
- Bei der Umwandlung in die indirekte Rede verändert man auch die **Pronomen,** z. B.:
  Johnny ruft: „Du bist unser Maskottchen." → Johnny ruft, er sei ihr Maskottchen.

Beschreiben

Eine Person beschreiben

► S. 52–53

- **Einleitung:** Macht **allgemeine Angaben** zur Person wie *Beruf, Geschlecht, Alter, Größe.*
- **Hauptteil:** Beschreibt das **Aussehen** der Person im Detail in einer **geordneten Reihenfolge,** beispielsweise von oben nach unten (von Kopf bis Fuß).
- **Schluss:** Formuliert, wie die Person auf euch **wirkt.**
- Nutzt **aussagekräftige Adjektive und Partizipien,** z. B.: *hellgrün, figurbetont.*
- Achtet auf eine **abwechslungsreiche Wortwahl.** Verwendet nicht nur die Verben *haben* und *sein,* sondern auch Verben wie *tragen, aussehen, besitzen, aufweisen, auffallen, wirken.*
- **Vermeidet persönliche Wertungen** wie *schön, süß, lieb* oder *hässlich.*
- Verfasst eure Beschreibung im **Präsens.**

Einen Ort beschreiben

► S. 54

- **Einleitung:** Benennt den Ort. Macht **allgemeine Angaben,** z. B. zur Größe des Raums.
- **Hauptteil:** Beschreibt den Ort in einer **geordneten Reihenfolge:** von links nach rechts, von vorn nach hinten oder im Uhrzeigersinn.
  Gebt die **Position der Dinge im Raum** genau an.
- **Schluss:** Beschreibt, wie der Ort auf euch **wirkt.**
- Formuliert **sachlich** und im **Präsens.** Vermeidet Wertungen und Gefühlsäußerungen.

Einen Arbeitsablauf (Vorgang) beschreiben

► S. 56–57

- **Einleitung:** Benennt den **Arbeitsablauf** und seinen **Zweck,** notwendige **Materialien** und/oder **Vorbereitungen.**
- **Hauptteil:** Beschreibt den genauen **Arbeitsablauf Schritt für Schritt.**
- **Schluss:** Gebt an, worauf man bei diesem Ablauf besonders achten sollte, was das Besondere/Interessante daran ist, oder formuliert **weiterführende Hinweise.**
- Verdeutlicht durch Wörter wie *zuerst, danach, nun* die **Reihenfolge der Arbeitsschritte.**
- Verwendet **Aktiv- und Passivformulierungen** (► S. 311), damit euer Text nicht eintönig klingt.
- Verfasst eure Beschreibung im **Präsens.**

Einen Gegenstand beschreiben

► S. 58

- **Einleitung:** Gebt an, um **welchen Gegenstand** es sich handelt.
- **Hauptteil:** Beschreibt **Material, Größe, Form, Farbe** und **Zweck** des **Hauptbestandteils.**
  Geht dann in einer **sinnvollen Reihenfolge** ebenso auf alle **weiteren Bestandteile** ein.
- **Schluss:** Nennt die **Besonderheiten** des Gegenstands.
- Verfasst eure Beschreibung im **Präsens.**

Ein Bild beschreiben

► S. 133

- **Einleitung:** Nennt **Titel, Künstler, Maltechnik** und den **Bildinhalt.**
- **Hauptteil:** Beschreibt zunächst das **Hauptmotiv** und geht dann auf die **Einzelheiten** ein.
  Beschreibt in einer **sinnvollen Reihenfolge** von der linken zur rechten Bildhälfte, von oben nach unten oder von vorn (Vordergrund) über die Mitte nach hinten (Hintergrund).
  Macht auch Angaben zur **Farbgestaltung.**
- **Schluss:** Beschreibt, welche **Stimmung** das Bild vermittelt und wie es auf euch **wirkt.**
- Formuliert **sachlich** im **Präsens.**

Schildern

Eine Situation, Stimmung oder Atmosphäre schildern

► S. 55

- Schildern bedeutet, eine **Situation, Stimmung oder Atmosphäre** durch **anschauliche Adjektive, ausdrucksstarke Verben** und **sprachliche Bilder** so genau zu beschreiben, dass die Leser sich diese gut vorstellen können.
- Schilderungen beruhen auf **genauen Beobachtungen** und geben **Sinneswahrnehmungen** sowie **persönliche Gedanken und Gefühle** wieder.

Argumentieren

Einen argumentierenden Leserbrief schreiben

► S. 44–47

In einem Leserbrief stellt man die **persönliche Meinung** zu einem **Thema** oder einem **Artikel** in einer Zeitung dar. Man kann dem Inhalt des Artikels zustimmen oder ihn ablehnen.

- **Einleitung:** Gebt den Titel und die strittige Frage des Artikels an, auf den ihr euch bezieht.
  Formuliert eure Meinung zu dem Thema.
- **Hauptteil:** Begründet eure Meinung mit Argumenten.
  Entfaltet jedes Argument durch ein Beispiel, einen Hinweis auf Folgen, Fakten, einen Vergleich oder eine Expertenaussage (► S. 289).
  Nennt auch ein Gegenargument und entkräftet es nachvollziehbar (► S. 289).
- **Schluss:** Fasst noch einmal euren Standpunkt zusammen oder formuliert einen Wunsch oder Vorschlag für die Zukunft.
- Gliedert euren Brief in **Absätze.** Beginnt mit jedem Argument einen neuen Absatz.
- Achtet darauf, dass ihr die einzelnen Argumente gut **einleitet** und miteinander **verknüpft.**

Sich schriftlich bewerben

Ein Bewerbungsschreiben formulieren

► S. 61

Mit einer Bewerbung werbt ihr für euch selbst. Deshalb sollten **Inhalt** und **Gestaltung** eurer Bewerbung überzeugen und **Rechtschreibung** und **Zeichensetzung** korrekt sein.
Stellt euch selbst **überzeugend** dar, ohne zu übertreiben oder Wichtiges wegzulassen.

- Das Bewerbungsschreiben ist ein **sachlicher Brief** mit folgenden **Bestandteilen:** Briefkopf (Absender, Adressat mit Anschrift, Datum), Betreffzeile (stichwortartige Angabe, worum es geht), Anrede und Bewerbungstext, Grußformel und Unterschrift sowie Auflistung der Anlagen (z. B. Lebenslauf, Zeugnis).
- Formuliert alle Aussagen höflich. Sprecht den Empfänger in der **Höflichkeitsform** an und beachtet die **Großschreibung der Anredepronomen** (Sie, Ihres, Ihnen, Ihren).

Die ANDA-Methode

► S. 65–66

Verfasst den Bewerbungstext nach der **ANDA-Methode** (span. *anda:* Auf geht's!):

1 **A**nknüpfung finden: Formuliert in einigen Sätzen, wo ihr auf die Anzeige aufmerksam geworden seid und dass ihr euch für das Praktikumsangebot interessiert.

2 **N**eugierde wecken: Macht das Unternehmen neugierig auf euch. Nennt den Namen eurer Schule und die Klassenstufe. Gebt an, warum ihr euch für dieses Praktikum interessiert und was ihr euch davon erhofft.

3 **D**u und deine Fähigkeiten: Stellt überzeugend dar, warum ihr für dieses Praktikum geeignet seid. Verknüpft die Anforderungen des Unternehmens an einen Praktikanten mit euren besonderen Fähigkeiten und Eigenschaften.

4 **A**ufforderung zum Handeln: Bittet zum Schluss höflich um eine Einladung zu einem Vorstellungsgespräch.

Den Lebenslauf verfassen

► S. 62

Zur Bewerbung gehört auch ein **tabellarischer Lebenslauf.**

- Gebt im Lebenslauf Folgendes an: persönliche Daten (vollständiger Name, Anschrift, Telefonnummer, E-Mail-Adresse, Geburtsdatum, Geburtsort), Schulbildung (Auflistung der Schulen), besondere Kenntnisse und Interessen (Sprachkenntnisse, PC-Kenntnisse, Hobbys), Ort, Datum und Unterschrift.
- Der Lebenslauf sollte **übersichtlich gegliedert** sein und ein **Porträtfoto** enthalten.

Sich online bewerben

► S.62

Die **Online-Bewerbung** gleicht **inhaltlich und formal** dem **Bewerbungsbrief.**

- Das **Anschreiben** kann als E-Mail-Text gesendet werden.
- **Lebenslauf** und gescanntes **Zeugnis** werden als Anhang beigefügt.
- Die Anlagen dürfen nicht zu groß sein (maximal 5 MB).
- Erkundigt euch, ob die Firma eine **Plattform für Online-Bewerbungen** eingerichtet hat.

Lesen – Umgang mit Texten und Medien

Epik: Erzählende Texte

► S. 90–110, 112–132, 196–205, 281–286

Zu **erzählenden Texten** (Epik) gehören beispielsweise Märchen, Fabeln, Sagen, Lügengeschichten, Kalendergeschichten, Novellen, aber auch Romane bzw. Jugendromane.
Folgende Elemente sind für erzählende Texte kennzeichnend:

Der Erzähler und die Erzählform

► S. 95

Der **Erzähler ist eine Figur,** welche die Handlung einer Geschichte vermittelt.
Ein Autor kann entscheiden, welchen Erzähler er wählt. Von dieser Wahl hängt ab, was der Erzähler weiß und ob er am Geschehen beteiligt ist.

- Der **personale Erzähler** ist eng in das Geschehen eingebunden. Er erzählt aus dem eingeschränkten Blickwinkel einer bestimmten Figur oder abwechselnd aus der Sicht mehrerer Figuren.
- Der **auktoriale** (allwissende) **Erzähler** steht über dem Geschehen und überblickt die gesamte Handlung. Er kennt die Gedanken und Gefühle aller Figuren und kann das Geschehen beurteilen, vorausdeuten oder sich auch direkt an die Leser wenden.
- Der Erzähler kann in der **Ich-Form** oder in der **Er-/Sie-Form** erzählen.

Die Figuren

► S. 92 f., 96 f., 112–114, 198–200

Die **Personen, Tiere oder Fantasiewesen,** die in einer Geschichte handeln, nennt man **Figuren.** Sie verfügen über ein bestimmtes **Aussehen,** bestimmte **Eigenschaften, Gefühle, Gedanken** und **Absichten.**

Handlungsmotive der Figuren

Figuren haben bestimmte **Absichten und Interessen,** die ihr Handeln bestimmen. Sie wollen beispielsweise jemanden näher kennen lernen oder sich an jemandem rächen. Diese so genannten **Handlungsmotive** stehen oft nicht direkt im Text. Leser können sie jedoch anhand des Handlungsverlaufs und der Figurencharakteristik erschließen.

Direkte und indirekte Beschreibung von Figuren

Die Eigenschaften von Figuren können direkt genannt oder indirekt dargestellt werden:

- Eine Figur wird **direkt** beschrieben, wenn der Erzähler konkrete Aussagen über sie trifft oder die Figur über sich selbst spricht, z. B.:
  Ich war in absoluter Hochstimmung, als ich im Park ankam. → Die Figur beschreibt ihre Stimmung selbst.
- Eine Figur wird **indirekt** beschrieben durch die Art, wie sie handelt, spricht und fühlt. Davon lassen sich Eigenschaften der Figur ableiten, z. B.:
  „Der Trainer meint, ich könne es weit bringen", fügte ich hastig hinzu. → Die Figur muss sich auf andere Figuren berufen. Sie wirkt unsicher und steht scheinbar unter großem Druck.
- In erzählenden Texten werden meistens beide Formen der Figurendarstellung angewendet.

Die Figurenkonstellation

- Mit Figurenkonstellation bezeichnet man die **Beziehungen der einzelnen Figuren** untereinander.
- Man kann die Figurenkonstellation in einer **Figurenskizze** veranschaulichen oder in einem **Standbild** oder einem **versprachlichten Standbild** (► *Shadowing,* S. 97) darstellen.

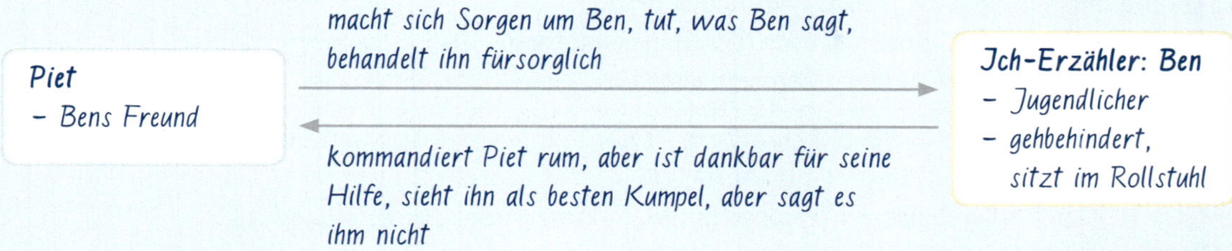

Literarische Figuren charakterisieren

- Sammelt **Informationen über die Figur:** zu ihrem Aussehen, den Lebensumständen, Verhaltensweisen, Eigenschaften, zu ihren Gedanken und Gefühlen und zu ihrem Verhältnis zu anderen Figuren.
- **Einleitung:**
  - Stellt die Figur allgemein vor: ihren Namen, ihr Alter, den Beruf und die Lebensumstände.
- **Hauptteil:**
  - Beschreibt das Aussehen der Figur (soweit bekannt), typische Verhaltensweisen und Eigenschaften sowie ihr Verhältnis zu anderen Figuren.
- **Schluss:**
  - Erläutert, wie die Figur auf euch wirkt.
- Verwendet als Tempus das **Präsens.** Belegt eure Aussagen mit **Textzitaten** (► S. 317).

Die Handlung

► S. 201–203

In erzählenden Texten unterscheidet man zwischen äußerer Handlung und innerer Handlung:

- Die **äußere Handlung** gibt äußere Abläufe wieder, die beobachtet werden können.
- Die **innere Handlung** bietet einen Einblick in das Innere der Figuren. Man erfährt etwas über ihre unausgesprochenen Gedanken, Gefühle, Ängste oder Wünsche.

Die Zeitgestaltung

► S. 116

- Der **Erzähler** kann sich streng an die **zeitliche Reihenfolge** der Ereignisse halten, also **chronologisch** erzählen.
- Er kann aber auch eine **Handlung unterbrechen** und in **Rückblenden** von vergangenen Ereignissen erzählen oder in **Vorausdeutungen** Ereignisse vorwegnehmen.

Das Leitmotiv

► S. 114

In manchen erzählenden Texten sind Leitmotive erkennbar. Dabei handelt es sich um Gegenstände, Farben, Handlungen, Situationen, Stimmungen oder Sätze, die an verschiedenen Stellen im Text immer wieder auftauchen.
Durch diese **Wiederholung** gewinnt ein Leitmotiv eine besondere **Bedeutung.**

Einen erzählenden Text untersuchen

► S. 281–283

Folgende Leitfragen helfen euch, einen erzählenden Text zu verstehen. Bei der Textuntersuchung ist wichtig, dass ihr die Merkmale des Textes nicht nur nennt, sondern auch deren Wirkung erklärt.

1 Thema und Inhalt des Textes	– Was ist das Thema des Textes? – Gibt es zentrale Motive (Leitmotive)? – Wird eine Lehre vermittelt?
2 Erzähler/-in	– In welcher Erzählform ist der Text geschrieben (Ich-Erzähler/-in oder Er-/Sie-Erzähler/-in)? – Welches Erzählverhalten (auktorial oder personal) liegt vor?
3 Figuren	– Welche Figuren kommen vor? In welchen Beziehungen stehen sie zueinander? – Wie verhalten sich die Figuren (äußere Handlung)? – Was erfährt man über ihre Gedanken und Gefühle (innere Handlung)?
4 Aufbau der Handlung	– Wie sind Anfang und Schluss gestaltet (offen/geschlossen)? – Gibt es einen Höhe- oder Wendepunkt (eine Pointe)? Wird Spannung erzeugt? – Wird fortlaufend erzählt oder gibt es Rückblenden und/oder Vorausdeutungen?
5 Sprache	– Gibt es Besonderheiten in der Wortwahl oder im Satzbau? – Enthält der Text sprachliche Bilder (z. B. Metaphern), Wiederholungen, wörtliche Rede?

Zu erzählenden Texten gestaltend schreiben

► S. 101–107

Wenn ihr zu einem literarischen Text gestaltend schreibt, setzt ihr euch mit **der Sicht einer bestimmten Figur** auf das Geschehen auseinander.
Dabei solltet ihr euch die folgenden Fragen stellen:

- Was weiß die Figur, was weiß sie nicht?
- Passen die gewählte Sprache und die Handlung zur Figur und zu dem Ausgangstext?

Einen inneren Monolog schreiben

► S. 203

Ein innerer Monolog ist ein **stummes Selbstgespräch einer Figur** in einer bestimmten Situation. Wenn ihr die Gedanken der Figur als inneren Monolog aufschreibt, könnt ihr die Figur und ihre Situation besser verstehen.

- Versetzt euch in die Figur. Fühlt mit ihr und denkt ihre möglichen Gedanken.
- Schreibt in der **Ich-Form** im **Präsens** und achtet darauf, dass die Sprache, die ihr wählt, zur Figur und zur Textvorlage passt.
- Verwendet **Ausrufe** und **Fragen, Wiederholungen** und **Gedankensprünge.**

Einen Dialog schreiben

► S. 101–103

In einem Dialog sprechen zwei oder mehr Figuren eines Textes miteinander. Dabei sprechen sie über Probleme oder Streitpunkte, die sich aus dem Ausgangstext ergeben.

Einen Brief aus der Sicht einer Figur schreiben

▶ S. 103

In einem Brief aus der Sicht einer literarischen Figur erklärt diese ihre Wahrnehmungen, Gedanken und Gefühle. Dabei geht sie auch auf ihre Beziehungen zu anderen Figuren ein.

Die Erzählperspektive wechseln

▶ S. 104–107

Handlungen kann man aus unterschiedlichen **Perspektiven (Sichtweisen)** erzählen, denn die Figuren nehmen das Geschehen unterschiedlich wahr. Beim Erzählen einer Geschichte aus einer anderen Perspektive solltet ihr so vorgehen:

- Bestimmt die **Handlungsschritte** in der Erzählung.
- Sucht im Text nach **Hinweisen zum Verhalten und zu Gedanken und Gefühlen** der Figur, aus deren Perspektive ihr erzählen sollt.
- **Versetzt euch in die Figur** und erzählt das Geschehen aus ihrer Sicht in der Ich-Form.

Erzählende Textsorten

Die Novelle

▶ S. 98–99

Die Novelle (ital. *novella:* Neuigkeit) ist eine **Erzählung,** in deren Mittelpunkt eine außergewöhnliche bzw. eine **„unerhörte Begebenheit"** (Goethe) steht.

- Oft wird ein **Wendepunkt** im Leben eines Menschen beschrieben.
- Die **Figuren** erleben einen **Konflikt,** der sie zu einer Entscheidung für ihr Leben zwingt.
- Die **Handlung** dreht sich oft um einen **auffälligen Gegenstand** (z. B. Birnbaum).
- Einige Novellen enthalten auch Elemente einer Kriminalgeschichte mit einem Fall (einem Raub, Mord oder Selbstmord) und einem ungewöhnlichen Ende.

Die Kurzgeschichte

▶ S. 117–119

Bei Kurzgeschichten (engl. *short story*) handelt es sich um **knappe, moderne Erzählungen** mit folgenden Merkmalen:

- Sie erzählen einen aussagekräftigen Abschnitt aus dem **Alltagsleben einer Figur.**
- Die handelnden Figuren stellen meist **Alltagsmenschen** dar.
- Der **Anfang ist unvermittelt:** Die Geschichte springt mitten hinein ins Geschehen.
- Die Handlung erfährt einen **Wendepunkt,** der oftmals überraschend erfolgt.
- Der **Schluss ist offen.** Die Leser sind aufgefordert, selbst über ein Ende oder eine Lösung nachzudenken.
- Kurzgeschichten werden meist in **Alltagssprache** mit kurzen, einfachen Sätzen und umgangssprachlichen Elementen verfasst.
- In vielen Kurzgeschichten ist ein **Leitmotiv** (▶ S. 297) erkennbar.

Lyrik: Gedichte

► S. 134–152

Die äußere Gedichtform – der Vers, die Strophe, der Refrain, der Reim

► S. 136–137

- Ein **Vers** bezeichnet die **einzelne Zeile** in einem Gedicht oder Song.
- Eine **Strophe** besteht aus **mehreren Versen,** die eine Gruppe bilden.
- Als **Refrain** bezeichnet man **einen oder mehrere Verse** zwischen einzelnen Strophen, zu Beginn oder am Schluss einer Strophe, die **regelmäßig wiederkehren.**
- Viele Gedichte und Songs verfügen über **Reime.** Wörter reimen sich, wenn der letzte betonte Vokal und die folgenden Laute gleich klingen, z. B.: *die Stadt – sie hat.*
  Typische Reimschemata sind:
  Paarreim (a a b b), **Kreuzreim** (a b a b), **umarmender Reim** (a b b a).
  Wenn Silben nicht gleich, aber ähnlich klingen, nennt man dies einen **unreinen Reim,** z. B.: *Fieber – über.*

Das Metrum

► S. 142–143

- Wenn in Gedichten die **Abfolge von betonten und unbetonten Silben** einem bestimmten **Rhythmus** entspricht, nennt man dies **Metrum** (Versmaß).
- So bestimmt ihr das Metrum:
  – Betrachtet zuerst die mehrsilbigen Wörter in einem Vers und zeichnet ein, welche Silben betont und welche unbetont sind.
  – In einem zweiten Schritt bezieht ihr dann die Betonung der einsilbigen Wörter im Vers mit ein.
- Man unterscheidet folgende **Versmaße:**
  Trochäus (**X**x): ***Va**ter, **Tie**fe, **al**bern*
  Daktylus (**X**xx): ***Win**terzeit, **heuch**lerisch*
  Jambus (x**X**): *Be**trug**, Ge**winn**, ge**nau***
  Anapäst (xx**X**): *Harmo**nie**, Ele**fant**, über**all***

Das lyrische Ich

► S. 134–135

- In vielen Gedichten oder Songs gibt es ein **„Ich"**, das den Lesern seine persönlichen **Gefühle, Beobachtungen** oder **Gedanken** in einer bestimmten Situation mitteilt. Man nennt dieses „Ich" das lyrische Ich. Es ist nicht mit der Autorin / dem Autor des Gedichts gleichzusetzen.
- In manchen Gedichten heißt es auch „wir" oder das Geschehen wird von einem Beobachter geschildert, der weder „ich" noch „wir" sagt.

Bildhafte Sprache in Gedichten

► S. 140–141

- Mit Hilfe **sprachlicher Bilder** kann man Inhalte in Gedichten oder Songs besonders **anschaulich** beschreiben und eine bestimmte Stimmung erzeugen.
- Bei einer **Metapher** wird ein Wort nicht wörtlich, sondern **in einer übertragenen Weise bildhaft** verwendet, um etwas zu veranschaulichen, z. B.: *das Meer der Häuser.*
- Eine besondere Form der Metapher ist die **Personifikation.** Dabei werden Gegenstände, Begriffe oder Bestandteile der Natur vermenschlicht, z. B.: *die Bremsen schreien.*
- Bei einem **Vergleich** werden zwei Vorstellungen durch *wie* verbunden, z. B.: *Menschen bewegen sich wie Ameisen durch die Straßen.*

Ein Gedicht sinngestaltend vortragen

▶ S. 138–139

- Wenn ihr ein Gedicht vortragt, soll der Vortrag einerseits das **Verständnis der Zuhörer** erleichtern und andererseits eure **Deutung des Gedichts** zum Ausdruck bringen.
- Bereitet euch auf einen **Gedichtvortrag** gut vor:
  - Überlegt, welche Wörter oder Verse ihr besonders hervorheben wollt.
  - Prüft, an welchen Stellen Sätze über mehrere Verse laufen (Enjambement). Man sollte diese nicht durch Sprechpausen am Versende unterbrechen.
  - Tragt auf einer Kopie des Gedichttextes folgende **Vortragszeichen** ein:

___ lauter	.... leiser	→ schneller	← langsamer
‖ lange Pause	| kurze Pause	□ Betonung	↵ Enjambement

Ein Gedicht untersuchen

▶ S. 142–144

Folgende Leitfragen helfen euch, ein Gedicht zu verstehen. Bei der Untersuchung des Gedichts ist wichtig, dass ihr die Merkmale des Textes nicht nur nennt, sondern auch deren Wirkung erklärt.

1 Thema und Inhalt des Gedichts	– Worum geht es in dem Gedicht? – Welche **Situation** und welche **Stimmung** werden beschrieben? – Werden eine **inhaltliche Entwicklung** oder **Gegensätze** dargestellt? – Drückt der **Titel** das Thema aus?
2 Lyrischer Sprecher	– Gibt es ein **lyrisches Ich** oder ist der Sprecher des Gedichts nicht erkennbar? – An wen richtet sich das Gedicht? Ist ein konkreter **Adressat** erkennbar?
3 Äußere Form des Gedichts	– Aus wie vielen **Strophen** mit jeweils wie vielen **Versen** besteht das Gedicht? – Liegt ein **Reimschema** vor? – Ist ein durchgehendes **Metrum** erkennbar? Fallen **Abweichungen** auf?
4 Sprachliche Gestaltung	– Welche **sprachlichen Bilder** werden verwendet? Welche **Wirkung** erzeugen diese? – Welche **Wörter** fallen auf? – Welche **Zeitform** wird verwendet?

Ein Gedicht schriftlich interpretieren

► S. 142–144

- **Einleitung:**
  - Gebt die **Textart** (Gedicht), den **Titel,** den **Namen** der Autorin / des Autors und das **Entstehungsjahr** des Textes an.
  - Formuliert eine knappe Aussage zum **Thema** und zur **Gesamtstimmung** des Gedichts.
- **Hauptteil:**
  - Fasst den **Inhalt** des Gedichts zusammen und formuliert eine Aussage zum **lyrischen Ich.**
  - Beschreibt die **äußere Gedichtform** (Strophen, Verse, Reim, Metrum) und ihre Wirkung.
  - Erläutert die **sprachlichen Gestaltungsmittel** (z. B. sprachliche Bilder) des Gedichts. Geht dabei auf ihre Bedeutung im Gedicht und auf ihre Wirkung ein.
  - Belegt alle Aussagen zum Text mit **Textstellen** (► S. 317).
- **Schluss:**
  - Fasst die **Ergebnisse** eurer Textuntersuchung zusammen.
  - Beschreibt die **Wirkung** des Gedichts auf euch oder formuliert eure **Meinung** zu wichtigen Aussagen des Gedichts.

Gedichtformen

Die Ballade

Balladen sind meist **längere Gedichte** über ungewöhnliche oder spannende Ereignisse. Sie stellen eine **Mischform aus Gedicht, Erzählung und Drama** dar:

- Wie Gedichte bestehen sie meistens aus **Strophen und Versen,** die sich reimen.
- Wie in einer Erzählung erzählt ein Erzähler eine **spannende Handlung,** die sich bis zum Höhepunkt steigert und zum Schluss aufgelöst wird.
- Wie in einem Drama gibt es in einer Ballade oft auch **Dialoge** und im Mittelpunkt der Handlung steht ein **Konflikt.**

Der Song

► S. 134–135

Ein Song ist ein singbares Gedicht, das aus Strophen und einem Refrain besteht.

Konkrete Poesie

► S. 145

- Als konkrete Poesie bezeichnet man Gedichte, deren Aussage durch die **räumliche Anordnung der Buchstaben oder Wörter** oder durch ihren **Klang** entsteht. Die typischen Merkmale der Lyrik (Verse, Strophen, Reim und Rhythmus) treten dabei in den Hintergrund.
- Autoren konkreter Poesie stellen mit ihren Arbeiten einen Zusammenhang zwischen Poesie und bildender Kunst her.

Dramatik: Theaterstücke (Dramen)

▶ S. 154–171

Texte für das Theater bezeichnet man auch als Dramen.

Merkmale von Dramen

▶ S. 154–163

- In Dramen treten **Figuren** mit unterschiedlichen Zielen und Interessen auf. Daraus entsteht ein **Konflikt.** Der Konflikt treibt die Handlung voran und es entsteht Spannung.
- Die Handlung wird im Drama durch **Dialoge** und **Monologe** der Figuren dargestellt.
- **Regieanweisungen** geben außerdem Hinweise darauf, wie die Schauspieler ihre Rolle sprechen und wie sie sich auf der Bühne bewegen und verhalten sollen.
- Die Handlung eines Dramas ist oft in **Akte** gegliedert. Diese bestehen aus einzelnen **Szenen.**

Der Handlungsverlauf im klassischen Drama

▶ S. 157, 163

- Klassische Dramen verfügen über einen strengen Aufbau:

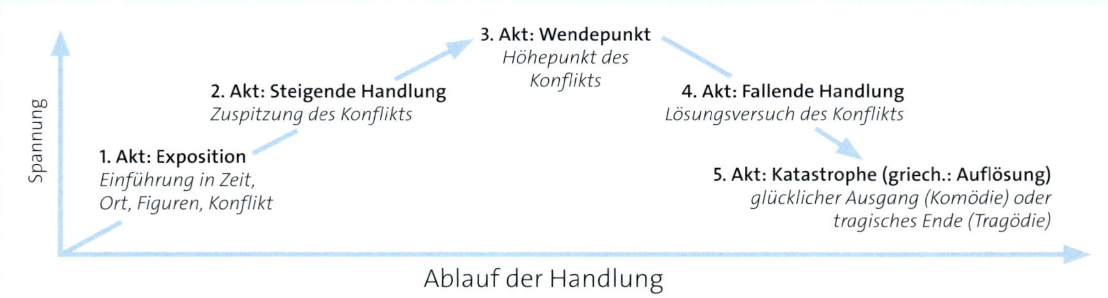

- Die **Exposition** ist eine Art **Einleitung,** die die Zuschauer in die Handlung des Dramas einführt. Meist umfasst sie den ersten Abschnitt eines Theaterstücks, **den ersten Akt.** Sie informiert über **Zeit** und **Ort** des Geschehens und stellt die **Hauptfiguren** vor. Der **zentrale Konflikt** des Dramas wird angekündigt.
- Im Verlauf der Handlung gibt es eine entscheidende **Wende.** Die Spannung erreicht ihren **Höhepunkt** und es wird entschieden, wie das Stück ausgeht und der Konflikt gelöst wird.
- Wenn die Hauptfigur scheitert und das Drama in einer Katastrophe endet, bezeichnet man es als **Tragödie.**
- Hat das Drama einen heiteren Verlauf und einen glücklichen Ausgang, nennt man es **Komödie.**

Eine Dramenszene spielen

▶ S. 165–168

- Zeigt im szenischen Spiel, wie ihr die **Figuren, ihre Aussagen** und ihr **Handeln** versteht.
- Besprecht vor dem Spiel, welche **Eigenschaften** die einzelnen Figuren in der Szene haben, welche **Absichten** sie verfolgen und was sie **denken und fühlen.**
- Überlegt, wie ihr das Verhalten, die Gedanken und die Gefühle der jeweiligen Figur durch **Mimik** (Gesichtsausdruck), **Gestik** (Körperhaltung und Bewegungen) und durch die **Sprechweise** umsetzen könnt.
- Fügt in eine Textkopie der Szene **Regieanweisungen** zur **Sprechweise** (z. B.: *schüchtern, wütend, aufgeregt*) und Hinweise zu **Betonung, Lautstärke** und **Pausen** ein.
- Verteilt die Rollen und probt erst das **laute Lesen,** dann das **szenische Spiel** der Szene. Lernt den Text für eure Rolle möglichst auswendig.

Sachtexte

▶ S. 180–185, 276–279

Sachtexte unterscheiden sich von literarischen Texten (Erzählungen, Gedichten, Dramen) dadurch, dass sie sich vorwiegend mit **Ereignissen und Vorgängen der Wirklichkeit** beschäftigen und darüber **informieren.**

Einen Sachtext erschließen und zusammenfassen

▶ S. 278–279

1. Schritt: Lest die Überschrift, den Textanfang sowie hervorgehobene Wörter und betrachtet die Abbildungen zum Text.
Überlegt: Welche Textsorte liegt vor? Worum könnte es in diesem Text gehen? Was weiß ich bereits über das Thema?

2. Schritt:
- Lest den gesamten Text gründlich durch. Gliedert ihn in Sinnabschnitte und markiert in jedem Abschnitt die Schlüsselwörter.
- Notiert Zwischenüberschriften oder die Fragen, die im jeweiligen Textabschnitt beantwortet werden, an den Rand.
- Kreist Wörter und Textstellen ein, die ihr nicht versteht.
  Klärt sie anschließend durch Nachdenken, Nachschlagen oder Nachfragen.

3. Schritt: Fasst die Informationen des Textes zusammen oder veranschaulicht sie in einer Grafik (Mindmap, Flussdiagramm, Schaubild).

Grafiken und Diagramme auswerten

▶ S. 178, 280

In Diagrammen werden Angaben (z. B. Mengen) **bildlich** dargestellt. Sie vermitteln Informationen auf zwei Ebenen: der **Inhaltsebene** und der **Gestaltungsebene.**

- Man unterscheidet folgende **Diagrammarten:**

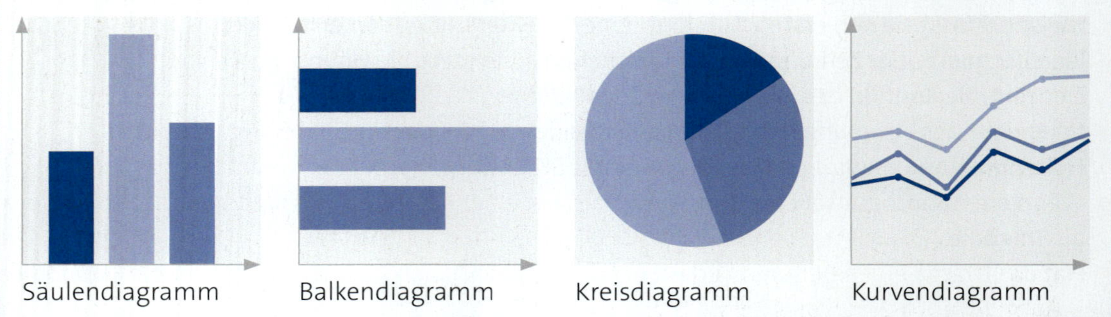

- So könnt ihr **Diagramme entschlüsseln:**

1. Schritt: Betrachtet das Diagramm genau. Lest die Überschrift und alle Angaben.

2. Schritt: Untersucht zuerst die Inhaltsebene (Überschriften, Texte) und anschließend die Gestaltungsebene (Abbildungen, Zahlen, Farben).
Welche Angaben werden gemacht? Wofür stehen die Zahlen?
Welche Informationen werden gegeben?

3. Schritt: Vergleicht die Angaben und wertet das Diagramm aus.
Achtet dabei auf besonders hohe oder niedrige, ähnliche oder abweichende Zahlenwerte.
Notiert, was euch auffällt.

4. Schritt: Fasst die Grundaussage des Diagramms zusammen.

Zeitungen

▶ S. 174–185

Boulevardzeitungen und Abonnementzeitungen

▶ S. 174

- **Boulevardzeitungen** werden auf der Straße (franz. *boulevard:* große Straße) oder am Kiosk verkauft. Sie haben einen **hohen Unterhaltungswert.**
  Häufig verfügen sie über **reißerische Schlagzeilen,** die bestimmte Gefühle auslösen.
  Der Satzbau und die Wortwahl in den Zeitungstexten sind meist sehr **einfach.**
  In Überschriften, Texten und Bildern werden **auffällige Farben und Fettdrucke** verwendet.
- **Abonnementzeitungen** werden hauptsächlich bestellt (abonniert). Sie haben einen **hohen Informationswert.** Abonnementzeitungen enthalten **ausführlichere Artikel.**
  Diese sind meist sachlich **formuliert** und nüchtern gestaltet.

Der Aufbau von Zeitungen

▶ S. 176 f.

- Zur besseren Orientierung sind die Inhalte einer Zeitung in **Themengebiete** unterteilt. Diese nennt man **Ressorts.**
- Häufig findet man die Ressorts in der folgenden Reihenfolge:
  Politik, Wirtschaft, Sport, Kultur (Feuilleton), Wissen, Lokales, Aus aller Welt.

Der Aufbau der Titelseite von Zeitungen

▶ S. 175

- Die **Titelseite** soll die Leserinnen und Leser über den Inhalt der Zeitung informieren.
  Damit möglichst viele Themen gezeigt werden können, werden die Texte oft nur angerissen. Es folgen dann Seitenverweise auf die genauere Darstellung im Innenteil der Zeitung.
- Jede Zeitung hat ihr eigenes **Layout.** Als Layout bezeichnet man die Gestaltung einer Zeitungsseite. Auf der Titelseite findet man meistens folgende Elemente:
  - **Zeitungskopf** (Titel der Zeitung, Ausgabennummer, Datum, Preis),
  - **Schlagzeile** (auch Hauptüberschrift oder Headline genannt),
  - **Aufmacher** (Titelbild und häufig Leitartikel),
  - weitere **Nachrichtentexte.**

Signor Renzi und Italiens schwierige Verfassung ▸ Die Seite Drei
Süddeutsche Zeitung
NEUESTE NACHRICHTEN AUS POLITIK, KULTUR, WIRTSCHAFT UND SPORT
Das Streiflicht
Essen wie die Azteken
Union lehnt schärferes Waffenrecht ab
Trump: Ziehe mich aus Firmen zurück
Unruhestifter
Enttarnter Agent: Ich handelte im Auftrag Allahs

Die Online-Zeitung

▶ S. 179

Die meisten Zeitungen bieten heute neben der **gedruckten Ausgabe (Printausgabe)** auch eine **Online-Ausgabe** an. Diese Ausgabe verfügt über folgende Besonderheiten:

- Sie kann **ständig aktualisiert** werden, auch mehrmals täglich.
- Sie ist **interaktiv.** Leser können Artikel kommentieren oder an Abstimmungen teilnehmen.
- Die Inhalte sind **multimedial.** Die Zeitung kann auch Film- oder Tonbeiträge enthalten.
- Sie reißt auf der Startseite lediglich Themen an. **Links** führen zu weiteren Informationen.
- Es gibt eine **Such- und Archivfunktion,** über die die Leser gezielt Artikel suchen können.

Zeitungstypische Textsorten

Die Meldung und der Bericht
▶ S. 180–181

- In Zeitungen unterscheidet man zwischen zwei **informierenden Textsorten:** der Meldung und dem Bericht.
- In **Meldungen** wird knapp und sachlich über ein Ereignis berichtet. Dabei werden nur die wichtigsten W-Fragen beantwortet, auf weiterführende Detailinformationen wird verzichtet.
- Ein **Zeitungsbericht** informiert ebenfalls knapp und sachlich über ein aktuelles Ereignis. Er beantwortet zu Beginn die wichtigsten W-Fragen, berichtet im weiteren Textverlauf dann aber auch über weitere Details des Ereignisses.
  Ein Zeitungsbericht kann Zitate von Experten oder Betroffenen wiedergeben, die namentlich genannt werden. Sie sollen die Glaubwürdigkeit einer Aussage unterstreichen und den Bericht lebendiger wirken lassen.

Das Interview
▶ S. 183

Mit einem Interview werden durch Fragen gezielt Informationen ermittelt. Fragetypen sind:
- **W-Frage:** zielt auf nähere Auskünfte oder Tatsachen zum Thema,
- **Entscheidungsfrage:** kann nur mit Ja oder Nein beantwortet werden,
- **Einstiegsfrage:** umreißt das Thema, um das es gehen soll,
- **Abschlussfrage:** ermöglicht es, das Thema abzurunden oder einen Ausblick zu geben.

Der Kommentar
▶ S. 182

- In einem Kommentar stellt eine Verfasserin / ein Verfasser die **persönliche Meinung** zu einem Thema dar.
  Ihre/Seine Meinung sollte mit Argumenten und Beispielen begründet sein.
- Die **Verfasserin** / Der **Verfasser** des Kommentars wird mit Namen genannt.
- Der Kommentar soll dazu anregen, sich **eine eigene Meinung zum Thema** zu bilden.

Die Reportage
▶ S. 184–185

- Reportagen sollen nicht nur **informieren,** sondern die Leser gleichzeitig **unterhalten.** Deshalb informieren sie besonders **anschaulich und lebendig** über ein Ereignis.
- Reportagen haben einen **szenischen Einstieg,** der mitten ins Geschehen hineinführt und die Leser neugierig macht. Der Reporter ist Augenzeuge des Ereignisses.
- Sie enthalten **sachliche Informationen** (Antworten auf W-Fragen).
- Sie wollen Lesern das **Gefühl vermitteln, selbst dabei zu sein.** Daher werden möglichst alle Sinne angesprochen und die Atmosphäre und Stimmung vor Ort **lebendig geschildert** (▶ S. 294).
- Reportagen enthalten oft **Zitate von Personen.**
- Sie sind meist im **Präsens** formuliert, können aber Zeitformwechsel enthalten.

Der Film

► S. 206–211

Die Kameraeinstellungen

► S. 207

Die Einstellungsgröße legt die Größe des Bildausschnitts fest. Man unterscheidet:

Totale

Halbnahaufnahme

Großaufnahme

- **die Totale:** Der Schauplatz der Handlung wird aus großer Entfernung überblicksartig gezeigt.
- **die Halbnahaufnahme:** Gegenstände werden aus mittlerer Nähe gezeigt, Figuren ab der Hüfte aufwärts. Man erkennt die unmittelbare Umgebung.
- **die Großaufnahme:** Man sieht den Kopf der Figur und kann ihren Gesichtsausdruck (Mimik) deutlich erkennen.
- **die Detailaufnahme:** Ein Ausschnitt wird sehr groß gezeigt, z. B. nur die Augen einer Figur, die Hände oder ein Gegenstand.

Die Kameraperspektive

► S. 208

Mit einer Kamera kann man verschiedene **Perspektiven (Blickwinkel)** einnehmen:

- **die Normalsicht:** Die Kamera befindet sich in gleicher Höhe wie die Figur oder das Objekt.
- **die Untersicht:** (Froschperspektive) Die Kamera steht viel niedriger als die Figur oder das Objekt.
- **die Aufsicht:** (Vogelperspektive) Die Kamera steht viel höher als die Figur oder das Objekt.
- Mit Hilfe einer bestimmten Kameraperspektive kann man beispielsweise die Beziehungen zwischen Figuren verdeutlichen, etwa Überlegenheit und Unterlegenheit.

Der Schnitt und die Montage

► S. 210–211

Nach den Dreharbeiten mit der Kamera folgt die Bearbeitung des Filmmaterials: der Filmschnitt und die Montage.

- Beim **Schnitt** wird das Filmmaterial in einzelne Szenen zerlegt. Überflüssige Szenen werden herausgeschnitten.
- Bei der anschließenden **Montage** werden die einzelnen Szenen neu zusammengesetzt. Durch diese **Verknüpfung der Szenen** lassen sich verschiedene **Handlungsstränge miteinander in Beziehung setzen.** So kann man beispielsweise zeigen, warum sich eine Figur auf eine bestimmte Weise verhält.
  Bei der **Parallelmontage** werden Handlungen an verschiedenen Orten abwechselnd gezeigt.

Die Mise en Scène

► S. 206

Filmbilder werden oft wie ein Gemälde inszeniert. Durch die gezielte Gestaltung von **Bildaufbau, Farbe** und **Licht** wirkt das Bild besonders eindrucksvoll.

Nachdenken über Sprache

Wortarten

Nomen (Hauptwörter)

▶ S. 217

Mit **Nomen** werden **Dinge, Lebewesen, Gedanken oder Ideen** bezeichnet.

- Man kann Nomen mit Hilfe von Proben erkennen:
  - **Artikelprobe:** Vor Nomen kann man einen Artikel setzen, z. B.: *Das Feuer ist gefährlich.*
    Achtung: Manche Artikel sind mit einer Präposition verschmolzen, z. B.: *am (an + dem).*
  - **Adjektivprobe:** Oft stehen Adjektive vor Nomen, z. B.: *der helle Funke.*
  - **Zählprobe:** Einige Nomen werden von Zahlwörtern begleitet, z. B.: *viele Jahre.*
- In Sätzen erscheinen Nomen immer in einem bestimmten Kasus (in einem Fall):

Nominativ (Wer oder was?)	**Genitiv** (Wessen?)	**Dativ** (Wem?)	**Akkusativ** (Wen oder was?)
der Mond	*des Mondes*	*dem Mond*	*den Mond*
das Weltall	*des Weltalls*	*dem Weltall*	*das Weltall*
die Sonne	*der Sonne*	*der Sonne*	*die Sonne*

Pronomen (Fürwörter)

▶ S. 217

Pronomen können **Nomen ersetzen oder begleiten.** Man unterscheidet folgende Pronomenarten:

- **Personalpronomen** *(ich, du, er, sie, es, wir, ihr, sie)* sind Stellvertreter für Nomen, z. B.:
  Es gibt verschiedene Arten von Sonden. ~~Die Sonden~~ Sie führen Forschungsarbeiten im All aus.
  Mit Hilfe dieser Pronomen kann man Wiederholungen vermeiden und Texte lesbarer und flüssiger gestalten.
  Personalpronomen treten wie Nomen in verschiedenen Fällen auf:

Nominativ	*ich*	*du*	*er/sie/es*	*wir*	*ihr*	*sie*
Dativ	*mir*	*dir*	*ihm/ihr/ihm*	*uns*	*euch*	*ihnen*
Akkusativ	*mich*	*dich*	*ihn/sie/es*	*uns*	*euch*	*sie*

- **Possessivpronomen** wie *mein, dein, sein, ihr, unser, euer* geben an, zu wem oder wozu etwas gehört, z. B.: *seine Entdeckung, ihr Erfolg.*
  Sie begleiten meistens Nomen und stehen dann im gleichen Kasus, z. B.:
  mein Erfolg (Nom.), *meines Erfolgs* (Gen.), *meinem Erfolg* (Dat.), *meinen Erfolg* (Akk.).
- **Demonstrativpronomen** weisen besonders deutlich auf eine Person, eine Sache oder einen Umstand hin und werden beim Sprechen betont, z. B.:
  Was ist das für ein Planet? Den/Diesen kenne ich nicht.

Präpositionen (Verhältniswörter)

▶ S. 217

- Wörter wie *auf, in, nach, vor, seit* nennt man Präpositionen. Sie geben häufig **räumliche oder zeitliche Verhältnisse** an, z. B.: *auf dem Tisch, unter dem Tisch, seit drei Tagen, in drei Tagen.*
- Außerdem stehen manche **Verben** immer zusammen **mit bestimmten Präpositionen,** z. B.: *achten auf* (+ Akkusativ), *anfangen mit* (+ Dativ), *warnen vor* (+ Dativ).
- Nach einer Präposition folgt immer ein bestimmter Kasus (Fall):
  – **Präpositionen mit Genitiv:** *wegen, während, innerhalb, unterhalb, oberhalb, trotz, infolge,*
  – **Präpositionen mit Dativ:** *mit, nach, bei, von, zu, aus, außer, seit,*
  – **Präpositionen mit Akkusativ:** *durch, für, ohne, um, gegen.*
  – Nach den **Wechselpräpositionen** *an, auf, hinter, neben, in, über, unter, vor, zwischen* folgt bei der Frage *Wo?* der Dativ oder bei der Frage *Wohin?* der Akkusativ.

Adjektive (Eigenschaftswörter)

▶ S. 217

Adjektive machen Texte **anschaulich und lebendig,** da sie jemanden oder etwas genau **beschreiben.**

- Die meisten Adjektive kann man steigern, z. B.:
  heiß (Positiv) – *heißer* (Komparativ) – *am heißesten* (Superlativ).
- Als Begleiter des Nomens hat das Adjektiv nach bestimmtem Artikel die Endung *-e* oder *-en:*

Nominativ (Wer oder was?)	**Genitiv** (Wessen?)	**Dativ** (Wem?)	**Akkusativ** (Wen oder was?)
der große Mond	*des großen Mondes*	*dem großen Mond*	*den großen Mond*
das neue Modell	*des neuen Modells*	*dem neuen Modell*	*das neue Modell*
die helle Sonne	*der hellen Sonne*	*der hellen Sonne*	*die helle Sonne*

- Adjektive können nicht nur Nomen genauer beschreiben, sondern auch Verben ergänzen, z. B.: *Er ist ein vorsichtiger Mann. – Er öffnet vorsichtig die Einstiegsluke.*

Adverbien (Umstandswörter)

- Adverbien machen **nähere Angaben zu einem Geschehen.** Sie erklären genau, wo, wann, wie oder warum etwas geschieht, z. B.: *Ein Feuer kann überall ausbrechen. Gestern hat es bei uns gebrannt.*
- Adverbien sind im Gegensatz zum Adjektiv **nicht veränderbar.** Sie haben keine Kasus-Endungen, und man kann sie nicht steigern.

Konjunktionen (Bindewörter, Verknüpfungswörter)

- Konjunktionen **verbinden Sätze oder Teile von Sätzen** miteinander.
- **Hauptsatzkonjunktionen** wie *und, oder, aber, denn, sondern* verbinden Hauptsätze zu Satzreihen (▶ S. 314), z. B.: *Ich lese gern und ich treffe gern meine Freunde.*
- **Nebensatzkonjunktionen** wie *weil, da, obwohl, als, nachdem, dass* verbinden Hauptsätze mit Nebensätzen zu Satzgefügen (▶ S. 314), z. B.: *Ich lese gern, weil ich dabei neue Welten entdecken kann.*

Verben (Tätigkeitswörter)

▶ S. 218

- Verben geben an, **was jemand tut** (z. B. *lachen*) oder **was geschieht** (z. B. *regnen*).
- Der **Infinitiv** (die Grundform) eines Verbs endet immer auf *-(e)n*.
- Wenn ein Verb in einem Satz verwendet wird, bildet man die **Personalform des Verbs.** Das nennt man konjugieren, z. B.: *ich lache, du lachst, er lacht, wir lachen, ihr lacht, sie lachen.*
- Verben kann man in verschiedenen **Zeitformen** (Tempora) verwenden, z. B. in der Gegenwartsform (Präsens), in Vergangenheitsformen (Präteritum, Perfekt, Plusquamperfekt) oder in der Zukunftsform (Futur).

Zeitform (Tempus) der Gegenwart: Präsens

- Das Präsens wird meist verwendet, wenn man sagen will, dass etwas **jetzt geschieht,** z. B.: *Er befindet sich gerade im Weltall.*
- Es wird auch benutzt, um **Gewohnheiten** oder **Dauerzustände** zu beschreiben oder **Aussagen** zu treffen, **die immer gelten,** z. B.: *Im Weltall herrscht Schwerelosigkeit.*

Zeitformen der Vergangenheit: Präteritum, Perfekt oder Plusquamperfekt

▶ S. 218

- Das **Präteritum** verwendet man in der Regel im **Schriftlichen, Perfekt** eher im **Mündlichen.**

Bildung des Präteritums	Bildung des Perfekts
– Bei **schwachen Verben** wird im Präteritum nur **-*te*** eingefügt, z. B.: *ich starte – ich startete.* – **Starke Verben** verändern in der Vergangenheitsform ihren Stammvokal, z. B.: *ich fliege – ich flog.*	– Verben im Perfekt bestehen aus **zwei Teilen:** **Präsensform** von ***haben*** oder ***sein*** **+ Partizip II,** z. B.: *wir haben gesucht, wir sind geflogen.*

- Wenn etwas zeitlich vor dem passierte, wovon im Präteritum oder Perfekt berichtet wird, verwendet man das **Plusquamperfekt,** z. B.:
  Bevor die Rakete startete, hatte er gezählt.
  So wird es gebildet: **Präteritumform** von ***haben*** oder ***sein*** **+ Partizip II,** z. B.:
  wir hatten gesucht.

Die Zeitformen der Zukunft: Präsens und Futur

- Mit der Zeitform **Futur** drückt man **Zukünftiges** aus, z. B.:
  Ich werde den Mars besuchen.
- Das Futur wird gebildet aus der **Präsensform von *werden* + Infinitiv (Grundform),** z. B.:
  ich werde besuchen.
- Man kann auch im **Präsens** über die Zukunft sprechen. Dann verwendet man oft zusätzlich **Zeitangaben** wie *zukünftig, bald* oder *nächste Woche*, z. B.:
  Das Raumschiff startet in zehn Tagen.

Aktiv- und Passivformen

► S. 219

- Das Aktiv und das Passiv drücken eine unterschiedliche Sicht auf ein Geschehen aus:
  - Das **Aktiv** betont denjenigen, der etwas tut oder handelt, z. B.: *Er startet die Rakete.*
  - Das **Passiv** betont, was oder mit wem etwas geschieht, z. B.: *Die Rakete wird gestartet.*
- So wird das Passiv gebildet: **Personalform des Hilfsverbs *werden* + Partizip II:**

	Aktiv	**Passiv**
Präsens	*er rettet*	*er wird gerettet*
Präteritum	*er rettete*	*er wurde gerettet*
Perfekt	*er hat gerettet*	*er ist gerettet worden*
Plusquamperfekt	*er hatte gerettet*	*er war gerettet worden*

- Mit folgender **Passiv-Ersatzform** kann man die Wiederholung von Passivformen im Text vermeiden: ***man* + Aktivform des Verbs,** z. B.: *Er wurde gerettet.* → *Man rettete ihn.*

Der Imperativ (Befehlsform)

- Wenn man eine Person zu etwas auffordert, verwendet man den **Imperativ Singular.**
  Bildung: **Verbstamm,** z. B.: *Komm! Lauf!*
  Manchmal wird die Endung *-e* angehängt oder es ändert sich der Stammvokal, z. B.: *Hilf! Gib! Lies!*
- Wenn man mehrere Personen zu etwas auffordert, verwendet man **den Imperativ Plural.**
  Bildung: **Verbstamm + *(e)t*,** z. B.: *Kommt! Lauft! Redet! Helft! Gebt! Nehmt!*
- Bei der **höflichen Anrede** verwendet man die **Höflichkeitsform des Imperativs,** z. B.:
  Kommen Sie bitte! Laufen Sie bitte! Reden Sie bitte! Helfen Sie bitte! Geben Sie bitte!

Der Modus (Indikativ, Konjunktiv I, Konjunktiv II)

► S. 220–224, 226–227

- **Indikativ** und **Konjunktiv** sind verschiedene **Aussageweisen (Modi)** in Sätzen. Sie zeigen an, wie wirklich oder wie sicher eine Aussage ist.
- Mit dem **Indikativ** wird gezeigt, dass die Sache, über die etwas gesagt wird, real (wirklich) ist, z. B.: *Die Astronauten fliegen zur ISS.*
- Den **Konjunktiv I** verwendet man, wenn man ausdrücken möchte, dass jemand anderes etwas gesagt hat (indirekte Rede), z. B.: *Er behauptet, er fliege im Jahr 2030 zum Mars.*
- Den **Konjunktiv II** verwendet man, wenn die Sache nicht real ist, sondern nur ein Wunsch, eine Vermutung, eine Idee oder Fantasie, z. B.: *Stell dir vor, er flöge zum Mars.*

Die Bildung des Konjunktivs I

- So wird der Konjunktiv I gebildet: **Stamm des Verbs + Konjunktiv-Endung:**

Indikativ Präsens	Konjunktiv I	Indikativ Präsens	Konjunktiv I
ich komm-e	*ich komm-e*	*wir komm-en*	*wir komm-en*
du komm-st	*du komm-est*	*ihr komm-t*	*ihr komm-et*
er/sie/es komm-t	*er/sie/es komm-e*	*sie komm-en*	*sie komm-en*

- Wenn sich der Konjunktiv I nicht vom Indikativ Präsens unterscheidet, wird der Konjunktiv II oder die *würde*-Ersatzform verwendet, z. B.:
  „Viele kommen morgen", sagte Eva.
  Konjunktiv I: → *Viele kommen morgen, sagte Eva.*
  Konjunktiv II: → *Viele kämen morgen, sagte Eva.*
  würde-Ersatzform: → *Viele würden morgen kommen, sagte Eva.*
- Die indirekte Rede steht nicht in Anführungszeichen, z. B.:
  „Es wird toll", sagte er. → *Er sagte, es werde toll.*

Die Bildung des Konjunktivs II

- Der Konjunktiv II wird in der Regel vom Präteritum Indikativ abgeleitet.
  Man hängt an die **Präteritumform** ein ***-e:***

Indikativ Präteritum	Konjunktiv II	Indikativ Präteritum	Konjunktiv II
ich ging	*ich ging-e*	*wir ging-en*	*wir ging-en*
du ging-st	*du ging-est*	*ihr ging-t*	*ihr ging-et*
er/sie/es ging	*er/sie/es ging-e*	*sie ging-en*	*sie ging-en*

- Außerdem werden bei **starken Verben** mit *a, o, u* im Wortstamm der Präteritumform die Vokale zu *ä, ö, ü,* z. B.: *du warst – du wärest, er konnte – er könnte, sie wussten – sie wüssten.*

Die *würde*-Ersatzform

Wenn man den Konjunktiv II nicht vom Indikativ Präteritum unterscheiden kann, verwendet man die *würde*-Ersatzform. Sie besteht aus der **Personalform von *würde* + Infinitiv,** z. B.: *wir gingen – wir würden gehen.*

Die Modalverben

► S. 225

Modalverben verändern den Aussagewert eines Verbs:

Modalverb	verdeutlicht ...	Beispiele
können	*Möglichkeit, Fähigkeit*	*Sie können hier parken. Sie kann reiten.*
sollen	*Empfehlung, Vorschrift*	*Besucher sollen leise sein.*
müssen	*Gebot, Zwang*	*Hunde müssen draußen bleiben.*
dürfen	*Erlaubnis*	*Sie dürfen hier parken.*
wollen	*Absicht, Bereitschaft*	*Ich will bald verreisen.*
mögen	*Wunsch*	*Er möchte gern nach Indien reisen.*

Satzglieder

Die Satzglieder

► S. 233

- Das **Prädikat** bildet den Satzkern. Es ist immer die **Personalform eines Verbs** und kann **aus einem oder mehreren Teilen** bestehen, z. B.: *Er sitzt auf dem Sofa. – Er hat dort gesessen.*
- Das Prädikat verlangt **weitere Satzglieder.** Diese können aus einzelnen Wörtern oder Wortgruppen bestehen. Die Wörter eines Satzglieds können nur gemeinsam umgestellt werden.
  Man kann die Satzglieder mit Hilfe der **Frageproben** bestimmen:

Satzglied	Frageprobe	Beispiel
Subjekt	Wer oder was?	*Er sitzt auf dem Sofa.*
Genitivobjekt	Wessen?	*Er bedarf eines Jobs.*
Dativobjekt	Wem?	*Die Mutter hilft dem Sohn.*
Akkusativobjekt	Wen oder was?	*Der Sohn sucht einen Job.*
adverbiale Bestimmung der Zeit	Wann? Wie lange? Wie oft? Seit wann?	*Er isst häufig Burger.*
adverbiale Bestimmung des Ortes	Wo? Woher? Wohin?	*Er sitzt auf dem Sofa.*
adverbiale Bestimmung des Grundes	Warum? Weshalb?	*Er bewirbt sich wegen seiner Mutter.*
adverbiale Bestimmung der Art und Weise	Wie? Womit? Auf welche Weise?	*Er sucht eifrig einen Job.*

Satzglieder mit der Umstellprobe bestimmen

- **Satzglieder** sind die **Bausteine eines Satzes.** Man kann sie mit der **Umstellprobe** ermitteln.
  Die Wörter, die bei der Umstellprobe zusammenbleiben, bilden ein Satzglied, z. B.:

Der Arbeit suchende Sohn	*sendet*	*ein ungewöhnliches Bewerbungsschreiben*	*an ein bekanntes Fast-Food-Restaurant.*

→

Ein ungewöhnliches Bewerbungsschreiben	*sendet*	*der Arbeit suchende Sohn*	*an ein bekanntes Fast-Food-Restaurant.*

  Achtung: Oft besteht ein Satzglied **aus mehreren Wörtern.**
- Mit der Umstellprobe kann man auch den Satzbau in Texten **abwechslungsreicher** gestalten.

Sätze

Satzreihen und Satzgefüge

► S. 234

- Eine **Satzreihe** ist ein Satz, der **aus zwei oder mehr Hauptsätzen** besteht.
  Jeder Hauptsatz könnte auch für sich allein stehen und hat ein eigenes Subjekt und ein eigenes Prädikat.
  Die Hauptsätze werden häufig verbunden durch **Konjunktionen** wie *denn, und, oder, aber,* z. B:
  Ich habe stundenlang auf der Rolltreppe festgesessen, denn der Strom war ausgefallen.
  Hauptsatz Komma Hauptsatz

- Ein **Satzgefüge** ist ein Satz, der aus einem **Hauptsatz und einem oder mehreren Nebensätzen** besteht.
  In den Nebensätzen steht das **Prädikat** (die Personalform des Verbs) **am Satzende.**
  Die Sätze werden oft verbunden durch Konjunktionen wie *nachdem, als, weil,* z. B.:
  Ich habe stundenlang auf der Rolltreppe festgesessen, weil der Strom ausgefallen war.
  Hauptsatz Komma Nebensatz

Nebensatzart: Subjektsätze und Objektsätze

► S. 235–236

- **Nebensätze** können die Rolle eines **Satzglieds** übernehmen.
- **Subjektsätze** bilden in einem Satzgefüge das **Subjekt.**
  Man kann sie mit *Wer oder was?* erfragen, z. B.:
  – Satz mit einfachem Subjekt: *Nutzer sozialer Netzwerke wünschen sich viele Likes.*
  – Satzgefüge mit Subjektsatz: *Wer soziale Netzwerke nutzt, wünscht sich viele Likes.*
- **Objektsätze** bilden in einem Satzgefüge das **Objekt.**
  Man kann sie mit *Wen oder was?* erfragen, z. B.:
  – Satz mit einfachem Objekt: *Der Enkel erklärt das Internet.*
  – Satzgefüge mit Objektsatz: *Der Enkel erklärt, wie das Internet funktioniert.*
- Subjektsätze und Objektsätze werden durch **Komma** vom Hauptsatz abgetrennt.

Nebensatzart: Relativsätze

► S. 237

- Relativsätze sind Nebensätze, die **ein Wort oder eine Wortgruppe** im vorangestellten Satz **näher erklären.** Sie werden durch **Relativpronomen** (alle Formen von *der, die, das, welcher, welche, welches*) eingeleitet und durch **Kommas** vom Hauptsatz getrennt, z. B.:
  Ein Teenager schreibt seiner Mutter, ***die*** *gerade eine Kur macht.*

  Ein Teenager, ***dessen*** *Mutter zur Kur ist, muss den Haushalt allein bewältigen.*

- Relativpronomen können auch in Verbindung mit einer Präposition vorkommen, z. B.:
  Die Mutter erhält eine E-Mail, ***über welche*** *sie sich sehr freut.*

Nebensatzart: Adverbialsätze

► S. 238–241

- Adverbialsätze sind **Nebensätze,** die die **näheren Umstände eines Geschehens** beschreiben. Sie werden durch **Nebensatzkonjunktionen** eingeleitet und durch **Kommas** vom Hauptsatz getrennt.
- Man unterscheidet folgende **Adverbialsatzarten:**

Adverbialsatz ...	**Frageproben**	**Konjunktionen, Einleitewörter**	**Beispiel**
des Gegensatzes: **Adversativsatz**	Adversativsätze kann man nicht erfragen.	wohingegen, (an)statt (dass), (an)statt (zu)	*Verkehrssünder diskutieren oft, anstatt das Bußgeld zu zahlen.*
des Zwecks: **Finalsatz**	Wozu? Zu welchem Zweck?	damit, dass	*Verkehrssünder diskutieren oft, damit sie das Bußgeld nicht zahlen müssen.*
der Ursache / des Grundes: **Kausalsatz**	Warum? Weshalb? Aus welchem Grund?	weil, da	*Verkehrssünder diskutieren oft, weil sie das Bußgeld nicht zahlen wollen.*
der Bedingung: **Konditionalsatz**	Unter welcher Bedingung?	wenn, falls, sofern	*Verkehrssünder diskutieren oft, wenn sie den Strafzettel erhalten.*
der Folge: **Konsekutivsatz**	Mit welcher Folge?	dass, sodass, ohne dass	*Verkehrssünder diskutieren oft so heftig, dass Polizisten sich angegriffen fühlen.*
des Gegengrundes: **Konzessivsatz**	Trotz welcher Tatsache?	obwohl, auch wenn, obgleich, obschon, wenngleich	*Verkehrssünder führen oft Diskussionen, obwohl diese nichts nützen.*
des Ortes: **Lokalsatz**	Wo? Woher? Wohin?	wo, woher, wohin	*Strafzettel gibt es oft dort, wo Leute gern parken.*
der Art und Weise: **Modalsatz**	Wie? Auf welche Art und Weise? Womit?	indem, dadurch, dass, ohne dass	*Verkehrssünder wollen Strafen vermeiden, indem sie mit Polizisten diskutieren.*
der Zeit: **Temporalsatz**	Wann? Wie oft? Wie lange? Seit wann? Bis wann?	solange, sobald, als, nachdem, bevor, wenn, seit, während	*Verkehrssünder sollten das Bußgeld zahlen, sobald sie den Strafzettel erhalten.*

Zeichensetzung

Kommasetzung bei Aufzählungen und in Satzreihen

► S. 264

- Bei **Aufzählungen** von **gleichberechtigten Aussagen** setzt man **Kommas.** Das gilt für Aufzählungen von Wörtern, Wortgruppen oder Hauptsätzen (Satzreihen).
- Das **Komma entfällt,** wenn sie durch *und, oder, sowohl ... als auch, entweder ... oder, weder ... noch* verbunden sind, z. B.: *Ich mag weder Fisch noch Fleisch.* Nur wenn *und* einen Hauptsatz einleitet, darf ein Komma stehen.
- Das **Komma muss stehen** vor *aber, jedoch, sondern* und *doch,* denn sie bauen einen Gegensatz auf, z. B.: *Ich mag Fisch, aber Fleisch mag ich auch.*

Kommasetzung in Satzgefügen

► S. 265

- **Satzgefüge** bestehen aus einem **Hauptsatz** und einem oder mehreren **Nebensätzen.** Nebensätze sind untergeordnet und werden durch Komma vom Hauptsatz getrennt.
- Man erkennt **Nebensätze** daran, dass die **Personalform des Verbs am Ende** steht.
- Nebensätze können vor oder nach dem Hauptsatz stehen oder in ihn eingefügt sein, z. B.:
  - *Weil manche Pflanzen immer sauber sind, erregten sie das Interesse der Forscher.*
  - *Du brauchst Forschergeist, wenn du die Selbstreinigung verstehen willst.*
  - *Du kannst, indem du Versuche durchführst, selbst zum Forscher werden.*

Kommasetzung bei Relativsätzen und Appositionen

► S. 266

- **Relativsätze** sind **Nebensätze.** Sie werden durch ein **Relativpronomen** wie *der, die, das* eingeleitet, das sich auf ein Nomen im Hauptsatz bezieht. Relativsätze werden durch Komma vom Hauptsatz abgetrennt: *Der Forscher, der sich mit Bionik beschäftigt, sucht nach Ideen.*
- Ein Nomen kann auch durch eine **Apposition (Beifügung)** erklärt werden. Bei dieser handelt es sich um einen **verkürzten Relativsatz.** Auch sie wird durch Kommas vom Satz abgetrennt, z. B.: *Der Forscher, ein bekannter Bioniker, entwickelte viele technische Neuerungen.*

Kommasetzung bei Infinitiven mit *zu*

► S. 267

- Bei einem **einfachen Infinitiv mit *zu*** muss man **kein Komma** setzen, man darf es aber, z. B.: *Ich fange an (,) zu lesen.*
- Ein **Komma muss stehen,** wenn die Infinitivgruppe mit *zu* ...
  - durch *um, ohne, statt, anstatt, außer* oder *als* **eingeleitet** wird, z. B.: *Man sollte die Anleitung lesen,* ***anstatt*** *sich auf den Zufall zu verlassen.*
  - durch ein hinweisendes Wort wie *dazu, dabei, daran, darauf* **angekündigt** wird, z. B.: *Denke* ***daran,*** *die Bedienungsanleitung zu lesen.*
  - von einem **Nomen abhängt,** z. B.: *Es ist ein guter* ***Rat,*** *die Anleitung genau zu lesen.*
- Wenn man unsicher ist, sollte man vor Infinitivgruppen mit *zu* **immer das Komma** setzen.

Der Gedankenstrich

▶ S. 269

- Der **Gedankenstrich** zeigt deutlich eine **Grenze innerhalb eines Satzes** oder zwischen zwei Sätzen. Häufig folgt an dieser Stelle etwas Unerwartetes oder das Thema wird plötzlich gewechselt. Beim Sprechen soll hier eine **deutliche Pause** gemacht werden.
- Wenn ein Zusatz in einen Satz eingeschoben wird, setzt man zwei Gedankenstriche, z. B.: *Auch Kochrezepte sind – so könnte man sagen – eine Form der Gebrauchsanweisung.*

Zeichensetzung bei der wörtlichen Rede

- Die wörtliche Rede steht in **Anführungszeichen,** z. B.: *„Wann sind wir erwachsen?"*
- Der **Redebegleitsatz** gibt an, wer etwas wie sagt.
  - Steht er vor der wörtlichen Rede, folgt ein **Doppelpunkt,** z. B.: *Lisa meint: „Ab 18!"*
  - Zwischen der wörtlichen Rede wird er durch **zwei Kommas** abgetrennt, z. B.: *„In manchen Ländern", erklärt Tom, „ist man aber erst mit 21 erwachsen."*
  - Nach der wörtlichen Rede wird er durch **ein Komma** abgetrennt: *„Das stimmt", sagt Max.*

Zeichensetzung bei Textzitaten

▶ S. 114

- **Zitieren** heißt, dass man Stellen aus einem Text **wortwörtlich** wiedergibt. Durch Zitate kann man seine Aussagen zu dem Text belegen und andere können sie gut nachvollziehen.
- Man kennzeichnet Zitate durch **Anführungszeichen.** Dahinter gibt man die **Fundstelle** im Text mit Zeilen an, z. B.: *„Sie – das ist die alte Frau aus dem Heim drüben." (Z. 13–14)*
- **Textauslassungen** in der Mitte oder am Ende des Zitats werden durch eckige Klammern gekennzeichnet: *„Marion sitzt an ihrem Tisch [...] und macht Hausaufgaben." (Z. 1–2)*

Wortbildung und Wortbedeutung

Wortbildung: Wortzusammensetzungen und Ableitungen

- Mit **Wortzusammensetzungen** (Komposita) kann man Dinge und Sachverhalte genauer beschreiben. Sie werden gebildet aus: **Bestimmungswort** *(Vulkan-)* **+ Grundwort** *(-asche).*
  - Das **Grundwort** gibt an, worum es sich handelt. *(Es handelt sich um Asche.)*
  - Das **Bestimmungswort** erklärt die Bedeutung genauer. *(Die Asche ist von einem Vulkan.)*
- **Ableitungen** von Wörtern kann man mit Hilfe von **Präfixen (Vorsilben)** und/oder **Suffixen (Nachsilben)** bilden. Dabei entstehen Wörter mit anderer Bedeutung, z. B.: *bearbeiten, verarbeiten, erarbeiten, arbeitsam.*
  - **Verben** bildet man mit den Präfixen *be-, ver-, er-, ent-, zer-, miss-.*
  - **Adjektive** bildet man mit den Suffixen *-ig, -bar, -lich, -haft, -isch, -sam, -selig.*
  - **Nomen** bildet man mit den Suffixen *-er, -in, -nis, -keit, -heit, -ung, -schaft, -tum.*
- Wörter mit einheitlichem **Wortstamm** ergeben eine **Wortfamilie,** z. B.: *arbeiten, erarbeiten, arbeitsam, die Arbeit, die Arbeiterin, die Verarbeitung, die Hausarbeit.*

Wortbedeutungen

► S. 80–82

Das Synonym und das Antonym

► S. 80

- **Synonyme** nennt man Wörter mit (fast) gleicher Bedeutung, z. B.: *die Freude – die Begeisterung, die Zufriedenheit.*
- **Antonyme** sind Wörter mit gegensätzlicher Bedeutung, z. B.: *die Freude – der Ärger.*

Die Grund- und die Nebenbedeutung eines Wortes

► S. 81–82

- **Denotation:** Die Denotation eines Wortes (lat. *denotare:* bezeichnen) ist die klar definierte Grundbedeutung eines Wortes, die man im Wörterbuch oder Lexikon findet.
- **Konnotation:** Die Konnotation (lat. *con:* mit, *notatio:* Bezeichnung, Anmerkung) bezeichnet die Nebenbedeutung eines Wortes, d. h. die Vorstellungen, Erfahrungen, Empfindungen, die wir mit dem Wort verbinden.
- **Ironie:** In ironischen Äußerungen meint der Sprecher das Gegenteil dessen, was er sagt. Die Ironie erkennt man am Tonfall und am Gesichtsausdruck des Sprechers sowie daran, dass die Aussage nicht direkt zu der Situation passt.

Oberbegriffe und Unterbegriffe

► S. 84

- Ein **Oberbegriff** fasst mehrere Gegenstände, Eigenschaften oder Begriffe zusammen, die **gemeinsame Merkmale** haben, z. B.: *die Gebäude.*
- Ein **Unterbegriff** gibt einen **konkreten Teil** mit diesen Merkmalen an: *die Kirche, die Villa.*

die Gebäude

das Wohnhaus | das Bürohaus | das Rathaus | die Fabrik | die Schwimmhalle

Fremdwörter

► S. 83, 251

- Fremdwörter sind **Wörter, die aus anderen Sprachen kommen,** z. B.: *die Demokratie* (griech.), *diskutieren* (lat.), *die Garage* (franz.) oder *das Mobbing* (engl.).
- Viele Fremdwörter behalten ihre **Schreibweise und Aussprache** weitgehend bei.
- Häufig gebrauchte Fremdwörter werden manchmal **eingedeutscht,** dann sind sowohl die fremdsprachige als auch die eingedeutschte Schreibweise und Aussprache korrekt.
- Fremdwörter werden verwendet, wenn es **kein einfaches deutsches Wort** gibt, z. B. *der Scanner,* oder wenn ein Text **modern** oder besonders **professionell** klingen soll.

Sprachebenen

Adressatengerechtes Sprechen

▶ S. 72–73

Adressatengerechtes Sprechen bedeutet, dass man seine **Sprache** und sein **Verhalten** auf den **Gesprächspartner** (den Adressaten) abstimmt:

- Man sollte eine angemessene **Begrüßung** und **Anredeform** verwenden, z. B. *Sie* statt *du*.
- Man sollte die passende **Sprachebene** wählen, je nachdem, ob man mit Erwachsenen, Gleichaltrigen oder Kindern, mit Fremden oder mit Bekannten spricht.
- Unabhängig davon, wer der Adressat ist, sollte man in **angemessenem Tempo** sprechen, gut **zuhören,** ihn **ausreden lassen** und durch **Mimik und Gestik** Interesse bekunden.

Sprachebenen

▶ S. 74

Die deutsche Sprache umfasst viele Teilsprachen. Dazu gehören die folgenden:

- Die **Standardsprache** ist die allgemein verbindliche Sprachform. Sie wird in Schulen, anderen öffentlichen Einrichtungen und in den Medien gesprochen oder geschrieben.
- Die **Umgangssprache** ist die Sprachform, die wir für die alltägliche Kommunikation verwenden. Dabei werden sprachliche Normen und Regeln der Standardsprache weniger streng angewendet. Typisch sind unvollständige Sätze sowie bestimmte Ausdrücke.
- Die **Jugendsprache** gilt als eine Form der Umgangssprache, die sich bewusst von der Sprache der Erwachsenen absetzt. Sie verändert sich schnell. Typisch sind Anglizismen (Wörter aus dem Englischen), Wortverstärker und Übertreibungen sowie Wortneubildungen.
- Die **Fachsprache** gilt als Sprache der Experten in einem Gebiet, z. B. Computer, Gesetze. In ihr werden viele Fachwörter aus dem jeweiligen Fachgebiet verwendet.

Sprachvarietäten

▶ S. 87–88

- In einer **Sprachgemeinschaft** werden neben der Standardsprache unterschiedliche **Sprachvarietäten** verwendet.
- In Deutschland werden neben Standarddeutsch eine Vielzahl an **Dialekten (Mundarten)** gesprochen.
- **Dialekte** sind Sprachformen, die man nur in **bestimmten Gebieten** eines Landes spricht. Sie unterscheiden sich vor allem in der **Lautung** von der Standardsprache. Bekannte Dialekte sind das Bairische, das Sächsische, das Hessische und das Pfälzische.

Das Sprachenlernen

▶ S. 88

- Beim **Lernen von Sprachen** unterscheidet man, **wann und wo** man die Sprache erwirbt:
  - Die **Muttersprache oder Erstsprache** lernt man als Kind von Geburt an.
  - Eine **Zweitsprache** lernt man, wenn man in einem Land lebt, in dem sich die Muttersprache/Erstsprache von der dort gesprochenen Sprache unterscheidet.
  - Eine **Fremdsprache** lernt man in der Regel als Unterrichtsfach in der Schule.

Rechtschreibstrategien und Rechtschreibregeln

Wörter schwingen

► S. 250

- Beim Schwingen kann man in der Regel jeden **Buchstaben deutlich hören,** z. B.: *die We ge.*
- **Vor dem Schreiben:** Sprecht die Wörter deutlich in Silben.
- **Beim Schreiben:** Sprecht die Silben leise mit. Sprecht nicht schneller, als ihr schreibt.
- **Nach dem Schreiben:** Prüft, ob ihr richtig geschrieben habt:
  Zeichnet dazu **Silbenbögen** unter jede Silbe und sprecht dabei leise mit.

Offene und geschlossene Silben

- Aus Lauten bildet man Silben. Das Zentrum einer Silbe ist der Vokal (auch Umlaut, Zwielaut).
- Enden Silben mit einem Vokal, nennt man sie **offen.** Man spricht den Vokal lang, z. B.: *le sen.*
- Enden Silben mit einem Konsonanten, nennt man sie **geschlossen.** Man spricht den Vokal kurz, z. B.: *mer ken.*

Wörter verlängern

► S. 252

- Bei Einsilbern und auch bei einigen Zweisilbern kann man Buchstaben am Wortende (Auslaute) nicht immer sicher zuordnen. Dann **fügt** man an das Wort **eine Silbe an:**
  - Bei **Nomen** bildet man die Pluralform, z. B.: *der Grund* – denn: *die Grün de.*
  - **Adjektive** steigert man, z. B.: *hell* – denn: *hel ler als.*
  - **Verben** setzt man in die Wir-Form, z. B.: *kennt* – denn: *wir ken nen.*

Wörter zerlegen

► S. 252

- Die **unklaren Laute in zusammengesetzten Wörtern** findet man, indem man die Wörter **zerlegt** und anschließend **verlängert,** z. B.: *Hand | arbeit* – denn: *die Hän de.*
- Auch wenn man **Bausteine (Nachsilben) abtrennt,** kann man **Verlängerungsstellen** finden, z. B.: *glaubhaft* – denn: *glau ben, endlos* – denn: *das En de.*

Wörter mit *ä* und *äu* ableiten

► S. 253

Ableiten heißt: **verwandte Wörter** suchen. Der Vokal *e* und der Zwielaut *eu* sind leicht mit *ä* und *äu* zu verwechseln, denn man spricht sie gleich aus.

- Normalerweise schreibt man *e* oder *eu,* z. B.: *bellen, denken, heute, Leute.*
- Wenn es verwandte Wörter mit *a* oder *au* gibt, dann schreibt man *ä* oder *äu,* z. B.:
  die Gegenstände – der Gegenstand, die Abläufe – der Ablauf.

Schreibung von Fremdwörtern (M)

▶ S. 251

- Fremdwörter sind **aus anderen Sprachen** in die deutsche Sprache gekommen. Dabei wurde auch die **Schreibweise aus der Herkunftssprache** übernommen.
- **Typische Buchstaben** in Fremdwörtern sind *th* statt *t*, *ph* statt *f*, *y* statt *ü* und *v* statt *w*.
- Bei häufig verwendeten Fremdwörtern wurde die Schreibweise dem Deutschen angepasst.

Wörter mit Doppelkonsonanten, *ck* und *tz*

▶ S. 254

- In **zweisilbigen Wörtern** endet die **erste Silbe** entweder mit einem **Vokal (offene Silbe)** oder mit einem **Konsonanten (geschlossene Silbe).**
- Ist die **erste Silbe geschlossen,** treffen an der **Silbengrenze** immer mindestens **zwei Konsonanten** aufeinander. Sie sind entweder verschieden oder gleich (Verdopplung), z. B.: *die Zel te, die Zel le.*

Wörter mit *i* oder *ie*

▶ S. 255

- Die meisten ***i*-Laute** schreibt man mit ***i***.
- Man schreibt immer ***i***, wenn die **erste Silbe geschlossen** ist, z. B.: *die Kin der.*
- Man schreibt nur ***ie***, wenn die **erste Silbe offen** ist, z. B.: *die Tie re.*
- Diese Regel gilt nur für **zweisilbige deutsche Wörter,** nicht für Fremdwörter wie *Rosine*.

Wörter mit *s*-Laut (*s*, *ß*, *ss*)

▶ S. 256

- Man schreibt ***s***, wenn die **erste Silbe offen** ist und man den *s*-Laut **summend** spricht, z. B.: *die Rei se, le sen.*
- Man schreibt ***ß***, wenn die **erste Silbe offen** ist und man den *s*-Laut **zischend** spricht, z. B.: *die Fü ße, rei ßen.*
- Man schreibt ***ss***, wenn die **erste Silbe geschlossen** ist, z. B.: *die Flüs se, las sen.*
- Um diese Regeln für den *s*-Laut anzuwenden, braucht man **eine zweisilbige Wortform.**

Wörter mit *h*

▶ S. 257

- Wenn das ***h*** **am Anfang der zweiten Silbe** steht, kann man es beim Schwingen hören. Es trennt zwei Vokale in der Wortmitte und öffnet die zweite Silbe, z. B.: *dre hen*. Durch Verlängern kann man das silbenöffnende *h* in einsilbigen Wortformen hörbar machen.
- Wenn das ***h*** **am Ende der ersten Silbe** steht, ist es nicht hörbar. Diese Wörter sind Merkwörter, z. B.: *die Oh ren*.

Schreibung von Nomen und Nominalisierungen

► S. 258

- Nomen schreibt man **groß.** Wenn Verben oder Adjektive wie Nomen gebraucht werden, schreibt man sie ebenfalls groß.
- Man erkennt **Nomen und Nominalisierungen** mit Hilfe der **Nomenproben:**
  Vor Nomen oder Nominalisierungen stehen oder können ergänzt werden:
  – **Artikel,** z. B.: *eine Möglichkeit, der Einsatz, beim (= bei dem) Erforschen* (Artikelprobe),
  – **Zahlwörter,** z. B.: *zwei Roboter, mehrere Kameras, viel Neues* (Zählprobe),
  – **Adjektive,** z. B.: *schnelle Bewegungen, lautloses Gleiten* (Adjektivprobe).

Groß- und Kleinschreibung von Herkunftsbezeichnungen

► S. 259

- **Eigennamen** bezeichnen ganz bestimmte, einmalige Personen, Orte, Tier- und Pflanzenarten. Man schreibt sie groß, z. B.: *Friedrich der Große, Afrika, die Karibik.*
- Von Orten **abgeleitete Adjektive auf *-isch*** schreibt man klein, z. B.: *afrikanisch, karibisch.* Sind sie jedoch **Bestandteile von Eigennamen,** schreibt man sie groß, z. B.: *der Afrikanische Elefant, der Karibische Riffkrake.*
- Von Orten **abgeleitete Wörter auf *-er*** schreibt man immer groß, z. B.: *der Kölner Dom.*

Schreibung von Tageszeiten und Wochentagen

- Tageszeiten und Wochentage werden **großgeschrieben,** wenn sie **Nomen** sind. Man erkennt sie meistens an den typischen Nomenbegleitern, z. B.: *am (an dem) Morgen.*
- Tageszeiten und Wochentage werden **kleingeschrieben,** wenn sie **Adverbien** sind, z. B.: *heute, gestern, morgen, abends, montags, freitags.*
  Sie haben keinen Begleiter und man kann auch keine Nomenproben durchführen.
- Kombiniert man Adverbien und Nomen, so wird ihre Schreibweise beibehalten, z. B.: *heute Morgen, gestern Abend.*

Getrenntschreibung und Zusammenschreibung

► S. 260

- Folgende **Verbindungen mit Verben** schreibt man in der Regel **getrennt:**
  – **Nomen und Verben,** z. B.: *Rad fahren, Eis laufen,*
  – **Verben und Verben,** z. B.: *lesen lernen, rechnen üben,*
  – **Adjektive und Verben,** z. B.: *lange laufen, gut schlafen,*
  – **Verbindungen mit *sein*,** z. B.: *da sein, verletzt sein, neu sein.*
- **Zusammen** schreibt man ...
  – Verbindungen von **unveränderlichen Wörtern und Verben,** z. B.: *abbrechen, ankommen,*
  – **Nominalisierungen** von Verbindungen mit Verben, z. B.: *das Radfahren, das Hochsteigen,*
  – Verbindungen von Adjektiven und Verben, wenn eine **neue Bedeutung** entsteht, z. B.: *Er ist auf der Treppe schwer gefallen. – Die Arbeit ist ihm schwergefallen.*

Arbeitstechniken und Methoden

Überfliegendes und gezieltes Lesen

► S. 276–277

- Das **überfliegende Lesen** hilft euch, in einem Text die Stelle zu finden, an der die für eure Fragestellung wichtigen Informationen stehen.
- Wenn man beim Überfliegen des Textes die Stelle mit den wichtigen Informationen gefunden hat, erarbeitet man diese durch **gezieltes Lesen.**
- Wenn ihr in einem Text nach bestimmten Informationen sucht, solltet ihr so vorgehen:
  1 Klärt, zu welcher Frage oder zu welchem Thema ihr euch informieren wollt.
  2 Überfliegt den gesamten Text, indem ihr mit den Augen zügig über den Text gleitet.
  – Lest immer nur die ersten Sätze der einzelnen Abschnitte.
  – Sucht im Text nach Signalwörtern zum Thema.
  3 Lest anschließend die Textstelle mit den wichtigen Informationen zum Thema genau. Klärt unbekannte Wörter durch Nachdenken, Nachfragen oder Nachschlagen: Erschließt ihre mögliche Bedeutung aus dem Satzzusammenhang, fragt einen Lernpartner, schlagt das Wort in einem Fremdwörterbuch nach oder recherchiert die Bedeutung im Internet.
  4 Notiert in Stichworten Informationen zur Ausgangsfrage.

Aufgabenformate unterscheiden

► S. 284–286

Euer Textverständnis kann in Tests auf verschiedene Weise geprüft werden.
In zentralen Vergleichsarbeiten und in Abschlussprüfungen kommen folgende Aufgabenformate immer wieder vor:

- **Auswahlaufgaben** (Multiple-Choice-Aufgaben): Bei diesem Aufgabentyp werden euch vier verschiedene Antwortmöglichkeiten angeboten. Es ist immer nur eine Antwort richtig.
- **Richtig-/Falsch-Aufgaben (True-/False-Aufgaben):** Hier müsst ihr für einzelne Aussagen entscheiden, ob sie laut Text richtig oder falsch sind.
- **Lückentextaufgaben:** In einem vorgegebenen Text sollt ihr Lücken sinnvoll füllen.
- **Zuordnungsaufgaben (Matching-Aufgaben):** Bei diesem Aufgabentyp sollt ihr Informationen, Aussagen oder Satzteile sinnvoll ordnen.
- **Kurzantworten:** Bei diesem Aufgabentyp wird von euch eine kurze Antwort oder Stellungnahme in vollständigen Sätzen verlangt.

Ein Portfolio anlegen

► S. 22

Ein Portfolio ist eine **geordnete Sammelmappe** zu einem Thema. So legt ihr es an:

- Gestaltet ein zum Thema passendes **Deckblatt.**
- Führt in einem **Inhaltsverzeichnis** alle Materialien auf.
- Sammelt in der Mappe ausgedruckte, ausgeschnittene oder selbst geschriebene **Texte und andere Materialien.**
- Formuliert eine **Einschätzung zur Materialsuche.**

Arbeitsergebnisse veranschaulichen

▶ S. 21

- **Ein Handout verfassen:** Gebt auf dem Handout den Aufbau und wichtige Informationen eures Vortrags knapp und übersichtlich wieder. Führt die folgenden Punkte auf:
  Name des Vortragenden, Datum, Fach, Thema des Vortrags, Unterpunkte des Vortrags und Stichworte zu wichtigen Informationen, Quellenangaben zu den verwendeten Materialien.
- **Eine Folienpräsentation erstellen:** Stellt auf den Folienfenstern das Thema des Vortrags vor, fügt wichtige Informationen in Stichworten hinzu und zeigt anschauliche Grafiken, Tabellen oder Bilder. Gestaltet jeweils eine Folie pro Unterpunkt des Vortrags.
  Achtet auf Übersichtlichkeit und Lesbarkeit.

Einen Text nach der ESAU-Methode überarbeiten

▶ S. 48

ESAU steht für **E**rgänzen, **S**treichen, **A**ustauschen und **U**mstellen:

- **Ergänzen:** Wo fehlt ein Gedanke, eine Information, ein Wort oder Satz?
  Z. B.: *Wir können das WLAN nutzen bei den Referaten.*
  → *Wir können das WLAN nutzen, <u>um für unsere Referate zu recherchieren</u>.*
- **Streichen:** Wo erscheint etwas überflüssig?
  Z. B.: *Wichtig ist, dass wir gute und nachvollziehbare Argumente finden.*
  → *Wichtig ist, dass wir nachvollziehbare Argumente finden.*
- **Austauschen:** Wo passt eine Formulierung oder eine Information nicht richtig?
  Z. B.: *Digitale Medien in der Schule nicht zu nutzen, ist doch Schwachsinn.*
  → *Digitale Medien in der Schule nicht zu nutzen, erscheint <u>unsinnig</u>.*
- **Umstellen:** Wo erscheint die Reihenfolge der Satzglieder oder Sätze unstimmig?
  Z. B.: *Wir wollen überzeugen, das ist doch klar.* → *Es ist doch klar, dass wir überzeugen wollen.*

Mit den Schreibwörtern üben

▶ S. 32, 50, 70, 88, 110, 132, 152, 172, 194, 214

Im „Deutschbuch" findet ihr am Ende der meisten Kapitel Schreibwörter. Übt ihre Schreibung:

- Faltet ein Blatt der Länge nach zweimal, sodass vier Spalten entstehen.
- Schreibt die Wörter, die ihr üben möchtet, untereinander in die 1. Spalte.
- Prägt euch drei Wörter ein, klappt die 1. Spalte um und schreibt die Wörter in die 3. Spalte.
- Deckt auf und vergleicht die Wörter: Richtig geschriebene Wörter könnt ihr abhaken.
  Falsch geschriebene Wörter müsst ihr durchstreichen und richtig in die 2. Spalte schreiben.
- Übt, die Wörter aus Spalte 2 richtig zu schreiben. Tragt sie in die Spalte 4 ein. Überlegt dabei, mit welcher Rechtschreibstrategie (▶ S. 320) man die Schreibweise jeweils erklären kann.

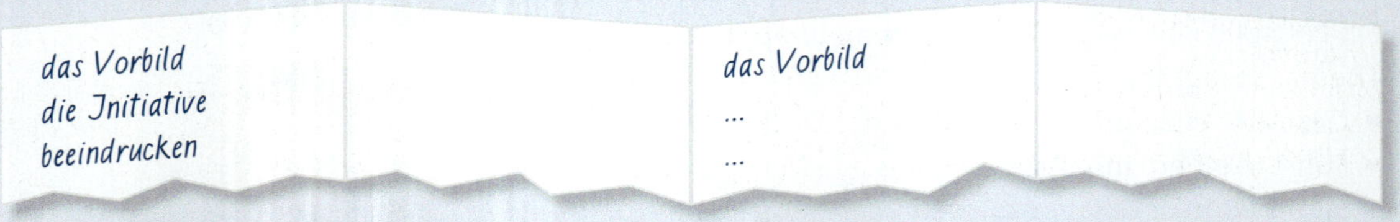

Textartenverzeichnis

Autoren- und Quellenverzeichnis

AICHINGER, ILSE (1921–2016)
130 Das Fenstertheater
aus: Der Gefesselte. Erzählungen. Fischer Verlag: Frankfurt am Main 1953

BARTSCH, SIMON (*1978)
186 In wenigen Schritten nach Mexiko
aus: Ferienjob im Phantasialand. GA-Bonn vom 29.06.2015

BAUER, MICHAEL GERARD (*1955)
81 Nennt mich nicht Ismael
aus: Nennt mich nicht Ismael. dtv: München 2014, S.79

BECKER, JÜRGEN (*1932)
150 Vorstadt
aus: Erzähl mir nichts vom Krieg. Gedichte. Suhrkamp Verlag: Frankfurt am Main 1977, S.67

BLUM, LISA-MARIE (1911–1993)
140 Großstadtabend
aus: Der Dosenöffner schneidet glatt. Gilles u. Francke: Duisburg 1988, S.61

BÖHM-SCHWEIZER, DENNIS
231 Was wäre, wenn ein kilometergroßer Meteorit ...?
nach: Was passiert bei einem kilometergroßen Meteoriten? http://astrokramkiste.de/meteoroide [27.09.2016]

BORCHERT, WOLFGANG (1921–1947)
117 Die Kirschen
aus: Die traurigen Geranien und andere Geschichten aus dem Nachlass. Rowohlt Verlag: Reinbek 1949

BRAHM, ANJA
281 Gut? Schlecht? Wer weiß das schon?
aus: Der Elefant, der das Glück vergaß. Lotos Verlag: München 2015

BRUHN, KIRSTEN MIT FISCHER, INGO
287 „Den glücklichsten Tag meines Lebens hätte es ohne den unglücklichsten nicht gegeben"
nach: http://www.ard.de/home/themenwoche/Kirsten_Bruhn_Meinen_gluecklichsten_Tag_haette_es_ohne_den_ungluecklichsten_nicht_gegeben_/437490/index.html [12.07.2016]

DHAMI, NARINDER (*1958)
196ff. Kick it like Beckham
aus: Kick it like Beckham. Ravensburger Buchverlag: Ravensburg 2005, S.7–8 (1), 40–42 (2), 83 (3), 149–159 (4)

EICHENDORFF, JOSEPH VON (1788–1857)
151 In Danzig
aus: Gedichte. Ahnung und Gegenwart. Hrsg. v. Werner Bergengruen. Manesse Verlag: München 1955, S.70

ENGELKE, GERRIT (1890–1918)
149 Zu viele Menschen, zu viele Straßen
aus: Rhythmus des neuen Europa. Hrsg. v. Kneip. Diederichs: Jena 1921

FONTANE, THEODOR (1819–1898)
90ff. Unterm Birnbaum
aus: Unterm Birnbaum. Text und Materialien bearbeitet von Ilse Keseling. Cornelsen: Berlin 1982

FRÖHLICH, PEA (*1943)
120 Der Busfahrer
aus: Zwei Frauen auf dem Weg zum Bäcker. DuMont Buchverlag: Köln 1987, S.42

GARBE, BURCKHARD (*1941)
145 statt planung
aus: Wem gehört die Stadt? Hrsg. v. Wolfgang Bittner. Bert Schlender Verlag: Göttingen 1974, S.15

GOETHE, JOHANN WOLFGANG (1749–1832)
78 Am 16. Juni: Warum ich dir nicht schreibe?
aus: Die Leiden des jungen Werther. Goethes Werke, Hamburger Ausgabe, Bd. 6, Sonderausgabe 1998, S.19

HAHN, MARTINA
28 Konsum ohne Kinderarbeit – Aus einer Verbraucherbroschüre (1)
28 Initiativen für ökofaire Herstellung von Bekleidung (2)
nach: Hilfe für Kinder in Not. Konsum ohne Kinderarbeit. Tipps für einen fairen Einkauf. terre des hommes: Osnabrück (o.J.), S.28 (1), 29 (2)

HOLZ, ARNO (1863–1929)
138 Rote Dächer!
aus: Phantasus. Hrsg. v. Gerhard Schulz. Philipp Reclam jun. Stuttgart: 2009 Ditzingen, S.21

HOOCK, SILKE
44 Ärzte warnen vor Smartphone-Sucht bei Jugendlichen
aus: WAZ vom 16.07.2014

JACOBOWSKI, LUDWIG (1868–1900)
142 Großstadt-Lärm
aus: Ausklang. Hrsg. v. Rudolf Steiner. J.C.C. Bruns Verlag: Minden in Westfalen 1901, S.202

KÄSTNER, ERICH (1899–1974)
284 Das Märchen vom Glück
aus: Der tägliche Kram. Chansons und Prosa 1945–1948. Zürich: Atrium 1986, S.147

KAULBERSCH, NIKLAS
243 Aus einem Brief an den inneren Schweinehund
nach: Brief an ... meinen Schweinehund. https://www.spiesser.de/artikel/brief-an-meinen-schweinehund [02.06.2015]

KILIAN, SUSANNE (*1940)
112 Nie mehr
aus: Marion guckt aus dem Fenster. In: Moderne Kurzgeschichten. Hrsg. v. Otto Mayr. Auer Verlag: Augsburg 2012, S.26–27

KNOBLOCH, LOUISA
183 Kommentar: Mit einfachen Dingen überfordert
aus: Kommentar von Louisa Knobloch zu Schüler sollen mehr fürs Leben lernen. Mittelbayerische Zeitung vom 22.04.2013

KUNERT, GÜNTER (*1929)
147 Charlottenburger Sonntagmorgen
aus: Berlin beizeiten. Gedichte. Hanser Verlag: München 1987, S.34

KUNKEL RAZUM, KATHRIN MIT NIMZ, ULRIKE
186 Der/die/das Nutella
aus: Der/die/das Nutella: Was die Anrufer der Duden-Hotline beschäftigt – trotz vieler Korrekturprogramme. SZ vom 31.07.2015

LEMBKE, GERALD MIT BUSCH, FABIAN
34 „Internet macht nicht schlauer"
aus: Contra: Prof. Gerald Lembke – „Internet macht nicht schlauer". Archiv-Artikel vom 10.01.2015. http://www.fnweb.de/nachrichten/contra-prof-gerald-lembke-internet-macht-nicht-schlauer-1.2067380 [23.08.2016]

LÖFFLER, CONSTANZE
276 Menschen auf der Suche nach dem Geheimnis des Glücks
nach: Wie Menschen das Glück suchen – und wie Glück gesund macht. rbb vom 12.11.2014

LUDWIG, VOLKER (*1937)
134 Sechs Uhr vierzehn, Bahnhof Zoo
aus: Linie 1. Felix Bloch Erben Verlag

MELZER-HADJI, MONIKA
46 „Die digitale Diät" – Freiwilliger Verzicht auf Handy & Co?
aus: Ein Leben ohne Handy. Taunus Zeitung vom 28.11.2013

NEUBERT, HANNS-J. (*1951)
271 Oberflächenschutz nach dem Vorbild der Haie
nach: Haifischhaut gegen faulende Schiffe. ZEIT ONLINE vom 11.01.2010. http://www.zeit.de/wissen/2009-12/haihaut-antifouling [12.07.2016]

NICK, DAGMAR (*1926)
146 Großstadtabend
aus: ZEIT ONLINE. http://www.zeit.de/1958/41/grossstadtabend/komplettansicht [31.10.2016]

ÖZDOĞAN, SELIM (*1971)
115 Sonntag
aus: Ein gutes Leben ist die beste Rache. Stories. Rütten & Loening: Berlin 1998, S.79–80

PÄS, HEINRICH MIT FAUST, ACHIM
230 Ein Physiker äußert sich dazu, warum Zeitreisen ...
nach: Zurück in die Zukunft – Sind Zeitreisen wirklich möglich? WAZ vom 03.08.2015

PHILIPPS, CAROLIN (*1954)
24 ff. Made in Vietnam
aus: Made in Vietnam. Ueberreuter Verlag: Berlin 2014, S. 5–8, S. 20–21 (1), 120–124 (2)

PLICKAT, HANS-HEINRICH U. LUTHARDT, EMIL
240 Eine E-Mail an den Chef (1)
240 Die zweite E-Mail an den Chef (2)
241 Aus dem Brief an eine Versicherung (3)
aus: Orthograph. Diktate und Wortlisten für die Sekundarstufe I. Klett-Verlag: Stuttgart 1978

PUVOGEL, KATRIN
184 Unter uns die sieben Berge
aus: Rundflug mit dem Gyrocopter: Unter uns die sieben Berge. GA-Bonn. http://www.general-anzeiger-bonn.de/freizeit/sommertour/fahrtwind/unter-uns-die-sieben-berge-article1673591.html#plx234638766 [26. 09. 2016]

RÖDER, MARLENE (*1983)
121 Chuck Norris und all seine Freunde
aus: Melvin, mein Hund und die russischen Gurken. Ravensburger Buchverlag: Ravensburg 2011, S. 13–18

SCHMIDT, WALTER
268 Von einem Käfer, der Feuer „hört"
nach: Käfer „hört" Feuer. Tagesspiegel vom 20. 08. 2008

SCHNEIDER, PETER (*1940)
148 Auf der Straße
aus: Kerbholz. Gedichte. Hrsg. v. Friedrich Christian Delius. Rowohlt: Reinbek 1983

SCHRÖDER, KRISTINA MIT RP
182 „Furchtbar verschlafen"
aus: Der Spiegel 21/2015, S. 17

SEYFFARTH, MORITZ
38 Lehrer warnen vor der „totalen Computerisierung"
aus: Lehrer warnen vor der „totalen Computerisierung". Die Welt vom 25. 10. 2014

SHAKESPEARE, WILLIAM (1564–1616)
154 ff. Romeo und Julia
aus: Romeo und Julia. Auf der Grundlage der Ausgabe von 1599, übersetzt und für die Schule bearbeitet von Diethard Lübke. Cornelsen: Berlin 2015

STOLZE, HANS-HERMANN
235 Aus dem Brief eines Großvaters an Faxbook (1)
236 Aus dem Antwortschreiben von Faxbook (2)
nach: Sehr geehrtes Facebook. Ullstein: Berlin 2013, S. 8 f. (1), (2)

VELI KANIK, ORHAN (1914–1950)
136 Ich hör Istanbul
aus: Aus dem goldenen Becher. Türkische Gedichte aus sieben Jahrhunderten. Önel-Verlag: 2002 Köln, S. 222 f.

WIGAND, PATTIE
127 Ein Montagmorgen im Bus
aus: Der Pauker. Stephan Hutt-Verlag: Stuttgart 1994/95

YOUSAFZAI, MALALA (*1997)
16 Rede vom 12. Juli 2013
aus: Mitschrift der Rede vom 12. Juli 2013 vor den Vereinten Nationen in New York (deutsche Übersetzung), Südwestrundfunk 2013

Unbekannte/Ungenannte Autorinnen und Autoren

17 Jüngste Friedensnobelpreisträgerin in Oslo geehrt
aus: Spiegel Online. http://www.spiegel.de/politik/ausland/friedensnobelpreis-malala-yousafzai-erhaelt-in-oslo-auszeichnung-a-1007711.html [17. 08. 2016]

17 Lese- und Schreibfähigkeit von Erwachsenen weltweit
aus: Statista. http://de.statista.com/statistik/daten/studie/232631/umfrage/alphabetisierungsrate-unter-erwachsenen-nach-weltregionen

23 Größte Länderprogramme nach Projektausgaben (2014)
nach: MSF Activity Report. http://activityreport2014.msf.org/2014-in-figures/ [29. 08. 2016]

23 Medizinische Aktivitäten 2014
nach: MSF Activity Report. http://activityreport2014.msf.org/2014-in-figures/ [29. 08. 2016]

30 Aufruf der NAJU / Verschmutzung der Meere
aus: Die Mission – Trashbusters H2O starten Aktionen an Küsten, Stränden und Ufern. http://www.trashbusters.de/ [29. 08. 2016]

83 Respekt! Kein Platz für Rassismus
aus: www.vereint-zeichen-setzen.de/index.php?option=com_content&view=article&id=4:die-initiative-respekt-kein-platz-fuer-rassismus&catid=12:partner&Itemid=111 [19. 03. 2014]

85 „Vertrauen" und „Respekt" gewinnen an Bedeutung
aus: Wertvorstellungen von Kindern und Jugendlichen heute. BAG KJS. http://www.du-bist-wertvoll.info/216 [27. 09. 2016]

176 Wohnwagen samt Besitzer gestohlen
aus: NWZ vom 11.05.2015

176 Ohne Karte und Kompass
aus: Generalanzeiger vom 25./26. 07. 2015

176 Rückschlag für Canon
aus: SZ vom 28. 07. 2015

176 Ronaldo und Real unterzeichnen Vertragsverlängerung
aus: SZ vom 07. 09. 2016

180 Surf-Star entkommt Hai-Angriff
aus: Spiegel vom 19. 07. 2015

181 Bei Unwetter aus Zoo entlaufen
aus: Raubtiere auf den Straßen von Tiflis. FAZ vom 14. 06. 2015

186 Schulstreich landet vor Gericht
aus: GA-Bonn vom 29. 07. 2015

216 Unbekannte und bemannte Weltraumforschung
aus: Weltraumforschung. neuneinhalb WDR. http://neuneinhalb.wdr.de/lexikon/W/Weltraumforschung.php5 [04. 01. 2016]

232 500-Meter-Koloss schoss nur knapp an der Erde vorbei
nach: WeltN24 vom 23. 01. 2015. http://www.welt.de/wissenschaft/weltraum/article136688570/500-Meter-Koloss-schiesst-nur-knapp-an-Erde-vorbei.html [27. 09. 2016]

233 Aus einer Bewerbung
nach: Die lustigen Bewerbungen. http://www.incentimo.de/die-lustigsten-bewerbungen/ [02. 06. 2015]

234 Aus einem Tagebuch
nach: Tagebuch Blondine. http://www.deecee.de/funny-stuff/lustige-texte/tagebuch-blondine.html [02. 06. 2015]

237 Aus der E-Mail eines Teenagers, dessen Mutter gerade zur Kur ist
nach: Brief eines Mannes an seine Frau in Kur. http://www.fun-ohne-ende.de/lustige_texte/lustige_texte_anzeigen_8_167.html [02. 06. 2015]

238 Aus einem „Merkblatt" für Verkehrssünder
aus: Merkblatt für Verkehrsteilnehmer. http://www.lustigestories.de/stories/verkehrsteilnehmer.php [02. 06. 2015]

245 Aus einem Brief an den Sandmann
nach: Brief an … den Sandmann. http://www.spiesser.de/artikel/brief-an-den-sandmann [02. 06. 2015]

247 Gibt es Aliens im sagenumwobenen Sperrgebiet Area 51?
aus: Nasa-Chef: „Ja, es gibt Außerirdische – aber sie leben nicht in der Area 51". Focus vom 19. 06. 2015

Sachregister

Lösungen

Lösungen zu Seite 229: Fordern – Konjunktiv II erkennen und bilden

1 a, b, c wäre → war, gäbe → gab, könnte → konnte, geriete → geriet

2 a, b würde verursachen → verursachte, würden verlieben → verliebten, würde erobern → eroberte
c *Begründung:* Die *würde*-Ersatzformen wurden verwendet, weil die Präteritumform der Verben identisch mit dem Konjunktiv II ist.

3 Im Film „Zurück in die Zukunft" wird auf lustige Weise gezeigt, was passieren **könnte,** wenn man in der Vergangenheit etwas **ändern würde.** Du **könntest** zum Beispiel in das Jahr deiner Geburt reisen und dir anschauen, wie du als Baby ausgesehen hast. Das allein **würde** noch nicht viel **ändern.** Aber wie **wäre** es, du **würdest** dir selbst als Baby heimlich einen Schnurrbart **anmalen.** Oder du **zögest** dir als Baby Sachen aus der Zukunft an. Vielleicht **würden** dir deine Eltern heute von einer Merkwürdigkeit in deinem ersten Lebensjahr **erzählen.**

4 *Mögliche Bedingungsgefüge:*
- Wenn ich eine Zeitmaschine **hätte, würde** ich eine Uraufführung von Shakespeare **besuchen.**
- Wenn ich in der Zeit zurückreisen **könnte, hätte** ich das peinliche Missgeschick an meiner Einschulung **verhindert.**
- Wenn Zeitreisen möglich **wären, wünschte** ich mir einen Einblick in meine Zukunft.
- Wenn ich eine Zeitmaschine **hätte, würde** ich sie für sehr viel Geld **verkaufen.**
- Wenn ich in die Zukunft reisen **könnte, würde** ich mit meinen Enkelkindern ins Kino gehen.

Lösungen zu Seite 230: Fordern – Konjunktiv I in indirekter Rede verwenden

1 a Ja, sagen Wissenschaftler, Zeitreisen seien zumindest theoretisch möglich. Die heutige Wissenschaft allerdings verfüge noch lange nicht über die technischen Möglichkeiten, heißt es einstimmig in Fachkreisen. Zudem sei es nur denkbar, in die Zukunft zu reisen. Reisen in die Vergangenheit würden niemals stattfinden können. Das liege am so genannten Großvater-Paradox, erklärt ein Astrophysiker.
b Wissenschaftler sagen: „Ja, Zeitreisen sind zumindest theoretisch möglich."
In Fachkreisen heißt es einstimmig: „Die heutige Wissenschaft verfügt allerdings noch lange nicht über die technischen Möglichkeiten."
Zudem meinen die Fachleute: „Es ist nur denkbar, in die Zukunft zu reisen."
Ein Astrophysiker erklärt: „Reisen in die Vergangenheit werden niemals stattfinden können. Das liegt am so genannten Großvater-Paradox."

2 a „Man muss sich nur einen Menschen vorstellen, der in die Vergangenheit reist, seinen Großvater als jungen Mann trifft, ihn bei einem Streit erschlägt und damit seine eigene Geburt unmöglich macht."
b Ein Astrophysiker meint, man **müsse** sich nur einen Menschen **vorstellen,** der in die Vergangenheit **reiste (reisen würde)**, seinen Großvater als jungen Mann **träfe,** ihn bei einem Streit **erschlüge (erschlagen würde)** und damit seine eigene Geburt unmöglich **machte (machen würde).**

3
- Der Physik-Professor meint, der Film zeige sehr schön einige Probleme der Zeitreisen.
- Er glaubt, Zeit mache unser Leben kostbar, weil sie immer in eine Richtung verlaufe. So könnten wir keine Fehler korrigieren. Deshalb seien Zeitreisen eine faszinierende Idee. Viele würden gern in die Vergangenheit reisen wollen, um eben solche Fehler zu korrigieren. Andere würden sich wünschen, in der Vergangenheit bestimmte Menschen zu treffen. Dabei handele es sich meistens um inzwischen verstorbene Familienmitglieder oder Freunde. Das übe einen großen Reiz aus.
- Er gibt zu bedenken, man müsse eine Zeitmaschine natürlich erst mal gut testen. Denn häufig gehe ja bei neuer Technik am Anfang irgendetwas schief. Aber wenn alles gut funktioniere, sei er zu einer Reise durchaus bereit.

4 *Mögliche Umformulierungen:*
- Ein Journalist fragt den Professor, ob er den Film „Zurück in die Zukunft" kenne.
- Der Journalist will wissen, was die Menschen so an der Idee, durch die Zeit zu reisen, fasziniere.
- Zuletzt fragt er, ob der Professor gern in eine Zeitmaschine steigen würde.

Lösungen zu Seite 231: Fördern – Konjunktiv II erkennen und bilden

1 a, b, c fiele – fiel, einschlüge – schlug ein, könnten – konnten, wäre – war

2 würde anrichten, würden verdampfen, würden bilden, würden überrollen, würden mitreißen

3 a, b, c sie lösten – sie lösten – sie würden lösen
sie wirbelten – sie wirbelten – sie würden wirbeln
sie gelangten – sie gelangten – sie würden gelangen
sie fielen – sie fielen – sie würden fallen
sie gingen – sie gingen – sie würden gehen
sie setzten – sie setzten – sie würden setzen
sie heizten – sie heizten – sie würden heizen
sie stürzten – sie stürzten – sie würden stürzen
sie verschwänden – sie verschwanden

4 Der aufgewirbelte Staub **bliebe** lange in der Atmosphäre. Er **würde** sich nach und nach rund um den Erdball **verteilen.** Er **ließe** das Sonnenlicht nicht mehr bis zum Boden vordringen. Das **würde** eine direkte Sonneneinstrahlung **verhindern.** Auf der Erde **wäre** es dunkler und kälter. Zuerst **würden** die Pflanzen **verkümmern.** Dann **würden** die Tiere **verhungern,** die diese Pflanzen fressen. Es **würden** viele Jahre **vergehen,** bis sich alles wieder **normalisieren würde.**

Lösungen zu Seite 232: Fördern – Konjunktiv I in indirekter Rede verwenden

1 a – Die Zivilisation habe eine Naturkatastrophe solchen Ausmaßes noch nicht erlebt. Die meisten Brocken, die in die Nähe der Erde geraten, seien klein. Sie hätten nur einen Durchmesser von 20 oder 30 Metern.
– Zum Glück habe dieses Mal keine Gefahr für die Erde bestanden. Der Asteroid sei in rund 1,2 Millionen km Entfernung an der Erde vorbeigerast. Doch in kosmischen Maßstäben zähle das als ein Streifschuss, fügt er hinzu.
b – Der Wissenschaftler erklärt: „Die Zivilisation hat eine Naturkatastrophe solchen Ausmaßes noch nicht erlebt. Die meisten Brocken, die in die Nähe der Erde geraten, sind klein. Sie haben nur einen Durchmesser von 20 oder 30 Metern."
– Er fügt hinzu: „Zum Glück hat dieses Mal keine Gefahr für die Erde bestanden. Der Asteroid ist in rund 1,2 Millionen km Entfernung an der Erde vorbeigerast. Doch in kosmischen Maßstäben zählt das als ein Streifschuss."

2 a – „Ein Einschlag eines derart großen Asteroiden kann ein Land wie Deutschland komplett zerstören", erklärt ein Wissenschaftler vom deutschen Zentrum für Luft- und Raumfahrt.
– „Beim Einschlag eines Asteroiden mit einem halben Kilometer Durchmesser rechnet man jedoch mit globalen Auswirkungen", meint der Forscher.
– „Erst im Jahr 2027 kommt ein kosmischer Brocken dieser Größenklasse der Erde wieder so nahe."
b – Ein Wissenschaftler vom deutschen Zentrum für Luft- und Raumfahrt erklärt, ein Einschlag eines derart großen Asteroiden **könne** ein Land wie Deutschland komplett zerstören.
– Der Forscher meint, beim Einschlag eines Asteroiden mit einem halben Kilometer Durchmesser **rechne** man jedoch mit globalen Auswirkungen.
– Der Wissenschaftler ergänzt, erst im Jahr 2027 **komme** ein kosmischer Brocken dieser Größenklasse der Erde wieder so nahe.

3 Der Experte meint beruhigend, die Menschheit **sei** bei einem drohenden Einschlag nicht ganz wehrlos. Wenn man einen Asteroiden frühzeitig **entdecke, könne** man ihm eine Raumsonde entgegenschicken. Diese Sonde, so der Experte, **schlage** dann auf den Asteroiden ein und **bringe** ihn dadurch von seiner Bahn ab.

Lösungen zu den Seiten 243–244: Fordern – Adverbialsätze bestimmen und bilden

1 a, b, c – […], indem du mich den ganzen Tag verfolgst. (Modalsatz)
– […], damit ich Zeit zum Lernen habe. (Finalsatz)
– Sobald jedoch mein Wecker klingelt, […]. (Temporalsatz)
– Weil du mich zuvor dazu verleitet hattest, […]. (Kausalsatz)
– Obwohl du morgens besonders stark bist, […]. (Konzessivsatz)
– […], dass einem der Atem gefriert. (Konsekutivsatz)
– […], wenn ich alle Süßigkeiten wegwerfen würde. (Konditionalsatz)
– […], anstatt nur im Internet rumzuscrollen? (Adversativsatz)

2 a **A** Wenn ich dich besiege, erlebe ich aber auch wunderbare Momente.
B Während ich am Morgen jogge, kommen mir oft gute Ideen.
C Nachdem ich Sport gemacht habe, fühle ich mich ganz munter.
b *Mögliche Lösung:*
A Bei einem Sieg über dich erlebe ich aber auch wunderbare Momente.
B Während meines morgendlichen Joggens kommen mir oft gute Ideen.
C Nach dem Sport fühle ich mich ganz munter.

3 a **D** Ohne den ständigen Kampf gegen dich könnte ich meine Ziele nicht erreichen.
E Trotz deiner Hartnäckigkeit siegt meine Willensstärke.
b *Mögliche Lösung:*
D Wenn ich nicht ständig gegen dich kämpfen würde, könnte ich meine Ziele nicht erreichen,
E Obwohl du sehr hartnäckig bist, siegt meine Willensstärke.

4 a, b *Mögliche Lösung:*
A **Wenn** du dich für eine Aufgabe motivieren willst, stelle sie dir vor deinem inneren Auge vor. (Konditionalsatz)
B Stelle dir das schöne Gefühl vor, **sobald** du die Aufgabe endlich geschafft hast. (Temporalsatz)
C **Solange** du denkst „Das schaffe ich nicht!", wirst du die Aufgabe nicht bewältigen. (Temporalsatz)
D **Indem** du dir immer wieder sagst „Ich kann das!", programmierst du dein Unbewusstes auf nützliche Gedanken. (Modalsatz)
E Motiviere dich, **indem** du dir kleine Belohnungen wie einen Kinobesuch in Aussicht stellst. (Modalsatz)
F Man macht sich schneller an die Arbeit, **wenn** der Termindruck größer wird. (Konditionalsatz)
G Nutze dieses Wissen, **indem** du dir selbst Termine für deine Aufgaben setzt. (Modalsatz)
H Schreibe deine Aufgaben auf Zettel und streiche erledigte Aufgaben durch, **damit** du dein Vorankommen siehst. (Finalsatz)
I **Wenngleich** du viel zu tun hast, solltest du dir Auszeiten erlauben. (Konzessivsatz)

5 *Mögliche Lösung:*
J **Wenn** du dir etwas Neues vorgenommen hast**,** solltest du zügig mit der Umsetzung anfangen.
K Vermeide Gedanken wie „Morgen werde ich ..." oder „Irgendwann einmal ..."**, weil** diese nicht zum Ziel führen.
L **Wenn** du zunächst nur eine Kleinigkeit änderst**,** ermutigt dich der erste Erfolg zum Weitermachen.
M Denke statt „ich muss" einfach „ich möchte"**, sodass** dir Veränderungen leichter fallen.
N Zerlege große Aufgaben in kleinere Teilaufgaben**, damit** du sie besser überschauen kannst.
O Lenke dich nicht selbst ab**, indem** du andere Dinge suchst, die zu erledigen sind.
P Halte durch**, obwohl** es anstrengend wird.
Q Man muss Rückschläge aushalten**, damit** sich Träume und Ziele verwirklichen lassen.

6 *Mögliche Lösung:*
A Ich kann gut lernen**, wenn** mein kleiner Bruder mich nicht stört. (Konditionalsatz)
B Ich kann Aufgaben am besten erledigen**, indem** ich mir eine Liste mache. (Modalsatz)
C Bei Misserfolgen gebe ich nicht auf**, weil** mich das motiviert, besser zu werden. (Kausalsatz)

7 *Mögliche Lösung:*
Bei Ankündigung einer Klassenarbeit teile ich den Lernstoff **nach Durchsicht meines Hefters** in kleine Einheiten auf, damit ich mir einen Lernplan machen kann.

Lösungen zu den Seiten 245–246: Fördern – Adverbialsätze bestimmen und bilden

1 a, b, c **A** Obwohl ich schon lange im Bett liege, ist von dir nichts zu sehen. (Konzessivsatz)
B Nachdem ich die Schäfchen in Gedanken gezählt habe, habe ich sie auch noch bunt angemalt und nach Farben geordnet. (Temporalsatz)
C Ich habe versucht dich anzulocken, indem ich leise Musik gehört habe. (Modalsatz)
D Mir bleiben nur wenige Stunden, bevor mein Wecker klingelt. (Temporalsatz)
E Weil morgen die Schule wieder anfängt und ich früh aufstehen muss, solltest du mir endlich den Schlaf bringen. (Kausalsatz)

2 – Durch das Trinken von koffeinhaltigen Erfrischungen bin ich in den Ferien schon ein bisschen abweisend dir gegenüber gewesen.
– Vielleicht habe ich dich auch verärgert wegen meines nächtlichen Computerspielens.

3 – In manchen Nächten konnte ich dich auch vertreiben, indem ich mich wild bewegt und laut Musik gehört habe.
– Solange die Ferien dauerten, war mir eben mehr nach Party als nach Sand in den Augen.

4 a, b A Du solltest nicht bis spätabends arbeiten oder Sport treiben, weil diese Aktivitäten das Einschlafen erschweren. (Kausalsatz)
B Vermeide abends koffeinhaltige Getränke, damit dich das Koffein nicht wach hält. (Finalsatz)
C Elektrische Geräte mit kleinen Lämpchen oder leuchtenden Displays können unsere innere Uhr so verstellen, dass Schlafstörungen entstehen. (Konsekutivsatz)
D Stimme dich am späteren Abend auf den Schlaf ein, indem du nur noch ruhigen Beschäftigungen nachgehst. (Modalsatz)
E Du wirst schneller schlummern, wenn du vor dem Einschlafen an etwas Angenehmes denkst. (Konditionalsatz)
F Stehe lieber noch einmal kurz auf, blättere in einer Zeitschrift oder lies etwas, bevor du dich die ganze Nacht im Bett herumwälzt und gar nicht zur Ruhe kommst. (Temporalsatz)

5 a, b Gehe nicht ins Bett, **bevor** du müde bist. **Weil** man den Schlaf nicht einfach nach hinten verschieben kann, solltest du nach Möglichkeit immer um dieselbe Zeit ins Bett gehen. Es kann zu Schlafstörungen kommen, **wenn** es im Schlafzimmer zu hell ist. Du solltest daher alle Lichtquellen so dimmen, **dass** es dunkel ist. **Sobald** der Mensch eingeschlafen ist, sinkt seine Körpertemperatur leicht ab. **Wenn** es dann im Schlafraum zu warm ist, passiert Folgendes: Der Mensch wühlt sich ständig durch sein Bett, **da** er nach kühlen Stellen sucht. Achte deshalb auf die Temperatur in deinem Zimmer, **damit** du am nächsten Tag gut ausgeruht bist.

6 *Mögliche Lösung:*
A Ich kann gut schlafen, wenn ich zuvor einen heißen Kräutertee trinke.
B Ich kann manchmal schlecht einschlafen, obwohl mein Zimmer angenehm kühl ist.
C Wochentags gehe ich zeitig ins Bett, weil ich schon um 6 Uhr aufstehen muss.
D Am Wochenende stehe ich spät auf, weil ich abends lange Musik höre.

Lösungen zu Seite 262: Fordern – Strategie- und Regelwissen anwenden

1

Schwingen	Verlängern	Zerlegen	Ableiten
Elefantenrüsselfisch, zigarrenlange, spezielles, sitzen, Schwimmen	kann, hervorragend, Gegenstand, Feld, Elektrofeld	Metalldetektor	Gewässern, Nähe, verlängerten

2 a, b Für Elektrosensoren nach dem Vorbild des Elefantenrüsselfischs gibt es zahlreiche Einsatzmöglichkeiten: Sie könnten überall dort Nutzen bringen, wo schlechte Sichtverhältnisse herrschen, das Vermessen und das Untersuchen der Umgebung aber trotzdem wichtig sind. Wenn man zum Beispiel Hochöfen oder Kläranlagen untersuchen könnte, ohne dass der Mensch sie selbst betreten muss, wäre das sehr hilfreich. Auch für die Medizin könnte diese Technik nützlich sein. Wenn man einen winzig kleinen Sensor für Blutbahnen entwickeln würde, könnte dieser erkennen, ob sich einige Ablagerungen in den Adern gebildet haben. So könnten Herzinfarkte verhindert werden.

Lösungen zu Seite 263: Fördern – Strategie- und Regelwissen anwenden

1

Schwingen	Verlängern	Zerlegen	Ableiten
können, erfassen, schmecken, entdecken, Ratten, schwimmende	Seehund	Schnurrbartspitzen	Lebensräumen, Mäuse

2 hochempfindliche Sensoren, eine gefährliche Spinne, die Antennen, ein wichtiges Forschungsobjekt, der Verbesserung, beschäftigen, allen Signalen, vielen Hintergrundgeräuschen, herausfiltern, hören, alle Geräusche, beim Tragen, das Wichtige, filtern, das Gehirn, viele Informationen

Lösungen zu Seite 271: Fordern – Kommas richtig setzen

1 a, b Sobald Schiffe einige Zeit im Wasser sind, **(SG)** setzen sich Seepocken, **(AZ)** Muscheln und Algen an ihnen fest. Wenn ein Schiff dann unterwegs ist, **(SG)** bremsen diese Meeresbewohner das Schiff ab, **(SR)** der Treibstoffverbrauch steigt an. Es ist ein großes Problem für die Schifffahrt, **(IZ)** diesen Bewuchs unter Kontrolle zu bekommen. Viele Fische schützen sich vor Muscheln, **(AZ)** Algen und anderem Meeresbewuchs mit einem glitschigen Schleimfilm, **(SR)** aber Haie lösen das Problem auf andere Weise. Obwohl ihre Haut rau ist, **(SG)** bleibt nichts daran haften. Bei genauem Hinsehen erkennt man, **(SG)** dass Haihaut dicht mit kleinen Zähnchen, **(AP)** den so genannten Dentrikeln, **(AP)** bedeckt ist. Diese schieben sich bei Bewegung übereinander, **(SR)** es bleibt nur schwer etwas daran haften. Zusätzlich ist die Haihaut noch mit feinen Rillen übersät. Wenn Seepocken es doch schaffen, **(IZ)** sich an der Haihaut festzusetzen, **(SG)** kann ihr Kleber die schmalen Rillen nicht ausfüllen **(,)** **(SR)** und sie können sich nicht richtig verankern. Dann fallen sie ab, **(SG)** weil sie zu schwer werden, **(SR)** oder die Strömung reißt sie wieder ab.

c *Möglicher Merksatz:* In Satzgefügen werden Hauptsatz und Nebensatz durch Komma getrennt.

2 a, b Relativsatz, Apposition

Jahrzehntelang bekämpften die Schiffsreedereien den Bewuchs an ihren Schiffen, auch Fouling genannt, mit speziellen Farben, die giftige Verbindungen enthalten. Nun haben Forscher jedoch den Bauplan der Haihaut-Zähnchen übernommen und daraus eine künstliche Silikonhaut entwickelt, die den Unterwasserbewuchs um fast 70 Prozent verringert. Diese Silikonhaut, die nach dem Vorbild der Haie entwickelt wurde, sieht jedoch komplett anders aus als die Haut der Haie. Eine Forscherin erklärt: „In der Bionik übernehmen wir nur das Prinzip, im Fall der Haihaut die Beweglichkeit und die Mikrostrukturen."

Lösungen zu Seite 272: Fördern – Kommas richtig setzen

1 a, b
A Der Saftkugler, ein unscheinbarer Käfer, ist ein Verwandter des Tausendfüßlers. (AP)
B Bioniker interessieren sich für ihn, weil er sich bei Gefahr einrollen kann. (SG)
C Durch das Einrollen werden seine empfindlichen Teile geschützt, so kann er gefährliche Situationen überleben. (SR)
D Aber Saftkugler können sich auch aktiv wehren, indem sie bei Gefahr eine Flüssigkeit absondern. (SG)
E Daraus ist an der Hochschule Magdeburg-Stendhal die Idee entstanden, den Löschroboter „OLE" zu entwickeln. (IZ)
F Dieser Roboter soll in der Lage sein, Feuer rechtzeitig zu erkennen und frühzeitig kleine Brandherde zu löschen. (IZ)

2 a, b Waldbrände, die in vielen Teilen der Erde immer wieder auftreten, können nicht immer schnell genug gelöscht werden. (RS) OLE ist ein Sechsbein-Laufroboter, der zur Früherkennung von Waldbränden entwickelt wurde. (RS) Wie sein Vorbild, der Saftkugler, kann er sich bei Gefahr zusammenrollen und seine sechs Beine einziehen. (AP) Sein hitzebeständiger Panzer hält Temperaturen bis zu 1300 Grad Celsius aus, er schützt die empfindliche Technik im Inneren. (SR) Zwei mechanische Fühler helfen dem Roboter, sich auf unebenem Gelände sicher fortzubewegen. (IZ) Seine Sensoren befähigen ihn dazu, kleinste Brandherde aufzuspüren. (IZ) Wie der Saftkugler verspritzt er bei Gefahr eine Flüssigkeit, mit der kleine Brandherde im Keim erstickt werden. (RS)

Knifflige Verben im Überblick

Infinitiv	Präsens	Präteritum/Perfekt	Konjunktiv I/Konjunktiv II
befehlen	du befiehlst	er befahl / hat befohlen	sie befehle/befähle
beginnen	du beginnst	sie begann / hat begonnen	er beginne/begänne
beißen	du beißt	er biss / hat gebissen	sie beiße/bisse
bieten	du bietest	er bot / hat geboten	er biete/böte
bitten	du bittest	sie bat / hat gebeten	sie bitte/bäte
blasen	du bläst	er blies / hat geblasen	er blase/bliese
bleiben	du bleibst	sie blieb / ist geblieben	sie bleibe/bliebe
brechen	du brichst	sie brach/hat gebrochen	er breche/bräche
brennen	du brennst	es brannte / hat gebrannt	es brenne/brennte
bringen	du bringst	sie brachte / hat gebracht	sie bringe/brächte
dürfen	du darfst	er durfte / hat gedurft	er dürfe/dürfte
einladen	du lädst ein	sie lud ein / hat eingeladen	sie lade ein / lüde ein
erschrecken	du erschrickst	er erschrak / ist erschrocken	er erschrecke/erschräke
essen	du isst	er aß / hat gegessen	sie esse/äße
fahren	du fährst	sie fuhr / ist gefahren	er fahre/führe
fallen	du fällst	er fiel / ist gefallen	sie falle/fiele
fangen	du fängst	sie fing / hat gefangen	er fange/finge
fliehen	du fliehst	er floh / ist geflohen	sie fliehe/flöhe
fließen	es fließt	es floss / ist geflossen	er fließe/flösse
frieren	du frierst	er fror / hat gefroren	sie friere/fröre
gelingen	es gelingt	es gelang / ist gelungen	es gelinge/gelänge
genießen	du genießt	sie genoss / hat genossen	er genieße/genösse
geschehen	es geschieht	es geschah / ist geschehen	es geschehe/geschähe
greifen	du greifst	sie griff / hat gegriffen	sie greife/griffe
halten	du hältst	sie hielt / hat gehalten	er halte/hielte
heben	du hebst	er hob / hat gehoben	sie hebe/höbe
heißen	du heißt	sie hieß / hat geheißen	er heiße/hieße
helfen	du hilfst	er half / hat geholfen	sie helfe/hülfe
kennen	du kennst	sie kannte / hat gekannt	er kenne/kennte
kommen	du kommst	sie kam / ist gekommen	sie komme/käme
können	du kannst	er konnte / hat gekonnt	er könne/könnte
lassen	du lässt	sie ließ / hat gelassen	sie lasse/ließe
laufen	du läufst	er lief / ist gelaufen	er laufe/liefe
leiden	du leidest	sie litt / hat gelitten	sie leide/litte
lesen	du liest	er las / hat gelesen	er lese/läse